Bloomfield/Cain/Jaffe/Kory
TM Transzendentale Meditation

Harold H. Bloomfield
Michael Peter Cain
Dennis T. Jaffe
Robert Bruce Kory

TM
Transzendentale Meditation

Lebenskraft aus neuen Quellen

Econ Verlag · Düsseldorf · Wien

Übersetzung aus dem Amerikanischen:
Titel der bei Delacorte Press, New York,
erschienenen Originalausgabe:
TM Discovering inner Energies and
Overcoming Stress

1. Auflage 1976

Gesetzt aus der 10 Punkt Times Linotype
Satz: Gutfreund & Sohn, Darmstadt
Druck:Mohndruck, Gütersloh
Printed in Germany
ISBN 3 430 11 35 47

Inhaltsverzeichnis

Anmerkung zur Bibliographie und zu den Tafeln

Allgemeine Hinweise auf die Bibliographie sind durch Zahlen in eckigen Klammern gekennzeichnet.
Bei wörtlichen Zitaten wird die Quelle mit Hinweis auf die Bibliographie und Seitenzahl angegeben.
Die Tafeln, auf die im Text verwiesen wird, befinden sich im Anhang S. 275–303

Dank

Wir sind Maharishi Mahesh Yogi zutiefst verpflichtet, daß er die Transzendentale Meditation und die Wissenschaft der Kreativen Intelligenz in die Welt hinausgebracht hat. Wir hoffen, wir haben seine Lehre richtig wiedergegeben.

Außerordentlich dankbar sind wir Al Rubottom, dessen Anregungen und Hilfen bei der Herausgabe sehr wertvoll waren.

Außerdem möchten wir den folgenden Personen für ihre großzügige Unterstützung und ihre Hinweise danken: Aleric Arenander, David Ballon, Dr. Paul Corry, Larry Domash, Dr. Bernhard Glueck, Phil Goldberg, Alex Hankey, Frank Papentin und insbesondere David Orme-Johnson für seine Hilfe bei der Darstellung der wissenschaftlichen Untersuchungen.

Einführung

Anläßlich der großen Zusammenkunft mit dem Maharishi Mahesh Yogi in der University of Massachusetts in Amherst war es mir vergönnt, neben ihm auf dem Podium als einer der von ihm geladenen Gäste zu erscheinen. Der Maharishi veröffentlichte später die Ergebnisse dieser Tagung unter dem Titel »International Symposium on the Science of Creative Intelligence«, Maharishi International University.

Zwischen Maharishi und mir entspann sich auf dem Podium ein ausgedehnter Dialog. Ich argumentierte auf der Grundlage meiner eigenen Entdeckung aus dem Jahre 1927 und meiner privaten Selbsterfahrungstechniken, die denen der Meditation des Maharishi ähnlich sind. Aus meiner allgemeinen Kenntnis des Yoga heraus sowie eines meditativen Vorwissens von Menschen, die in Hinterindien Yoga in aller Gründlichkeit praktiziert hatten, entwickelte ich diese Techniken für mich. Das alles war vor 1927. Meine Überlegungen aus der Zeit um 1927 führten mich zu der Überzeugung, daß die Fähigkeit des Menschen zur Ausübung solcher auf das Selbst ausgerichteten Meditation einen bestimmten Zweck habe: die richtig meditierenden Menschen würden Leistungen vollbringen können, die der gesamten Menschheit zugute kommen würden; Leistungen, die ohne ein kosmisches Bewußtsein und eine gewisse gedankliche Schärfe nicht denkbar wären. Somit wurde mir klar, daß alle Meditationsübungen, die meines Wissens im Orient praktiziert wurden, ausschließlich dem Nutzen der eigenen Person dienten. Mir erschien dies nicht nur egoistisch, sondern auch als eine kurzsichtige Verschwendung der enormen Potentiale der gesamten Menschheit.

In unserer Amherster Diskussion im Jahre 1972 sagte der Maharishi, daß er zu Beginn seines Werdegangs ebenfalls zu diesem Schluß gekommen sei. Er war ausgebildeter Physiker und wollte als solcher sein Wissen zum größtmöglichen Nutzen der Menschheit einsetzen. So war ihm ganz intuitiv klargeworden, daß er mit

Hilfe der Meditationsdisziplin einen großen Kreis von Menschen förderlich sein könne.

Daher suchte er den größten Meditationslehrer seiner Zeit in Indien auf und studierte bei ihm. Der Maharishi war ebenso wie ich davon überzeugt, daß es eine Verschwendung der sozialen Fortschrittsmöglichkeiten wäre, wenn die allgemein-menschlichen Potentiale der TM nur für rein persönliche Gewinne des Meditierenden genutzt würden.

1927 war es mir in meinem durch die selbstentdeckte geistige Disziplin geleiteten Denkprozeß gelungen, eine umfassende prohumane Strategie zu entwickeln. Mein Manifest, das in einem einzigen Satz niedergelegt wurde, stellt diese am besten dar. Es wurde bereits verschiedentlich veröffentlicht, das letzte Mal in der Saturday Review vom 2. März 1968, und lautet wie folgt:

Was ich tun will

»Im klaren Bewußtsein der Grenzen unseres Seins und in Anerkennung des unendlichen Geheimnisses des apriorischen Universums, in das wir hineingeboren wurden, dennoch suchend nach einem gezielt einsetzbaren Mittel zur vielversprechenden und kompetenten Mitbestimmung der Menschheit über ihre eigene Entwicklung, indem ich nur die einzigartigen Vorteile und Möglichkeiten nutze, die allein dem Individuum innewohnen, das die ökonomische Initiative ergreift und behält angesichts des ungeheuren physischen Kapitals und der Kreditvorteile der großen Unternehmen und der politischen Staaten, und indem ich bewußt politische Bindungen und Taktiken vermeide, während ich meine Experimente und Forschungen vorantreibe, die das Bewußtsein der menschlichen Potenzen fördern sollen, versuche ich, durch die Wissenschaft des umfassenden antizipatorischen Designs und ihre Zurückführung auf konkrete Praktiken die Umwelt zu reformieren, anstatt die Menschen zu reformieren, und habe dabei die Absicht, Prototypen zu entwickeln, mit denen man mehr erreicht mit weniger Aufwand, wodurch wiederum die gewinnträchtigen Zukunftsaussichten einer solchen Wiederbelebung der Design-Wissenschaft ihre spontane und ökonomische erfolgreiche Ausbreitung durch ein weltweites Dienstleistungs-Management nach sich ziehen werden, deren nachfolgende Kettenreaktionen die Menschheit gleichermaßen instandsetzen und anregen, dauerhafte wirtschaftliche und physische Erfolge zu realisieren, sowie Freude über die ganze Erde bringen werden, ohne daß ein Mensch mit dem anderen in Widerstreit gerät oder zum Vorteil eines anderen übervorteilt wird.«

Diese umfassende humanistische Strategie zog nun ihrerseits eine Vielzahl von begleitenden Einsichten und Selbsterkenntnissen nach sich. Besonders hervorzuheben sind daraus folgende:

A. Wir haben von unserer gesamten Lebenszeit nur wenige Stunden, die wir zum Wohle der gesamten Menschheit verwenden können. Wenn wir andere bitten, unsere Gedankengänge anzuhören, wehren sie nur ab oder hören mit halbem Ohr zu. Folglich beschloß ich, nie wieder zu jemandem über dergleichen zu sprechen, es sei denn, ich würde ausdrücklich darum gebeten. Dann würde ich aber auch mein Bestes geben.

B. Das Universum ist überall in konstanter, vollständiger Entwicklung und Umwandlung, wobei es eine Vielzahl von quasi-ökonomischen, intertransformativen und intertransaktiven Techniken benutzt sowie Myriaden von verschiedenen Energieraten und Zeitgrößen. Diese All-Umwandlung wird gelenkt von bestimmten allgemeingültigen Prinzipien, die alles mit allem zur Anpassung bringen. Die Entdeckung dieser Prinzipien befähigt den Menschen, kooperativ an der evolutionären Regenerationsfähigkeit der Natur teilzunehmen. Mit all seiner ökologischen Selbsternennung ist unser Planet eingebettet in die entsprechenden Phänomene der Astrophysik und Astrochemie. Die Natur erledigt die Umwandlung stumm, wobei jeder neue Schritt ein Bündel von folgerichtigen physikalischen Konsequenzen nach sich zieht, sowohl auf kosmischer wie auf irdischer Ebene. Ein Vater verläßt zum Beispiel seine Familie an einem bestimmten geographischen Punkt, um einige Dinge für den Lebensunterhalt der Familie von einem anderen geographischen Punkt zu besorgen. In seiner Abwesenheit öffnet ein wolkenbruchartiger Regenguß eine tiefe Bergschlucht, in die eine Kubikmeile des bis dahin eingedämmten Wassers aus einem See schießt. Ein tosender Abgrund liegt jetzt zwischen dem zurückkehrenden Vater und seiner Familie. Da bricht nun in diesem ganzen Aufruhr eine große Felsspitze von einer Wand, fällt herunter und überbrückt die Schlucht, und so wird der Mann zweifellos diese Felsenbrücke benutzen, um zu seiner Familie zu kommen, anstatt in die Schlucht hineinzuklettern und hindurchzuschwimmen. Mir wurde klar, daß der Mensch allgemeine Naturgesetze auf solche speziellen Ereignisse anwenden kann, wenn er die meditativen Einsichten nutzt. Er könnte künstliche Gebilde wie diese Brücke hervorbringen, die von der gesamten Menschheit spontan genutzt würden, ohne daß das entdekkende und produzierende Individuum erst die anderen Menschen belehren müßte, wo und wann solche künstlich geschaffenen Gebilde jeweils von Vorteil sind. Ich beschloß also im Jahre 1927, Problemlösungen durch die Entwicklung solcher Techniken zu suchen. Ich nannte dies Design-Wissenschaft.

C. Da mich mein transzendentales Denken in die Lage versetzte, in die Bereiche der Design-Inspiration einzudringen, in denen die von der Menschheit bisher entdeckten ewigen, abstrakten und allgemeinen Gesetze zu Hause sind, kam ich des weiteren synergetisch zu der Überzeugung, daß die ewige Unantastbarkeit dieser Gesetze die Begriffe *Anfang* und *Ende* aus sich heraus verbietet.

Diese Gesetze werden ja erst dadurch zum ewigen Prinzip, daß sie keinen Anfang und kein Ende haben. Es ist damit wie mit der Wahrheit oder der Jungfräulichkeit: sie sind oder sie sind nicht. Alle weiblichen Wesen werden als Jungfrauen geboren und können als Jungfrauen sterben. Jungfräulichkeit ist ewig. Man kann nicht als Nicht-Jungfrau geboren werden. Jede Realisierung eines Spezialfalls dieser ewigen Prinzipien ist endlich und begrenzt. Obwohl die mathematischen Gesetze der Hebelwirkung und mechanischer Nutzeffekte in gegenstandslosen, abstrakten, ewigen mathematischen Gleichungen niedergelegt werden können. – »Einen allgemeinen Hebel kann man nicht realisieren«. Es ist immer ein spezieller, begrenzter Einzelfall eines Hebels aus Holz oder Stahl – und mit ganz bestimmten Abmessungen. Mir wurde klar, daß das Wort »Kreativität« einen Anfang voraussetzt, eine »Kreation« also, die sich ergibt aus der immanenten Endlichkeit aller körperlichen, speziellen, begrenzten Erfahrungen. Die physischen Organismen der Menschheit sind alle endlich, begrenzt. Und diese in all ihren Spezialfall-Erfahrungen befangenen Menschen haben in ihrer Unwissenheit behauptet, daß Anfang und Ende alle Erfahrungen kennzeichne. Sehr wenige Menschen haben eines der wenigen bis heute entdeckten allgemeinen Prinzipien selbst entdeckt. Es ist lediglich eine weitere Einzelerfahrung, wenn der Mensch hört, daß solche allgemeingültigen Entdeckungen von anderen gemacht worden sind. Jede Lernerfahrung, daß jemand anders ein Gesetz entdeckt hat und die Beziehungsgrößen auf diese oder jene Weise dargestellt hat, ist eine Einzelerfahrung, die nur das Gehirn des Individuums betrifft, mit dem es sich an das Ergebnis erinnert. Sich an die Formel zu erinnern oder an das Buch, in dem man die Formel finden kann, bezieht nicht den Geist mit ein, der allein fähig ist, die Beziehung zu entdecken, die nur zwischen den Einzelgliedern der »Beziehung« oder ihren separaten Merkmalen wie Dimension, chemische Zusammensetzung oder Elektromagnetismus besteht – nicht in ihnen. Jedenfalls erfordert es Geist, die Gesetze zu durchdenken und für sich selbst wiederzuentdecken, die nur *zwischen* und *nicht in* den einzelnen Bestandteilen existieren so wie es der ursprüngliche Entdecker tat. »Begreifen« oder »Verstehen« erfordert das einzigartige Denken des Geistes, durch das das Individuum zu einem unmittelbaren Bewußtsein der ewigen kosmischen Wahrheiten gelangt. Menschen erdachten und überlieferten die unzulängliche Vorstellung des Universums als eines Einzelfall-Universums mit einem Anfang und entwickelten daher von sich aus den Begriff des *Schöpfers,* der für die Schaffung des Einzelfalls verantwortlich ist. Wegen der vielen Mißverhältnisse im Zusammenhang mit »Schöpfung« und »Kreativität« verbannte ich diese Worte aus meinem Wortschatz.

Während eines halben Jahrhunderts der Befolgung meiner oben erwähnten Vorsätze bin ich zu der Arbeitshypothese gekommen, daß die Menschen die ewigen allgemeingültigen Prinzipien immer wirksam einsetzen können, um damit zu einer zeitlichen und begrenzten räumlichen Intertransformation zu kommen. Aber die Ergebnisse sind keine Schöpfungen, wenngleich neu für die menschliche Gesellschaft. Man kann sie berechtigtermaßen *Erfindungen* nennen, wenn man darunter »die Anwendung ewiger Gesetze auf endliche, begrenzte, temporäre Fälle« versteht, was ja typisch ist für die gesamten physischen Erfahrungen der Menschheit. Ich fände es klug, wenn der Maharishi seinen Begriff der »kreativen Intelligenz« ändern würde in »erfinderische Intelligenz«.

D. Als Konsequenz aus den vorangegangenen Gedanken verschrieb ich im Jahre 1927 spontan alle meine potentiellen Fähigkeiten der gesamten Menschheit und der Realisierung aller Entwicklungsmöglichkeiten, von denen ich Kenntnis besaß in der Hoffnung, daß sie jeweils eher direkt als indirekt vereinbar und synchron mit der Einheit der ewig sich selbst erneuernden universalen Phänomene sein würden. Ich hielt bei mir fest, daß a) die Vegetation unseres Planeten die Funktion hat, die Strahlungsenergie der Sonne photosynthetisch in die geordneten Molekularstrukturen der Kohlenwasserstoffe umzuwandeln, die dann von allen anderen Lebewesen vervielfältigt werden. Und ich hielt fest, daß b) die Vegetation durch all die Sonnenstrahlung austrocknen würde, hätte sie nicht Wurzeln, mit denen sie durch Osmose Wasser aus der Erde zieht und es wieder hinaus in den Himmel pumpt, damit es anderswo wieder zur Erde regnen kann auf andere Vegetationen. Und ich hielt fest, daß c) die Pflanzen, weil sie Wurzeln haben, die anderen Pflanzen zur Fortpflanzung nicht erreichen können, daß dazu d) all die Vögel, Bienen und Insekten bestimmt sind, die den Verkehr und die gegenseitige Befruchtung und Kreuzung besorgen und so ihre Regeneration sichern. Und ich hielt fest, daß e) jede der Arten einen Verhaltenstrieb hat, bestimmte Dinge eher unaufmerksam zu verfolgen, damit Kreuzungen entstehen. So geht die Honigbiene ihrem Blütenhonig nach wie auf einer 180° geraden Linie, während sie die Erneuerung des Systems fahrlässiger mit einer 90°-Abweichung betreibt. Ich sah, daß die Kreislaufsysteme der Natur die 90°- oder räumliche Resultante der direkten radialen 180°-Triebe des Individuums sind. Zu Beginn des 20. Jahrhunderts wurde die Idee eines ewig sich erneuernden Universums synergetisch nahegelegt durch das Auftauchen einer Vielzahl von hochbedeutsamen Entdeckungen und Forschungsergebnissen. 1. Realisierung der Messung der Lichtgeschwindigkeit und aller anderen Arten von elektromagnetischen Wellen, die alle dieselbe Geschwindigkeit hatten. Dies führte zu Einsteins Theorie des ewig sich umwandelnden physischen Universums, die mit beeinflußt war von der Entdeckung der 2. Brownschen Molekularbewegung; 3. Strahlung der schwarzen Löcher im Weltraum; 4. leichte Photonen; 5. das Boltzmansche Gesetz der interkomplementären Beziehung des entropischen und syntropischen Verhaltens der Energie; alles das wird umfaßt von 6. der generellen naturwissenschaftlichen Entdeckung, daß es keine Forschungsergebnisse gibt, die auf eine Neuschöpfung oder Vernichtung von Energie hindeuten.

E. Alle die vorangegangenen Überlegungen und mein Festhalten daran in der Praxis verdeutlichten für mich die Erkenntnis, daß der menschliche Geist in einem »Raum im Universum« funktioniert und daß diese Fähigkeit ausschlaggebend ist für die Erhaltung der All-Einheit einer all-überall unaufhörlich sich umwandelnden und nur räumlich endlichen physischen Totalität. Ich sah Menschen an Bord des Planeten Erde, die von diesem »Raum im Universum«, diesem Laboratorium entworfen wurden und es gleichzeitig bedienten und so die All-Komplementarität, die inter-akkomodativen Fähigkeiten der ewigen allgemeinen Gesetze eigenhändig erprobten. Das menschliche Gehirn, im Gegensatz zum menschlichen Geist, arbeitet in endlichen Abschnitten. Menschliche Gehirne sind endliche physio-chemische Organismen, die auf zwei Funktionen beschränkt sind: Erstens wird alle Information, die von den Sinnesmechanismen in die Gehirne gefüttert wird, in unabhängig arbeitende Systeme unterteilt, und zweitens werden die unterschiedlich sortierten Mengen zusammengefaßt und in die Datenbank der Neuronen eingelagert, wobei das Gehirn die Fähigkeit hat, die verschiedenen Informationsmengen für spätere geistige Betrachtungen wiederholt abzurufen. Der Geist und nur der Geist kann Querverbindungen entdecken, die in exponential wachsender Anzahl zwischen den Einzelerfahrungen zu ziehen sind, wobei die exponential wachsenden Zwischenverbindungen keineswegs auch notwendigerweise in irgendeinem der geometrischen, chemischen oder elektromagnetischen Einzelmerkmale der Phänomene sichtbar werden müssen, solange man sie ausschließlich getrennt betrachtet. Diese nur im gegenseitigen Austausch sich realisierenden Querverbindungen, die von keinem der separaten Bestandteile des Komplexes her voraussehbar sind, solange man sie nur separat betrachtet, nennt man *Synergie*.

Als eine synergetische Konsequenz des Vorangegangenen ergab sich für mich, daß der Grundgedanke des Lebens die synergetische Verbundenheit aller Unterverbindungen ist, die wie die fortlaufenden gegenseitigen Überschneidungen und Durchdringungen der einzelnen Stränge und Fibern eines Seils zusammengefaßt sind, und keine dieser synergetischen Verbindungen oder Unterverbindungen ist in den Einzelbestandteilen der Einzelerfahrungen zu finden.

Als eine weitere Konsequenz aus dem Vorangegangenen

wurde mir klar, daß die Menschen vor langer Zeit einen – begreiflichen – Irrtum begangen haben, wenn sie annahmen, daß sowohl belebte als auch unbelebte Phänomene physikalischer Natur sind. Die synergetischen Verbindungen von Biochemie und Biophysik haben nun ergeben, daß alle biologischen Organismen vollständig aus Atomen bestehen und daß alle Atome unbelebt sind. Was das Leben auch sein mag, es ist nicht physisch und entropisch endlich wie alle Körper. Alle chemischen Bestandteile, die die Biochemiker Mitte des 20. Jahrhunderts als wesentlich für das Wachstum biologischer Organismen auf unserem Planeten ausgemacht haben, wurden nun auch in Materieproben des Sternenstaubs aus dem Weltraum gefunden. Das hat diese Wissenschaftler zu dem Mißverständnis und der irreführenden Erklärung veranlaßt, sie hätten »die Chemie des Lebens« identifiziert. Wenn der Mensch stirbt, sind alle chemischen Bestandteile in der Leiche noch vorhanden, ergo kann die besagte Chemie nicht das Leben sein, denn das Leben ist nicht mehr da. Was immer das Leben auch sein mag, es ist nicht physikalisch, also ist das Leben nicht physikalisch.

Das Phänomen des Lebens ist allein mit dem Phänomen des Geistes zu erklären und seiner Fähigkeit zum Verständnis von Bedeutungen und sinnvollen Beziehungen, die ewig existieren zwischen den Untereinheiten aller endlichen Einzelerfahrungen, die allein sich selbständig erneuern können.

F. Angesichts des Vorangegangenen und meines Entschlusses, alle Einsichten und Inspirationen, die durch den Zugang der Menschheit zum Geist entstehen, ausschließlich der Nutzbarmachung unbelebter Dinge zu widmen, wurde mir klar, daß ich transzendent arbeite: über alle irdischen nationalen Grenzen hinweg, über alle miteinander im Wettstreit liegenden wirtschaftlichen Systeme, über alle im Augenblick herrschenden, durch physische Gegebenheiten am Leben erhaltenen ethnischen, religiösen, politischen oder ästhetischen Vorurteile hinweg.

Die Potenzen unseres Planeten, die sich aus seinem gesamten physikalischen Inventar zusammen mit seiner biosphärischen Umgebung sowie der täglich einstrahlenden kosmischen Energiesumme aus den Transformationen zwischen den Sphären und dem Energieaustausch ergeben, sind alle dazu bestimmt, durch die Notwendigkeit kosmischer Regeneration für ein verbessertes Funktionieren des »Raums im Universum« umgewandelt zu werden, kraft der Fähigkeit des menschlichen Geistes, die Probleme des »Raums im Universum« sinnvoll zu lösen.

Als ich 1927 die vorangegangenen Entscheidungen traf, waren meine Frau, unser neugeborenes Kind und ich ohne einen Pfennig Geld und ich diskreditiert im wirtschaftlichen Wettbewerb der Menschen auf unserem Planeten. Ohne Geld und Kredit, aber reich gesegnet mit der Liebe meiner Frau, meines Kindes und meiner Freunde, war meine Situation besonders günstig, um als »Versuchsballon« zu dienen für einen Validitätstest für die Frage, ob dieses menschliche Individuum eine so großartige Strategie initiieren kann, wenn es nur inspiriert ist von der Überzeugung: Wenn alle menschlichen Individuen sich den oben dargelegten Ideen verschreiben, um eine positive evolutionäre Regeneration in Gang zu bringen, können die so verpflichteten und tätigen Menschen und jene, die von ihnen abhängig sind, ein gutes Leben führen. 1927 war es ein allgemein anerkannter Glaubenssatz, daß der Mensch sich seinen Lebensunterhalt hart verdienen müsse – ob er wollte oder nicht –, denn man war der Überzeugung, daß bei allen Mitteln des Lebensunterhalts eine fundamentale Knappheit herrsche. Das Verdienen des Lebensunterhalts mußte innerhalb der ökonomischen Regeln und Gebräuche, wie sie die Gesellschaft entwickelt hatte, erfolgen. Weder die Honigbiene noch die menschliche Geldbiene hatten Kenntnis von der ökologischen Einheit der zirkulatorisch-zyklischen Inter-Regeneration der Natur. Im Gegensatz dazu mußte ich mir klar darüber sein, daß mein Unterfangen in ganz anderer und ungewöhnlicher Weise belohnt werden würde, wenn ich nur dem Gedanken an verführerische Gewinne für meine Aktivitäten gänzlich abschwören würde. Die Belohnungen mußten für alle Menschen und für das ganze Universum sein, was sie offenbar auch schon immer gewesen sind und immer sein werden. Es gab nichts Moralisches oder Edles bezüglich dieser meiner Verpflichtung, denn sie bedeutete ja nur, natürlich zu sein, d. h. normal in diesem Universum.

Unsere neugeborene Tochter ist seitdem längst erwachsen, und ihre nun heranwachsenden Kinder leben in Übereinstimmung mit der Logik meiner Verpflichtung aus dem Jahre 1927 und ihrer Validierung durch die Ereignisse in dem halben Jahrhundert danach, die mich befähigte, eine Vielzahl von Dingen, die alle schließlich spontane Verwendung von Menschen rund um den Erdball fanden, zu planen, zu produzieren und in jeder Weise zu realisieren. Diese totale Erfahrung gibt mir nun die Gewißheit, andere Menschen nicht in die Irre zu führen, wenn ich behaupte, daß sie vielleicht ebenfalls wirtschaftliche und spontane Erfolge verspüren, wenn sie sich einem ähnlichen System von Ideen und Entschlüssen widmen. Ich glaube ebenso, daß dies selbst dann noch stimmt, wenn die Erfahrung des Individuums nur lehrt, Probleme zu sehen, die Aufmerksamkeit verlangen und die von anderen nicht gesehen wurden, und wenn diese Probleme artifizielle Design-Lösungen nahelegen, die bislang von keinem Menschen angegangen wurden.

Diese Verpflichtung erschien uns um so natürlicher, als wir die synergetische Verbundenheit betrachteten von: a) der Präzession als der Wirkung von sich bewegenden Körpern auf andere separate sich bewegende Körper, die 90°-Winkel-Effekte auf den Lauf der letzteren hervorbringt, so wie die Sonne ihre Planeten in die Räume um sich herum präzessiert. Und b) das Phänomen des totalen Zusammenhangs des allen biologischen Arten eigenen, unabhängigen, in den Chromosomen vorprogrammierten, einzigartigen Überlebenstriebes, der aus 180°-Kräften besteht, die alle zusammen das umfassende regenerative Phänomen der gegenseitigen Beeinflussung und Unterstützung bilden, das als Ökologie bekannt ist, und die nur übergreifend und in ihrer Gesamtheit die Kontinuität der omnibiologischen Regeneration gewährleisten und die nicht dem Verhalten irgendeiner dieser Arten innewohnen. Wären die anderen Arten nicht vorhanden – die Honigbiene würde aussterben; es gäbe z. B. keine Blumen, die sie zum Zwecke der Nahrung ausbeuten könnte, es könnte sie gar nicht geben, wenn sie nicht von der Biene oder ihren Verwandten – unabsichtlich – bestäubt worden wären. Völlig klar ist, daß die kosmische Regeneration von Boltzmans entropischer Ausfuhr und syntropischer Einfuhr zusammen mit dem regenerativen Kreislaufsystem der irdischen Biosphäre – wie beim Menschen, wo das Herz das Blut durch die Adern pumpt, und die Lungen es respiratorisch reinigen und das Blut durch Sauerstoff erneuert wird usw. – alle miteinander ein Universum bilden von nur oberflächlich unabhängigen Kreislaufsystemen, die alle synergetisch interagieren, um die Einheit des ewigen regenerativen Universums zu gewährleisten. Offensichtlich würden die einzelnen Menschen, die sich direkt und ganz dem omni-regenerativen Fortschritt widmen, in das totale regenerative System eingepaßt und unbewußt regeneriert werden, aber immer indirekt. Jeder Baum bringt Wasser in den Himmel, damit es auf andere Bäume herabregnet – und keiner wird direkt belohnt für seine Funktionen. Ich glaube jedenfalls nicht, daß der Mensch so ohne weiteres die sozialen Sitten, die sich in den Zeitaltern entwickelt haben, über Bord werfen und egoistisch erwarten kann, daß das Universum sie weitertragen wird, nur weil sie eine selbstsüchtige Einstellung haben.

Ich glaube, daß die Hilfe, die ich erhalten habe, mir nicht zuteilgeworden wäre, hätte ich so perfide taktiert, um für mich persönliche Vorteile zu erhalten.

Als Konsequenz dieser Entschlüsse und der Erfahrung eines halben Jahrhunderts, in dem ich oft unerwartet belohnt worden bin, bin ich zu folgendem Schluß gekommen: *Nur das Unmögliche passiert.* Das heißt, daß nichts in der rationalen und bis heute gewonnenen menschlichen Erfahrung das indirekte Wirken der kosmischen Einheit erklären kann. Sie ragt ewig hinaus über die notwendigerweise begrenzte, ausschließlich direkte Wahrnehmung des Menschen.

Mit Ausnahme des lediglich semantischen Vorschlags an den Maharishi, das Wort *Erfindung* für das Wort *Schöpfung* einzusetzen in bezug auf die Entwicklung intellektueller Ressourcen, unterschreibe ich ohne Rückhalt seine Philosophie und seine Anwendung der Meditation, um die physische und metaphysische Weiterbildung anderer zu entwickeln und zu verstärken. Ich halte gleichermaßen dieses Buch von Harold Bloomfield, Michael Peter Cain, Dennis Jaffe und Robert Kory für sehr geistreich angelegt und einleuchtend in der Darstellung.

R. Buckminster Fuller

Vorwort

Mit großer Freude habe ich die Einladung der Autoren angenommen, ein Vorwort zu diesem Buch zu schreiben. Ich kann zwar nicht von mir behaupten, Experte für Transzendentale Meditation oder für die Wissenschaft der Kreativen Intelligenz zu sein, die aus der TM entwickelt wurde. Ich hatte jedoch das große Glück, fast einen ganzen Tag lang, während des Internationalen Symposiums über die Wissenschaft der Kreativen Intelligenz an der Queen's University, mit Maharishi Mahesh Yogi zusammenzusein. Gemeinsam mit vielen Meditierenden diskutierten wir die Beziehung zwischen Transzendentaler Meditation und meiner Arbeit über die medizinischen Aspekte des Streß. Seitdem halte ich es für eine sehr fruchtbare Aufgabe, den offensichtlichen psychologischen Einfluß der TM auf den somatischen Streß, wie ihn die Medizin versteht, im Detail zu untersuchen. Dies geschieht in hervorragender Weise durch das vorliegende Buch. Ein Blick auf das Inhaltsverzeichnis zeigt, wie weitgehend die Autoren die Beziehung und gegenseitige Beeinflussung von Meditation und Streß untersucht haben. Vor allen Dingen:

1) Der Einfluß der TM auf die Krise des modernen Lebens;
2) Techniken zur Erlangung einer reinen Bewußtheit;
3) die Physiologie der Bewußtseinszustände und die objektiv nachweisbaren körperlichen und geistigen Veränderungen, die mit TM einhergehen;
4) die Wirkung der TM als psychotherapeutische Methode;
5) schließlich die Nutzung dieser Technik zur Entfaltung kreativer Intelligenz und die sich hierdurch anbietenden Lösungen vieler unserer persönlichen und sozialen Probleme.

Die vorliegende Arbeit zeigt, daß die physiologischen Auswirkungen der TM auf den Stoffwechsel, die Atmung, den Hautwiderstand, den Laktat-Gehalt des Blutes, die Gehirnwellen und das kardiovaskuläre System genau denjenigen entgegengesetzt sind, die die Medizin als typisch für die Bewältigung des Streß identifiziert hat. Dementsprechend wird die heilsame Wirkung der TM auf körperliche Störungen bei solchen Erkrankungen am deutlichsten, die als Streß-Krankheiten oder Anpassungskrankheiten bekannt sind (vor allen Dingen mentale, kardiovaskuläre, gastrointestinale und allergische Leiden) und die durch ungeeignete Anpassungsversuche an die Streßfaktoren des täglichen Lebens verursacht werden. Das Buch behandelt diese Themen in kompetenter Weise.

Vor erst relativ kurzer Zeit – im Jahre 1970 – hielt Jerry Jarvis den ersten Kurs über die Prinzipien der kreativen Intelligenz an der Stanford-Universität. Er hatte sofort durchschlagenden Erfolg. Noch nie hatten an einem Kurs in Stanford so viele Studenten der unteren Semester teilgenommen. Die Aktivitäten in bezug auf diese spezielle Anwendung der TM werden nun von der *American Foundation for the Science of Creative Intelligence* koordiniert, deren Hauptsitz in Los Angeles ist. In der letzten Zeit hat sich die AFSCI bemüht, die Beziehung zwischen TM und Streß weitgehend dadurch bewußt zu machen, daß sie Vorführungen einer auf Video-Bändern aufgezeichneten Diskussion zwischen Jerry Jarvis und mir organisierte. Durch seine Bemühungen, TM jedem auf der Welt verfügbar zu machen, hofft Maharishi nicht nur unsere individuelle Selbstvervollkommnung zu unterstützen, sondern auch eine einsichtige Nutzung der Umwelt zu erleichtern. Unter anderem hat er es sich zum Ziel gesetzt, das volle Potential eines jeden Menschen nutzbar zu machen, die Leistungen der Regierungen und Verwaltungen zu verbessern, die höchsten Ideale der Erziehung und Bildung zu verwirklichen und die Probleme des Familienlebens, der Kriminalität und der Gewalttätigkeit zu lösen. Angesichts der schwindelerregenden Größe dieser Aufgabe legt er zur Zeit das Hauptgewicht auf die Ausbildung von Lehrern. Die Maharishi International University hat diese Aufgabe übernommen.

Die Transzendentale Meditation wurde zu einem Zeitpunkt bekannt, zu dem wir nur allzuoft mit der Gewißheit ziellos durch die Welt hetzen, daß unsere Religion, unsere Philosophie und unsere politischen Ansichten die einzigen sind, die die Probleme der Menschheit lösen können. Besonders förderlich für den Erfolg von Maharishis Programm ist es, daß man in wenigen Übungsstunden mit der TM vertraut werden kann und daß zwei Sitzungen von etwa 15 bis 20 Minuten täglich ausreichen, praktischen Nutzen aus ihr zu ziehen, wie auch immer unser Bildungsstand sein mag. Zudem wird durch die TM nicht der Arbeitsablauf extrem erfolgsorientierter, geschäftiger Menschen beeinträchtigt, da sie überall ausgeübt werden kann, selbst im Bus, in der U-Bahn und in Warteräumen. Das beredtste Zeugnis für die Nützlichkeit dieser Technik ist die Tatsache, daß TM bereits von einer knappen Million Amerikanern praktiziert wird.

Als psychologischer Ansatz, mit den unangenehmen Aspekten des Streß im Leben fertig zu werden, steht TM nicht mit meinen persönlichen Ansichten in Konflikt. Mein Ziel ist ein Kodex von ethischen Verhaltensmaßregeln, die auf natürlichen, biologischen Gesetzen beruhen und aus der Untersuchung von Abwehrreaktionen gegen Streß-Situationen abgeleitet sind. Ebenso wie TM ist mein Kodex von keiner Religion, Philosophie oder politischen Überzeugung abhängig und steht auch in keinem Widerspruch zu ihnen. Wo TM die reine Bewußtheit zur Erzielung der beabsichtigten Wirkungen benutzt, biete ich Richtlinien für ein physiologisch gerechtfertigtes Verhalten auf der Suche nach Glück und Sicherheit. Diese Gegenüberstellung dient nicht dazu, meine eigene Doktrin darzulegen. Sie soll klarstellen, daß beide Ansätze nicht nur vereinbar sind, sondern sich eigentlich sogar ergänzen. TM führt zu einem gesunden, ausgeruhten Zustand des Geistes und regt die kreative Intelligenz an. Die Prinzipien des »Leben mit Streß aber ohne Schmerz« bieten ein Bezugssystem, innerhalb dessen die Früchte der TM optimal nutzbar gemacht werden und somit nicht nur die schädlichen Nebenwirkungen des Streß vermieden, sondern auch die Vorteile vergrößert werden, die man aus wohltuend streßvollen Aktivitäten bezieht.

Um diesen wichtigen Punkt klarzustellen, müssen wir uns vor Augen führen, daß die Medizin den Streß folgendermaßen definiert:

»Die nicht spezifische (d. h. stereotype) Reaktion des Körpers auf irgendeine Anforderung, die an ihn gestellt wird.«

Diese Definition spezifiziert nicht, ob die Anforderung und ihre Resultate angenehm oder unangenehm sind. Der Streß-Reiz »Angst« oder »physischer Schmerz« verursacht ganz bestimmte, objektiv meßbare, nervliche und hormonale Reaktionen, die essentiell identisch mit denjenigen sind, die durch angenehmen Streß wie Erfüllung, Sieg und Erfolg hervorgerufen werden.

Aus dieser Perspektive heraus bringe ich sehr gern die alte biblische Aufforderung »Liebe Deinen Nächsten wie Dich selbst« in eine neue Form. Gehorsam gegenüber diesem Gebot führt zwar zu verbesserten mitmenschlichen Beziehungen, gibt jedoch kein höchstes Ziel an, das wir für sich genommen als wünschenswert respektieren können. Und es ist auch biologisch schwierig, sich daran zu halten: Große Fische müssen kleine Fische fressen, um zu überleben. Dennoch kann man diese Aufforderung umformulieren, ohne ihre tiefe Weisheit zu verfälschen, indem man sagt: »Verdiene Dir die Liebe Deines Nächsten.« Hier geht das Ziel über zwischenmenschliche Harmonie hinaus, und der Erfolg hängt nicht vom blinden Gehorsam ab. Dieser Satz gibt uns eine Richtlinie, wie der natürliche Egoismus und der Sammelinstinkt in altruistisches Verhalten umgeformt werden können. Die Absicht, durch das Ansammeln von Geld oder Macht stark und unverletzlich zu sein, wird in den Wunsch verwandelt, ein wirksameres und kostbareres Kapital anzusammeln – Liebe, Respekt, Dankbarkeit und Nützlichkeit für andere. Ein solch altruistischer Egoismus entzieht den Motiven für aggressives Verhalten den Boden, denn wer wird schon jemanden vernichten wollen, der liebenswert und nützlich geworden ist?

Diese Bemerkungen reichen wohl aus, um die Verträglichkeit des Konzepts der TM mit den Konzepten eines Kodex zu zeigen, der zu dem Zweck geschaffen wurde, den angenehmen Streß der Erfüllung (in der Fachsprache: Eustreß) zu erreichen, ohne die unangenehmen Folgen von schädlichem Streß (nämlich Schmerz) tragen zu müssen. Es geht nicht darum, den Streß abzuschaffen, sondern ihn zu meistern. Streß ist in der Aktivität des Lebens unvermeidbar. Zweck der TM ist es nicht nur, sich zu entspannen, sondern sich vor allem auf wirksame, kreative Aktivität vorzubereiten. In den klassischen Worten der Bhagavad Gita: »Nicht indem der Mensch sich aus der Handlung zurückzieht, wird er frei von ihr. Auch nicht für den kleinsten Moment kann der Mensch ohne Handlung sein. Unwiderstehlich werden alle zur Handlung getrieben durch die Kräfte, die aus der Natur geboren sind.« In die Sprache meines Spezialgebietes übertragen: Nicht dadurch, daß der Mensch Streß vermeidet, wird er die Freiheit vom schmerzhaften Streß erreichen.

Das TM-Buch wird wahrscheinlich sofort Erfolg haben, da es äußerst klar darstellt, wie reine Bewußtheit und kreative Intelligenz in Kombination mit dem, was die Medizin über die körperlichen Wirkungen lehrt, der Menschheit helfen können, die Krise des modernen Lebens zu überwinden, wie es vor allem im ersten Kapitel dieses Buches beschrieben wird.

Montreal, Kanada 1975 Professor Hans Selye

Vorbemerkung

Wie kommt es, daß ein Psychiater, ein Künstler, ein Sozialwissenschaftler und ein Philosoph zusammen ein Buch über die Entfaltung des menschlichen Potentials schreiben? Wir haben eines gemeinsam: die Ausübung einer modernen Meditationstechnik. Diese Technik ist die Transzendentale Meditation. Fast eine Million Menschen, davon mehr als die Hälfte in den USA, haben sie durch die Tätigkeit von Maharishi Mahesh Yogi gelernt. Wir stellten als Ergebnis dieser Technik auffällige, positive Veränderungen an uns selbst, unseren Freunden, Kollegen, Patienten und Schülern fest. Deshalb begannen wir, die Auswirkungen dieser einfachen und weitverbreiteten Methode der Bewußtseins-Erweiterung im Hinblick auf die ständig zunehmende wissenschaftliche Bestätigung dieser Technik zu erforschen. Wir untersuchten auch Maharishis theoretische Erklärungen der tiefgreifenden Auswirkung dieser Technik. Je mehr wir uns damit beschäftigten, desto klarer wurde uns, daß diese Meditationsform jeden Aspekt der Gesundheit und des Wohlergehens des Menschen beeinflußt. Daher beschlossen wir, was wir erfahren und gelernt hatten, in einem systematischen Report über die Erfahrungen, die wissenschaftlichen Nachweise und die zugrundeliegende Theorie zusammenzufassen.

Harold Bloomfield befand sich gerade im letzten Jahr seiner fachärztlichen Ausbildung zum Psychiater an der medizinischen Fakultät von Yale, als er die Technik der Transzendentalen Meditation, kurz TM, lernte. Er merkte, daß die zweimalige Anwendung täglich Spannungen aus der täglichen Routine abbaute und ihn leistungsfähiger und glücklicher machte. Seine meditierenden Freunde und Kollegen berichteten von ähnlichen Veränderungen in ihrem Leben. Da Abbau von Angst eines der wichtigsten Ziele der Psychotherapie ist und seine persönlichen Erfahrungen mit der TM-Technik durch wissenschaftliche Untersuchungen bestätigt wurden, begann Bloomfield, seinen Patienten die TM-Technik zu empfehlen und dabei den Nutzen der TM in der Medizin und in der psychiatrischen Therapie zu untersuchen. Er ist der erste amerikanische Psychiater, der sich zum TM-Lehrer ausbilden ließ. Heute setzt er die Technik äußerst erfolgreich in seiner Berufspraxis ein.

Als Michael Cain mit der TM-Technik begann, arbeitete er als Künstler mit der international bekannten Gruppe Pulsa. Er benutzte ungewöhnliche technische Mittel, um die tiefere Bedeutung unserer sich ständig verändernden Umwelt zum Ausdruck zu bringen. Da Cain und seine Frau von der TM-Technik sehr beeindruckt waren, reisten beide zu einem internationalen TM-Lehrerausbildungskurs, der damals noch in Indien stattfand. Als TM-Lehrer und Forschungs-Assistent lehrte Cain an der Kunsthochschule Yale in zwei Seminaren die wissenschaftliche Erforschung und Theorie der TM-Technik. Aus dem Material dieser Kurse formten wir das Gerüst des vorliegenden Buches. Zusätzlich zu seiner künstlerischen Tätigkeit arbeitet Cain, inzwischen Professor an der Maharishi International University, an einem Lehrplan über Kunst und Bewußtsein.

Dennis Jaffe war Sozialwissenschaftler in Yale. Er führte dort verschiedene neue Programme für Jugendliche, vor allem Drogenabhängige, ein. Nachdem er mehrere Jahre als Berater für Jugendliche, die unter Anpassungsschwierigkeiten litten, gearbeitet hatte, begann er mit TM. Er stellte daraufhin bei sich selbst und bei stark drogenabhängigen Jugendlichen positive Veränderungen fest und erkannte, daß auf der Grundlage der TM eine umfassende soziale Umwandlung möglich ist. Gegenwärtig arbeitet Dennis in der Abteilung für Psychiatrie an der Universität von Kalifornien in Los Angeles.

Robert Kory studierte in Yale Philosophie und politische Wissenschaften, als er mit der TM-Technik begann. Der Wert der TM war ihm gleich so bewußt, daß er unter der Leitung Maharishis sehr intensiv die Beziehung zwischen psychoanalytischen Konzepten und den Bewußtseins-Theorien der altindischen Veden untersuchte. Seine Arbeit darüber bildet den Kern unserer Darstellung über die Beziehung zwischen Transzendentaler Meditation und der Theorie der Psychoanalyse im siebenten Kapitel [161].

Die Autoren repräsentieren eine Vielfalt akademischer Disziplinen: Ihr gegenwärtiges Engagement für die TM-Technik entsprang den verschiedenen sozialen Strömungen der letzten Jahrzehnte. Wir sind davon überzeugt, daß die Ausübung der TM-Technik durch möglichst viele Menschen einen bedeutenden Beitrag dazu leistet, in jedem Lebensbereich humanere, lebensfreundlichere Werte zu schaffen. Wir haben dieses Buch geschrieben, um unsere Erfahrungen und unser Wissen all denjenigen mitzuteilen, die das Gefühl haben, ihre wahren Fähigkeiten noch nicht entdeckt zu haben, und die den Weg zu einem harmonischeren, schöpferischeren und erfüllteren Leben suchen.

1
Die Krise des modernen Lebens

Eine angeborene Dynamik treibt den Amerikaner zur Erfüllung. Amerika wird von allen Menschen der Erde als der Welt aktivste, produktivste und fortschrittlichste Nation bezeichnet. Seit einem Jahrhundert haben sich die Amerikaner mit ihrem aggressiven Schwung äußerst erfolgreich durch die systematische Anwendung der Technologie ihre Wünsche erfüllt. Aber warum sind dann die Amerikaner innerlich so verspannt? Und warum ist ihre alles durchdringende Angst untrennbar mit der Sehnsucht nach Erfüllung verbunden?

Die Technik stellt ein System dar, mit dem man sich Wünsche erfüllt. Amerika verfügt über mehr Technik als irgendein anderes Land der Erde. Und in der Tat haben die Amerikaner weitgehend einen noch nie dagewesenen Lebensstandard erreicht. Die übrige industrielle Welt versucht, sich dem schleunigst anzuschließen. Obwohl Millionen in tiefster Armut leben, hat die schnelle Industrialisierung so unterschiedlicher Länder wie Schweden, Japan und Iran bewiesen, daß der Mensch durch die systematische und intelligente Nutzung der Technik materiellen Komfort haben kann und haben wird. Trotz der gegenwärtigen Preissteigerungen, weitverbreiteten Knappheiten und der Erschöpfung mancher Rohstoffe usw. beginnt ein großer Teil der Weltbevölkerung die Erfüllung seiner grundlegenden Bedürfnisse und zugleich immer mehr Freizeit zu genießen. Diese vielen Menschen jedoch erliegen den gleichen Problemen, die die Amerikaner bedrängen: Angst, psychosomatische Erkrankungen, Drogenmißbrauch, geistige Krankheiten, schlechte Arbeitsqualität, Sinnlosigkeit des Lebens und eine hektische Sucht nach neuen Anregungen und Reizen.

Überfluß durch die Technik im materiellen Bereich steigert in gleichem Maß Angst und Unzufriedenheit im seelischen Bereich. Diese Tatsache ergibt einen historischen Widerspruch von ungeheurer Bedeutung. Obwohl Industrienationen und Entwicklungsländer sich der technischen Expansion verschrieben haben, war die Technik bisher nicht in der Lage, den Menschen persönliche Erfüllung und Harmonie zu gewährleisten. Einige Sozialwissenschaftler rufen daher nach einer Neubewertung und Einschränkung des technischen Fortschritts [65, 242], während andere einfach die Hoffnung aufgegeben haben [158, 177]. Der Widerspruch der zunehmenden Spannungen in der Welt scheint offensichtlich unlösbar und scheint eine pessimistische Ansicht über die Zukunft des Menschen zu rechtfertigen. Eine Alternative zu solchem Pessimismus ist es, Methoden der modernen Wissenschaften einzusetzen, um die menschliche Erfüllung zu untersuchen.

Das Motiv für solche Untersuchungen ist offensichtlich: Wenn die Wissenschaft eine Methode finden könnte, die dem Menschen Zugang zu seinem vollen persönlichen Potential ermöglichte und ihm einen Zustand völliger Integration vermitteln könnte, dann würde eine weitverbreitete Anwendung dieser Methode nicht nur dem einzelnen, sondern auch der Gesellschaft nützen. Aus diesem Grund gibt Amerika Millionen von Dollars für medizinische und psychologische Forschung aus. Dennoch haben Medizin und Psychologie, abgesehen von vorübergehender und oft schädlicher Erleichterung durch Medikamente, noch kein praktisches Programm entwickelt, das die zunehmende Verspannung der Menschen lösen könnte.

Die paradoxe Zunahme von Spannung, Hand in Hand mit der technischen Entwicklung, gibt jedoch einen neuen Ansatz für das Verständnis, warum der Mensch unerfüllt ist. Der Erfolg des Menschen in der Umformung seiner Welt hat zu großen Veränderungen in allen Lebensbereichen geführt. Der Mensch ist heute gezwungen, in einem Monat soviel Wissen und Erfahrung zu assimilieren wie früher in einem Jahrhundert [285]. Er wird derart mit Informationen und Eindrücken bombardiert, daß eine schädliche Überreizung eintritt. Obwohl Massenproduktion, Computer und schnellste Transportmöglichkeiten den Einflußbereich des Menschen beträchtlich erweitert haben, überfordern sie auch ständig seine geistigen und körperlichen Fähigkeiten. Ständig werden neue Techniken entwickelt, die Wünsche und Bedürfnisse des Menschen zu erfüllen, aber dies erfordert andauernde geistige und körperliche Anpassung an die überwältigenden Veränderungen in jedem Lebensbereich.

Ein vor ein paar Jahren erschienenes Buch machte den Begriff

»Zukunfts-Schock« sehr populär. Dieser Begriff beschreibt die vernichtende Wirkung des zunehmenden Tempos der modernen Welt auf das menschliche Leben [285]. Obwohl der »Zukunfts-Schock« auch psychologisch und verhaltensmäßig bedeutsam ist, bezeichnet er hauptsächlich die Unfähigkeit des menschlichen Körpers, mit der immer schnelleren Veränderung seiner Umwelt fertigzuwerden. Zu schnelle und zu große Veränderungen schwächen die Körperfunktionen und setzen das geistige und emotionale Wohlbefinden herab. So groß auch der materielle Komfort sein mag, er reicht nicht aus, diese Schäden rückgängig zu machen. Hauptursache des Mangels an Erfüllung in unserer Gesellschaft sind die physiologischen Auswirkungen des beschleunigten technischen Wachstums.

Die medizinische Bezeichnung für übermäßigen Verschleiß des Körpers ist Streß. Wenn man ständiger Veränderung ausgesetzt ist, muß der Körper auf diese Anforderungen reagieren. Anpassung an Umstände, die die vorhandenen Fähigkeiten übersteigen, erfordert biochemische und physiologische Reaktionen. Dieser Anpassungsvorgang überanstrengt den Körper und erschöpft seine Energien. Wenn man wiederholt übermäßigem Streß ausgesetzt ist, ohne genügend Ruhe zum Wiederaufbau der körperlichen Reserven zu bekommen, führt dies zu einer systematischen Verschlechterung der Erlebnisfähigkeit in allen Bereichen. Zunehmender Streß bringt größere Anfälligkeit für Krankheiten, vor allem für psychosomatische Leiden [97, 253]. Man findet sich von unerklärlicher Angst befallen, von Frustration, Depression oder einem allgemeinen Gefühl von Unbefriedigtsein und Ziellosigkeit. Durch die Zunahme von Streß und die dadurch verursachte Abnahme geistiger Klarheit und emotionaler Offenheit leiden die Beziehungen zu anderen Menschen. Übermäßiger Streß macht es auch unmöglich, klare Entscheidungen zu fällen, erfolgreich zu planen und etwas zu leisten. Da körperliche, emotionale und geistige Vorgänge eng miteinander verbunden sind, beeinflußt Streß jeden Aspekt des Lebens.

Die medizinische Erforschung des Streß-Syndroms läßt uns seine zentrale Rolle bei allen Erkrankungen immer mehr sehen [253]. Die Häufigkeit von Herzerkrankungen in Amerika zeigt, wie weitverbreitet dieses Syndrom bereits ist und welch schwächenden Einfluß es ausübt. Mehr als 1/3der männlichen Erwachsenen leidet an zu hohem Blutdruck, und mehr als die Hälfte aller Todesfälle ist Folge von Herz- und Kreislaufkrankheiten [202]. Gleichermaßen aufschlußreich ist der ungeheure Umsatz von Schlaftabletten, der sehr klar zeigt, daß Schlaflosigkeit eines der großen Gesundheitsprobleme unserer Zeit ist. Schlafstörungen sind mit die hervorstechendsten Auswirkungen von übermäßigem Streß und sind die Vorläufer von geistigen Erkrankungen. Der weitverbreitete Gebrauch von Schlafmitteln, die häufig schädlich sind und zur Sucht führen, muß eher als eine Komplikation des Streß-Problems und nicht als eine Lösung angesehen werden. Ebenso weist der weitverbreitete Mißbrauch von Beruhigungs-, Schlaf- und Aufputsch-Mitteln, halluzinogenen Drogen, Marihuana, Betäubungsmitteln, Zigaretten und Alkohol darauf hin, wie dringend notwendig es ist, die Auswirkungen von Streß abzubauen. Im Jahre 1970 produzierten die pharmazeutischen Firmen in den USA 5 Milliarden Beruhigungspillen, 5 Milliarden Schlaftabletten und 3 Milliarden Aufputschmittel, während die Ärzte in den USA mehr als 200 Millionen Rezepte für solche Medikamente ausstellten.

Streß trägt zur Zunahme von Spannungen im Leben der Menschen bei, dennoch kann Einsicht in die psychophysiologischen Eigenschaften des Streß unser Verständnis von Gesundheit und Erfüllung verbessern. Materieller Komfort und Erfolg befriedigen den Menschen zu einem gewissen Grad, aber sein körperlicher und geistiger Zustand bestimmt insgesamt die Qualität seiner Erlebnisfähigkeit. Wenn Streß die tägliche Aktivität eines Menschen durch Angst und Unzufriedenheit trüben kann, kann man vom physiologischen Gegenteil des Streß, einem wohlausgeruhten und leistungsfähigen Nervensystem, erwarten, daß es die Erfahrung von emotionalem und körperlichem Wohlbefinden hervorbringt. Und wenn übermäßiger Streß die Leistungen herabsetzt und Entscheidungen erschwert, ist anzunehmen, daß der Abbau von Streß Energie- und Intelligenzreserven freisetzt und dadurch bessere Leistungen und erfolgreicheres Denken ermöglicht.

Die außerordentliche Dringlichkeit, dem Problem des Streß und dem Mangel an Erfülltheit in unserer Gesellschaft entgegenzutreten, zeigt sich besonders schmerzlich am Zusammenbruch sozialer Bindungen. Arbeit, die ursprünglich eine Gelegenheit bot, Leistungen zu vollbringen, ist weitgehend zu einem rein ökonomischen Zwang degradiert worden. Erholung andererseits, die einmal Freude und Entspannung in der Freizeit verhieß, wurde zu einer hektischen Suche nach immer aufregenderen Vergnügungen [264]. Während in kleinen Städten das Gemeinschaftsgefühl völlig verkümmert, hat die Anonymität und Flüchtigkeit des Großstadtlebens die Existenz entwurzelt und entwertet [285]. Auch die Familie steht unter ungeheurer Belastung, da sie sich der praktisch unlösbaren Aufgabe gegenübersieht, einen warmen und sicheren Mittelpunkt für die menschliche Entwicklung zu schaffen, während die größere Gemeinschaft ringsum zusammenbricht. Fast die Hälfte aller Ehen endet in Scheidung, jedes vierte Kind hat geschiedene Eltern. Lehrer, Schüler und Eltern üben an den Schulen Kritik, da diese sich als unfähig erweisen, die Jugendlichen mit den für die Zukunft notwendigen manuellen, emotionalen und geistigen Fähigkeiten auszustatten [123]. Da diese allgemeinen Auswirkungen von Streß offensichtlich kaum einzudämmen sind, macht sich ein Zynismus breit, der jede Lösung verneint. Streß facht Feindseligkeit und Ungeduld an und beschränkt Kreativität und erfolgreiches Denken, was wiederum die Streßprobleme vergrößert. Die Geschwindigkeit des Fortschritts verlangt, daß wir unseren Streß abbauen und unsere vollen Anlagen nutzen, um die äußere Krise wachsender sozialer Zersplitterung zu lösen. Wir müssen flexibler werden. Wir müssen lernen, wie wir uns den mannigfaltigen, ständig veränderlichen zwischenmenschlichen, emotionalen und physischen Anforderungen stellen, ohne uns übermäßig Streß aufzuladen. Wir müssen äußerst klar denken und unsere Entscheidungen den sich schnell ändernden Umständen anpassen. Wir müssen unabhängig sein und in uns selbst dauernde Befriedigung finden, statt Erfüllung in starren sozialen Rollen zu suchen. Wir müssen unsere Fähigkeit, Gegensätze zu integrieren, voll entwickeln und so trotz ständigen Wandels das Leben in seiner ganzen Fülle erhalten. Und schließlich müssen wir unsere volle Kreativität und Intelligenz benutzen, um eine umfassende, lebensfördernde Planung für die weitere technische Entwicklung sicherzustellen.

Dieses Buch beschreibt eine Methode, das Wachstum zu fördern, indem vorhandener Streß abgebaut, die Widerstandskraft des Körpers gegen Streß heraufgesetzt und ein Zustand psychophysiologischer Integration begünstigt wird. Auf einer breiten

Grundlage wissenschaftlicher Forschungsergebnisse weisen wir nach, daß eine ganz bestimmte Technik, Transzendentale Meditation (TM), von einzigartigem Nutzen für Streß-Abbau und für die volle Entfaltung von Energie, Intelligenz und Zufriedenheit eines Menschen ist. Diese Technik, die bereits das Leben von Hunderttausenden bereichert, ermöglichte es der Wissenschaft, eine natürliche Reaktion des Körpers kennenzulernen, die das Nervensystem stabilisiert und integriert. Wenn diese Reaktion durch die mühelose Ausübung der TM richtig ausgelöst wird, läuft sie automatisch wie ein Reflex ab. TM befähigt den Menschen, einen Zustand tiefer Ruhe zu erreichen. Dadurch beseitigen sich Schäden, die durch übermäßigen Streß hervorgerufen wurden, und Gesundheit und emotionale Stabilität sowie die Leistungen werden verbessert. Die jüngsten Forschungsergebnisse über die psychophysiologischen Auswirkungen der TM lassen vermuten, daß TM eine epochemachende Entdeckung auf dem Gebiet der Techniken menschlicher Integration darstellt.

Die größte Bedeutung der TM liegt wahrscheinlich darin, daß sie äußerst weitgestreute Auswirkungen hat. Es liegen wissenschaftliche Berichte vor, daß die Technik die Lernfähigkeit [1, 48], die sensomotorischen Leistungen [28] und die Reaktionszeit [260] verbessert. Andere Forscher stellten eine deutliche Verbesserung der psychischen Gesundheit [72, 210] fest, eine größere Fähigkeit, sich von Streß zu erholen [218], und eine Steigerung der Wahrnehmungsschärfe [110, 227]. Soziologen fanden heraus, daß TM Leistungsfähigkeit und Arbeitszufriedenheit erhöht [85]. Ärzte berichteten, daß TM den zu hohen Blutdruck [25] senkt, asthmatische Erkrankungen lindert [308] und für die Behandlung von Geisteskranken von hohem Nutzen ist [100, 255]. Von den vielen Untersuchungen, die wir besprechen werden, lassen diese wenigen bereits erkennen, daß TM ihr Versprechen hält, das Leben der Menschen durch den Abbau von Streß und die Integration des Nervensystems zu verbessern.

Die durch TM ausgelöste Reaktion ist dem menschlichen Nervensystem angeboren. Wachstum durch die Ausübung der TM ist ein völlig natürlicher Vorgang. TM heißt nicht, daß man sich bemüht, geistige oder körperliche Zustände zu verändern oder den Geist zu analysieren oder zu kontrollieren. In der Tat ist diese Technik so natürlich und spontan wie das Aufwachen, und ihre physiologischen Auswirkungen entstehen aus der tiefen Ruhe, die während der Übung erreicht wird. Die entsprechenden psychischen Auswirkungen ergeben sich aus einer spontanen Integration der Aktivität im Nervensystem. Wegen ihrer äußersten Natürlichkeit und Spontaneität ist TM völlig anders als hypnotische oder suggestive Techniken. Aus dem gleichen Grund hat sie nichts mit den religiösen Einstellungen eines Menschen zu tun.

Die Reaktion, die durch TM ausgelöst wird, ist so alt wie der Mensch selbst. Eine Erörterung der Technik findet sich in den ältesten menschlichen Erfahrungsberichten, den Veden. Diese Technik hat jedoch nichts zu tun mit der gegenwärtig modernen Beschäftigung mit östlicher Philosophie oder Kultur. Die richtige Ausübung der TM hängt nämlich nicht von der kulturellen Orientierung, sondern von einer angeborenen Fähigkeit des Nervensystems ab. Außerdem ist der einzigartige Ruhezustand, den man durch die TM erreicht, so natürlich und so wertvoll für die persönliche Entwicklung und das eigene Wohlbefinden, daß er in vielen Kulturen bekannt ist und erwähnt wird. Wie man heute nachweisen kann [294, 295], ist jedoch keine Meditationstechnik so wirksam wie TM, um tiefe Ruhe und die sich daraus ergebende psychophysiologische Integration zu erreichen.

Indem wir für eine natürliche Technik statt für eine künstliche eintreten, um den Menschen physisch zu stärken und dadurch seine angeborenen Fähigkeiten zu entfalten, liegen wir auf einer Linie mit den in allen Wissenschaften vorhandenen Strömungen, die sich für das menschliche Potential interessieren. Das ganze Buch hindurch weisen wir nach, daß der Mißerfolg des Menschen, mit den Anforderungen des Fortschritts fertig zu werden, nur daher rührt, daß er bisher nicht in der Lage war, sein volles psychisches, physisches, emotionales und geistiges Potential zu nutzen. Dementsprechend schlagen wir vor, die unzähligen Probleme unserer Gesellschaft dadurch zu lösen, daß eine Technik, die den einzelnen psychophysisch stärkt und seine ungenutzten Reserven freisetzt, weit verbreitet und angewendet wird.

Diese These hängt eng mit der Theorie zusammen, daß der Mensch durch die Entwicklung seines Bewußtseins enorme Reserven finden kann. Unsere Diskussion der Entwicklung der Persönlichkeit unterscheidet sich jedoch gewaltig von dem ebenso populären wie vagen Rezept, daß die Lösung aller Probleme des

Menschen in seinem Bewußtsein liegt. Wir definieren Bewußtsein als ein grundlegendes Vermögen, das sich in unserer Fähigkeit ausdrückt, äußerer und innerer Gegenstände und Situationen gewahr zu werden. Bewußtsein ist jene schwer beschreibbare, aber zutiefst vertraute Grundlage all unserer Erfahrungen. Es ist dumpf, wenn wir müde sind, und strahlt hell und klar, wenn wir wach sind. Bewußtsein wird am vollsten im Wachzustand erfahren, wenn wir klar wahrnehmen, fühlen und denken. Im Schlafen und Träumen drückt sich das Vermögen des Bewußtseins darin aus, daß wir uns durch tiefe Ruhe regenerieren können, wodurch wir danach klarere Erfahrungen machen können. Andere Formen von Bewußtsein in höheren Bewußtseinszuständen werden in den späteren Kapiteln dieses Buches behandelt. Obwohl Bewußtsein leicht von Streß überschattet wird, ist es die grundlegende und kostbarste Anlage des Menschen.

Die Beziehung zwischen dieser grundlegenden Idee des Bewußtseins und dem Potential des Menschen ist offensichtlich. Demgegenüber haben Geisteswissenschaftler den Begriff »Bewußtsein« in der jüngsten Zeit in so vielen verschiedenen Bedeutungen verwendet, daß er fast bedeutungslos geworden ist. Einer behandelt ihn als Ideologie [234], ein anderer als Prozeß [224], ein anderer als eine Erfahrungsqualität [278] und noch ein anderer als das, was zwischen Umgebung und dem Selbst steht [231]. Um Verwechslungen mit den verschiedenen Begriffen zu vermeiden, erörtern wir menschliches Potential nicht vom Begriff des Bewußtseins, sondern von einem neuen Konzept her, dem der kreativen Intelligenz. Wir werden jedoch die Beziehung zwischen dem Wachstum der Persönlichkeit und den verschiedenen Bewußtseinszuständen untersuchen, da dieses Konzept physiologisch und psychologisch gesehen bedeutsam ist.

Das Potential des menschlichen Geistes ist wissenschaftliches Neuland, das noch kaum erforscht ist. Gehirnforscher haben die enorme Kapazität des menschlichen Nervensystems herausgestellt [315], und schon zu Beginn des 20. Jahrhunderts erkannten Psychologen, daß der Mensch nur einen geringen Teil seines geistigen Potentials benutzt [134]. Im Menschen arbeitet ein ungeheurer Dynamo von Energie und Intelligenz, der unsere Aktivität ständig mit Kraft versorgt und ihr eine Richtung gibt. Maharishi Mahesh Yogi, der erste Lehrer der TM-Technik im Westen, bezeichnet diese potentielle Energie und Intelligenz im Menschen als »kreative Intelligenz« [189]. Der Begriff »kreativ« bezieht sich auf die grundlegende Fähigkeit, Veränderung zu verursachen, der Begriff »Intelligenz« auf das Vermögen, die Veränderung sinnvoll auszurichten. Der Begriff »kreative Intelligenz« beschreibt also die angeborene Fähigkeit des Menschen, ständig Fortschritt aufrechtzuerhalten.

Wenn wir die Erweiterung der menschlichen Fähigkeiten durch psychophysische Integration besprechen, benutzen wir das Konzept der kreativen Intelligenz, um das Prinzip des integrierten oder ganzheitlichen Wachstums zu beschreiben, das durch TM zustande kommt. Da die TM eine äußerst wirksame Technik ist, kreative Intelligenz zu entwickeln, wurden die Prinzipien, nach denen sie arbeitet, systematisch untersucht [189]. In vielen Universitäten in den Vereinigten Staaten wird das Studium der Kreativen Intelligenz als Wissenschaft anerkannt. In einem späteren Kapitel des Buches erörtern wir den Einfluß, den diese neue akademische Disziplin, die Wissenschaft der Kreativen Intelligenz, auf das Erziehungs-System hat.

Zweck des vorliegenden Buches ist es, die Bedeutung der TM-Technik innerhalb eines zusammenhängenden wissenschaftlichen Bezugssystems darzulegen. Nachdem wir die Notwendigkeit einer Stärkung des einzelnen und der Entfaltung des vollen menschlichen Potentials kurz dargestellt haben, beschreiben wir in Kapitel 2, wie TM funktioniert, und wie man sie lernt. In Kapitel 3 besprechen wir die Physiologie des menschlichen Nervensystems, und wie es von Streß beeinflußt wird. In Kapitel 4 wird die gegenwärtige physiologische Forschung über TM durchgesprochen, und es werden Hypothesen entwickelt, wie die TM Streß physiologisch abbaut und die Gesundheit fördert. In Kapitel 5 weisen wir die psychischen Vorteile der TM-Technik nach, vor allem bei der Bekämpfung des Drogen-Mißbrauchs, Kapitel 6 berichtet über den Einsatz der TM-Technik als Zusatz zur Psychotherapie. In Kapitel 7 beschreiben wir TM als Methode, kontinuierlichen Zugang zur reinen kreativen Intelligenz zu haben und dadurch das volle Potential des Menschen zu entfalten. Das Schlußkapitel berichtet darüber, wie die TM-Technik bereits zur Verbesserung unserer Sozial-Einrichtungen eingesetzt wird – über die Steigerung der Lebensqualität des einzelnen.

2
Transzendentale Meditation: Die Technik, reine Bewußtheit zu erreichen

Eine halbe Million Amerikaner aller Altersstufen und Lebensweisen sitzen jeden Tag vor dem Frühstück und dem Abendessen auf einem bequemen Stuhl und schließen die Augen. Mühelos gehen sie in immer tiefere Entspannungszustände, während sie geistig wach bleiben und den Vorgang genießen können. Es sind Astronauten unter ihnen, Senatoren, Kongreß-Abgeordnete, ein führender China-Experte, Besatzungen im strategischen Luftkommando, Pentagon-Generäle, ein berühmter Diät-Fachmann, Börsen-Makler der Wall-Street, berühmte Football- und Basketball-Spieler, Schauspieler am Broadway, das Ensemble eines berühmten Repertoire-Theaters, Wissenschaftler, Künstler, Geschäftsleute, Professoren, Ärzte, Lehrer, Hausfrauen, Studenten und Kinder. Sie alle üben Transzendentale Meditation aus. Was tun sie da, und warum tun sie es?

Transzendentale Meditation ist weder eine Religion noch eine Philosophie noch ein bestimmter Lebensstil – es ist eine natürliche Technik, um Streß abzubauen und das Bewußtsein zu erweitern. Sie wurde zum ersten Mal 1959 von dem indischen Lehrer Maharishi Mahesh Yogi in den USA eingeführt. Der Begriff »transzendental« leitet sich von »transzendieren« ab, was »überschreiten« bedeutet [190].

Maharishi wählte diesen Begriff, um klarzumachen, daß TM die Aufmerksamkeit ganz spontan über die vertraute Ebene des Wachzustandes hinaus zu einem Zustand tiefer Ruhe und gesteigerter Wachheit bringt.

Maharishis Technik, diesen Zustand zu erreichen, ist vollkommen mühelos. TM kann in ein paar Stunden gelernt werden und wird dann nur 15–20 Minuten jeden Morgen und Abend ausgeübt. Die Technik ist eine klar definierte Methode, die Aktivität des Geistes zur Ruhe kommen zu lassen, während man mit geschlossenen Augen bequem dasitzt. Dieser geistige Vorgang löst ganz automatisch einen physiologischen Vorgang aus, der sowohl zu tiefer Ruhe als auch zu gesteigerter Wachheit führt. Um meditieren zu lernen, braucht man keine neue Fähigkeit zu entwickeln. Man erlaubt einfach einer angeborenen Fähigkeit des Nervensystems, in Aktion zu treten. Ferner braucht man auch keine besondere Einstellung, kein Vorbereitungs-Ritual, keine spezielle Umgebung und keine ungewöhnlichen Körperhaltungen, um zu meditieren. Gewöhnlich meditiert man zwar zu Hause, aber man kann es überall da tun, wo man bequem sitzen kann und nicht gestört wird. Viele Geschäftsleute meditieren im Flugzeug, im Zug, in der U-Bahn, in Bussen oder Warteräumen. Was geschieht während der Transzendentalen Meditation? Man erfährt einen angenehmen und entspannten Zustand, der die Aufmerksamkeit anzieht, einen Zustand, in dem die geistige Aktivität sehr ruhig ist, und man dennoch außerordentlich wach ist. Obwohl Sinneseindrücke, Gefühle oder Gedanken während der TM auftreten können, berichten Meditierende von kurzen oder manchmal ausgedehnteren Phasen »reiner Bewußtheit«, »man ist innen wach, ohne daß etwas geschieht«, »man schläft nicht, ist sich aber keiner einzelnen Vorgänge bewußt« [262, S. 53]. Unsere Aufmerksamkeit ist gewöhnlich mit den Gegenständen unserer Erfahrung beschäftigt, und unsere alltägliche Erfahrung besteht aus einem unaufhörlichen Strom von Gedanken, Gefühlen, Empfindungen und Wahrnehmungen. TM schafft zweimal täglich für kurze Zeit die Gelegenheit, sich mühelos von diesen andauernden Eindrücken zu lösen. Wenn der Meditierende die Aufmerksamkeit nach innen gehen läßt, erfährt er ruhigere Ebenen des Geistes, in denen er – in Abwesenheit von Gedanken – immer deutlicher die Unbegrenztheit seines Bewußtseins realisiert. Dieser Zustand, den wir als reine Bewußtheit bezeichnen, bedeutet nichts anderes als innerlich wach zu sein, ohne irgendeiner anderen Sache als der Bewußtheit selbst bewußt zu sein.

Obwohl diese Erfahrung im Westen nicht sehr bekannt war, ist sie weder schwierig zu erreichen, noch ist sie etwas Ungewöhnliches. Leute, die TM lernen und in ihrer ersten Meditation einen Eindruck dieser Erfahrung gewinnen, bemerken sehr häufig: »Oh, ja, da war ich schon einmal«, oder: »das ist mir als Kind häufiger passiert.« Selbst wenn man sich nicht deutlich an diese Erfahrung erinnert, ist sie einem dennoch tief vertraut, da sie nichts anderes ist als ein tiefer Einblick in das Innerste des eigenen Selbst.

Wenn diese Erfahrung wirklich so natürlich und universal ist, warum braucht man dann noch eine spezielle Technik? Maharishi erklärt es folgendermaßen:

> Die Erfahrung in der TM zeigt, daß ... reine Bewußtheit ... die eigentliche grundlegende Natur des Geistes ist. Da der Geist gewöhnlich auf die Sinne und ihre Aufzeichnung der Umgebung eingestimmt ist, entgeht ihm seine eigene, essentielle Natur, genau wie die Augen nicht in der Lage sind, sich selbst zu sehen [187, S. 30].

So wie die Augen einen Spiegel brauchen, um sich selbst wahrzunehmen, so braucht unser Geist eine Methode, sich seiner innersten Natur bewußt zu werden. Dennoch haben auch ohne solch eine Technik einzelne Menschen hin und wieder im Lauf der Geschichte reine Bewußtheit erfahren. Die Beschreibungen ihrer Erfahrungen, oft in mystischer, poetischer oder philosophischer Sprache, zählen zu den größten Leistungen der Menschheit.

Die Bedeutung und der Wert der TM liegen nicht darin, daß sie eine neue Erfahrung bringt, sondern darin, daß sie eine universal anwendbare, systematische Methode ist, reine Bewußtheit zweimal am Tag zu erfahren. Durch regelmäßige Ausübung der TM-Technik bleibt reine Bewußtheit keine bloße Idee, keine entfernte Erinnerung und keine gelegentliche ekstatische Erfahrung. Stattdessen wird sie zu einem festen Bestandteil unseres Lebens.

Obwohl die Erfahrung reiner Bewußtheit faszinierend ist, praktizieren die Meditierenden TM nicht nur um das Vergnügens willen oder um Selbsterkenntnis zu erlangen, sondern wegen der deutlichen Verbesserung der Qualität ihres Lebens. In den folgenden Kapiteln berichten wir über die ausgesprochen positiven Auswirkungen der regelmäßigen Erfahrung reiner Bewußtheit auf die körperliche Gesundheit und das psychische Wohlbefinden. Ebenso führt diese Erfahrung zur vollen Verwirklichung des menschlichen Potentials. Maharishi erklärt diese positiven Auswirkungen aus der Identität von reiner Bewußtheit – der Erfahrung, in der Meditation innerlich wach zu sein, ohne Gedanken zu haben – und kreativer Intelligenz, der grundlegenden Quelle von Energie und Intelligenz und der Grundlage individuellen Bewußtseins [189: I, III]. Durch regelmäßige Erfahrung reiner Bewußtheit hat man direkten Zugang zu jener Ebene des Geistes, welcher alle menschliche Energie und Intelligenz entspringt. In den folgenden Kapiteln untersuchen wir, wie weit diese Theorie durch physiologische und psychologische Untersuchungen bestätigt wird. Wenn sich TM in der Tat als wirksam erweist, die menschlichen Reserven an Energie und Intelligenz freizusetzen und nutzbar zu machen, dann allerdings verspricht die Einfachheit dieser Methode zur Entfaltung des vollen geistigen Potentials eine praktische Lösung für unsere heutige Streß-Krise, und sie zeigt die Möglichkeit, die Unfähigkeit des Menschen zu beseitigen, mit der Herausforderung des Fortschritts fertig zu werden.

Die Funktionsweise der transzendentalen Meditation

TM ist keine Idee oder Theorie, sondern eine spezifische, einzigartige Technik. Obwohl dieser Abschnitt einen Eindruck von der Funktionsweise der Technik vermittelt, sollte man sich von vornherein klar darüber sein, daß TM nicht anhand eines Buches gelernt werden kann. Man braucht dazu die persönliche Unterweisung durch einen qualifizierten TM-Lehrer. Informationen darüber, wo man die Technik erlernen kann, stehen im Anhang. Um zu erklären, wie die TM funktioniert, ist es vielleicht gut, eine Analogie zu benutzen. Maharishi beschreibt den Geist als einen Ozean, mit der Bewegung der Wellen an der Oberfläche und tiefer Stille am Grund. Die bewußte Aktivität des Denkens, Fühlens und Wahrnehmens entspricht den Wellen an der Oberfläche. Die stillen Tiefen des Geistes entsprechen den stillen Tiefen des Ozeans. Genauso wie stille Strömungen unter allen oberflächlichen Wellen des Ozeans liegen, tragen die stillen Tiefen des Geistes unsere gesamte bewußte geistige Aktivität.

Um die Beziehung zwischen den stillen und aktiven Teilen des Geistes zu beschreiben, fügt Maharishi ein weiteres Element in diese Analogie von Geist und Ozean ein. Er erklärt, daß ein Gedanke in den ruhigsten Tiefen des Geistes wie eine Blase vom absolut ruhigen Grund des Ozeans aufsteigt. Da sie am Ozeanboden unter ungeheurem Druck steht, ist sie zu Beginn kaum wahrnehmbar, dehnt sich aber auf ihrem Weg zur Oberfläche aus. Gleichermaßen entsteht ein Gedankenimpuls in den stillen Bereichen des Geistes, ohne daß wir es bemerken, bis er sich zu einer klaren, deutlichen Erfahrung entwickelt.

Obwohl diese Analogie zu einfach erscheinen mag, als daß sie den Denkprozeß genau beschreiben könnte, so ähneln ihre Grundelemente doch ganz erstaunlich den psychologischen und physiologischen Beschreibungen des Denkprozesses. Die Psychoanalyse benutzt den Begriff »vorbewußte Verarbeitung«, um zu erklären, was mit einem Gedanken zwischen seinem Entstehen im Geist und seinem schließlichen Auftauchen als einer bewußten Erfahrung geschieht [84, S. 601–605].

Ähnlich sagt der Sachbuch-Autor Dean Woolridge am Schluß einer Beschreibung dieses Prozesses:

> »Wir sind uns unserer Gedanken bewußt, wissen aber nicht, woher sie kommen. Solche unbewußte Aktivität scheint sogar bis zum komplizierten logischen Denken zu gehen. Wie können wir sonst plötzliche Einsichten oder die Lösung eines schwierigen Problems erklären, die uns manchmal völlig überraschend einfällt? Selbst wenn wir aus der Erfahrung heraus sicher sind, daß allein unsere bewußten Prozesse für unsere geistigen Aktivitäten verantwortlich sind, können wir damit völlig falsch liegen; die eigentliche Arbeit des Gehirns könnte diejenige sein, die ganz still und unauffällig hinter der Bühne abläuft [315, S. 240].«

Maharishi beschreibt diesen Prozeß im einzelnen:

> »Ein Gedanke beginnt auf der tiefsten Ebene des Bewußtseins und steigt durch die ganze Tiefe des Geistes auf, bis er schließlich als bewußter Gedanke an der Oberfläche auftaucht. Wir finden also, daß jeder Gedanke die gesamte Reichweite und Tiefe des Bewußtseins durchläuft, daß er aber erst dann bewußt wahrgenommen wird, wenn er die bewußte Denkebene erreicht; alle früheren Stadien der Entwicklung werden nicht wahrgenommen. Aus diesem Grund sagen wir, daß die tieferen Ebenen im Ozean des Bewußtseins praktisch still sind [188, S. 64].«

Abbildung A stellt die grundlegende Theorie des Denkens dar, auf dem die TM-Technik beruht. Ein Gedanke, durch eine Blase dargestellt, steigt im Geist, als Ozean dargestellt, von seinem tiefsten Bereich, Punkt A, ausgehend, auf. Wenn ein Gedanke an der Oberfläche des Geistes, auf der Ebene B auftaucht, ist er genügend entwickelt, um als Gedanke wahrgenommen zu werden. Wir nennen die Ebene B die Ebene des bewußten Denkens, weil wir das Denken dort bemerken. Wir können die Ebene A die Quelle des Denkens nennen, weil Gedanken in dieser großen Tiefe des Geistes entstehen.

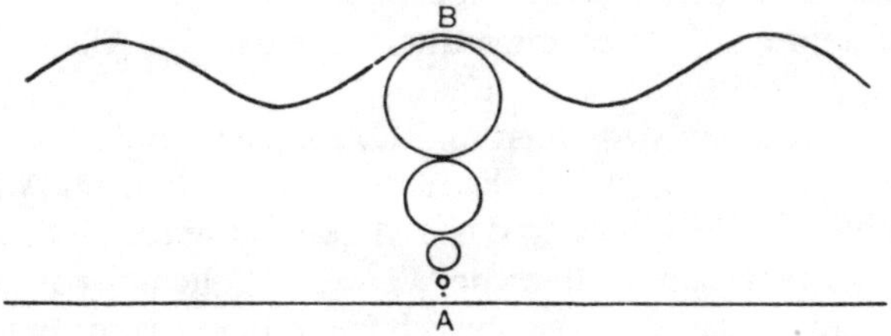

Abbildung A

Mit diesem Vergleich zwischen Geist und Ozean können wir die Funktionsweise der TM leicht erklären. Der Vorgang der TM besteht darin, daß man die Aufmerksamkeit ganz einfach von der aktiven Oberfläche des Geistes zu seinen stillen Tiefen gehen läßt, wo Denken entsteht. Obwohl der Denkprozeß gewöhnlich zu größerer Aktivität anregt, benutzt TM eben diesen Denkprozeß, um die geistige Aktivität zu verringern. TM ist deshalb in der Verringerung der geistigen Aktivität so sehr erfolgreich, weil sie ganz spontan die Aufmerksamkeit vom vollentwickelten Gedanken zu den weniger ausgeprägten Ebenen des Denkens bringen kann. Der Vorgang, die Aufmerksamkeit sanft nach innen, der immer ruhigeren gedanklichen Aktivität zuzuwenden, ist so leicht, daß Maharishi TM mit dem Vorgang des Tauchens vergleicht. Genau wie das Eintauchen ins Wasser nur heißt: den richtigen Eintauchwinkel finden und dann gehen lassen, so bedarf TM nur eines Mittels, den Geist zur Erfahrung subtilerer Denkebenen hinzuwenden. Dann kann er es nehmen, wie es kommt.

Wenn die Aufmerksamkeit durch TM erst einmal nach innen gewandt wurde, bewegt sie sich durch ihr natürliches Streben nach angenehmeren Erfahrungen zu Ebenen immer weniger ausgeprägten Denkens. Die Tendenz des Geistes, sich immer angenehmeren Erfahrungen zuzuwenden, wirkt in jeder geistigen Tätigkeit: Z. B., wenn Sie diese Seite lesen, bombardieren gleichzeitig unzählige Reize Ihre Sinne. Wahrscheinlich waren Sie sich dessen überhaupt nicht bewußt, weil das Lesen Ihnen größere Bereicherung bietet. Wenn Sie jedoch zusätzlich zu den Informationen dieses Buches und den Reizen der Umwelt auch noch Ihre Lieblingsmusik hörten, dann wäre es für Sie sehr schwierig, aufmerksam weiterzulesen. Ihre Aufmerksamkeit würde ganz natürlich von der Freude des Musikhörens angezogen. TM benützt diese natürliche Tendenz des Geistes, um mühelos die geistige Aktivität ruhigzustellen.

Unser Vergleich von Geist und Ozean regt eine schematische Darstellung an, die zeigt, wie das natürliche Streben der Aufmerksamkeit nach mehr Glück in der TM genutzt wird. Genauso, wie sich ein Boot auf dem Ozean von Welle zu Welle bewegt, wandert unsere Aufmerksamkeit gewöhnlich von einem Erfahrungsgegenstand zum anderen und bleibt dabei auf der Oberfläche des Geistes. Abbildung B stellt eine normale Erfahrung im Wachzustand dar, wie sich die Aufmerksamkeit von der Wahrnehmung des Mondes zur Freude über diesen Anblick und zum Einfall, den Mond zu photographieren, bewegt.

Abbildung B

Abbildung C stellt dar, wie sich die Aufmerksamkeit während des Vorgangs der TM nach innen wendet. Statt an der Oberfläche des Geistes zu bleiben, beginnt man während der TM, ruhigere und weniger deutliche, jedoch zunehmend angenehmere Stadien des Denkens zu erfahren.

Damit dieser Vorgang, ruhigere Ebenen geistiger Aktivität zu erfahren, während der TM ablaufen kann, muß der Geist erst einmal sanft von der geistigen Aktivität gelöst werden, die ihn normalerweise an die vollentwickelten Gedanken bindet. Obwohl der Geist von seiner Aktivität an der Oberfläche gelöst werden muß, müssen wir ihn dennoch beschäftigt halten, damit wir nicht einfach einschlafen.

Die Technik der TM wendet die Aufmerksamkeit dadurch

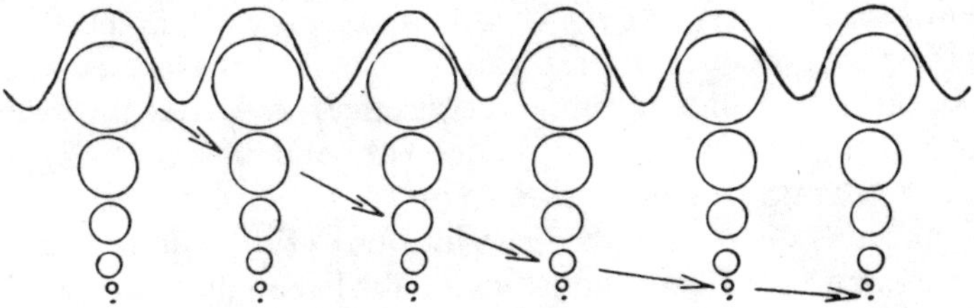

Abbildung C

nach innen, daß man einen einzelnen Gedanken sehr leicht denkt. So bleibt unser Geist beschäftigt, er ist aber nicht gerichtet. Ganz natürlich beginnt die Aufmerksamkeit, sich zunehmend angenehmeren Zuständen in ruhigeren Ebenen des Geistes zuzuwenden, und schließlich werden mühelos die ruhigsten Ebenen des Denkens transzendiert, und man erfährt einen vollkommen ruhigen Zustand des Geistes, den Zustand reiner Bewußtheit.

Theoretisch wäre es möglich, den Prozeß der TM einzuleiten, indem man wiederholt irgendeinen Gedanken, eine Emotion, Empfindung oder Wahrnehmung erfährt. Der Gedanke jedoch stellt im Gegensatz zu anderen möglichen Erfahrungen ein ideales Vehikel dar, um die Hinwendung der Aufmerksamkeit nach innen zu erleichtern. Ein Gedanke ist am besten geeignet, da er den vertrautesten und in sich geschlossensten Aspekt subjektiver Erfahrung darstellt. Was aber ist die Natur des Gedankens? Gedächtnis- und Aufmerksamkeitsuntersuchungen haben gezeigt, daß ein großer Teil unserer Denktätigkeit, selbst wenn wir mit der Erinnerung an visuelle Eindrücke beschäftigt sind, aus nichts anderem als der geistigen Wiederholung verschiedener Wortklänge besteht. George Sperling, ein Psychologe in Harvard, hat nachgewiesen, daß solche subvokalen Wiederholungen der grundlegende Mechanismus sind, durch den das Bewußtsein Gegenstände aufnimmt [268, S. 87–88]. So wie die heutige Psychologie die Wichtigkeit des Gedankens als subvokalen Klang erkennt, finden sich auch bereits in vielen alten Traditionen Hinweise, daß ein Wortklang besonders auf der subtilen Ebene des Denkens für ein wirksames Werkzeug gehalten wird, das Bewußtsein zu beeinflussen [53].

Ein *gedachter Wortklang* ist das wirksamste Werkzeug, den Geist von der alltäglichen Erfahrung des Denkens zu lösen und die Aufmerksamkeit immer ruhigerer geistiger Aktivität zuzuwenden. Die Gedankenklänge, die in der TM benutzt werden, heißen *Mantras*. Mantra ist ein Sanskrit-Wort, das übersetzt heißt: »Ein Gedanke, dessen Wirkungen bekannt sind« [190], und zwar nicht auf der Ebene der Bedeutung – in der Tat haben die Mantras, die in der TM benutzt werden, keine Bedeutung – sondern auf der Ebene der Schwingung, die der Qualität des Klanges entspricht. Die Mantras werden für jeden, der in der TM unterwiesen wird, speziell ausgewählt. Wenn man das Mantra erst einmal gelernt hat, wird es vertraulich behandelt und wird nur für den einen Zweck benutzt, während der Ausübung der TM-Technik den spontanen Vorgang der Verringerung geistiger Aktivität zu bewirken.

Da die TM den Meditierenden ruhigere Ebenen des Geistes erfahren läßt – Ebenen, auf denen der Einfluß eines jeden Gedankens besonders stark ist – ist es äußerst wichtig, daß für jeden das richtige Mantra ausgewählt wird. Maharishi und die Tausende von qualifizierten TM-Lehrern bauen auf eine uralte Tradition, durch die schon viele Generationen die ganze Tiefe des Geistes ausgelotet haben. Diese Tradition verfügt über ein systematisches Verfahren, die für jeden einzelnen geeigneten Wortklänge für die Benutzung in der TM auszuwählen. Dieses Verfahren ist seit etwa 5000 v. Chr. und noch früher – seit der Zeit des ältesten Wissens der Menschheit, der Veden – bewahrt worden.

TM zu lernen, heißt nicht nur, das richtige Mantra zu bekommen, sondern auch zu lernen, wie man es richtig benutzt. Um sicherzustellen, daß man sowohl das richtige Mantra als auch seine richtige Anwendung lernt, ist die persönliche Unterweisung in die Technik durch einen qualifizierten Lehrer nötig. Man kann die Technik nicht aus zweiter Hand, aus einem Buch oder von einem TM-Ausübenden lernen. Umfangreiche Vorbereitung ist notwendig, um einen Lehrer dazu auszubilden, einen Neuling durch all die verschiedenen Möglichkeiten persönlicher Erfahrung zu führen. Es ist nicht angebracht, sich ein passendes Mantra rein zufällig oder durch Befragung eines klassischen Textes oder intuitiv auszusuchen. Was auf der Oberfläche intellektuellen Verständnisses als geeignetes Mantra erscheinen könnte, kann sich in seinen

Wirkungen als völlig ungeeignet erweisen. Das bekannte Mantra »Om« wird als »universaler Klang« beschrieben, der für jeden, der ihn laut rezitiert oder innerlich benutzt, gute Wirkungen hat. Viele jedoch, die »Om« benutzt haben, berichten, daß es im Gegensatz zu den dynamischen, positiven Wirkungen der TM-Technik dazu führt, daß man sich zurückzieht oder sogar antisozial wird. Der folgende Bericht eines 28jährigen ist typisch:

> »Ich benutzte andere Techniken, vor allem »OM«-Meditation, die eine angenehme Stimmung erzeugte. Ich fühlte mich dabei in einer sehr schönen Stimmung, aber wenn ich mein Zimmer verließ oder hinausgehen mußte, um mich mit alltäglichen Dingen zu beschäftigen, war ich eindeutig unfähig dazu. Nach 6 Monaten fühlte ich einen unglaublichen Konflikt. Es ging so weit, daß ich nichts tun konnte, so sehr war ich innerlich entzweit. Nachdem ich mit der TM angefangen hatte, wurde jeder Tag heller und heller. Ich transzendierte gleich und hatte viele Momente reinen Bewußtseins. Damit bekam ich endlich, was ich immer schon gesucht hatte, was ich aber nie gefunden hatte. Jetzt arbeite ich wieder und wurde gerade befördert. Meine Energie hat mindestens um 200 % zugenommen.«

Die Gefahr, ein Mantra mit unbekannten Wirkungen zu benutzen, ist durch viele Berichte von Leuten, die unsinnige Silben, angenehme Klänge oder Wörter mit angenehmer Bedeutung verwandten, unnötig dramatisiert worden. In jedem Fall war die Meditation mit diesen Mantras weniger nützlich als die richtige Ausübung der TM. In mehreren Fällen waren die Nachwirkungen negativ und gingen bis zu Unruhe, Kopfschmerzen, Konzentrationsstörungen und Angst. Unglücklicherweise gehen einige selbsternannte »Experten«, angeregt durch die wachsende Popularität der TM, hin und lehren Entspannungsmethoden oder andere meditative Techniken, wobei sie völlig wahllos selbstgezimmerte Mantras weitergeben, ohne zu wissen, welche ernsten und schädlichen Wirkungen sich die ahnungslosen Schüler zuziehen können.

Wenn man TM richtig gelernt hat, kann man die Technik ohne Schwierigkeiten ausüben. Dadurch, daß sich der Meditierende zweimal am Tag eines Zustandes tiefster Ruhe und gesteigerter Wachheit erfreut, wird ihm zunehmend die gesamte Reichweite des Geistes von den stillsten bis zu den ausgeprägtesten Ebenen des Denkprozesses vertraut.

Obwohl manche Forscher die positiven Wirkungen der TM der tiefen Ruhe während der Meditation zuschreiben, kann man das ganzheitliche Wachstum, das sich aus der regelmäßigen Ausübung der TM ergibt, auch daher erklären, daß man immer mehr Zugang zu ruhigerer geistiger Aktivität und dem ihr zugrunde liegenden reinen Bewußtsein hat. Diese Theorie besprechen wir in Einzelheiten, nachdem wir die physiologischen und psychologischen Untersuchungen über die Auswirkungen der TM erörtert haben.

Andere Meditationstechniken

Außer TM gibt es noch zwei grundlegende Meditationstypen: Kontemplation und Konzentration*. Bei Kontemplationstechniken erlaubt man der Aufmerksamkeit, sich mit inneren oder äußeren Erfahrungsobjekten zu beschäftigen. In Konzentrationstechniken richtet man die Aufmerksamkeit auf einen Erfahrungsgegenstand bzw. hält sie dort fest.

Der Begriff Kontemplation beschreibt all die Übungen, in denen man über eine Bedeutung nachdenkt. Man kann Betrachtungen über einen physikalischen Gegenstand, ein frommes Gebet, einen philosophischen Begriff oder über etwas so Allgemeines wie die Frage »Wer bin ich eigentlich?« anstellen. Da wir hauptsächlich durch bewußtes Nachdenken Verständnis von einer Sache gewinnen, bereichert Kontemplation das intellektuelle Verständnis dessen, worüber man die Betrachtungen anstellt.

* Diese Kategorien erweisen sich als für die Unterscheidung spezifischer Meditationsübungen besser geeignet als die dreiteilige Klassifizierung von Naranjo [209]. Naranjos Kategorien sind »der Weg der Formen«, d. h. Konzentration, »der negative Weg«, d. h. Einsicht, und »der expressive Weg«, d. h. Hingabe an Zustände der Ergriffenheit, Trance, Intuition etc. Diese Kategorien sind problematisch, da sie in ihrem Bemühen, alle Arten von Erfahrungen einzuschließen, die man als »meditativ« bezeichnen könnte, wahllos und in einigen Fällen völlig unzutreffend fast jede wirkliche Meditationstechnik, einschließlich der Transzendentalen Meditation, in die erste Kategorie der Konzentration einordnen. Golemans praktischer Ansatz in seiner jüngsten Analyse meditativer Techniken hat, ausgehend von einem buddhistischen Modell, eine brauchbarere Dreiteilung ergeben: Konzentration, Einsicht und die Integration der beiden [106]. Seine Kategorien entsprechen in gewisser Weise den hier vorgeschlagenen, obwohl sie keine spezifische Beschreibung des eigentlichen Meditationsprozesses geben und TM auch fälschlich als Konzentrationstechnik behandeln.

Diese Tatsache jedoch begrenzt gleichzeitig auch die Reichweite der Kontemplation. Kontemplation geschieht im bewußten Denken und ist daher auf die Oberfläche des Denkens beschränkt. Weder reduziert Kontemplation die geistige Aktivität, noch bringt sie tiefe körperliche Ruhe. Obwohl man eine sehr positive Erfahrung haben kann, wenn man über ein tiefes und erfreuliches Thema nachdenkt, so werden diese Wirkungen doch nur so lange anhalten, wie man sich mit diesem Thema beschäftigt. So kann z. B. ein Philosoph, ein professioneller »Kontemplator«, große Freude über eine Einsicht während seiner Untersuchungen empfinden – nur um festzustellen, daß er diese Freude verloren hat, wenn er sich einige Minuten später beim Überqueren der Straße durch den Verkehr quält. In unserer Erfahrung ist nicht der Gegenstand der Erfahrung konstant, sondern der bewußt Erfahrende. Wenn man die Erfahrung dauerhaft verändern will, dann ist es sinnlos, das zu ändern, *worüber* man nachdenkt, man muß das verändern, *womit* man denkt. Um diese Veränderung zustandezubringen, braucht man eine Technik, die den Umfang des Bewußtseins selbst verändert.

Bei der Konzentration auf der anderen Seite versucht man, die Qualität der Erfahrung durch unmittelbare geistige Kontrolle zu ändern. Konzentrationstechniken beinhalten meist willentliches Sich-Ausrichten auf ein bestimmtes Erfahrungsobjekt, so z. B. einen physikalischen Gegenstand, etwa eine Kerzenflamme, eine Gefühlsempfindung, etwa das Gefühl von Glückseligkeit, ein unlösbares philosophisches Paradoxon, wie ein Zen-Koan, oder einen allgemeineren Zustand, wie die Abwesenheit aller Gedanken. Indem Konzentration versucht, das Bewußtsein bei einem bestimmten Gegenstand festzuhalten, unterbricht sie das natürliche Fließen der Aufmerksamkeit. Da die natürliche Tendenz der Aufmerksamkeit, sich zu einem Zustand größerer Befriedigung hinzubewegen, für das Überleben und die Entwicklung des Menschen zentral ist, ist sie eine grundlegende Eigenschaft des menschlichen Geistes. Daher muß man nun irgendwie, um den unbezwinglichen Fluß der Aufmerksamkeit zu unterbrechen, beträchtliche Energie aufwenden. Hat man Erfolg, so hebt man zeitweilig alle Veränderung auf und hindert sich damit selbst, spontan der zunehmenden Anziehungskraft nachzugeben, die durch ruhigere Bewußtseinsebenen entfaltet wird. Die wissenschaftlichen

Untersuchungen, die wir im nächsten Kapitel besprechen, lassen vermuten, daß Konzentration auf die Dauer einige wohltuende Wirkungen haben kann. Die Physiologie der in Yoga- oder Zen-Konzentrationstechniken Fortgeschrittenen weist Ähnlichkeit zur Physiologie der TM-Ausübenden auf. Es besteht jedoch ein wesentlicher Unterschied: Die Wirkungen bei Zen-Mönchen und Yogis zeigten sich in deutlicher Form erst nach 15–25 Jahren Übung [148], während sie bei der TM sofort, von der ersten Meditation an, auftreten. Dieser Vergleich läßt vermuten, daß Konzentration eine indirekte und schwierige Form der Annäherung an eine Erfahrungsmöglichkeit ist, die an sich unmittelbar zugänglich ist. Die Auffassung ist möglich, daß man durch eine Konzentrationstechnik reine Bewußtheit erfährt, wenn man, nach jahrelanger Praxis, in eine Erfahrung »zurückfällt«, die spontan hätte eintreten können, wenn man gewußt hätte, wie man sie einfach zuläßt. Die ungerichtete, mühelose Ruhigstellung der geistigen Aktivität, wie sie durch TM unmittelbar ermöglicht wird, stellt wahrscheinlich den eigentlichen Vorgang dar, durch den die Erfahrung reiner Bewußtheit zustandekommt.

Der Psychologe Robert Ornstein schreibt:

> »Es scheint, daß die Struktur unseres Zentralnervensystems dafür sorgt, daß das Bewußtsein der äußeren Welt abgeschaltet wird, wenn unsere Bewußtheit auf eine unveränderliche Reizquelle beschränkt ist. Die gewöhnlichen Meditationsanleitungen bestätigen dies ... Die zum Teil verwirrenden oberflächlichen Unterschiede zwischen verschiedenen Praktiken können alle als Hilfsmittel aufgefaßt werden, die Bewußtheit auf einen einzigen Prozeß zu konzentrieren, so daß auf diese Weise das Nervensystem kontinuierlich vom selben Vorgang durchlaufen wird. Wenn man dies erfolgreich tut, scheint sich immer die gleiche Erfahrung zu ergeben: Die Bewußtheit der äußeren Umgebung nimmt ab und wird für eine Weile ›abgeschaltet‹ [224, S. 169].«

Ornstein interpretiert die völlig ungerichtete, unkonzentrierte Wiederholung des Mantras in der TM nicht richtig, und er erklärt auch nicht, was »angeschaltet« wird, wenn das Bewußtsein verschiedener Wahrnehmungsgegenstände »abgeschaltet« wird. Er bringt jedoch beeindruckende Nachweise, daß der grundlegende

Mechanismus meditativer Techniken die natürliche Tendenz des Geistes ist, in seiner eigenen inneren Natur zur Ruhe zu kommen, wenn ein Gedanke in zunehmend angenehmeren Stadien erfahren wird. Die Einzigartigkeit der Transzendentalen Meditation liegt darin, diese Fähigkeit sofort zu verwirklichen, statt erst nach Jahren der Übung.

Wenn die TM in nichts anderem besteht, als darin, der natürlichen Tendenz des Bewußtseins freien Lauf zu lassen, warum muß man sie denn überhaupt lernen? Die meisten Funktionen, die wir als natürliche Elemente des menschlichen Lebens betrachten, einschließlich Schlafen, Essen, Gehen, Sprechen und Denken, werden gelernt und werden in der Tat als Teil unseres kulturellen Bildungsprozesses ausdrücklich gelehrt. Da unserer Gesellschaft eine wirksame Technik fehlt, die Bewußtheit nach innen zu wenden, enthält unsere grundlegende Ausbildung bisher keine Methode, reine Bewußtheit zu erreichen. Die vollkommen natürliche, mühelose und leicht erlernbare Technik der Transzendentalen Meditation beseitigt diesen Mangel.

TM ist auch unter allen modernen Techniken der Bewußtseinsveränderung einzigartig. TM hat wenig Gemeinsamkeiten mit Hypnose oder anderen Methoden, die den körperlichen oder geistigen Zustand durch Suggestion verändern. TM-Ausübende lernen, wie man ein passendes Mantra unbefangen denkt, und kümmern sich nicht um andere geistige Vorsätze oder um Einflüsse von außen. Sich irgendwie anzustrengen oder irgendeiner äußeren Lenkung nachzugeben, ist falsches Meditieren und bewirkt, daß die Aufmerksamkeit an der Oberfläche des Geistes festgehalten wird. Ebenso ist TM völlig anders als die verschiedenen Bio-Feedback-Techniken, die sich in den letzten Jahrzehnten entwickelt haben. Man kann sich durch Bio-Feedback trainieren, physiologische Funktionen, wie z. B. Gehirnwellen zu registrieren und zu kontrollieren. In der TM läuft dagegen das Ruhigerwerden der geistigen Aktivität vollkommen spontan ab und hat nichts mit manipulativen Lernprozessen zu tun.

Normalisierung durch natürliche Streßlösung

Das Auftauchen von immer mehr unwirksamen Techniken zur Erweiterung des Bewußtseins hat zu dem weit verbreiteten Mißverständnis geführt, daß die Erfahrung reiner Bewußtheit nur schwer zu erreichen sei und spezielle Fähigkeiten erfordert. Viele sagen, bevor sie TM erlernen, daß sie nicht meditieren könnten, weil sie ihre Gedanken nicht kontrollieren können. Der TM-Lehrer gibt ihnen jedesmal dieselbe Antwort: Jeder kann TM ausüben, da diese nichts mit Kontrolle zu tun hat. Man setzt sich einfach bequem hin und läßt das, was sich während der Meditation ganz natürlich ergibt, einfach geschehen. Die Wirksamkeit dieses völlig natürlichen und mühelosen Verfahrens wird deutlich, wenn man angefangen hat zu meditieren. Man braucht sich nie auf das Mantra zu konzentrieren, weil andere Gedanken als das Mantra richtiges Meditieren nicht verhindern. Wenn während der Meditation Gedanken vorhanden sind, werden sie nicht als Anzeichen einer erfolglosen Meditation betrachtet, sondern vielmehr als Zeichen von Erfolg.

Wenn man TM erlernt, bekommt man eine sehr einfache, aber wesentliche Erklärung für die Rolle von Gedanken in der Transzendentalen Meditation. Gedanken entstehen in der Meditation aufgrund eines Mechanismus, der für die guten Wirkungen der TM ebenso grundlegend ist, wie es die Tendenz des Geistes, nach größerem Glück zu suchen, für die richtige Ausübung der Technik ist. Maharishi bezeichnet diesen Mechanismus als das Prinzip der Reinigung des Weges [189, S. XIII]. Dieses Prinzip beschreibt die automatische Tendenz des Nervensystems, sich, wenn immer es Gelegenheit dazu findet, zu normalisieren. Von Natur aus hält sich das Nervensystem durch den Zyklus von Ruhe und Aktivität in optimaler Verfassung [306, S. 209]. In der Aktivität drückt das Individuum seine Energien und Absichten aus, während die anschließende Ruhe den ermüdeten Körper und Geist wieder erneuert. Nach der täglichen Arbeit legt man sich hin, entspannt sich und schläft ein. In diesem Zustand anstrengungsloser Unbewußtheit geht eine Reihe komplexer, physiologischer Veränderungen vor sich. Diese bringen den Schläfer in immer tiefere Entspannungszustände [181]. Während dieser tiefen Ruhe kümmern sich die Regenerationsmechanismen des Körpers ganz automatisch darum, die Muskulatur und lebenswichtige Organe zu reparieren, Hormone und neurochemische Stoffe ins Gleichgewicht zu bringen und Eindrücke des vergangenen Tages in Langzeiterinnerungen umzuwandeln. Obwohl das Träumen im Vergleich zur Bewußtlosigkeit des Schlafes eine Zunahme der geistigen Aktivität darstellt, spielt es doch auch eine wesentliche Rolle darin, die Spannungen des vorangegangenen Tages zu normalisieren. Diese Regenerationsprozesse erfordern keinen Eingriff seitens des Schläfers. Die Wiederherstellung geschieht ganz spontan durch die grundlegende Tendenz des Nervensystems, sich selbst zu regenerieren, wenn immer man ihm die Gelegenheit dazu gibt. Im Zustand der Ruhe wird diese natürliche Tendenz aktiviert.

Während der TM erfährt der Geist ruhigere Ebenen des Denkens und der Körper einen entsprechenden Zustand physischer Entspannung. Es ist subjektiv offensichtlich, wie tief diese körperliche und geistige Ruhe ist. Diese Ruhe gibt die Gelegenheit für viele spontane Regenerationsvorgänge im ganzen Nervensystem. Obwohl diese regenerativen Veränderungen durch Ruhe bewirkt werden, sind sie notwendigerweise von physischer Aktivität begleitet. Und zwar soviel Aktivität, wie erforderlich ist, diese Veränderung zustandezubringen. So führt die Ruhe in der TM dazu, daß sie selbst von spontaner Aktivität unterbrochen wird. Diese Aktivität kann grob sein, wie das Zucken eines Muskels, oder subtil, wie eine unmerkliche biochemische Umstrukturierung. Auf jeden Fall wird die Veränderung dem Gehirn gemeldet, wo sie eine entsprechende geistige Aktivität hervorruft, die entweder als Empfindung, Wahrnehmung, Emotion oder Gedanke erfahren wird. Obwohl dieser geistige Vorgang das Eintauchen zu unterbrechen scheint, ist er eigentlich ein Signal dafür, daß das Eintauchen erfolgreich war – daß es nämlich genügend Ruhe geschaffen hat, um einen Normalisierungsvorgang zu ermöglichen. Gedanken während der Meditation sind nie ein Anzeichen für erfolglose Meditation, sondern eine Folgeerscheinung, durch die wir erfahren, daß die tiefe Ruhe günstige Wirkungen hervorgebracht hat.

Maharishi hat angedeutet, daß die TM eine äußerst tiefe Ruhe hervorbringt [189, S. II]. Er erklärt, daß der nächtliche Schlaf im allgemeinen ausreicht, um die negativen Wirkungen der täglichen Ermüdung zu beseitigen. Die Ereignisse des modernen Lebens überlasten jedoch den Menschen häufig so sehr, daß sie Alarmreaktionen und tiefe Erschöpfung hervorrufen. Diese Erschöpfung wird nicht durch Schlaf ausgeglichen und prägt sich dem Nervensystem als Streß auf. Maharishi weist darauf hin, daß die einzigartige Ruhe in der TM besonders geeignet dafür ist, den seit langem aufgebauten tiefverwurzelten Streß allmählich auf spontane Weise zu lösen.

Während jeder Meditation erreicht man ein bestimmtes Ausmaß an tiefer Ruhe. Wenn dieses ausreicht, um einen Teil eines Stresses oder mehrerer Stresse zu lösen, dann wird dieser Streß abgebaut. Das Nervensystem normalisiert sich immer so weitgehend, wie es Gelegenheit dazu findet. Daher entspricht der Grad der Streßauflösung der Tiefe der Ruhe, die man bei jedem Eintauchen erreicht.

Die positiven Auswirkungen der TM-Technik ergeben sich ganz spontan, gleichgültig, welche Gedanken während der Meditation auftauchen. Die Gedanken während der TM können sehr weltlich und trivial sein, was bei Anfängern den Verdacht erwekken kann, daß sehr wenig geschieht. Der Inhalt der Gedanken während der TM läßt nicht darauf schließen, welche Art von Streß sich gerade gelöst hat. Wenn die Gedanken phantastisch, traumartig oder fesselnd sind, sollte man nicht annehmen, daß der Streß, der sich gerade gelöst hat, durch eine ähnliche Erfahrung entstanden sei. Sicher ist nur, daß irgendein Streß oder Streßkomplex zu einem gewissen Grad aufgelöst wurde. Bei der TM ist es äußerst wichtig, sich einfach nicht um die Gedanken zu kümmern, um den Ablauf der Meditation nicht durch die Analyse von Gedanken, die in der Meditation auftauchen, zu unterbrechen. Gedanken während der TM sind nur ein nichtspezifischer Hinweis, daß sich Streß gelöst hat.

Um den vollen Nutzen dieser automatischen Normalisierung zu genießen, ist ein optimales Gleichgewicht von Ruhe und Aktivität wesentlich. Zusammen mit dem normalen Schlaf läßt die regelmäßige Ausübung der TM – ungefähr zur gleichen Zeit morgens und abends – den vollen Nutzen aus den Wirkungen der TM ziehen, da auf diese Weise gleichartige Phasen tiefer Ruhe in den täglichen Stoffwechselzyklus eingeführt werden. Wie effektiv die Normalisierung ist, hängt auch von der täglichen Aktivität ab. Durch diese werden Veränderungen, die durch jede Meditation erreicht werden, stabilisiert und dauerhaft. Laut Maharishi sind 6–8 Stunden normaler Tätigkeit nötig, um die Wirkungen jeder TM-Sitzung zu stabilisieren [190].

Mehr als zwei Meditationen am Tag haben sich als unproduktiv erwiesen, da nur ein begrenztes Ausmaß innerer Veränderungen angenehm und erträglich ist, wenn die Beziehung zu den ständig veränderlichen äußeren Bedingungen fruchtbar bleiben soll. Indem man TM zweimal am Tag für kurze Zeit ausübt, werden bedeutende Veränderungen sanft und angenehm herbeigeführt.

Wie Maharishi sagt, normalisiert sich der Körper eines Meditierenden ganz spontan und so angenehm und schnell wie möglich, wenn sich sein Nervensystem erst einmal an die regelmäßige Ausübung gewöhnt hat.

Die normalisierenden Wirkungen der TM steigern sich mit der Zeit. Maharishi erklärt, daß der tiefverwurzelte Streß, der durch TM abgebaut wird, nicht nur aus Müdigkeit und Spannung besteht, sondern aus allen geistigen und physischen Abnormitäten – mit Ausnahme genetischer Defekte und nicht wieder gutzumachender physischer Schäden. Da man als Meditierender in jeder Meditation außerordentliche Ruhe erfährt, kann man schließlich nach mehreren Jahren Praxis allen vorhandenen Streß abbauen und die Fülle normalen menschlichen Lebens genießen.

Wie man TM erlernt

Das Erlernen der TM ist einfach. Die Internationale Meditationsgesellschaft (IMS) und die ihr angegliederten Organisationen wie Students' International Meditation Society (SIMS), Stiftungsfonds für die Wissenschaft der Kreativen Intelligenz (SWKI), die geistige Erneuerungsbewegung (SRM) und die Maharishi International University (MIU) bieten regelmäßig Grundkurse in TM an. Diese Organisationen sind eigetragene Vereine und wirken gemeinnützig in Städten, Landgemeinden und Universitäten in der ganzen Welt. Jede der Organisationen bietet denselben TM-Grundkurs an, aber spezialisiert sich jeweils darin, verschiedene Ebenen und Bereiche der Gesellschaft anzusprechen. So bieten die Organisationen – nach der obigen Reihenfolge – Kurse für Erwachsene, Studenten, Geschäftsleute, ältere Leute an, sowie für solche Menschen, die Lehrer der TM werden möchten.

Alle Mitglieder einer Familie können TM lernen. Bei Kindern ist die untere Altersgrenze 10 Jahre. In dieser Altersklasse beträgt die Meditationszeit weniger als 15 Minuten. Kinder zwischen 4 und 10 erhalten eine spezielle Kindertechnik, die dazu beiträgt, Sinne, Gefühl und kognitive Fähigkeiten zu entwickeln. Sehr oft interessieren sich Kinder dafür, TM zu lernen, wenn andere Familienmitglieder damit begonnen haben.

Der Erwachsenen-Grundkurs beginnt mit zwei öffentlichen Einführungsvorträgen. Der erste davon führt in die Natur der TM ein und beschreibt die Vorteile ihrer regelmäßigen Ausübung. Der zweite skizziert die Mechanismen der Technik und bereitet den einzelnen darauf vor, sie zu lernen. Nach dem zweiten Vortrag gibt es für diejenigen, die anfangen möchten, ein kurzes persönliches Gespräch mit einem TM-Lehrer. Bei diesem Gespräch vereinbaren sie einen Termin für eine persönliche Unterweisung.

Drei Voraussetzungen müssen von demjenigen, der TM erlernen möchte, erfüllt werden. Die erste ist, daß er Zeit genug hat, um den Grundkurs zu absolvieren. Der Grundkurs enthält

- zwei Einführungsvorträge von je 1 bis 2 Stunden
- eine persönliche Einzelunterrichtsstunde von ca. 1 Stunde
- drei Folgetreffen an den drei Tagen oder Abenden, die auf die erste persönliche Unterrichtsstunde folgen; Dauer jeweils 1½ Stunden
- ein Treffen zur Überprüfung (»Checking«) zwei Wochen nach dem Start; Dauer: eine Stunde.

Das zweite Erfordernis ist eine Gebühr für den Grundkurs und das ausgedehnte Folgeprogramm: Kinder unter 10 Jahren zahlen 2 Wochen-Taschengeld, Schüler unter 18 Jahren DM 75,–, Studenten DM 150,–, berufstätige Erwachsene DM 300,–.

Die dritte Bedingung ist, daß mindestens 14 Tage vor der persönlichen Unterweisung keine nicht vom Arzt verordneten Drogen genommen werden. Diese Bedingung ergab sich aus der Erfahrung, daß diejenigen, die vor nicht allzu langer Zeit nicht-verordnete und illegale Chemikalien genommen haben, die die Funktionsweise des zentralen Nervensystems verändern, physiologisch daran gehindert sind, die spontanen Wirkungen der TM zu genießen. Da man nur einmal mit der TM beginnt, besteht die Organisation darauf, daß man 14 Tage drogenfrei ist, um den bestmöglichen Beginn zu sichern.

Die Unterweisung ist persönlich und wird durch einen ausgebildeten Lehrer gegeben. Durch die individuelle Unterweisung ist sichergestellt, daß man die Technik richtig erlernt. Jeder wird gebeten, ein paar frische Blumen, frische Früchte und ein neues weißes Taschentuch zu dieser Unterweisung mitzubringen. Der Lehrer benutzt sie in einer traditionellen Zeremonie, die ihn darauf vorbereitet, die Technik zu lehren. Diese Zeremonie ist kein religiöser Ritus, sondern einfach eine Garantie dafür, daß der Schüler genau das lernt, was jahrhundertelang von Lehrer zu Lehrer weitergegeben wurde. Diese kurze Zeremonie ermöglicht es dem Lehrer auch, seine Dankbarkeit der Tradition gegenüber, aus der diese Technik kommt, auszudrücken. Der Schüler wird nicht aufgefordert, daran teilzunehmen, sondern nur gebeten, zuzusehen.

Nach dieser kurzen Vorbereitung lernt der Schüler, wie man meditiert. Dann meditiert er zum ersten Mal alleine und bespricht hinterher seine Erfahrung mit dem Lehrer. Da die Fähigkeit zu meditieren nicht von Vertrauen, Glauben, Verständnis oder Geschicklichkeit abhängt, sondern vielmehr von einem angeborenem menschlichen Vermögen, ist jeder Neuling in der Lage, schon beim ersten Male erfolgreich zu meditieren. Der neue Meditierende geht nach Hause und meditiert am selben Abend und am nächsten Tag zu Hause und nimmt dann am ersten der drei folgenden Treffen teil.

Beim ersten Treffen beantwortet der Lehrer Fragen über die ersten »Solomeditationen« und erklärt, wie man in verschiedenen Situationen und Umständen meditiert. Die neuen Meditierenden kommen dann nach zwei Meditationen zu Hause am nächsten Tag zum zweiten Treffen. Bei diesem Treffen legt der Lehrer die Grundlage für das detaillierte Verständnis aller Erfahrungen, die in der Meditation auftreten können. Am nächsten Abend, beim dritten Treffen, wiederholt der Lehrer noch einmal die praktischen Hinweise, festigt das Verständnis im Lichte der Erfahrung, skizziert einen Ausblick auf zukünftige Entwicklungsmöglichkeiten und stellt die freiwilligen Fortgeschrittenenprogramme vor.

Obwohl TM nach den drei notwendigen Treffen unabhängig vom Lehrer ausgeübt wird, ist jeder Meditierende eingeladen, an den Veranstaltungen in seinem »Center« teilzunehmen. Diese sichern die richtige Ausübung der TM und geben Wissen über die menschliche Entwicklung durch regelmäßige Meditation. Diese Veranstaltungen schließen die Überprüfung (Checking) der Meditation ein, ein systematisches Verfahren, Schwierigkeiten der TM zu beseitigen und ihre richtige Ausübung zu sichern. Diese Überprüfung wird von TM-Lehrern oder qualifizierten »Chekkern« durchgeführt und wird als regelmäßige Ergänzung zu der täglichen Ausübung der TM empfohlen. Die Lehrer geben dem neuen Meditierenden in den ersten Monaten alle zwei Wochen Überprüfungstermine, danach alle vier Wochen. In allen Centern kann man sich jederzeit, wann immer erforderlich, nach vorheriger Vereinbarung kostenlos überprüfen (checken) lassen.

Ein weiteres wichtiges Fortgeschrittenenprogramm sind Wochenendkurse, die in jedem Center allen Meditierenden für ihre noch schnellere Entwicklung angeboten werden. Auf Wochenendkursen besteht Gelegenheit zu ausgedehnteren Meditationen. Das Verständnis des Wachstumsprozesses durch die TM wird vertieft. Wochenendkurse werden gewöhnlich in ruhig gelegenen, ländlichen Hotels, Tagungsstätten oder Akademien gehalten. Für verschiedene Berufssparten finden spezielle Kurse statt. Gelegentlich werden in den Ferien längere Kurse für Studenten und Berufstätige gehalten. Gewöhnlich finden die Kurse im Sommer statt und dauern ein bis vier Wochen. Während dieser Kurse meditiert man mehrmals am Tag, was die Wirkungen der normalen regelmäßigen Meditation zweimal täglich erheblich verstärkt.

Nachdem man in systematischer Weise zur regelmäßigen zweimal täglichen Meditation zurückgekehrt ist, merkt man die Wirkungen dieser Kurse, ebenso wie die Wirkungen der täglichen Meditation, in der anschließenden Aktivität. Die Meditierenden fühlen danach in ihrem Beruf, in der Schule oder im Haushalt einen Aufschwung an Energie, Klarheit des Denkens und Ausdauer, was zu einer erheblichen Leistungssteigerung und mehr Freude führt. So berichtete ein Physiker, der in der Forschung tätig ist:

> »Als Student lastete die Arbeit Woche für Woche schwerer auf mir. Um mich aufzufrischen, ging ich alle drei Monate zu einem Wochenendkurs. Im anschließenden Monat konnte ich fünfmal soviel arbeiten wie vorher. Nicht daß ich mich mehr angestrengt hätte – ich konnte einfach mehr leisten. Ich kann mich noch an meine ersten Seminararbeiten erinnern: ›Monatelang hatte ich mich schon damit herumgeschlagen! Nach einem Wochenendkurs hatte ich sie in drei Tagen fertig. Und als ich an meiner Examensarbeit saß, die ich in drei Monaten fertig haben mußte, besuchte ich im Abstand von 5 Wochen 2 Kurse. Das trieb die Fertigstellung meiner Arbeit ungeheuer voran.‹«

Die Wochenendkurse und längeren Kurse wurden so begeistert aufgenommen, daß jetzt überall auf der Welt Räumlichkeiten für diese Kurse, sogenannte »Waldakademien«, geplant sind. Sie sollen Eigentum der Meditierenden sein. Diese positive Reaktion scheint die Tatsache zu bekräftigen, daß solche Kurse für die persönliche Entwicklung einen Riesenschritt vorwärts bedeuten.

Außer zu diesen Wochenendkursen sind die neuen Meditierenden eingeladen, Maharishis Einführungskurs in die Wissenschaft der Kreativen Intelligenz zu belegen.

Der Kurs besteht aus 33 Vorlesungen auf Video-Bändern, in denen die Theorie, die der Technik der TM zugrunde liegt, zusammenhängend dargestellt wird. Speziell ausgebildete Lehrer präsentieren die Video-Bänder nach einem festgelegten Verfahren, das es leicht macht, jeden Aspekt des Materials zu erfassen. Die Hauptthemen des Kurses sind: die Prinzipien, nach denen TM funktioniert, die Natur des Bewußtseins und die Anwendung kreativer Intelligenz in allen Erfahrungsbereichen des Menschen. Der Kurs wird in allen Weltplan-Centern durchgeführt, gewöhnlich zweimal pro Woche am Abend. Jede Lektion dauert zwei Stunden. Der ganze Lehrgang erstreckt sich über einen Zeitraum von 3 Monaten. Es gibt verschiedene Varianten des zeitlichen Ablaufs und der Unterrichtssituation, z. B. für Gymnasien und für Universitäten. Meditierende haben auch die Möglichkeit, an Checkerausbildungskursen teilzunehmen, die in allen Centern stattfinden. Wenn man den WKI-Kursus abgeschlossen hat, Checker ist und von seinen Lehrern empfohlen wird, kann man an einem Ausbildungskurs zum TM-Lehrer teilnehmen. Diese Kurse bestehen aus langen Meditationen und einer Spezialausbildung zum TM-Lehrer.

Die Geschichte der TM

Um deutlich zu machen, wie einzigartig TM ist, wollen wir kurz über ihren Ursprung und ihre jüngste organisatorische Entwicklung berichten. Obwohl TM in moderner wissenschaftlicher Form gelehrt wird, hat diese Technik doch uralte Wurzeln, und ihre Wirksamkeit ist das Ergebnis sorgfältiger jahrtausendealter Überlieferung des Wissens. Anders als so viele andere Techniken, die betonen, wie schwierig es sei, reine Bewußtheit zu erreichen, hat diese Tradition immer darauf bestanden, daß diese Erfahrung jedem leicht zugänglich ist. Nach dieser Tradition ist das Wissen über die Technik nur ein paarmal in der bekannten Geschichte verbreitet worden, und zwar zur Zeit Krishnas, wie in der Bhagavad Gita berichtet, zur Zeit Buddhas und zur Zeit Shankaras [187, S. 9–17].

Maharishi erhielt das Wissen über diese Technik von seinem Lehrer, Swami Brahmananda Saraswati, gewöhnlich Guru Dev genannt. Im Alter von neun Jahren verließ Guru Dev seine Familie, um Erleuchtung zu suchen. Nach fünf Jahren fand er einen Lehrer, Swami Krishanand Saraswati, der seinen Idealen entsprach. Guru Dev blieb einige Jahre bei seinem Lehrer und erreichte volle Selbstverwirklichung. Danach verbrachte er viele Jahre zurückgezogen im Himalaja und später in den Urwäldern Zentralindiens.

Nach mönchischer Überlieferung belebte vor etwa 2500 Jahren ein erleuchteter und hochbegabter junger Mann, Shankara, diese uralte Weisheit, dieselbe Weisheit, durch die Guru Dev Selbstverwirklichung erlangte. Dieser Philosoph Shankara errichtete vier »Maths« oder Sitze der Gelehrsamkeit im Norden, Süden, Osten und Westen Indiens. Shankaras Plan entsprechend wurde dadurch das Wissen mehrere Jahrhunderte lang rein erhalten und war in der Bevölkerung weit verbreitet. Mit der Zeit jedoch wurde die Lehre unklar und mißverstanden. In der Mitte des 20. Jahrhunderts war der nördliche Hauptsitz des Wissens, Jyotir Math, schon seit mehr als 150 Jahren unbesetzt, da es an Persönlichkeiten mangelte, ihn zu führen. Ungefähr um 1920 wandte man sich an Guru Dev, diesen Sitz zu übernehmen. Nach 20 Jahren gab er ihren dringenden Bitten nach und wurde Shankaracharya von Jyotir Math bei Badrinath im Himalaja. Im Jahre 1941 übernahm er dort als 72jähriger das Amt des Oberhaupts der Shankaracharya-Tradition. Alle, die ihn um spirituelle Führung baten, lehrte er eine alte Meditationstechnik, die den Veden, den ältesten indischen Lehren, entsprang. Er gab diese Technik gleichermaßen an Personen, die ein aktives Leben in der Welt führten, wie auch an Mönche. Dadurch legte er für die gegenwärtige weltweite Neubelebung der TM das Fundament.

Maharishi schreibt seine persönliche Entwicklung allein dem

»glänzenden Licht« und der Inspiration zu, die er in Guru Devs Unbegrenztheit und Vollkommenheit fand. Maharishi war Guru Devs Lieblingsschüler in »den 12 Jahren, die wie im Flug vergingen« [185, S. 10], in denen Guru Dev Shankaracharya war, bevor er 1953 starb.

Maharishi zog sich nach Guru Devs Tod nach Uttar Kashi in den Himalaja zurück. Nach 2 Jahren praktisch völligen Schweigens fiel ihm plötzlich eine bestimmte Stadt in Südindien ein. Der Gedanke kam hartnäckig immer wieder. Schließlich beschloß Maharishi, ihm nachzugeben, und reiste zu dieser Stadt an der Südspitze Indiens. Eines Tages, als Maharishi gerade zu dem Haus, in dem er wohnte, zurückging, fragte ihn der Bibliothekar der Stadt, ob er aus dem Himalaja käme und ob er Vorträge hielte. »Ja, ich komme aus Uttar Kashi«, sagte Maharishi, »aber ich halte keine Vorträge.« Dennoch suchte dieser Mann Maharishi am nächsten Tag auf und teilte ihm mit, daß er für ihn eine Vortragsreihe organisiert habe, für jeden Abend der nächsten Woche einen Vortrag. Er bat Maharishi, ihm die Titel der Vorträge zu nennen, damit er sie in der Zeitung ankündigen könne. Obwohl Maharishi durch die Hartnäckigkeit des Mannes sehr überrascht war, gab er ihm aus dem Stegreif sieben Titel an.

Nach den Vorträgen, die jeden Abend wachsende Zuhörermengen anzogen, stellte sich heraus, daß der Bibliothekar in der nächsten Stadt eine weitere Vortragsreihe organisiert hatte und in der Zeitung dort die gleichen Titel angegeben hatte. Es war Maharishi nie in den Sinn gekommen, nicht nach Uttar Kashi zurückzukehren, und jetzt fand er sich auf einer Tournee von einer Stadt zur anderen, da in ganz Süd- und Zentralindien Vorträge für ihn organisiert wurden. Sein Thema war immer das gleiche: die Fähigkeit des Menschen, seine wahre Natur zu erkennen, indem er seiner Aufmerksamkeit erlaubt, nach innen, zur inneren Quelle kreativer Intelligenz zu gehen. Nach jeder Vortragsreihe lehrte Maharishi jeden, der sie lernen wollte, die Technik der TM. Mit zunehmendem Echo auf seine Vorträge wurde Maharishi immer mehr in die Lehrtätigkeit hineingezogen.

Der Lauf der Ereignisse brachte Maharishi 1958 nach Madras, um in memoriam Guru Devs 89. Geburtstag zu begehen. Bei seinem Vortrag vor mehreren tausend Zuhörern, die sich im Freien versammelt hatten, kündigte Maharishi in der Gedenkrede für

Guru Dev seinen Plan an, die TM auf der ganzen Welt zu verbreiten. Daraufhin applaudierte das Publikum 5 Minuten lang. Nach seinem Vortrag fragten ihn die Organisatoren, warum er ihnen nicht vorher gesagt habe, daß er eine neue Bewegung ins Leben rufen wolle. Maharishi antwortete, daß er es vorher nicht gewußt habe. Am nächsten Abend sprach Maharishi wiederum über dasselbe Thema und kündigte an, daß für die gesamte Menschheit Erleuchtung möglich sei. Die Reaktion darauf war überwältigend, und Hunderte erlernten die Technik. Bald hatte Maharishi in vielen Städten und Orten Vortragsverpflichtungen. Länger als ein Jahr reiste er von Stadt zu Stadt und lehrte TM.

Eines Tages überdachte er die Möglichkeit, wie er die gesamte Weltbevölkerung seinem Plan entsprechend erreichen könnte, und überrechnete seinen Fortschritt. Er stellte fest, daß es Hunderte von Jahren dauern würde, wenn es im selben Tempo weiterginge wie bisher. Um seinen Plan schneller zu erfüllen, beschloß er, in die fortschrittlichsten Länder der Erde zu gehen und TM dort zu lehren. Er nahm an, daß der Rest der Welt sich anschließen würde, wenn die führenden Nationen der Welt erst einmal angefangen hätten zu meditieren. Er reiste zuerst nach Burma, von dort nach Kuala Lumpur, Singapur, Hongkong und kam im Frühjahr 1959 in Hawaii an. Hunderte begannen zu meditieren. Er blieb dort zwei Monate lang, bevor er im April nach San Francisco weiterreiste. Maharishi wurde in Amerika und später in Europa sehr herzlich aufgenommen. Viele tausend Menschen des Westens begannen mit TM.

Nach seiner ersten Weltreise erkannte Maharishi, daß er nur eine Möglichkeit hatte, die gesamte Weltbevölkerung zu erreichen: Er mußte sich selbst »vervielfachen«.

1961 plante und verwirklichte er den 1. TM-Lehrerausbildungskurs in gemieteten Räumlichkeiten in Indien. 16 Kursteilnehmer dieses 1. Kurses wurden Lehrer, unter ihnen Nikolaus Graf Blücher aus Stuttgart, einer der fünf deutschen Kursteilnehmer. Von 1961 bis 66 reiste Maharishi mehrfach um die Welt, eröffnete Center in vielen Ländern und hielt sich jedes Jahr eine Zeitlang in Amerika auf.

1965 organisierten die begeisterten Studenten der University of California, Los Angeles, den ersten TM-Kurs auf einem Universitäts-Campus. Das veranlaßte Maharishi, die Students' International Meditation Society (SIMS) zu gründen. Der 2. internationale Lehrerausbildungskurs wurde 1966 in der gerade fertiggestellten Meditationsakademie in Rishikesh, in den Vorbergen des Himalaja, gehalten. Etwa 30 Amerikaner wurden dort TM-Lehrer. 1967 hielt Maharishi Vorträge in Berkeley, UCLA, Harvard und Yale. Die College-Studenten im ganzen Land verlangten daraufhin nach TM-Kursen, und Niederlassungen der SIMS wurden in den Universitäten aller Bundesstaaten gegründet. Dies ist vor allem der inspirierenden Führung des nationalen Direktors der SIMS, Jerry Jarvis, zu verdanken. Im Laufe der Zeit wurde das Interesse an der TM in der nichtstudentischen Bevölkerung wach, und verschiedene andere Organisationen für spezielle Bevölkerungsgruppen wurden gegründet. Bis Ende 1970 hatten etwa 35 000 Amerikaner TM gelernt. 3 Jahre später meditierten fast zweimal so viele, mehr als die Hälfte waren College-Studenten und junge Berufstätige.

Inzwischen werden – seit 1970 – dreimal im Jahre Lehrerausbildungskurse gehalten. Die Anzahl der Bewerber für die Lehrerausbildung ist so groß, daß die Unterbringungsmöglichkeiten in der Akademie in Rishikesh nicht mehr ausreichen. Der 1. Lehrerausbildungskurs außerhalb Indiens fand in Estes Park, Colorado, statt. 150 Lehrer beendeten dort im Dezember 1970 ihre Ausbildung. Im nächsten Jahr wurden 12 große Hotels in Mallorca gemietet, um mehr als 800 Lehrer auszubilden, und 1972 wurden dort mehr als 2000 Lehrer ausgebildet. Bis Mitte 1973 qualifizierten sich unter der Leitung der Maharishi International University 6000 Meditierende zu TM-Lehrern. Die MIU wurde zu dem Zweck gegründet, die Lehrerausbildung zu koordinieren und akademische Kurse in der Wissenschaft der Kreativen Intelligenz (WKI) sowie verschiedene andere Erziehungsprogramme zu strukturieren.

Die Lehrerausbildungsprogramme in Mallorca waren typisch für die Kurse in den letzten Jahren: Die Ausbildungszeiten lagen zwischen mindestens 3 und höchstens 8 Monaten; die Kurse waren wahrhaft international – mit Kursteilnehmern aus 36 Ländern; die meisten Kursteilnehmer waren junge Erwachsene, aber es waren auch Großmütter, Geschäftsleute mittleren Alters, Ärzte, Rechtsanwälte, Ingenieure, Künstler, Schriftsteller, Wissenschaftler, Lehrer und ein Tierarzt unter ihnen. Männer mit ihren Frauen,

Mütter und Töchter, Väter und Söhne, Brüder und Schwestern sah man da gemeinsam lernen, wie man TM lehrt. Sie alle sind in ihre Heimat zurückgekehrt und dienen nun dort der gemeinsamen Sache, TM für jeden erreichbar zu machen.

Die Zukunft verspricht Tausende von Lehrern in jedem Teil der Welt. Maharishi hat seine frühere Vision in die umfassende Form einer internationalen Bewegung gebracht. Im Schlußkapitel erörtern wir einige der gesellschaftlichen Auswirkungen der weitverbreiteten Ausübung der TM. Hier genügt es erst einmal, sich die ungeheuren Auswirkungen dieser Reise eines Mannes in eine Stadt in Südindien klarzumachen: eine Weltbewegung, die eine universale Meditationstechnik lehrt, die jedem bessere Gesundheit, Leistungsfähigkeit und Erfüllung bringen kann.

3
Die Physiologie der Bewußtseinszustände

Die Vertreter der Transzendentalen Meditation behaupten große Dinge über die positiven Wirkungen der regelmäßigen Ausübung der TM. In den letzten Jahren hört man immer häufiger Berichte von Meditierenden über Senkung zu hohen Blutdrucks, Verschwinden von Streß und Kopfschmerzen, Steigerung der Leistungsfähigkeit usw. Meditziner begannen daher mit Untersuchungen, um herauszufinden, was TM wirklich zu bieten hat. Die Ergebnisse der ersten 40 Untersuchungen über die TM lassen vermuten, daß diese einfache geistige Technik sehr viel größere Auswirkungen auf die Gesundheit und das Wohlergehen des einzelnen und der Gesellschaft haben kann, als die Forscher ursprünglich angenommen hatten.

Genauso wie die vielen Berichte über gute Wirkungen der TM in den letzten Jahren die Aufmerksamkeit der Wissenschaft auf sich gezogen haben, rufen andererseits die sich häufenden Probleme des einzelnen und die wachsende Spannung in der Gesellschaft in den letzten Jahrzehnten zunehmende Besorgnis bei Medizinern hervor. Da wir inzwischen auf technischem Gebiet genügend fortgeschritten sind, um die Beziehung zwischen geistigen Zuständen und körperlichen Prozessen studieren zu können, versuchen die Forscher immer mehr, die essentiellen Probleme des Menschen der Gegenwart von bestimmten physiologischen Vorgängen her zu erklären, die mit Spannungen im Menschen zusammenhängen. Die wissenschaftliche Entdeckung von Streß – die nicht-spezifische Reaktion des Körpers auf alle an ihn gestellten Anforderungen – erweiterte unser medizinisches Verständnis darüber, wie sich chronische Spannungen im Menschen aufbauen, wenn er wiederholt hohen Anforderungen der Umwelt ausgesetzt ist. Obwohl sich der Körper spontan an äußerst schmerzhafte oder äußerst angenehme Umstände anpaßt, belasten diese Anpassungsvorgänge die grundlegenden körperlichen Reserven ungeheuerlich, und der Körper braucht nach diesen Anstrengungen tiefe Ruhe, um psycho-physiologisch wieder ins Gleichgewicht zu kommen. Wenn der Körper nicht genügend Ruhe bekommt, um die wesentlichen körperlichen Reserven wieder aufzubauen und solche Hormone abzubauen, die Überaktivationen aufrechterhalten, dann nimmt Streß überhand und zerstört das geistige und körperliche Wohlbefinden. Die Spannungen, schlechte Gesundheit und chronische Unzufriedenheit, die die Menschheit im Lauf der Geschichte immer schon gequält haben, wurzeln im Streß. Da unbekannt war, was die Anpassung an die Anforderungen des Lebens den Menschen physiologisch gesehen kostet, gönnte er sich nicht genügend Ruhe, um die Anhäufung von Streß zu vermeiden. Mit unserem gegenwärtigen Wissen über Streß können wir jedoch eine psycho-physiologische Lösung für dieses uralte Problem finden.

Obwohl übermäßiger Streß weitgehend als Feind Nummer eins der geistigen und körperlichen Gesundheit anerkannt wird, hat die Gehirnforschung in der jüngsten Zeit noch weitere psychophysiologische Ursachen des Elends der Menschheit entdeckt. Im letzten Jahrzehnt gelang es Gehirnforschern, die spezifischen Funktionen verschiedener Gehirnteile zu identifizieren. Einige Gehirnforscher stellten nun die Hypothese auf, daß die mangelnde Integration zwischen bestimmten anatomischen Bereichen des Gehirns eine Erklärung für die wachsende Zersplitterung des modernen Menschen sein könnte. Mangelnde Integration zwischen niedrigen Gehirnzentren, die die Emotionen steuern, und höheren kortikalen Zentren, die für Denken zuständig sind, könnte zu einer allgemeinen Instabilität der Körperfunktionen beitragen. Wenn jener Teil des Nervensystems instabil ist, der die unwillkürlichen Körperfunktionen kontrolliert, könnte das genauso kostspielig für den einzelnen und das Wohlergehen der Gesellschaft sein wie der Streß.

Die Forscher, die den Wert der TM untersuchen, verweisen immer nachdrücklicher darauf, daß TM wahrscheinlich die zur Zeit wirksamste Methode ist, Streß abzubauen und psychophysiologische Integration wiederherzustellen. Dieselben Forschungsmethoden, die die medizinische Wissenschaft anwandte, um das Streßproblem und die Gehirnfunktionen genauer zu analysieren, werden nun benutzt, um die physiologischen Auswirkungen der TM zu untersuchen. Wissenschaftler haben festgestellt, daß sie

Beziehungen zwischen verschiedenen Zuständen des Bewußtseins und den Zuständen der Physiologie herausarbeiten können, indem sie die Veränderungen des Herzschlags, der Atmung und der Gehirnwellen – um nur einige Parameter zu nennen – einer Versuchsperson mit ihren Gedanken oder Gefühlen korrelieren. Angst und Verzweiflung haben genauso wie Ekstase und innere Stille ganz spezifische physiologische Entsprechungen.

Die Vorstellung, daß geistige und physische Vorgänge Hand in Hand gehen und sich gegenseitig beeinflussen, ist inzwischen weitgehend akzeptiert worden. Elmer Green und seine Mitarbeiter an der Menninger-Klinik haben diese Idee als das »Psychophysische Prinzip« formuliert:

> »Jede Veränderung des physischen Zustandes geht mit einer entsprechenden Veränderung des geistig-emotionalen Zustands einher, und umgekehrt ist jede Veränderung des geistig-emotionalen Zustandes, sei sie bewußt oder unbewußt, von einer entsprechenden Veränderung des physischen Zustandes begleitet [112, S. 3].«

Maharishi nahm diese Vorstellung vorweg, als er feststellte, »daß jeder Bewußtseinszustand Ausdruck eines entsprechenden Zustandes des Nervensystems ist« [187, S. 314]. Dieses Prinzip ermöglicht es uns, zu verstehen, warum eine einfache geistige Technik so weitreichende Auswirkungen auf den Abbau von Streß und die Verbesserung des Wohlbefindens haben kann. Jeder der drei uns vertrauten Bewußtseinszustände – Wachen, Schlafen und Träumen – hat ganz bestimmte physiologische Entsprechungen und einen definitiven Wert für unser Leben. Forscher vermuten, daß TM einen klar abgrenzbaren Bewußtseinszustand hervorruft, der für die Wiederherstellung der psychophysischen Integration enorm wertvoll ist.

Die Integration von Körper und Geist

Das menschliche Nervensystem ist die komplexeste physikalische Struktur unter allen uns bekannten Gestaltungen der Natur. Die Milliarden der Querverbindungen und elektromechanischen Abläufe erlauben es uns, zu denken, schöpferisch zu sein, zu lieben, zu handeln und uns unserer Absichten bewußt zu werden.

Seitdem die Menschheit zum ersten Mal Erkenntnisse über das Nervensystem gewann, bedeutete die Erforschung von dessen Funktionen nicht nur die Suche nach besserer Gesundheit, sondern auch nach Einsicht in die Natur der menschlichen Existenz – nach der Verbindung zwischen Geist und Körper.

Bis in die moderne Zeit hinein glaubten die Menschen, daß sie einen Körper und eine Seele besäßen. Man nahm an, daß die Seele den Körper regiere und forme und sich nach dem Tod von ihm löse. In der Renaissance beschrieb Descartes den Körper als ein wesentlich mechanisches Ding und verbrachte beträchtliche Zeit damit, mechanische Modelle für die Funktionsweise des Menschen zu entwickeln. Seine philosophischen Gedanken über die Natur des Menschen zwangen ihn jedoch dazu, nach einem Punkt zu suchen, durch den die Seele ihren formenden Einfluß auf den Körper übertragen könnte.

Er legte den Sitz der Seele in die Zirbeldrüse, einen winzigen Anhang des Gehirns, den man heute für das Überbleibsel eines wichtigen Sinnesorgans hält, nämlich eines dritten lichtempfindlichen Auges bei niedrigen Arten, z. B. bei Reptilien. Descartes benutzte als Modell seiner mechanistischen Physiologie die mechanischen Automaten, die in den königlichen Gärten Ludwigs XIII. so beliebt waren. Er schloß, daß Geist und Körper völlig getrennt seien. Diese Dualität von Geist und Körper hat sich bis in die moderne Zeit erhalten. Erst jetzt haben Gehirnforscher begonnen, diese Kluft zu überbrücken.

Wegen seiner unermeßlichen Komplexität ist das Gehirn immer noch ein Geheimnis. Die 13 Milliarden untereinander verbundenen Zellen des Gehirns machen es praktisch unmöglich, die genauen Schaltkreise nachzuweisen, durch die das Bewußtsein arbeitet. Man schätzt, daß die Anzahl der möglichen Schaltkreise im Gehirn größer ist als die Anzahl der Atome im Universum. Und zusätzlich ist sich das Gehirn auch noch seiner eigenen Existenz bewußt. Obwohl das Gehirn physikalisch betrachtet nur aus ein paar Pfund Materie besteht, übertreffen seine Informationskapazität und seine Schaltmöglichkeiten bei weitem selbst den größten Computer. Die bemerkenswerten Fähigkeiten des Gehirns werden erst seit kurzem gewürdigt. Bis zur allmählichen Analyse des Gehirns durch anatomische Zerlegung, Chirurgie, Tierexperimente, neurologische und psychophysische Untersuchungen kannten wir das Gehirn nur aus der subjektiven Erfahrung, und da waren wir nur allzu bereit, die Fähigkeiten des Gehirns einer nichtphysischen Seele zuzuschreiben.

Das Diagramm in Abbildung D stellt das gegenwärtige anatomische Wissen über das Gehirn dar. Der gewundene Teil ist der Kortex. In diesem Gebiet sitzen die höchsten geistigen und motorischen Fähigkeiten des Menschen. Mit einer Oberfläche, die durch Faltung beträchtlich vergrößert ist, macht der Kortex mehr als drei Viertel des Gehirnvolumens aus. Unter dem Kortex liegt das Cerebellum, das die Körperbewegungen koordiniert. Der Gehirnstamm, der unsere Lebensfunktionen, einschließlich der Atmung und des Herzschlags, kontrolliert, ist eine stielförmige Struktur, die zwischen den beiden Hemisphären des Kleinhirns hindurchläuft und in das Rückenmark übergeht. Der Gehirnstamm reguliert auch das Sättigungsgefühl, Hunger und Durst; komplexe kortikale und hormonale Einflüsse können diese Funktionen jedoch ebenfalls beeinflussen. Das limbische System ist eine Masse von verschiedenen spezialisierten Nervensträngen, die den Gehirnstamm umgeben und Sitz so grundlegender Emotionen wie Freude, Angst und Furcht sind.

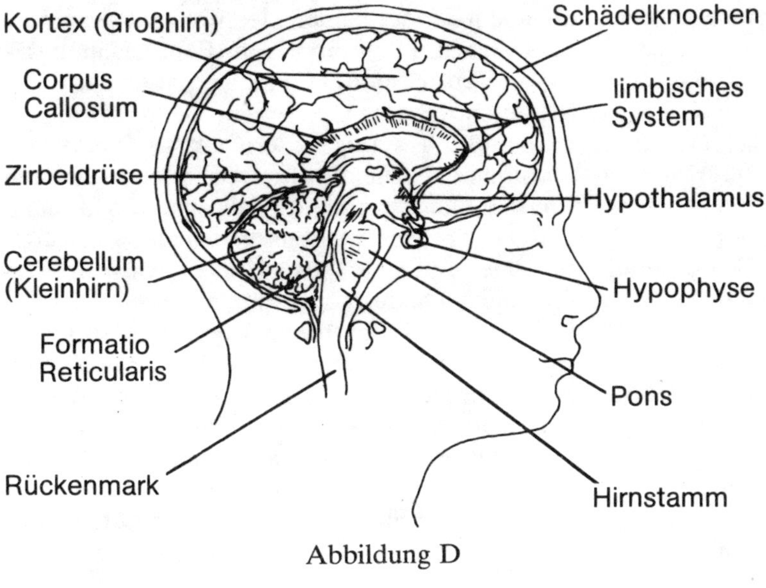

Abbildung D

Der Kortex ist ein ungeheures Netzwerk, das der Speicherung, dem Vergleich und der Verschlüsselung von Informationen dient. Dr. Wilder Penfield stimulierte während chirurgischer Eingriffe den Kortex und konnte sowohl grobe Empfindungen als auch höchst komplexe Erinnerungen hervorrufen [229]. Seine Forschungsarbeit brachte die erste direkte Demonstration der Kortexfunktionen beim Menschen. Spätere Untersuchungen wiesen eindeutig nach, daß der Kortex die Information von den Sinnesorganen analysiert, selektiert und entsprechende körperliche Reaktionen auslöst [228]. Abstraktes Denken, Sprache und Wollen wurden ebenfalls in einigermaßen unterscheidbaren Bereichen des Kortex lokalisiert. Der hintere Teil des Kortex empfängt und organisiert die Wahrnehmung, während der frontale Bereich die Aktivität kontrolliert. Das Corpus Callosum teilt den Kortex in zwei Hemisphären. Es besteht aus einer großen Masse von Fasern, die Informationen zwischen den Hemisphären übermitteln. Aus noch unerklärten Gründen wird bei den meisten Menschen die linke Körperhälfte hauptsächlich von der rechten Hemisphäre gesteuert und die rechte Körperhälfte von der linken.

Die neurophysiologische Forschung des letzten Jahrzehnts läßt eine spezielle Aufgabe jeder der beiden Hemisphären vermuten. Sperry und seine Kollegen durchtrennten in Experimenten das Corpus Callosum von Versuchstieren [269]. Sie wiesen nach, daß bei einem Tier mit durchtrenntem Gehirn jede Gehirnhälfte eine andere Lösung für dieselbe Testaufgabe lernen kann. Ihre Arbeit führte dazu, daß bestimmte Fälle von schwerer Epilepsie dadurch behandelt wurden, daß man das Corpus Callosum durchtrennte und so die beiden Hemisphären wirksam voneinander isolierte. Das Ergebnis war keine gespaltene Persönlichkeit, wie man sie in einigen Geisteskrankheiten findet, sondern zwei voneinander unabhängige Denkvermögen mit deutlichen Unterschieden in der Wahrnehmung, der Entscheidungsfähigkeit und im Bewußtsein. Die Untersuchung dieser Patienten mit durchtrennten Gehirnen führte auf sehr dramatische Weise zur Entdeckung von zwei Hauptarten des Bewußtseins, die in jedem Menschen vorhanden zu sein scheinen.

Was sind diese zwei verschiedenen Bewußtseinsarten? Die linke Hemisphäre ist gewöhnlich auf analytisches, rationales Denken, vor allem im sprachlichen und mathematischen Bereich, spezialisiert. Sie verarbeitet Informationen in einer geordneten, linearen Weise und ist für unser Zeitgefühl verantwortlich. Die rechte Hemisphäre beschäftigt sich vorwiegend mit synthetischen und intuitiven Denkmustern. Sie ist primär für räumliche Beziehungen, künstlerische Bestrebungen, Körpergefühl und Wiedererkennen von Gesichtern verantwortlich. Ihre sprachliche Fähigkeit ist ziemlich begrenzt. Beim normalen Menschen dient das Corpus Callosum als Kanal für den reichen Informationsfluß zwischen den beiden Hemisphären.

Aus diesen Ergebnissen haben einige Forscher interessante Spekulationen abgeleitet. Die Vorstellung von zwei komplementären Hauptarten des Bewußtseins ist in vielen Philosophien erkannt worden, so z. B. im Yin- und Yang-Prinzip des Taoismus oder in Hegels Dialektik. Zum ersten Mal in der Geschichte ist nun jedoch eine neurophysiologische Grundlage für die uns vertraute psychische und kulturelle Dualität gefunden worden. Ein Experte für die Funktionsweise der beiden Gehirnhälften, der Psychologe Robert Ornstein, stellte die Spekulation auf, daß der Gegensatz zwischen östlicher und westlicher Denkweise neurophysiologischen Ursprungs sein könnte [224]. Er vermutet, daß die analytischen westlichen Denker mehr mit der dominanten linken Hemisphäre arbeiten, während die intuitiven östlichen Denker primär die stillere, rechte Hemisphäre benutzen. Die Unausgeglichenheit des modernen Menschen sowohl im Westen als auch im Osten könnte zumindest teilweise daraus entstehen, daß er sich entweder zu stark auf die rechte oder auf die linke Hemisphäre stützt. Eine Integration des Rationalen und des Intuitiven ist dringend nötig. Es ergeben sich immer mehr Hinweise, von denen wir einige später besprechen, daß die TM diese Integration begünstigt, indem sie die elektrische Aktivität beider Gehirnhälften synchronisiert.

Während der Kortex der Sitz des bewußten Denkens ist, ermöglicht uns der Hirnstamm, wach zu bleiben und die allgemeine Aktivität aufrechtzuerhalten. Dieses komplexe Netzwerk hat die Aufgabe, Nervenimpulse aus allen Teilen des Gehirns und des Körpers aufzuzeichnen und zu kontrollieren. Der Hirnstamm bestimmt, wohin die Aufmerksamkeit in jedem Moment geht, indem er Impulse aussendet, die andere Teile des Gehirns, des Rückenmarks oder der Sinnesorgane entweder anregen oder in ihrer Aktivität dämpfen. Der untere Teil des Hirnstamms enthält das retikulare System, das ganz spezifisch für Aktivation und Wachheit verantwortlich ist. Schlaf hängt auch von Signalen des Hirnstammes ab und nicht nur von der bloßen Dämpfung des Aktivationssystems.

Das limbische System liegt über dem oberen Ende des Hirnstammes und ist offensichtlich der anatomische Ursprung unserer Emotionen. Im Inneren des limbischen Systems liegt der Hypothalamus, eine wichtige Zellgruppierung, die biologische Rhythmen, Sexualverhalten, Hormonausschüttung, Motivation und Emotionen wie Liebe, Haß, Furcht oder Freude kontrolliert. Er ist das Kontrollzentrum für den Teil des Nervensystems – das autonome System –, das direkt das innere Milieu des Körpers steuert: den Herzschlag, die Weite der Blutgefäße, Atemfrequenz, Verdauung und Verteidigungsverhalten bei einem Angriff.

Auch Lustgefühle scheinen ihren Ursprung im limbischen System zu haben. James Olds und andere pflanzten Elektroden in bestimmte limbische Bereiche bei Ratten ein [214]. Die Elektroden waren mit einem Hebel verbunden, der einen leichten elektrischen Reiz verursachte, wenn er niedergedrückt wurde. Die Tiere drückten den Hebel mit einer äußerst hohen Frequenz nieder, einige bis zu 24 Stunden lang alle 2 Sekunden, bis sie vor Erschöpfung zusammenbrachen. Wenn man Ratten durch die Reizung dieser speziellen Bereiche belohnt, laufen sie durch Labyrinthe, überqueren elektrische Gitter und lassen sich sogar die Möglichkeit entgehen, etwas zu fressen, obwohl sie gerade hungern.

Weitere Arbeiten wiesen dann nach, daß es zwei verschiedene Arten von »Lustzentren« gibt [215]. Wenn sie gereizt werden, produziert eines von ihnen eine beruhigende Freude mit entsprechender Herabsetzung des Herzschlages, der Atemtätigkeit und des Blutdrucks. Das andere erzeugt Erregung mit Steigerung der Aktivitäten und des Stoffwechsels. Donald O. Hebb, ein Physiopsychologe, ist der Meinung, daß es für jeden einzelnen eine optimale Aktivationsebene gibt [120]. Wenn man über diese Ebene hinaus aktiviert wird, fühlt man Spannung; wenn man nicht genügend aktiviert ist, erfährt man Langeweile. Der Psychologe Maynard Shelly vermutet, daß der chronische Streß des modernen Lebens zu einem allmählichen Anstieg unserer optimalen Aktivationsebene führt [263, 264]. Diese Veränderung trägt zum anscheinend unstillbaren Durst der modernen Menschheit nach immer stärkeren Reizen bei. Wenn konstante Erregung notwendig ist, um eine für das Sich-Glücklich-Fühlen nötige, höhere Aktivationsebene aufrechtzuerhalten, wird die tägliche Aktivität einfach langweilig. Unsere Abhängigkeit vom immer stärkerer Anregung, um Freude oder Lust empfinden zu können, erklärt ebenfalls, warum beruhigende Formen der Freude, die die Aktivation auf angenehme Weise herabsetzen, heute weitgehend ignoriert oder abgewertet werden. Dieses hypothetische neurophysiologische Modell für das chronische Sichunglücklichfühlen der modernen Menschheit läßt vermuten, daß wir stabileres Glück erreichen könnten, wenn unser optimales Aktivationsniveau niedriger läge. Wenn ganz natürlich ein niedrigeres Aktivationsniveau erreicht werden könnte, erführe man in der täglichen Aktivität mehr Freude und weniger Langweile. Wie wir in den nächsten Kapiteln sehen werden, ist diese Herabsetzung des Aktivationsniveaus *eine* Weise, die Wirkungen der TM auf das Nervensystem verständlich zu machen. Außerdem könnte dieser physiologische Effekt der TM eine Erklärung für das allgemeine psychische Wohlbefinden der Meditierenden liefern.

Unsere Emotionen und grundlegenden Triebe werden jedoch nicht nur von der Aktivität des limbischen Systems bestimmt. Unsere höheren Zentren im Kortex beeinflussen ebenfalls die Emotionen und Instinkte. Stanley Schachter vermutet, daß Erwartungshaltungen weitgehend den Charakter einer emotionalen Reaktion bestimmen. Er argumentiert folgendermaßen:

> »... angenommen sei ein Zustand physiologischer Aktivation, für die das Individuum keine sofortige Erklärung hat, dann wird es diesen Zustand ›mit einem Etikett versehen‹ und seine Gefühle von den verfügbaren kognitiven Inhalten her beschreiben. Soweit kognitive Faktoren ausschlaggebende Größen für emotionale Zustände sind, wäre es denkbar, daß genau derselbe Zustand physiologischer Aktivation als Freude oder Wut aufgefaßt oder je nach den kognitiven Aspekten der Situation mit irgendeinem der vielen emotionalen Etiketten versehen würde [247, S. 53].«

Um diese Vorstellung zu prüfen, injizierten Schachter und Singer ihren Versuchspersonen Adrenalin und setzten sie verschiedenen sozialen Situationen aus. In einer Situation steigerte sich ihr Begleiter (der vom Versuchsleiter in dieser Weise instruiert war) in eine Euphorie hinein, und in einer anderen Situation zeigte ihr Begleiter Ärger, der bis zum Wutanfall auswuchs [248]. Die Forscher stellten fest, daß die Emotionen der Versuchspersonen von ihren sozialen Umständen abhingen: d. h., sie wurden durch die emotionale »Schau« ihres Begleiters bestimmt. Diese Untersuchung läßt vermuten, daß kognitive Manipulation des Kortex ein und denselben durch Adrenalin verursachten Aktivationszustand des limbischen Systems in so gegensätzliche Erfahrungen wie Euphorie oder Ärger verwandeln kann.

Das Zusammenspiel von Kortex und limbischem System und der Einfluß dieses Zusammenspiels auf emotionale Zustände und Verhalten sind Gegenstand weiterer Untersuchungen und Diskussionen. Arthur Koestler stellt die homöostatische und ausgleichende Tendenz des limbischen Systems der Funktionsweise des Kortex gegenüber [158]. Er erklärt die selbstzerstörerischen Triebe der Menschheit aus einer pathologischen Trennung von Emotion und Vernunft als Folge einer fehlerhaften Koordination alter und junger Hirnstrukturen. Koestler schreibt einen großen Teil der physischen und psychischen Leiden des Menschen der Unausgewogenheit zu, die zwischen diesen beiden manchmal gegensätzlichen Kommandozentralen bestehen soll. Er legt dar, daß die einzigartige Fähigkeit menschlicher Wesen, sich bis zur völligen Erschöpfung zu verausgaben, nach Chemikalien wie Alkohol und anderen Narkotika süchtig zu werden, Selbstmord zu begehen und ungeheure Kriege auszulösen, in keiner anderen Tierart gefunden wird. Daher nimmt er an, daß diese emotionale Unausgewogenheit aus einem Mangel an Integration zwischen dem limbischen System und dem Kortex entsteht. Er stellt fest:

»... Es spricht einiges für die Annahme, daß sich die Evolution im Laufe des explosiven Wachstums des menschlichen Neo-Kortex wieder einmal geirrt hat. Die Theorie von Papez-MacLean bringt starke Beweise für die dissonante Funktionsweise des phylogenetisch alten (d. h. des limbischen Systems) und neuen Kortex und eine sich daraus ergebende ›Schizo-Physiologie‹, die in unsere Spezies eingebaut ist. Dies böte eine physiologische Grundlage für den paranoiden Faden, der durch die menschliche Geschichte läuft, und könnte richtungweisend für die Suche nach einer Heilungsmöglichkeit sein [158, S. 296].«

Hat Koestler recht, menschliches Leiden und menschliche Zerstörungswut einem Fehler in der Evolution zuzuschreiben? Seine Beweisführung besagt, daß die Menschheit biologisch gesehen »befleckt« ist, und daß sie für immer und unwiederbringlich aus der Harmonie vertrieben ist. Koestler nimmt an, daß die einzige Heilungsmöglichkeit für diese »Geisteskrankheit« eine »künstlich eingeleitete Anpassungsmutation zur Überbrückung dieser Kluft« ist und daß nur die Pharmakologie die Menschheit retten kann, indem sie

»ein synthetisches Hormon herstellt, das als geistiger Stabilisator dient [158, S. 337].«

Koestlers erschreckende Vision ist aus Verzweiflung geboren. Das wiederholte Versagen der Menschheit bei der Verwirklichung ihrer sozialen Ideale kann zwar zu der Vermutung führen, ein fundamentaler Mangel an psychophysiologischer Integration und eine sich daraus ergebende Unausgewogenheit existiere im einzelnen. Dennoch besagt der gegenwärtige so weit verbreitete Mangel an psychophysischer Integration, der in unserer Gesellschaft schon fast »normal« ist, nicht unbedingt, daß diese Unausgeglichenheit dem Menschen durch seine Evolution mitgegeben ist. Außerdem folgt aus dieser These nicht notwendig, daß man zu einer künstlichen Manipulation der Körperchemie Zuflucht nehmen muß, um in unserer Zivilisation wieder Vernunft einkehren zu lassen. Wenn es an historischen Nachweisen für die Existenz eines natürlichen Verfahrens fehlt, die psychophysische Integration wiederzugewinnen und zu erhalten, dann schließt das nicht aus, daß es ein solches Verfahren gibt. Obwohl Koestler mit meditativen Techniken vertraut ist, entgeht ihm der psychophysische Einfluß des meditativen Zustandes. Er zog die natürliche Entwicklung des Bewußtseins durch Meditation nicht als Lösung für sein Problem in Betracht. In den folgenden Kapiteln erbringen wir den Nachweis, daß TM ein wirksames und natürliches Werkzeug ist, ein dynamisches Gleichgewicht zwischen Denken und Fühlen, zwischen Kortex und limbischem System wiederherzustellen.

Gehirn und Körper stehen durch ein Netz von Nervenfasern,

die vom Rückenmark ausgehen, miteinander in Verbindung. Das Nervensystem ist in zwei allgemeine Systeme unterteilt, die selbst wiederum aus Subsystemen bestehen. Das willkürliche (oder kortikale) und das unwillkürliche (oder autonome) System sind die zwei Hauptteile des Nervensystems. Das kortikale System kontrolliert unsere willkürliche Muskelaktivität, während das autonome System (siehe Abbildung E) für die unwillkürlichen Funktionen wie Atmung, Herzschlag, Blutdruck, Verdauung, Schweißabsonderung, hormonales Gleichgewicht und Fortpflanzung verantwortlich ist. Im allgemeinen sind wir uns der vom kortikalen System gelenkten Aktivitäten bewußt und der vom autonomen System kontrollierten nicht.

Dennoch besteht eine Interaktion zwischen Zweigen des kortikalen Systems und dem autonomen System. So können wir uns zum Beispiel unsere Atmung bewußt machen und sie kontrollieren; wir kümmern uns jedoch sehr selten darum, weil das autonome System diese Aktivität ganz natürlich reguliert. Außerdem übertragen viele Sinnesnerven, die im autonomen System liegen, Signale an den Kortex, so daß wir uns unseres inneren Zustandes bewußt werden können. Wir bemerken z. B., wenn wir hungrig sind. Wie weit man Menschen trainieren kann, unwillkürliche Funktionen durch Biofeedback zu kontrollieren, ist inzwischen wissenschaftlich untersucht worden, und wahrscheinlich besteht die Möglichkeit, unsere Sensibilität gegenüber inneren Reizen über diese rudimentäre Ebene hinaus zu steigern [179, 256].

Da das autonome Nervensystem eine solche Schlüsselstellung bei der Kontrolle unserer Lebensfunktionen einnimmt, wird es mehr und mehr wissenschaftlich erforscht. Das autonome Nervensystem ist in zwei Subsysteme unterteilt, den Sympathicus und den Parasympathicus, die bei Gesunden in einem dynamischen Gleichgewicht arbeiten. Sie sind symmetrisch und ergänzen sich gegenseitig; wenn ein System dominiert, läßt die Aktivität des anderen nach. Wenn sich der Organismus bedroht fühlt, dominiert das sympathische Subsystem des autonomen Systems und mobilisiert den Körper, der Bedrohung zu begegnen. Das Herz, die Lunge und die Muskeln werden schleunigst in Alarmbereitschaft gebracht und arbeiten schnell und kraftvoll in der sogenannten Flucht-/Kampfreaktion oder Verteidigungs-/Angstreaktion. Wie wir im nächsten Abschnitt sehen werden, ist diese Reaktion ein Hauptbestandteil von Streß.

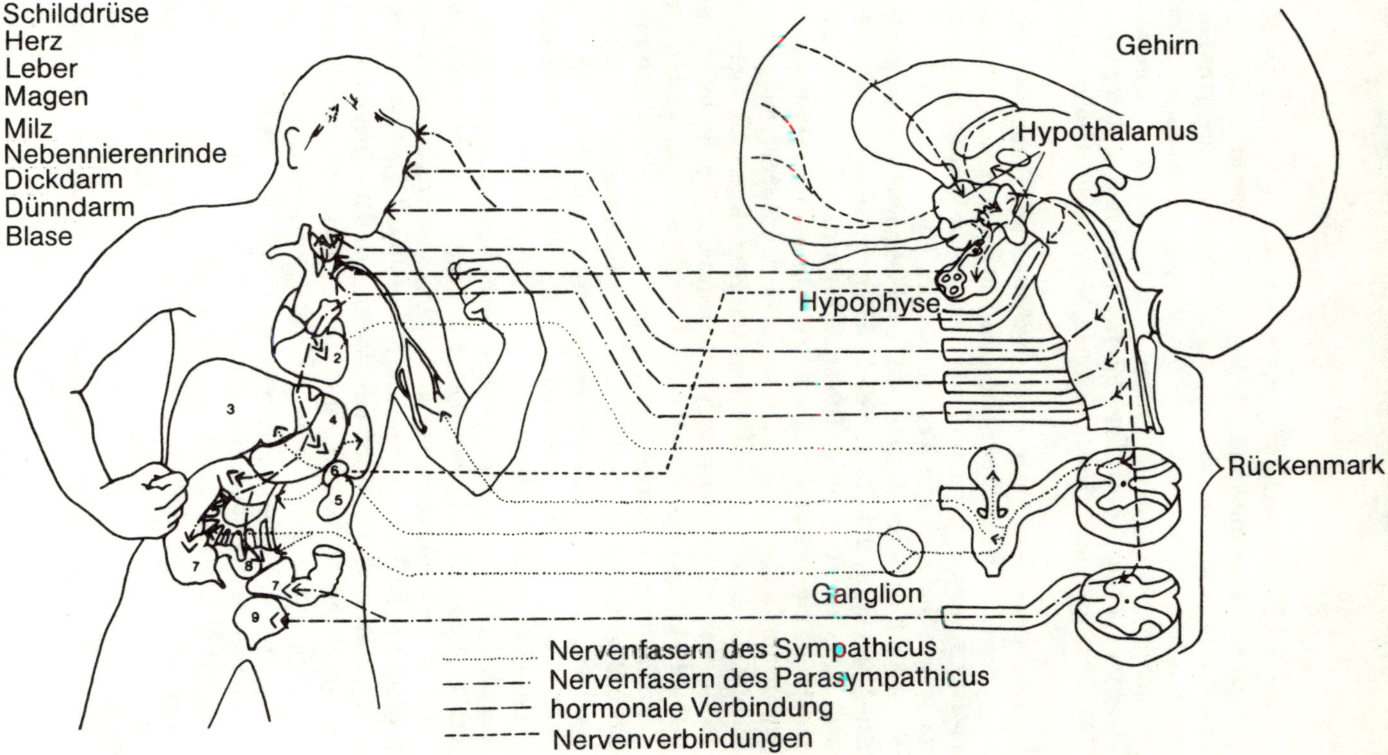
1. Schilddrüse
2. Herz
3. Leber
4. Magen
5. Milz
6. Nebennierenrinde
7. Dickdarm
8. Dünndarm
9. Blase
Gehirn
Hypothalamus
Hypophyse
Rückenmark
Ganglion
Nervenfasern des Sympathicus
Nervenfasern des Parasympathicus
hormonale Verbindung
Nervenverbindungen

Abbildung E

Wenn wir uns ausruhen, Nahrung verdauen oder schlafen, dominiert das parasympathische Subsystem. Es erlaubt dem Herzen und den Lungen, sich auszuruhen und weniger zu arbeiten. Forscher haben erkannt, daß die komplementäre Zusammenarbeit dieser Systeme für die Gesundheit ausschlaggebend ist. Untersuchungen über die Physiologie der TM lassen den Schluß zu, daß TM die Funktionen des autonomen Nervensystems wieder ins Gleichgewicht bringen kann.

Trotz dieser und anderer wissenschaftlicher Erkenntnisse existiert immer noch eine weite und vielleicht unüberbrückbare Kluft zwischen unserem Verständnis der physischen Vorgänge im Nervensystem und unserem Verständnis des Bewußtseins. Obwohl wir bestimmte Verbindungen und Korrelationen zwischen geistigen Vorgängen und physischen Phänomenen untersuchen können, bleibt die Natur ihres Bindeglieds für die wissenschaftliche Forschung ein undurchdringliches Geheimnis. Das gegenwärtige Wissen um die komplexen Funktionsabläufe auf der atomaren und zellularen Ebene im Gehirn und im Organismus als Ganzem übertrifft selbst die kühnsten Vorstellungen. Jedem Moment von Bewußtsein liegt ein unberechenbar komplexer physiochemischer Zusammenhang zugrunde. Es ist möglich, die Korrelationen zwischen Bewußtsein und neurochemischen Ereignissen zu untersuchen, wie es die Neurophysiologen jeden Tag in ihren Labors tun.

Die Phänomene im Gehirn sind an dieselben chemischen und physikalischen Gesetze gebunden, wie sie das Verhalten aller Materie und aller Energie bestimmen. Jede Neurowissenschaft hat ihre eigenen Spezialwerkzeuge, mit denen sie Informationen sammelt: die Neuroanatomie das Elektronenmikroskop; die Neurochemie radioaktive Isotope; die Neurophysiologie Elektrodenimplantation. Aber es wäre äußerst anmaßend anzunehmen, daß das Geheimnis des Bewußtseins jemals durch solche analytischen Werkzeuge allein gelöst werden könnte.

Der Neurophysiologe Seymour Kety stellt fest, daß eine bemerkenswerte Sequenz biologischer Abläufe eingeleitet wird, wenn eine Mutter ihr Kind »Mama« rufen hört [154]. Viele der grundlegenden Mechanismen dieses Ablaufs sind bekannt, und vielleicht können alle Mechanismen eines Tages von den Physiologen beschrieben werden – von dem Klang mit spezifischer Wellenlänge, der auf das Trommelfell trifft, bis zu seinem Auftauchen als elektrisches Signal entlang bestimmter Hörnerven. In Zukunft ist es vielleicht möglich, diese Signale durch weitere Nervenverbindungen zu verfolgen, die zur Formatio Reticularis und zum Zwischenhirn führen.

Vielleicht werden Wissenschaftler schließlich Modelle dafür entwickeln, wie diese Impulse den Gedanken produzieren: »Was für ein außerordentlich süßes Baby!« Aber die bewußte Erfahrung »Liebe« wird man in den wissenschaftlichen Beschreibungen dieses elektrochemischen Ablaufs nicht finden. Kety sagt: »Dieses Bewußtsein ist weder Wellenlänge noch nervlicher Impuls noch räumliche Anordnung von Impulsen; für keinen dieser Vorgänge ist Bewußtsein notwendig, und obwohl es von vielen dieser Vorgänge abhängig ist, wird es von keinem dieser Vorgänge erklärt oder auch nur beschrieben [154, S. 1862]. So sind viele moderne Neurologen zur Erkenntnis gelangt, daß es eine Qualität »Geist« gibt, die das Biologische überschreitet. Obwohl die moderne Wissenschaft den Dualismus von Körper und Seele abgeschafft hat, hat ihr die Erforschung des Gehirns Ehrfurcht vor dem Geist eingeflößt.

Streß

Obwohl die jüngste Gehirnforschung viele psychophysische Unausgewogenheiten entdeckt hat, die die heutigen Probleme des Menschen verursachen, bleibt Streß doch die am gründlichsten verstandene Ursache für die chronische Spannung, schlechte Gesundheit und Unzufriedenheit des modernen Menschen. Medizinische Theorien legen nahe, daß übermäßiger Streß und die daraus entstehende Angst, eine führende Rolle bei Erkrankungen und Gefühlstörungen spielen. Als Streß vor etwa 40 Jahren erst sehr vage bekannt war, sah der Medizinhistoriker Henry E. Sigerest seine Bedeutung voraus: Jede Epoche, sagte er, hat ihre charakteristische Krankheit.

> »Es scheint, als ob die Kräfte, die einer bestimmten Epoche ihren Stil geben, sogar die Krankheiten beeinflussen ...
> Das 19. Jahrhundert mit seiner ungeheuren Industrialisierung, der Entstehung großer Städte und seiner Beschleunigung des Lebenstempos brachte Industriekrankheiten, allgemeine Nervosität und viele Arten von Neurosen [202, S. 105–106].«

Hans Selye definierte Streß im Jahre 1935 zum ersten Mal als ein spezifisches Syndrom, und seitdem beschäftigten sich Hunderte von Forschern damit, die jedes Jahr mehr als 1000 Arbeiten darüber veröffentlichen. Diese Forscher haben sowohl die spezifischen Ursachen als auch die ungeheuren Unkosten von Streß genau beschrieben.

Selye berichtet, daß sich seine Entdeckung von Streß aus sehr einfachen Beobachtungen ergab. Als Medizinstudent fiel ihm auf, daß Kranke eine charakteristische Müdigkeit und ein allgemeines Unwohlsein zeigen; dieser Zustand taucht nicht nur während Krankheiten, sondern auch nach jeder körperlichen oder emotionalen Überforderung auf. Diese frühen Beobachtungen erregten Selyes Neugier, und er begann diese immer gleiche physiologische Reaktion auf Anforderungen der Umwelt zu untersuchen. Er fand heraus, daß eine plötzliche Temperaturveränderung, eine bakterielle Infektion, ein lautes Geräusch oder eine große Überraschung dieselben körperlichen Abwehrvorgänge auslösen können. Selye nannte diese nicht-spezifische Reaktion auf irgendeine Anforderung der Umwelt »Streß« [253]. Wenn immer ein Ereignis diese Reaktion auslöst, kann man es als *Stressor* bezeichnen. Kein spezifisches Kriterium allein reicht aus, um zu bestimmen, ob ein bestimmtes Ereignis ein Stressor ist, weil konstitutionelle Faktoren eine wichtige Rolle bei der Empfänglichkeit für Streß spielen. So kann zum Beispiel eine bestimmte Situation bei einem Menschen eine starke Streßreaktion auslösen, die bei jemandem anderen ohne bemerkenswerte Wirkung bleibt. Eine Situation kann nur *in Beziehung* auf einen Menschen als streßvoll bezeichnet werden, nämlich dann, wenn sie ihn so stark belastet, daß sie eine Streßreaktion auslöst.

Das generelle Anpassungssyndrom (G.A.S.), Selyes medizinischer Ausdruck für Streß, entwickelt sich in drei Stufen: die Alarmreaktion, die Stufe des Widerstandes und das Erschöpfungsstadium. Die anfängliche Alarmreaktion wird vom Sympathicus und Parasympathicus gemeinsam ausgelöst. Diese Subsysteme stellen den Körper darauf ein, dem Stressor zu begegnen. Der Sympathicus regt die Nebennierenrinde an, Adrenalin zu produzieren. Gleichzeitig bewirkt der Hypothalamus eine bestimmte Hormonausschüttung in der Hypophyse. Durch ihre hormonellen Signale reguliert diese Hauptdrüse die allgemeinen körperlichen Abwehrmechanismen der Anpassungsreaktion. Diese Abläufe retten beim Kampf gegen Krankheiten oder äußere Gefahren unser Leben. Während der zweiten Stufe des G.A.S. gehen einige der nervlichen und endokrinen Reaktionen des Körpers weiter, bis die Streßsituation vorüber ist. Der Verbrauch von Energie und lebenswichtigen körperlichen Reserven auf den ersten beiden Stufen führt dann zur dritten Stufe des G.A.S., dem Zustand der Erschöpfung. Diese Erschöpfung schleppen wir mit uns herum, bis sich der Körper tief ausruhen und auftanken kann. Wenn der Körper nicht genügend Ruhe bekommt, um sein Gleichgewicht wiederherzustellen, wird Streß zu einem chronischen Zustand, der allmählich das körperliche und emotionale Wohlergehen zerstört.

Nicht nur körperliche Stressoren, sondern auch starke Emotionen können die Adrenalinproduktion steigern. Der Organismus erfährt diesen Alarmzustand als Vorbereitung auf Kampf oder Flucht. Der moderne Mensch ist jedoch nicht allzuhäufig Situationen ausgesetzt, die entweder körperliche Gewaltanwendung oder Flucht vor Bedrohung oder Schaden erfordern. Wenn man durch eine Verkehrsstockung aufgehalten wird, ist es nicht die geeignete Anpassungsreaktion, aus dem Auto zu steigen und zu kämpfen. Genausowenig wäre es eine passende Reaktion wegzulaufen, wenn man von seinem Chef getadelt wird. In einer zivilisierten Gemeinschaft haben die Streßreaktionen sehr viel von ihrem ursprünglichen Sinn der Anpassung verloren. Zivilisierte Menschen sind gewöhnlich gezwungen, solche Impulse zu unterdrücken und sehr viel rationaler zu handeln. Nun kann zwar die Verhaltenskomponente des Kampf- oder Fluchtsyndroms unterdrückt werden, die gleichzeitigen biochemischen Komponenten jedoch nicht.

Untersuchungen haben gezeigt, daß experimentell verursachter psychischer Streß das Herz- und Kreislaufsystem belasten, die Gerinnungszeit des Blutes herabsetzen, bestimmte Aspekte der Immunreaktion blockieren und Verdauungsstörungen, Harnschwierigkeiten, sexuelle Störungen und hormonelle Probleme verursachen kann. Sowohl die kurzzeitige Alarmreaktion als auch die längere Streßreaktion tragen wahrscheinlich ganz bedeutend zur Entwicklung und zum Verlauf von psychischen Erkrankungen bei.

Geistige Stressoren sind grundlegende Bestandteile unseres

psychischen und sozialen Lebens. Zum Beispiel eine unglückliche Ehe, Schwierigkeiten im Beruf, Mangel an tieferen Beziehungen zu Freunden und der Verlust eines geliebten Menschen können dauernde Unzufriedenheit und Angst nähren. Verschiedene Menschen wiederum erfahren dieselbe oder eine ähnliche Situation auf sehr verschiedene Weise. Einige nehmen einen finanziellen Verlust auf die leichte Schulter, während er beim anderen den ganzen Sinn des Lebens unterminiert und ihn geistig instabil und haltlos macht. Der letztere Typ Mensch sieht überall Gefahren lauern und hat große Angst, wenn er seine Probleme angehen soll. Solche Menschen leiden häufig an Angstneurosen, einer chronischen Störung, die einen beträchtlichen Anteil der Bevölkerung in den Vereinigten Staaten befallen hat. Dr. Ferris N. Pitts nimmt an, daß zwischen 10 und 30 Prozent aller Patienten der praktischen Ärzte und Internisten an Leiden erkrankt sind, die aus Angstneurosen entstehen [232].

Bei Angstneurosen treten Spannungsgefühle auf, Besorgtheit, Atemnot, Reizbarkeit, Schmerzen in der Brust, Herzflattern, Schwindelgefühl, Zittern, Schwäche und leichte Ermüdbarkeit. Auch akute Angstanfälle können auftreten, mit intensiver Furcht vor drohendem Unheil, ohne daß ein äußerer Grund dafür vorliegt. Diese Reaktion kann dann dazu führen, daß man sich vor Herzinfarkt, Krebs oder Geisteskrankheit fürchtet. Die Symptome sind erschreckend und die anschließende Müdigkeit sehr intensiv, so daß der Angstneurotiker häufig die medizinische Behandlung sucht.

Mediziner haben die biochemischen Grundlagen von Angst und Angstneurosen untersucht. Der Neurotiker reagiert mit einer Furcht, die in keinem Verhältnis mehr zur tatsächlichen Situation steht. Bei solchen Menschen scheint eine Information, nach ihrer Verarbeitung durch kortikale und limbische Zentren, das G.A.S. zu stark zu aktivieren, was zu einer Steigerung der Adrenalinausschüttung führt. Beim Neurotiker ist Zunahme von Adrenalin mit einer Überproduktion von Milchsäure verbunden. Milchsäure ist das normale Produkt eines leistungsschwachen Zellstoffwechsels. Dr. Pitts konnte die Symptome von Angstneurosen und sogar akute Angstanfälle chemisch erzeugen, indem er genügend Milchsäure injizierte, um den Milchsäurespiegel im Blut etwa so hoch zu bringen, wie er bei anstrengender körperlicher Arbeit oder bei schwerem physiologischem Streß liegt [232]. Diese Experimente wiesen nach, daß Milchsäure auf irgendeine Weise spontane Angstsymptome hervorrufen kann. Unter Streß treten auch beim normalen Menschen Angstsymptome auf, vielleicht als Ergebnis einer Überproduktion von Milchsäure, die wiederum aus einer zu starken Adrenalinausschüttung resultiert. Der Angstneurotiker ist in diesem Mechanismus besonders verwundbar, entweder wegen chronischer übermäßiger Adrenalinproduktion oder wegen der zu hohen Aktivitätsrate seines Zentral-Nervensystems oder möglicherweise aufgrund eines Defektes im Stoffwechsel, der eine Überproduktion von Milchsäure verursacht. Pitt's Hypothese ist, daß Milchsäure deswegen Angstsymptome erzeugt, weil sie die Übertragung von Nervenimpulsen stört; diese Theorie konnte allerdings bisher nicht bestätigt werden [2].

Das überwältigende Gefühl des Bedrohtseins in unserem heutigen Leben – die Gefahr eines Atomkrieges, einer Zerstörung der Umwelt, die Situation in den Großstädten, die schnelle Änderung des Lebens – all dies ruft Angst und somatische Symptome hervor. Die ständig zunehmende Spannung macht es den Menschen immer schwerer, mit den Dingen fertig zu werden und richtig zu reagieren. Häufig geraten sie in einen Teufelskreis, in dem Streß Symptome hervorruft, die wiederum Stresse verursachen. Entsprechend seinen konstitutionellen oder erblichen Faktoren kann sich jemand entweder eine psychosomatische Erkrankung zuziehen – wie zum Beispiel hohen Blutdruck, Magengeschwüre oder Asthma – oder eine psychische Störung.

Mediziner, die sich mit Herzkrankheiten beschäftigen, untersuchen seit kurzem die Rolle von Streß bei diesen tödlichen Kreislauferkrankungen. Zu hoher Blutdruck, eine chronische Erkrankung, bei der psychische Stressoren offensichtlich eine wesentliche Rolle spielen, ist von allen Kreislauferkrankungen am weitesten verbreitet. Heute leiden in den USA fast 24 Millionen Menschen an hohem Blutdruck und seinen ernsthaften Folgeerscheinungen. Bis zu diesem Jahrhundert waren Herzkrankheiten kein großes medizinisches Problem; heute sterben jedes Jahr etwa 700 000 Amerikaner daran. Viele von ihnen sind Männer, die mitten in einer erfolgreichen Karriere stehen. Der Streß und die Anspannung des modernen Lebens spielen offensichtlich eine große Rolle beim Entstehen von Koronarinsuffizienz und Herzinfarkt.

Unter den biochemischen Veränderungen der Alarmreaktion bzw. der Kampf- und Fluchtreaktion ist auch die Freisetzung ungesättigter Fettsäuren aus den Fettdepots des Körpers, die als Brennstoff für den zu erwartenden Energieverbrauch benutzt werden. Eine Zunahme dieser Fette im Blutstrom trägt offensichtlich zu Koronarerkrankungen des Herzens bei. Eine hohe Konzentration von Fettsäuren im Blut findet man gerade bei hohem Blutdruck, Herzanfällen und Herzschlag. Psychischer Streß kann diese Krankheiten weiter verschlimmern, indem er die Verengung der Blutgefäße und höheren Sauerstoffverbrauch des Herzmuskels verursacht. Natürlich tragen auch andere Faktoren, so zum Beispiel Erbfaktoren, körperliche Konstitution, Rauchen, fettes Essen und eine sitzende Lebensweise zu Herzkrankheiten bei; aber die jüngsten Forschungsergebnisse lassen vermuten, daß Streß eine entscheidende Rolle bei diesen Erkrankungen spielt.

Bei der Erklärung der immer häufiger auftretenden Herzkrankheiten wandten sich die Kardiologen Meyer Friedman und R. C. Rosenman von solchen Faktoren wie Diät, körperlicher Bewegung und Blutgruppe ab und mehr solchen Faktoren wie Persönlichkeitsstruktur und Arbeitseinstellung zu [87]. Die Idee dazu kam, als ein Polsterer, der die Stühle in ihrem Wartezimmer reparierte, sie darauf aufmerksam machte, daß nur die vordere Kante der Stühle verschlissen war. Friedman und Rosenman fanden immer wieder, daß fast alle ihre Herzpatienten eine Gemeinsamkeit hatten: einen streßvollen Lebensstil, voller Konkurrenzdenken, Aggression und Ehrgeiz. Sie wiesen nach, daß Karrieremänner, die die soziale Stufenleiter schnell hochklettern, einen höheren Fettspiegel in ihrem Blut aufweisen und eine höhere Ausschüttung bestimmter Streßhormone haben. Außerdem gehen diese Menschen ein höheres Risiko in bezug auf spätere Herzerkrankungen ein als Menschen mit ruhigerer, leichterer und entspannterer Lebensweise. Jeder Arzt und die meisten Patienten, die unter Magengeschwüren leiden, kennen die Beziehung zwischen psychischem Streß und Geschwüren. Magengeschwüre sind wahrscheinlich das klassische Beispiel für psychomatische Krankheiten. Jeder zehnte Amerikaner hatte in seinem Leben irgendwann einmal ein Magengeschwür. Menschen in Streßberufen entwickeln häufiger Magengeschwüre als andere. Besonders häufig treten Magengeschwüre bei Top-Managern auf, vor allem in Branchen mit scharfem Wettbewerb, wie in der Werbeindustrie. Die Geschwürerkrankungen sind jedoch keineswegs, wie man sich häufig vorstellt, für das Top-Managemant reserviert. So haben zum Beispiel Gesundheitsuntersuchungen bei Taxifahrern in New York gezeigt, daß sie vergleichsweise wesentlich mehr Magengeschwüre entwikkeln als irgendeine andere Gruppe. Der Streß und die dauernde Anspannung, ungeduldige Fahrgäste durch Verkehrsstockungen zu fahren, macht die geplagten Fahrer anfällig für solche Geschwüre. Magengeschwüre finden sich bei weißen Amerikanern häufiger als bei schwarzen. Noch vor wenigen Jahren traten sie bei Farbigen kaum auf, aber jetzt nehmen sie immer mehr zu, vielleicht weil Farbige in immer verantwortlichere Positionen aufrükken. Genau wie Herzkrankheiten kommen Magengeschwüre in ländlichen Gemeinschaften, wo das Leben langsamer und ruhiger verläuft, am wenigsten vor.

Welcher Mechanismus steht hinter Magengeschwüren? Schon im Jahre 1833 beobachtete der Arzt Beaumont, daß sich bei einem Patienten die Mageninnenwände röteten, wenn er emotional erregt war. Der Patient hatte eine Schußwunde, die einen Kanal vom Magen nach außen geschaffen hatte. Jüngere Untersuchungen haben gezeigt, daß Collegestudenten unter Prüfungsdruck [192], und Menschen, die durch ein streßvolles Gespräch ängstlich, ärgerlich oder wütend wurden [312], zu viel Salzsäure produzierten. Salzsäure greift die Magenwände an und ist somit wahrscheinlich eine der Hauptursachen von Magengeschwüren.

Brady und andere untersuchten vier Paare von Rhesus-Affen, wobei beide Tiere jeden Paares gleich häufig elektrische Schocks erhielten, aber nur einer von jedem Paar, »der Manager«, konnte die Schocks kontrollieren und vermeiden, indem er lernte, einen Hebel zu drücken. Die »Manager«-Affen zeigten eine Zunahme an Magensäure, die genau der Dauer der vorangehenden Schockvermeidungssitzungen entsprach. Alle »Manager«-Affen starben bezeichnenderweise innerhalb von 7 Wochen während dieses Experiments an Magengeschwüren und den sich daraus ergebenden Komplikationen. Der zweite Affe jeden Paares, der nicht kontrollieren konnte, ob der Schock kommen würde, zeigte keinerlei Hinweis auf solche Geschwürerkrankungen [98]. Obwohl der genaue Entstehungsvorgang dieser Krankheit noch unbekannt ist, scheint psychischer Streß am meisten dazu beizutragen.

Übermäßiger Streß stört die natürlichen Bio-Rhythmen, von denen Gesundheit und Leistungsfähigkeit abhängen; er stört Wachen, Schlafen und Träumen. Im Wachzustand fühlt sich der Verstreßte ängstlich und erschöpft. Er wird leicht ärgerlich. Er hat nur einen geringen Überblick, und seine Leistungsfähigkeit ist beschränkt. Im Traum hat der Verstreßte Alpdrücken. Im Schlaf ist er unruhig. Er kann Einschlaf- und Aufwachschwierigkeiten haben und steht gewöhnlich unausgeruht wieder auf. Ärzte schätzen, daß bis zu 90 % ihrer Patienten darüber klagen, sie seien einfach zu müde, um zu arbeiten und das Leben zu genießen. Schlaflosigkeit und Müdigkeit gehen immer Hand in Hand mit Streß. Die Probleme fast aller psychisch kranken Patienten werden durch Schlafstörungen kompliziert. Ärzte und Psychiater versuchen, diese grundlegend wichtige Funktion des Schlafes wiederherzustellen, aber unglücklicherweise sind Schlaftabletten, die so oft verschrieben werden, ein zweifelhafter Segen; die meisten dieser Medikamente stören die Fähigkeit zu träumen. Der Traum ist aber eine notwendige Komponente erfolgreicher Ruhe.

Die Streßforschung hat dazu geführt, daß sich mehr und mehr Ärzte darum bemühen, zur Entspannung ihrer Patienten beizutragen. Häufig werden Beruhigungsmittel verschrieben, die aber vielleicht die Streßreaktion nur verdecken. Sie geben nicht genügend Ruhe und können zur Sucht führen. Ein Urlaub kann zwar die Leute vorübergehend aus ihrer Verantwortung herausnehmen, aber viele finden, daß sie selbst in den Ferien nicht abschalten können. Die Ärzte suchen immer noch nach einem wirksamen Entspannungsmittel, und verstreßte Menschen suchen nach eigenen Lösungen. Trotz offener Warnung vor den Gefahren des Zigarettenrauchens nimmt dieses immer mehr zu, was wiederum zum Anstieg von Lungenkrebs und Herzkrankheiten beiträgt. Viele Tausende sind süchtig nach Barbituraten, Amphetaminen oder Heroin, und in jeder zehnten Familie gibt es Fälle von Alkoholismus [77]. Drogenmißbrauch führt zu Autounfällen, allen Arten von Krankheiten und Selbstmord [35]. Mit all seinen Auswirkungen ist der Drogenmißbrauch nach den Herzkrankheiten die zweithäufigste Todesursache in den Vereinigten Staaten.

Um Gesundheit und allgemeines Wohlbefinden, die in unserer krisengeplagten Zeit so sehr fehlen, wiederherzustellen, brauchen wir ein Programm, das die gestörte Physiologie des modernen

Menschen korrigieren kann. Wir müssen ein Mittel finden, übermäßigen Streß abzubauen, der ganz fundamental unsere körperliche und seelische Gesundheit stört, Leistungen herabsetzt und Spannungen in den zwischenmenschlichen Beziehungen nährt. Ebenfalls müssen wir ein Mittel finden, welches das Gleichgewicht im autonomen Nervensystem wiederherstellt. Wir können die enormen Kosten psychosomatischer Krankheiten sowohl für die Millionen, die an ihnen erkrankt sind, als auch für die Gesellschaft, die dadurch viele ihrer produktivsten Mitglieder verliert, einfach nicht mehr tragen. Wir brauchen ein natürliches Mittel, die optimale Aktivationsebene der Menschen zu senken, damit diese bei ihren einfachen täglichen Aktivitäten wieder Freude empfinden können. Diese Normalisierung des emotionalen Thermostats im Menschen muß Spannung herabsetzen und die Grundstimmung des Glücklichseins steigern. Schließlich müssen wir ein Mittel finden, die Disharmonie zwischen dem Kortex und dem limbischen System zu beseitigen und den uralten Kampf des Menschen zwischen Vernunft und Gefühl zu beenden. Bessere Kommunikation und Integration zwischen den beiden Hemisphären des Gehirns könnte auch entscheidend dazu beitragen, das lang angestrebte spirituelle Ziel der Menschheit, innere Ganzheit, zu verwirklichen. Kurz gesagt, wir brauchen ein Programm, das die gesamte Psychophysiologie des Menschen wieder in Ordnung bringt.

Trotz der zunehmenden Misere unserer Zeit ist Regenerationsfähigkeit immer noch dem Leben angeboren. Die Medizin weiß schon lange, daß Ruhe die Grundvoraussetzung für alle Regenerationsprozesse ist. Wir alle sind bestens mit dem natürlichen Regenerationsmechanismus vertraut, der in der Abwechslung von Schlafen, Wachen und Träumen besteht. Obwohl wir im Wachzustand unsere Energie verbrauchen, werden unsere körperlichen Reserven im Schlaf ganz natürlich wieder aufgebaut. Tiefe Ruhe ist wahrscheinlich die wirksamste Kraft, Streß zu reduzieren. Es gibt beachtliche Hinweise darauf, daß TM tiefere und natürlichere Ruhe als Psychopharmaka oder andere Entspannungsübungen geben kann. Außerdem scheint TM jedem, der die Technik richtig lernt, tiefe und wirksame Ruhe zu geben, unabhängig von seinem geistigen oder körperlichen Zustand. In den nächsten Kapiteln erörtern wir wissenschaftliche Untersuchungsergebnisse, die vermuten lassen, daß TM einen psychophysischen Zustand von tiefer regenerativer Wirkung erzeugt. Um die Relevanz dieser Untersuchungen deutlich zu machen, müssen wir erst die Physiologie der gewöhnlichen Zustände des menschlichen Bewußtseins beschreiben.

Wachen, träumen und schlafen

Bis vor 20 Jahren unterschied die Physiologie nur zwei Hauptbewußtseinszustände: Wachen und Schlafen. Seitdem fanden sich immer mehr Beweise, daß Träumen ein dritter, physiologisch deutlich unterschiedener Hauptbewußtseinszustand ist. Unser Verständnis über die gewöhnlichen Bewußtseinszustände – Wachen, Schlafen und Träumen – haben wir weitgehend aus Untersuchungen mit dem Elektroenzephalogramm (EEG) gewonnen. Experimente mit diesem äußerst empfindlichen Voltmeter, das in den zwanziger Jahren entwickelt wurde, wiesen nach, daß der Kortex eine schwache elektrische Aktivität erzeugt, Gehirnwellen genannt. Mit der Technik der Elektroenzephalographie wird die elektrische Aktivität der Gehirnoberfläche durch den intakten Schädelknochen hindurch aufgezeichnet. Es werden Elektroden auf der Kopfhaut befestigt, die schwachen elektrischen Impulse werden verstärkt und auf Papier oder durch Computer aufgezeichnet. Das EEG ist zwar eine grobe, dafür aber sichere und leichte Meßmethode.

Ein normaler Erwachsener produziert, wenn er körperlich entspannt ist und die Augen geschlossen hat, jedoch nicht schläft, eine rhythmische Welle mit einer Frequenz von etwa acht bis 13 Hertz – etwa so schnell, wie man einen Finger hin und her bewegen kann. Dieses elektrische Aktivitätsmuster tritt immer dann auf, wenn der Kortex keine visuelle Information verarbeitet. Das Muster verschwindet gewöhnlich, wenn man die Augen öffnet, kann dann aber ebenfalls auftreten, wenn man äußerst entspannt oder gelangweilt ist. Da dies die ersten Gehirnwellen waren, die man beobachtet hat, wurden sie Alphawellen genannt. Zusätzlich zeigt das normale Erwachsenengehirn Betawellen, die höhere Frequenzen als 13 Hertz und kleinere Amplituden als Alphawellen haben. Betawellen zeigen gewöhnlich an, daß das Gehirn aufmerksam aktiv ist, und sind typisch für Konzentration, Anspannung und Denken. Kleinkinder zeigen ein EEG, das dominiert wird von einer langsamen Wellenaktivität im Frequenzbereich zwischen drei und fünf Hertz, die sogenannten Deltawellen. Wenn das Kleinkind heranreift, wird dieser Rhythmus durch Thetawellen von vier bis sieben Hertz und später durch Alpharhythmen ersetzt. Theta- und Deltawellen treten bei Erwachsenen in Zuständen der Schläfrigkeit und des ruhigen Schlafs wieder auf. Thetaaktivität wird auch mit ruhiger Freude [200] und Kreativität in Verbindung gebracht [37].

Jetzt können wir untersuchen, was diese EEG-Muster über Abgrenzung der Zustände des Wachens, Schlafens und Träumens aussagen. Im Jahre 1953 führten Eugene Aserinsky und Nathaniel Kleithman in einem Schlaflabor in Chikago eine Reihe von Experimenten durch, mit denen die wissenschaftliche Erforschung von Schlaf und Traum einsetzte [13, 155]. Ihre Versuchspersonen schliefen mit an der Kopfhaut befestigten Elektroden zur Aufzeichnung des EEG, und mit anderen Elektroden an den Augenlidern zur Aufzeichnung der Augenbewegungen. Herz- und Atemfrequenzen, Temperatur, Blutdruck, Muskelspannung und biochemische Veränderungen wurden ebenfalls gemessen. Die Versuchspersonen wurden auch direkt beobachtet; zu jedem Zeitpunkt konnte der Beobachter sie aufwecken und fragen, was sie gerade erfahren hatten. Die Forscher entdeckten, daß Schlaf nicht aus einem einzigen einfachen Zustand besteht, sondern ein komplexer Prozeß ist. Das war aus dem Ablauf charakteristischer EEG-Ereignisse ablesbar, die in vier grob abgrenzbare Stadien oder Stufen unterteilt werden können.

Stufe 1 tritt in den ersten Augenblicken des Schlafens ein. Die Stufen 2, 3 und 4 schließen sich an, Entspannung und Bewußtlosigkeit werden dabei tiefer. Man hatte zuvor angenommen, daß Schlaf ein kontinuierlicher Übergang von Wachen zu Schläfrigkeit und zu immer tieferem Schlaf sei, dem dann ein ebenso allmähliches Erwachen folgt. Aserinsky und Kleitman wiesen jedoch durch ihre Untersuchungen nach, daß diese Annahme falsch war. Ihre EEG-Aufzeichnungen über die gesamte Schlafperiode zeigen, daß Schlaf zyklisch ist, daß man vier- oder fünfmal aus den tieferen Schlafstufen zu Stufe 1 auftaucht.

Außerdem beobachteten sie Phasen, in denen die schlafenden Versuchspersonen ein dem Wachzustand sehr ähnliches EEG-Muster zeigten. Diese Phasen waren von gestörter Atmung und

Unruhe begleitet und wiesen auf einen sehr leichten Schlaf hin. Diese Phasen traten jede Nacht vier- oder fünfmal auf, jedesmal, wenn der Schläfer von Stufe 4 zu Stufe 1 zurückkehrte. Die Tatsache, daß die Muskulatur des Schläfers völlig entspannt blieb, was ihn davon abhielt, sich herumzubewegen und aufzuwachen, war eins der wenigen Charakteristika, die diesen Zustand vom Wachzustand unterschieden.

Aus zwei Gründen wurde dieser Zustand »paradoxer Schlaf« genannt. Erstens erschien völlige Muskelentspannung gleichzeitig mit einem Wachzustands-EEG widersprüchlich. Zweitens war es auch sehr viel schwieriger, die Versuchspersonen aufzuwecken, als in irgendeiner anderen Phase des gesamten Schlafzyklus, obwohl das Gehirn offensichtlich wach war. Ein weiteres interessantes Charakteristikum dieses Zustandes ist es, daß sich die Augen unter den geschlossenen Lidern schnell hin und her bewegen [13]. Daher wird dieser paradoxe Schlaf auch REM-Schlaf (nach dem Englischen: Rapid Eye Movements) genannt. Wenn die Versuchspersonen während des REM-Schlafs aufgeweckt wurden, berichteten sie fast immer von Träumen, die sie gerade hatten, wohingegen Versuchspersonen, die in anderen Phasen geweckt wurden, nur selten über Träume berichteten. Phasen von Nicht-REM-Schlaf und REM-Schlaf wechseln sich während der Nacht häufiger ab. Nach der ersten langen Nicht-REM-Phase tauchen die REM-Phasen etwa alle 90 Minuten auf. Die Dauer des REM-Schlafes verändert sich im Laufe der Nacht. Die erste REM-Phase ist kurz, mit nur fünf bis zehn Minuten Traum, während die späteren Phasen länger sind, mit Träumen zwischen 20 und 40 Minuten.

Diese Untersuchungen schafften viele Fehlvorstellungen über den Traum aus der Welt, vor allem die Vorstellung, daß einige Leute nie träumen, während andere die ganze Nacht träumen. Bei normalen Erwachsenen werden etwa 20 % der Schlafzeit für Träume verbraucht. Jeder Mensch träumt jede Nacht mehrmals, gleichgültig ob er sich nach dem Aufwachen an seine Träume erinnern kann oder nicht. Aus uns noch unbekannten Gründen verbringen Säuglinge in den ersten Wochen ihres Lebens etwa 80 % ihres Schlafens im REM-Schlaf. REM-Schlaf wurde auch bei vielen Säugetieren und sogar bei einigen Vogelarten beobachtet.

Schlafentzugsuntersuchungen haben nachgewiesen, daß man Schlaf unbedingt braucht, um leistungsfähig zu sein [78]. Das Verhalten von Personen, denen Schlaf systematisch entzogen wurde, ähnelt dem von Betrunkenen. Ihre Aussprache ist undeutlich, und sie schweifen leicht vom Thema ab, als ob das Wachsein sie berauschte. Ihr Sprechen ist apathisch, ohne den normalen Tonfall, und paßt nicht zur Situation. Schlafmangel führt auch zu Reizbarkeit und Jähzorn. Wenn man Versuchspersonen für längere Zeit wach hält, werden sie in milder Form psychopathisch oder paranoid.

Schlafentzug verursacht auch mehr REM-Schlaf in der nächsten ungestörten Nacht, als ob mehr Träume nötig seien, die psychischen Reserven eines Menschen wieder aufzubauen. Es scheint, als ob die Phase intensiver geistiger Aktivität, die den REM-Schlaf auszeichnet und die sich mit der Ruhe des Tiefschlafs abwechselt, ein notwendiger Teil der physischen und psychischen Erneuerung ist, die im Schlaf stattfindet.

Hartmann hat nachgewiesen, daß die Traumphasen um so länger sind, je mehr die Stoffwechselrate im Schlaf absinkt [116]. Da der Traum für den Abbau von emotionalem Streß wesentlich ist, läßt Hartmann's Ergebnis vermuten, daß niedriger Stoffwechsel diesen Prozeß unterstützt. Es ist sehr gut möglich, daß die tieferen Schlafphasen den spontanen Abbau von Streß ermöglichen, und daß die subjektive Erfahrung des Traums das geistige Produkt dieses Vorganges ist.

Man hat Schlafentzugsexperimente durchgeführt, in denen die Versuchspersonen im Augenblick des Übergangs in den REM-Schlaf geweckt wurden [78]. In den ersten Experimenten fanden die Forscher heraus, daß Versuchspersonen, denen der REM-Schlaf entzogen wurde, verwirrt, ängstlich und paranoid wurden, einige wurden sogar psychotisch. Diese Ergebnisse schienen die Freudsche Vorstellung zu bestätigen, daß Träume ein ausschlaggebender Mechanismus für den Abbau psychischer Spannungen sind. In kürzlich durchgeführten Experimenten jedoch, in denen die Versuchspersonen sehr vorsichtig geweckt wurden, um ihren Verlust von Nicht-REM-Schlaf zu verringern, fand man heraus, daß sie nicht so tiefgehend gestört waren, obwohl sie reizbar und emotional instabil wurden. Auch wenn diese Abweichungen in den Ergebnissen der verschiedenen REM-Schlaf-Entzugsexperimente auftreten, scheint Träumen doch für die Erhaltung emotionaler Stabilität wesentlich zu sein.

Die physiologische Untersuchung von Schlaf, Traum und Wachen führte allmählich zur Würdigung ihrer gegenseitigen Abhängigkeit. Schlafen regeneriert den Körper und gibt genügend Ruhe, um durch Träume psychische Spannungen abzubauen. Traum ist ein Nebenprodukt des durch Schlaf hervorgerufenen Streßabbaus und ermöglicht weiteren Tiefschlaf. Schlaf erneuert die physischen Reserven, die nötig sind, um den Wachzustand aufrechtzuerhalten. Die Müdigkeit, die man am Tag ansammelt, führt ganz natürlich zurück zum Schlaf. Die regenerierende Wechselwirkung der Bewußtseinszustände sollte eigentlich zu Gesundheit und Integration führen. Unglücklicherweise scheinen Traum und Schlaf jedoch nicht auszureichen, um ein Gegengewicht gegen den Streß zu bilden, den sich die meisten Menschen in der Aktivität der modernen Welt zuziehen.

Wir können uns die Frage stellen, ob nicht ein weiterer Bewußtseinszustand, zusätzlich zu Wachen, Schlafen und Träumen, nötig ist, um derartige Mengen von Streß auszugleichen. Im ganzen Körper finden physiologische Wechselwirkungen statt, die ein dynamisches Gleichgewicht aufrechterhalten. Das Herz und die Lungen arbeiten in einem Zyklus von Ruhe und Aktivität und erhalten dadurch ihre lebensnotwendige Funktion. In gleicher Weise müssen die regenerierenden Aktivitäten des Parasympathikus die Energie verbrauchenden Aktivitäten des Sympathikus ergänzen. Daraus könnte man folgern, daß der Körper, da er eine Streßreaktion zeigt, auch über einen komplementären Erneuerungsreflex verfügt. Wo Streß Überaktivation, Aufregung und Ermüdung bringt, würde dieser Reflex tiefe Ruhe und große Stille bringen. Und genau wie zunehmender Streß zu Krankheiten und einem allgemeinen Zusammenbruch aller Aktivitäten führt, müßte die wiederholte Erfahrung dieses Erneuerungsreflexes Gesundheit und eine allgemeine Leistungssteigerung verursachen.

Seit Beginn des 20. Jahrhunderts interessieren sich Psychologen für Meditation als möglichen Auslöser für einen spezifischen Erneuerungsreflex im Körper [134, S. 275–276]. Traditionelle Berichte über Meditation erklären ihre Wirkungen nicht nur vom Wert für den Körper her, sondern auch als einzigartigen Bewußtseinszustand. Als die medizinische Forschung allmählich eine ausreichend verfeinerte medizinische Technik entwickelte, um die drei gewöhnlichen Bewußtseinszustände definieren zu können, begann sie, den Nutzen der Meditation zu untersuchen.

4
Die Physiologie der Transzendentalen Meditation

Pionieruntersuchungen meditativer Zustände

Seit Jahrhunderten behaupten Mystiker und Philosophen aus allen Kulturen, daß der Mensch durch bestimmte Meditationstechniken »höhere« Bewußtseinszustände erreichen könne. Eine Vielfalt indischer Texte, die mindestens mehrere tausend Jahre alt sind, geben an, daß neben den drei gewöhnlichen Bewußtseinszuständen, Schlafen, Träumen und Wachen, ein vierter Zustand existiert. Dieser vierte Zustand wird durch die Ausübung der Meditation erreicht und wird als »höher« und kostbarer angesehen, da seine wiederholte Erfahrung dem Menschen mehr Energie, Intelligenz und Erfüllung bringt [126].

Vor fast 75 Jahren nahm William James, der Vater der amerikanischen Psychologie, das gegenwärtige Interesse an Meditation vorweg, als er sich fragte, »ob nicht die Yoga-Disziplin ... ein methodischer Weg sein könnte, tiefere Ebenen der Willenskraft, als wir gewöhnlich nützen, aufzuwecken und dadurch unseren Lebenstonus und unsere Energie zu steigern. Ich zweifle nicht daran, daß die meisten Menschen, sei es physisch, geistig oder moralisch, einen recht beschränkten Ausschnitt ihres Potentials leben. Sie benutzen nur einen kleinen Teil ihres vorhandenen Bewußtseins und ihrer allgemeinen seelischen Reserven, ähnlich einem Menschen, der sich daran gewöhnt hat, von seinem ganzen Körper nur seinen kleinen Finger zu gebrauchen und zu bewegen ... könnten nicht die Yoga-Übungen Methoden sein, zu unseren tieferen Ebenen vorzudringen?« [134, S. 275–276].

Die Suche nach einem physiologisch definierbaren vierten Bewußtseinszustand begann schon in den dreißiger Jahren dieses Jahrhunderts. Die französische Kardiologin Thérèse Brosse brachte 1935 ihren Kardiographen nach Indien, um zu untersuchen, ob bestimmte Yogis tatsächlich die Aktivität ihres autonomen Systems kontrollieren könnten [36]. Ihre Ergebnisse schienen die Möglichkeit zu bestätigen, verschiedene autonome Funktionen willentlich zu kontrollieren. Eine spätere Untersuchung der indischen Neurophysiologen Wenger, Bagchi und Anand [301] mit besseren Meßgeräten widerlegte die Behauptung, daß Yogaausübende Funktionen wie den Herzschlag völlig bestimmen könnten. In einer weiteren Untersuchung fanden Wenger und Bagchi jedoch eine Versuchsperson, die auf Kommando direkte Willenskontrolle über einen autonomen Prozeß zeigte – die Fähigkeit auf der Stirn zu schwitzen [300]. Obwohl Bagchi und Wenger mit die ersten Physiologen waren, die Personen während der Meditation untersuchten, berichteten sie 1958 vor der amerikanischen EEG-Gesellschaft, daß echte Meditationsexperten schwer zu finden seien [16]. Nachdem sie ihren fahrbaren Elektroenzephalographen 4000 Meilen quer durch Indien transportiert hatten, konnten sie nur über 13 Versuchspersonen berichten. Auf der Grundlage ihrer zugegebenermaßen beschränkten Daten folgerten sie, daß Meditation einen einzigartigen Zustand tiefer Ruhe vor allem für das autonome Nervensystem erzeugen kann.

Spätere Untersuchungen erbrachten den Nachweis, daß der meditative Zustand die Stoffwechselrate herabsetzt. Unter einer sehr kleinen Anzahl von Versuchspersonen fanden die japanischen Physiologen Sugi und Akutsu bei einigen fortgeschrittenen Meditierenden Anzeichen für sehr tiefe Ruhe. Diese Meditierenden verringerten ihren Sauerstoffverbrauch und die Kohlendioxydausscheidung während der Meditation um etwa 20 % [274]. Die indischen Physiologen Anand, Chhina und Singh untersuchten einen indischen Meditierenden, Sri Ramanand Yogi, der in ihrem Labor zehn Stunden lang in einem luftdicht versiegelten Behälter eingeschlossen war [9]. Jede halbe Stunde wurde eine Luftprobe aus dem Innern des Behälters entnommen und analysiert. Sri Ramanand verringerte seine Sauerstoffaufnahme mehr, als jemals während des Schlafes gemessen wurde. Bemerkenswerterweise verbrauchte er während der zehn Stunden nur 70 % der Sauerstoffmenge, die man für die Erhaltung des Lebens als unbedingt notwendig angesehen hatte, und zur Halbzeit des Experimentes verbrauchte er nur 50 % der angenommenen Mindestmenge.

Die Forscher betrachteten dieses Ergebnis als bedeutsam, da es ein grundlegendes Prinzip der modernen Physiologie herausforderte, nämlich, daß die lebenswichtigen Funktionen des Körpers jenseits unserer willentlichen Kontrolle liegen. Da die jüngsten Untersuchungen darauf verweisen, daß die physiologischen Wirkungen der Meditation natürlich und spontan auftreten, kann man in Frage stellen, ob Shri Ramanand unwillkürliche Körperfunktionen wirklich kontrollieren konnte. Anands Untersuchung ist deshalb so wesentlich, weil sie über einen zuvor unbekannten Ruhezustand berichtet, und nicht so sehr deshalb, weil sie eine Kontrollmöglichkeit unwillkürlicher Körpervorgänge vermuten läßt.

Andere frühe Untersuchungen der Meditation berichteten über Gehirnwellenmuster, die in keinem anderen Bewußtseinszustand auftreten. Anand untersuchte vier indische Meditierende, die während ihrer normalen Ruhephasen auffällige Alpha-Aktivität zeigten, und bei denen sich während der Meditation die Amplitude der Alphawellen deutlich vergrößerte [8]. Die japanischen Neuropsychiater Kasamatsu und Hirai berichteten, daß bei Zen-Ausübenden 15 Sekunden nach Beginn der Meditation Alphawellen auftreten [148]. Die Amplitude dieser Alpha-Wellen vergrößerte sich gewöhnlich während der Meditation, obwohl die Mönche mit offenen Augen meditierten. Bei einigen Mönchen geschah etwas sehr Ungewöhnliches: Das Alpha-Muster verlangsamte sich und wurde zu rhythmischen Theta-Wellen-Zügen mit etwa der halben Frequenz der Alpha-Aktivität. Die Forscher teilten diese EEG-Veränderungen in vier Stufen ein:

das Auftauchen von Alpha-Wellen (I),
die Vergrößerung der Alpha-Amplitude (II),
die Abnahme der Alpha-Frequenz (III)
und das Auftauchen rhythmischer Theta-Züge (IV).

Weitere Untersuchungen wiesen nach, daß deutliche Veränderungen im EEG um so wahrscheinlicher sind, je länger die Versuchsperson Zen-Training durchgeführt hatte. Die Versuchspersonen, die weniger als fünf Jahre meditierten, zeigten vorwiegend Stufe I, während diejenigen, die Zen mehr als 20 Jahre ausgeübt hatten, hauptsächlich die Stufen III und IV aufwiesen. Die Ebene der spirituellen Entwicklung bei den Mönchen, wie sie vom Zen-Meister eingeschätzt wurde, korrelierte sehr stark mit dem Grad der Veränderungen im EEG. Die Forscher folgerten daraus, daß »der Grad der Veränderung im EEG während der Zen-Meditation der Tüchtigkeit des Schülers im Zen-Training entspricht. Die vier Stufen der Veränderungen im EEG spiegeln den geistigen Zustand während der Zen-Meditation physiologisch wider« [148, S. 493].

Verschiedene Forscher fanden interessante EEG-Muster bei der Reaktion der Meditierenden auf Geräusche [5, 148]. Wenn jemand sich in ruhiger Umgebung ausruht und Alpha-Wellen produziert, wird ein plötzliches Geräusch den Alpha-Rhythmus unterbrechen. Wenn dieses Geräusch jedoch wiederholt wird, gewöhnt er sich daran, und die Alpha-Kette kehrt zurück, ohne daß sie dann noch unterbrochen wird. Einige der früheren, nicht so schlüssigen Untersuchungen ließen vermuten, daß Meditierende diese Gewöhnungsreaktion außerhalb der Meditation nicht zeigen, was eine höhere Bewußtheit ihrer Umgebung anzeigt. Arthur Deikman, Psychologe und Meditationstheoretiker, bezieht sich auf diese EEG-Daten und meint, daß Meditation eine »Entautomatisierung« verursacht.

»... was dem Erwachsenen ermöglicht, eine neue, frische Sicht der Welt zu bekommen, indem er von stereotypen Organisationsformen befreit wird, die sich im Lauf der Jahre aufgebaut haben, und in den synthetischen und assoziativen Funktionen des Erwachsenen Zugang zu frischen Materialien erschließen wird, damit er mit ihnen auf neue Weise kreativ sein kann, was für seine geistige Tätigkeit Fortschritt bedeutet ... Das Bemühen um kreative Einsicht in allen Bereichen kann als Versuch betrachtet werden, die psychischen Strukturen, welche die Kognition und Wahrnehmung organisieren, zu entautomatisieren ... In diesem Sinne ist Entautomatisierung kein Rückschritt, sondern vielmehr das Auflösen eines Musters, um neuere und vielleicht fortgeschrittenere Erfahrungen zuzulassen [56, S. 217].«

Obwohl diese früheren Untersuchungen vermuten ließen, daß Meditation einen einzigartigen Bewußtseinszustand hervorruft, gaben die Forscher offen zu, daß ihre Ergebnisse wegen der geringen Anzahl von Versuchspersonen und in einigen Fällen wegen schlechter Versuchsbedingungen nicht sehr überzeugend seien. Die systematische psychophysiologische Definition des meditativen Zustandes mußte warten, bis in den späten 60er Jahren das Interesse an Meditation in Amerika plötzlich sprunghaft anstieg.

Die Physiologie des meditativen Zustandes

Robert Keith Wallace begann als erster amerikanischer Wissenschaftler mit der wissenschaftlichen Untersuchung des Bewußtseinszustandes, der in der Transzendentalen Meditation erfahren wird. Im Jahre 1970 schrieb er seine Doktorarbeit über die »Physiologischen Auswirkungen der Transzendentalen Meditation« an der medizinischen Fakultät der University of California, Los Angeles, und sie wurde zu einem Meilenstein in der medizinischen Forschung [292]. Anschließend setzte er seine Untersuchungen über die Anwendungsmöglichkeiten der TM auf dem Gebiet der Gesundheit in Harvard zusammen mit Herbert Benson, einem Kardiologen und a. o. Professor der Medizin, fort.

Bisher stellen die experimentellen Bemühungen von Wallace und Benson die umfassendsten und genauesten Aufzeichnungen der physiologischen Qualitäten eines meditativen Zustandes dar [25, 294, 295, 296].

Diese Forscher wählten TM für ihre Untersuchungen, weil sie von leicht erreichbaren, normalen Amerikanern ausgeübt wurde, die alle die gleiche Technik gelernt hatten. Da jeder TM lernen kann, fanden die Forscher sehr leicht eine gute Zufallsstichprobe, die bereit war, sich im Labor untersuchen zu lassen. Außerdem waren die TM-Versuchspersonen, anders als die früher untersuchten japanischen und indischen Meditierenden, frei von speziellen religiösen, rituellen oder Ernährungs-Praktiken, die vielleicht eine Erklärung für die beobachteten Auswirkungen der Technik hätten liefern können.

Sechsunddreißig Versuchspersonen – einige aus Boston und einige aus Los Angeles, alle ohne körperliche oder geistige Defekte, aus beiden Geschlechtern und zwischen 17 und 41 Jahren alt – wurden für die erste Untersuchung ausgewählt. Die Dauer ihrer Meditationszeit lag zwischen einer Woche und neun Jahren, im Durchschnitt etwa 2½ Jahre. Da TM keine besondere Umgebung erfordert, konnten die Versuchspersonen leicht im Labor meditieren, ohne sich gestört, behindert oder unwohl zu fühlen, obwohl sie an viele physiologische Meßgeräte angeschlossen waren, darunter eine Maske, die die untere Gesichtshälfte bedeckte, mit der der Sauerstoffverbrauch gemessen werden konnte, ein Katheter, der in die Armarterie eingeführt war, um laufend die Veränderungen in der Blutchemie aufzuzeichnen, und Elektroden auf der Kopfhaut, um das EEG zu messen.

Das Experiment war sehr einfach. Die Versuchspersonen kamen in ein Labor, wo die Forscher sie an die verschiedenen Instrumente anschlossen. Nach 30 Minuten, in denen sich die Versuchspersonen an den experimentellen Aufbau gewöhnten, begannen die Forscher mit den Messungen. Zuerst saßen die Versuchspersonen etwa 20 Minuten lang ruhig da und entspannten sich mit geschlossenen Augen. Nach dieser Entspannungsperiode meditierten die Versuchspersonen 30 Minuten. Danach saßen sie weitere 15 Minuten einfach entspannt da. Die physiologischen Veränderungen, die während der Meditation auftraten, wurden mit den Messungen verglichen, die während der Kontrollperiode vor der Meditation durchgeführt worden waren. Die Messungen aus der Periode nach der Meditation wurden mit denen verglichen, die während der ersten Kontrollperiode und während der Meditation abgenommen worden waren.

Die Ergebnisse von Wallace und Benson vergrößerten beträchtlich unser oft skizzenhaftes und widersprüchliches Wissen aus früheren Untersuchungen meditativer Zustände. Sie ermöglichten auch bemerkenswerte Einsichten in den physiologischen Wert der TM. Eine der dramatischsten Veränderungen während der TM war die im Sauerstoffverbrauch. Der Sauerstoffverbrauch wird gewöhnlich als zuverlässiger Indikator für die körperliche Aktivität eines Menschen betrachtet. Wenn z. B. jemand läuft oder viele Stufen steigt, erfordert diese verstärkte Aktivität einen höheren Sauerstoffverbrauch. Wenn hingegen jemand ruhig sitzt, wird das Atmen gewöhnlich leichter, was zu einer Abnahme des Sauerstoffverbrauchs führt. Obwohl man während des Schlafes tief atmet, geht der Sauerstoffverbrauch dabei stark zurück – zu seinem normalen Tiefpunkt im 24-Stunden-Zyklus. Der Rückgang beträgt durchschnittlich 10 % und gelegentlich sogar 20 % gegenüber den Ruhewerten des Tages.

Während der ersten Minuten der Transzendentalen Meditation fand Wallace bei allen Meditierenden eine sofortige spontane Abnahme des Sauerstoffverbrauchs um 16 bis 18 %. Der Sauerstoffverbrauch blieb während der gesamten 30 Minuten der Meditation auf diesem Niveau. Nach der Meditation ging der Sauerstoffverbrauch wieder auf den normalen Ruhewert, was die Rückkehr zu einem Stoffwechsel anzeigt, der für die Wiederaufnahme der Aktivität geeignet ist. Wallace und Benson verglichen ihre Ergebnisse mit Berichten über den Sauerstoffverbrauch während Schlaf und Hypnose (Tafel 1 im Anhang) und kamen zu dem Schluß, daß TM einen tieferen Ruhezustand als Schlaf erzeugt und einen Zustand, der sich deutlich vom subjektiven Entspannungsgefühl während der Hypnose unterscheidet.

Die Abnahme im Sauerstoffverbrauch, die Wallace und Benson während der TM feststellen konnten, war so signifikant, daß sie in weiteren Messungen zu bestimmen versuchten, ob TM irgendeine Anomalie in der Atmung hervorruft. Wenn die TM-Technik eine künstliche Verringerung des Sauerstoffverbrauchs auslösen würde, müßte diese Verringerung einen Sauerstoffmangel verursachen [70]. Um diese kritische Hypothese zu testen, maßen die Forscher während der TM die Menge von Kohlendioxyd im arteriellen Blut. Beim Atemvorgang wird Sauerstoff eingeatmet, er geht durch das arterielle System zu den Zellen, wo er am Stoffwechselvorgang teilnimmt. In den Zellen wird Energie für die Aktivität des Körpers erzeugt, indem Kohlenstoffzusammensetzungen aus der verdauten Nahrung verbrannt werden. Während dieses Prozesses wird Sauerstoff verbraucht und in Kohlendioxyd umgewandelt, das dann durch das venöse System zur Lunge transportiert und schließlich ausgeatmet wird.

Wenn dem Körper Sauerstoff entzogen wird, führt die verringerte Sauerstoffaufnahme nicht zu einer parallelen Verringerung der Kohlendioxydausscheidung, weil die Zellen weiterhin den im Blut noch vorhandenen Sauerstoff mit gleicher Geschwindigkeit verbrennen. Sauerstoffmangel verursacht also eine Abnahme der Sauerstoffkonzentration und eine Zunahme der Kohlendioxydkonzentration im arteriellen Blut. Die Relation von Sauerstoff und Kohlendioxyd im Blut wird »respiratorischer Quotient« genannt. Während normaler Atemvorgänge bleibt dieser Quotient konstant. Unter abnormen Atembedingungen, so z. B. bei erzwungener Herabsetzung der Sauerstoffaufnahme durch Einatmung von Lachgas, entzieht die Herabsetzung der vorhandenen Sauerstoffmenge und die Zunahme von Kohlendioxyd dem Gehirn den lebensnotwendigen Sauerstoff, was zur Betäubung und schließlich zur Bewußtlosigkeit führt.

Benson und Wallace fanden jedoch, daß während der TM die Menge des ausgeatmeten Kohlendioxyds proportional zur Menge des aufgenommenen Sauerstoffs absinkt. Der respiratorische Quotient bleibt ebenfalls konstant. Diese zwei Ergebnisse weisen nach, daß TM keine Anomalie in der Atmung erzeugt. Die Abnahme des Sauerstoffverbrauchs während der TM ergibt sich offensichtlich aus einer natürlichen Abnahme der Stoffwechselaktivität in den Zellen und nicht aus einer manipulierten Verringerung der Atmung. Wenn die Stoffwechselaktivität der Zellen ganz natürlich nachläßt, verbrennen die Zellen im ganzen Körper weniger Sauerstoff und produzieren daher weniger Kohlendioxyd. Meditierende berichten auch nicht über Schwindel oder Bewußtlosigkeit während der Meditation. Das bekräftigt das wissenschaftliche Ergebnis, daß der Sauerstoffverbrauch während der Meditation in natürlicher Weise abnimmt.

Weitere Messungen zeigten, daß der Sauerstoffverbrauch sowohl durch eine Verringerung der Atemfrequenz als auch durch eine Verringerung der Luftmenge bei jedem Atemzug herabgesetzt wurde. Wallace bemerkte, daß die Maske und auch das Fließmeter, die er benutzte, um die Veränderung der Atmung zu messen, unvermeidlich die flache Atmung der Versuchspersonen störte und dadurch wahrscheinlich eine weitere Verringerung der Atemtätigkeit verhinderten.

In England führte Dr. John Allison eine Untersuchung durch, die diesen experimentellen Fehler ausschloß und die Ergebnisse von Wallace und Benson über die Veränderungen der Atmung während der TM bestätigte [7]. Statt der klobigen Maske und des Fließmeters benutzte er kleine Nasenthermistoren, elektronische Temperatursensoren, die an die Nase angepaßt sind. Allison bat seine Versuchspersonen, ein Buch zu lesen, während er ihre Atmung aufzeichnete. Danach meditierten die Versuchspersonen etwa 30 Minuten lang und lasen dann wieder einige Minuten lang in dem Buch. Über diesen ganzen Zeitraum wurde die Atmung gemessen. Kontrollmessungen wurden durchgeführt, während sich die Versuchspersonen beim Fernsehen entspannten. (Die Veränderung der Atemfrequenz, die Allison feststellte, ist in Tafel 2 dargestellt.) Allisons Untersuchung unterstützt die Ergebnisse von Wallace, daß nämlich die Veränderungen zu Anfang und Ende der Meditation ohne Verzögerung eintreten. Die Atemfrequenz ist während der TM um etwa die Hälfte niedriger als während einfachen Sichausruhens und sinkt hin und wieder ganz erheblich – auf 4 Atemzüge pro Minute – ab. Trotz dieser deutlichen Abnahme zeigten die Versuchspersonen anschließend keine kompensatorische Hyperventilation, wiederum ein Hinweis, daß die Abnahme der Stoffwechselrate während der TM ganz natürlich evitrirt.

Die Untersuchungen von Wallace über die Verringerung des Sauerstoffverbrauchs während der TM wurden ebenfalls von Dr. Paul Corey bestätigt. Bei einer kürzlich durchgeführten Untersuchung über die spezifische Leitfähigkeit der Atemwege stellte Corey eine 19,5prozentige Zunahme der Leitfähigkeit während der Ausübung der TM fest [49]. Corey führte seine Experimente am National Jewish Hospital and Research Center in Denver durch, wo bereits beträchtliche Pionierarbeit mit Asthmapatienten stattgefunden hatte. Er ließ meditierende und nichtmeditierende Versuchspersonen in einem Plethysmographen sitzen. Nachdem jede Versuchsperson die übliche Prozedur des Tiefdurchatmens und Luftanhaltens hinter sich gebracht hatte, konnte Corey die Veränderungen in der Leitfähigkeit mit beträchtlicher Genauigkeit messen. In der medizinischen Literatur findet sich kein Hinweis auf eine signifikante Zunahme oder Abnahme der Leitfähigkeit der Atemwege bei normalen Versuchspersonen bei normalem Sichausruhen. Daher ist das Ergebnis, daß bei Meditierenden eine fast 20prozentige Zunahme der Leitfähigkeit auftritt, äußerst bedeutsam und läßt vermuten, daß TM therapeutische Anwendung bei Asthma und anderen Erkrankungen, bei denen die Leitfähigkeit der Atemwege herabgesetzt ist, finden kann. Corey betont, daß seine Ergebnisse vorläufig sind und einen potentiellen therapeutischen Wert der TM nur vermuten lassen; er plant jedoch weitere Untersuchungen über die Auswirkungen der TM auf die Atmung, vor allem um die Mechanismen zu bestimmen, die diese dramatischen Wirkungen hervorrufen.

Die Arbeitsleistung des Herzens – die Menge Blut, die das Herz auspumpt – ist ein weiteres exaktes Maß für den Stoffwechsel, da das Blut vom Herzen den Sauerstoff an den Ort des Stoffwechselvorgangs im Gewebe trägt. Wallace bestimmte mit Venenkathetern, die er in die Armvene von Meditierenden einführte, daß die Blutmenge, die das Herz auspumpt, während der TM durchschnittlich um etwa 25 % zurückgeht. Gleichzeitig nimmt die Herzfrequenz um etwa fünf Schläge in der Minute ab. Beides korreliert mit der Abnahme des Sauerstoffverbrauchs und zeigt einen Zustand sehr tiefer Stoffwechselruhe an. Ähnliche Veränderungen finden sich im Schlaf, treten aber da erst nach mehreren Stunden ein, wohingegen die tiefe Entspannung in der TM sofort eintritt.

Wallace und Benson stellten auch eine Zunahme des elektrischen Hautwiderstandes fest, ein noch nicht ganz verstandenes, aber sehr genaues Maß für Entspannung. Man mißt den Hautwiderstand, indem man Elektroden auf der Hautoberfläche befestigt und den Widerstand gegen einen schwachen elektrischen Strom mißt. Bisher nahm die Physiologie an, daß der elektrische Hautwiderstand von der Menge der Schweißabsonderung auf der Hautoberfläche abhängt. Vor kurzem stellten einige Physiologen jedoch komplizierte Mechanismen fest, die Veränderungen im elektrischen Hautwiderstand bewirken. Auf jeden Fall ist schon seit langem bekannt, daß der Hautwiderstand bei Angst und Streß abnimmt und bei Entspannung zunimmt. Seit mehreren Jahrzehnten wird diese leicht meßbare Veränderung in der Rechtsprechung schon als Grundlage für den Lügendetektor benutzt. Wenn nach der Beantwortung einer bestimmten Frage der Hautwiderstand abnimmt, zeigt das an, daß der Gemessene Angst hat, wahrscheinlich, weil er lügt. Wenn sich jemand in derselben Situation entspannt – möglicherweise weil er die Wahrheit sagt – steigt sein Hautwiderstand an. Während des Tiefschlafs tritt durch die Entspannung des Körpers eine langsame Zunahme des Hautwiderstandes durchschnittlich um etwa 250 % ein. Während der kurzen Zeitspanne der TM jedoch stieg der elektrische Hautwiderstand einiger Versuchspersonen um bis zu 500 % (Tafel 3). Dies weist auf eine schnelle Abnahme von Angst und auf einen Zustand sehr tiefer Entspannung hin.

Wallace und Benson stellten auch eine signifikante Abnahme der arteriellen Milchsäurekonzentration fest (Tafel 4). Milchsäure ist ein Bestandteil des Blutes, der offensichtlich mit Streß einhergeht, wie wir schon in Kapitel 3 erwähnten. Während der TM sinkt bei den Versuchspersonen der Milchsäurespiegel fast viermal schneller ab als bei Versuchspersonen, die sich im Liegen ausruhen, und auch als bei den Versuchspersonen in der Kontrollperiode vor der Meditation [294, 296]. Diese Abnahme der Milchsäure im Blut ist fast dreimal so schnell wie die Abnahme im Schlaf [125]. Obwohl die Milchsäurekonzentration mit der Zunahme der Stoffwechselaktivität am Ende der Ruheperiode nach der Meditation wieder ansteigt, bleibt sie beträchtlich unter dem Niveau vor der Meditation. Die physiologischen Vorgänge, die diese Verringerung der Milchsäurekonzentration zustande bringen, sind noch nicht klar durchschaubar und müssen eingehender untersucht werden.

In medizinischen Labors in Deutschland wurden andere Kreislaufveränderungen untersucht, die Einsicht in diese Vorgänge ermöglichen. Mit einem Infrarot-Radiometer stellte Ritterstaedt eine Zunahme der Hauttemperatur auf der Stirn um 0,4 bis 1,6 Grad Celsius bei allen meditierenden Versuchspersonen fest [238]. Reichart [239] berichtet, daß sich die Durchblutung des Unterarms um 300 % steigern kann [236]. Diese Verbesserung der Durchblutung in der Skelettmuskulatur kann die Verringerung der Milchsäurekonzentration erklären und ebenso das subjektive Gefühl der muskulären Entspannung, von dem Meditierende regelmäßig berichten. Während der TM kann das Herz offensichtlich mit weniger Anstrengung mehr Blut zur Muskulatur pumpen, was sich an der gleichzeitigen Steigerung der peripheren Durchblutung und der Abnahme des Herzschlages und der Arbeitsleistung des Herzens zeigt.

In der Zusammenfassung ihrer Arbeit stellen Wallace und Benson fest, daß TM einen offensichtlich einzigartigen Zustand tiefer Ruhe bei gleichzeitiger geistiger Wachheit hervorruft. Sie bezeichnen den Komplex der Veränderungen, die in der TM auftreten, als eine integrierte psychophysische Reaktion, die Energie und Gleichgewicht im Körper wiederherstellt. Wallace und Benson stellen den hypometabolischen Zustand während der TM dem hypermetabolischen Zustand, der aus Streß entsteht, gegenüber:

> »Wir haben viele Gründe anzunehmen, daß die unaufhörliche Reizung des Sympathicus aus unserer sich ständig verändernden Umgebung weitgehend für das verbreitete Auftreten von hohem Blutdruck und ähnlich ernsten Erkrankungen in unserer Gesellschaft verantwortlich ist. Unter diesen Umständen

kann der hypometabolische Zustand, der eher eine Dämpfung des Sympathikus bedeutet, ein Wegweiser zu besserer Gesundheit sein [294, S. 90].«

Die Gehirnwellen des Meditativen Zustandes

Die Untersuchungen von Wallace und Benson demonstrierten, daß TM eine integrierte physiologische Reaktion hervorruft. Spätere Forschungen versuchten, die Mechanismen, die dieser Reaktion zugrundeliegen, zu bestimmen. Da sich während der TM viele Veränderungen gleichzeitig einstellen, vermuten einige Forscher, daß TM einen Regenerationsreflex im Gehirn auslöst. Wallace suchte als Erster nach Hinweisen auf diesen unbekannten Mechanismus, als er EEG-Untersuchungen an TM-Ausübenden durchführte. Er fand immer wieder eine Vergrößerung der Amplitude bei den acht-bis-neun-Hertz-Wellen, den sogenannten langsamen Alpha-Wellen in den Frontal- und Zentralbereichen des Gehirns. Bei einigen TM-Ausübenden war diese Vergrößerung von gelegentlichen Theta-Zügen, fünf-bis-sieben-Hertz-Wellen, in den Frontalbereichen des Gehirns begleitet. Diese Gehirnwellen unterscheiden TM deutlich vom Schlafen und Träumen. Wallace stellte fest, daß seine Versuchspersonen, von denen einige nur wenige Monate meditierten, ähnliche EEG-Muster zeigten wie die geübten Zen-Mönche in den Untersuchungen von Kasamatsu und Hirai, die 20–30 Jahre meditiert hatten [149].

Brown, Stewart und Blodgett beobachteten die EEG's von elf TM-Ausübenden und elf nichtmeditierenden Kontrollpersonen [38]. Fast während der ganzen Meditationsperiode fanden sie bei zehn ihrer elf meditierenden Versuchspersonen Alpha-Wellen im Frontalbereich des Kopfes, wohingegen nur drei ihrer elf Nichtmeditierenden gelegentlich diesen Rhythmus zeigten. In Übereinstimmung mit den ursprünglichen Untersuchungen von Wallace veranlaßten diese Ergebnisse die Forscher zu der Annahme, daß TM signifikante Veränderungen in der kortikalen Aktivität auslöst.

Der Neurologe J. P. Banquet führte die bisher umfassendste Studie der EEG-Muster, die in der TM auftreten, durch. Er nahm zwölf Meditierende, die im Durchschnitt zwei Jahre meditiert hatten, und zwölf Kontrollpersonen, die nach wichtigen Persönlichkeitsvariablen zu den Versuchspersonen paßten [18, 19, 20]. EEG-Messungen wurden durchgeführt, während die Versuchspersonen meditierten und die Kontrollpersonen sich 30 Minuten lang mit geschlossenen Augen entspannten. Während der Meditation bzw. Entspannung hatten alle Versuchspersonen Tasten an den Fingerspitzen, um subjektive Ereignisse wie körperliche Empfindungen, unwillkürliche Bewegungen, visuelle Eindrücke, tiefe Meditation und reine Bewußtheit anzuzeigen. Banquet benutzte eine sehr subtile Methode, die Computer-Spektralanalyse, um die zu jeder EEG-Aufzeichnung beitragenden Frequenzen zu identifizieren, und um die gleichzeitigen Ableitungen von verschiedenen Teilen des Gehirns zu vergleichen.

Wie in Tafel 5 dargestellt, unterschieden seine Messungen den meditativen Zustand deutlich von anderen Bewußtseinszuständen. Banquet stellte fest, daß Alpha-Aktivität, die im Ruhezustand aller Meditierenden vorhanden ist, in der ersten Stufe der Meditation zu dominieren beginnt. Nach dieser ersten Stufe fand er eine Verschiebung zu niedrigeren Frequenzen, hauptsächlich Theta-Mustern, die jedoch völlig verschieden von Theta- und Delta-Mustern bei Schläfrigkeit sind. Vier fortgeschrittene Meditierende wiesen noch eine dritte Stufe auf, die sie mit ihren Tasten entweder als tiefe Meditation oder reine Bewußtheit charakterisierten. Diese Stufe bestand aus synchronen Beta-Wellen von fast konstanter Frequenz und Amplitude über den gesamten Schädel. Bei allen meditierenden Versuchspersonen wiederholte sich am Ende der Meditation das Muster der Stufe 1 mit einer Zunahme der Alpha-Wellen. Bei den fortgeschrittenen Meditierenden blieben Alpha-, und manchmal auch Theta-Wellen nach der Meditation selbst bei geöffneten Augen bestehen.

Banquets weitere Messungen zeigten tiefe Entspannung ohne Muskelaktivität während der tiefen Meditationsphasen. Dennoch konnten die Versuchspersonen willkürliche Bewegungen ausführen. So bedienten sie z. B. selbst in tiefer Meditation ihre Tasten und zeigten ihre subjektiven Zustände an. Ihre Wachheit zeigte sich daran, daß sie während der Meditation Fragen behalten und beantworten konnten. Sie konnten diese Aktivitäten ausführen und Reize wahrnehmen, ohne das durch die TM verursachte EEG-Muster zu stören. Banquet nimmt daher an, »daß die EEG-Veränderungen durch TM von der Beziehung der Versuchsperson zur Umwelt unabhängig sind und daß sie durch die spezifische geistige Aktivität der TM hervorgerufen werden [20, S. 150].«

Das wichtigste Ergebnis von Banquets Untersuchungen ist, daß die Gehirnwellen von Meditierenden sich während der TM zu synchronisieren beginnen. Banquet beobachtete eine deutliche Uniformität der Frequenzen und Amplituden der elektrischen Aktivitäten in allen Bereichen des Gehirns. Er nannte dieses Phänomen Hypersynchronisierung. Er fand, daß sich während der ersten Minuten der Meditation Alpha-Wellen synchron von den hinteren zu den vorderen Bereichen des Gehirns ausbreiten (Tafel 6). Nach etwa fünf Minuten Meditation trat auch eine Synchronisierung der dominierenden und der stilleren Hemisphäre auf. (Tafel 7). Die Meditierenden zeigten eine Hypersynchronisierung sowohl der Alpha- als auch der Beta-Frequenzen. Die Nicht-Meditierenden andererseits zeigten geringe Synchronisierung nur in den langsamen Theta- und Delta-Frequenzen, und das auch nur während Schläfrigkeit und Schlaf. Im normalen Wachzustand sind die Gehirnwellen ungeordnet und chaotisch, während sie in der TM in Phase und Frequenz kohärent werden (Tafel 8). Weitere Untersuchungen sind erforderlich, um die Bedeutsamkeit der Gehirnwellen-Hypersynchronisierung während der TM abzusichern. Die Hypersynchronisierung könnte sehr wohl der Schlüssel zum Verständnis der integrierten physiologischen Reaktion sein, die während der TM auftritt, und könnte ebenso die Zunahme an Energie, Intelligenz und Zufriedenheit verständlich machen, über die Meditierende berichten.

Banquets Ergebnisse wurden durch die Untersuchungen des Psychiaters Bernhard Glueck und des Physiologen Charles Stroebel über TM und Alpha-Biofeedback am Institute of Living in Hartford, Connecticut, bestätigt. Glueck ist der Forschungsdirektor dieser privaten psychiatrischen 400-Betten-Klinik, und Stroebel ist der Direktor von deren psycho-physiologischem Labor. Sie begannen den potentiellen Wert von Entspannungstechniken für ihre psychiatrischen Patienten zu untersuchen, nachdem mehrere Forscher angeregt hatten, daß Alpha-Wellen-Produktion therapeutischen Wert haben könnte [101, 272].

Barbara Brown war einer der ersten Forscher, die darüber berichteten, daß Alpha-Wellen-Produktion durch Biofeedback zu angenehmen subjektiven Erfahrungen führte [37]. Biofeedback ist ein Verfahren, bei dem die Aktivität einer unwillkürlichen Körperfunktion registriert und der Person durch ein Licht- oder Geräusch-Signal mitgeteilt wird. Dieses Verfahren wird so lange wiederholt, bis sie lernt, diese Funktion zu kontrollieren. Wenn man ständig mit Informationen über die Gehirnwellenaktivität versorgt wird, kann man lernen, durch innerliche Manipulation von Gedanken oder geistigen Bildern Alpha-Wellen aufrechtzuerhalten. Brown berichtete, daß die Versuchspersonen, die durch das Biofeedback-Training Alpha-Wellen zu produzieren lernten, oft angenehme Gefühle, Wohlbefinden, Stille und eine allgemein erhöhte Wachheit bei der Alpha-Produktion erfuhren.

Nachdem Glueck und Stroebel die Untersuchungen von Wallace und Berichte von Biofeedback gelesen hatten, strukturierten sie ein Experiment, um den psychotherapeutischen Wert von Biofeedback und TM zu vergleichen. In ihrer ersten EEG-Untersuchung an zwei erfahrenen TM-Ausübenden verglichen die Forscher die Gehirnwellen während der Meditation mit denen einer Kontrollphase, bei der die Versuchspersonen mit geschlossenen Augen ruhig dasaßen. Während der Meditation konnten sie eine Steigerung der Alpha- und Theta-Wellen-Produktion feststellen. Die Alpha-Amplituden, die sie während der Meditation aufzeichneten, waren gewöhnlich höher als die Amplituden bei Biofeedback-Schülern. Ihre Neugier wurde durch dieses erste Ergebnis wach, und so begannen Glueck und Stroebel eine Vergleichsuntersuchung von TM, Biofeedback und einer Muskelentspannungstechnik. Sie planen, den Versuch drei Jahre lang an Hunderten von Versuchspersonen aus der Patientenschaft ihrer Kliniken durchzuführen.

Die ersten Versuchspersonen wurden nach Alter, Geschlecht und psychologischen Testergebnissen einander zugeordnet und nach einer Zufallsverteilung in Biofeedback oder TM ausgebildet. Bevor die Versuchspersonen eine dieser Techniken lernten, wurden sie psychologisch und physiologisch gründlich untersucht, dann wieder in den ersten Tagen ihrer Technik und anschließend alle zwei Wochen. Zusätzlich wurden Verhaltensindices aus wiederholten psychologischen Untersuchungen und aus Berichten des Pflegepersonals abgeleitet. Nachuntersuchungen nach einem und nach zwei Jahren sind geplant. Dr. Stroebel berichtet über seine ersten Ergebnisse:

»... die Patienten, die Alpha-Biofeedback lernten, brauchten gewöhnlich mehr Versuche, und ihre Abweichungen von den zu erreichenden Ergebnissen waren dabei sehr groß. Nur sehr selten berichteten sie beim Vorhandensein von Alpha-Wellen über entspannte und ruhige Gefühle ... Die Alpha-Versuchspersonen hatten vergleichsweise mehr Schwierigkeiten, ihr Training in einer anderen Umgebung als dem Labor weiterzuführen [272].«

Andererseits produzierten die meisten Versuchspersonen, die TM ausübten, eine Zunahme der dominierenden Alpha-Frequenz, die von periodischer Theta- und Beta-Aktivität unterbrochen war. Die Versuchspersonen zeigten sowohl in der ersten Meditation als auch in den späteren Sitzungen diese Fähigkeit. Zusätzlich war bei den Meditierenden während der TM eine Tendenz zur Hypersynchronisierung festzustellen. Während die Biofeedback-Personen über Schwierigkeiten oder sogar über Frustrationen bei ihren Bemühungen, Alpha-Wellen zu produzieren, berichteten [273] – vor allem wenn sie es außerhalb des Labors versuchten –, vermerkten die Meditierenden häufig die Leichtigkeit, mit der sie sich durch TM entspannen konnten.

Angesichts der enttäuschenden Ergebnisse mit Biofeedback am Institute of Living [272, 273] und anderer gleichermaßen entmutigender Berichte aus anderen Labors auf der ganzen Welt kann man die Frage stellen, ob TM und der durch Biofeedback hervorgerufene Alpha-Zustand überhaupt vergleichbar sind. Während TM eine integrierte psychophysische Reaktion auslöst, die zu tiefer Ruhe und geistiger Wachheit führt, ist bei EEG-Biofeedback nicht nachgewiesen, daß es eine ähnlich umfassende physiologische Veränderung hervorruft. Biofeedback-Versuchspersonen berichten oft über eine deutliche Zunahme von Spannungen, selbst wenn sie weiterhin Alpha-Wellen erzeugen. Weiterhin unterscheidet sich TM von Biofeedback durch ihre einzigartige Fähigkeit, in verschiedenen Frequenzen Hypersynchronisierung zu verursachen. Da sich keine einzelne Gehirnwellenform für die umfassende physiologische Reaktion, die während der TM auftritt, als charakteristisch erwiesen hat, kann die Hypersynchronisierung als die ausschlaggebende Veränderung der EEG-Muster, die der tiefen Ruhe in der TM entspricht, angesehen werden. Das durchgehende Auftauchen von Hypersynchronisierung bei TM-Versuchspersonen bildet die Grundlage der gegenwärtigen Theorien darüber, wie TM das Gehirn beeinflußt.

Wie TM das Gehirn beeinflußt

Wer sich hinsetzt und mit TM beginnt, wird geistig immer wacher, geht jedoch dabei in einen Zustand wohliger Entspannung, der vom Zentrum des Bewußtseins zur Peripherie des Körpers ausstrahlt. Sein Geist wird ruhig und geht in einen mit reiner Freude gesättigten Zustand. Die Aktivität aller Zellen in seinem Körper läßt nach, und sein Sauerstoffverbrauch geht zurück. Zunehmende Entspannung erlaubt eine leichtere Durchblutung der Muskulatur und erleichtert so die Arbeit des Herzens. Abnahme jener Chemikalien im Blut, die bei Angst und Spannungen auftreten, führt zu einem Gefühl größerer Leichtigkeit. Und schließlich feuern die Gehirnzellen synchron, was die Integration höherer und niedriger Gehirnzentren und die der linken und rechten Hemisphäre des Gehirns begünstigt. Wie kommen all diese Veränderungen zustande?

Anthony Campbell, englischer Arzt und Autor eines Buches über TM, schreibt dazu, daß die Gehirnteile, die für Bewußtseinsinhalte, z. B. Gedanken, Gefühle und Wahrnehmungen, zuständig sind, andere sind als die für Wachheit zuständigen [41, S. 75]. Impulse aus dem Kortex und dem limbischen System erzeugen die bewußten Erfahrungsinhalte. Obwohl eine Beschädigung eines dieser beiden Bereiche Denken oder Gefühle stören kann, beeinflußt das gewöhnlich nicht die Wachheit. Eine Narkose jedoch, die auf die Formatio Reticularis im Gehirnstamm einwirkt, verursacht Bewußtlosigkeit. Das Reticularsystem bestimmt offensichtlich, ob man schläft, träumt oder wach ist. Die gesteigerte Wachheit und gleichzeitige Abnahme der geistigen Aktivität, die man während der TM erfährt, lassen vermuten, daß TM das Reticularsystem anregt und die kortikale und limbische Aktivität dämpft.

In unserem gewöhnlichen Wachzustand färbt die Aktivität des limbischen Systems die Erkennungs- und Wahrnehmungsaktivität des Kortex. Während der Ausübung der TM breiten sich Impulse offensichtlich durch beide Hemisphären des Kortex bis zum limbischen System aus, wo sie die limbische Aktivität dämpfen. Eine solche Verringerung der Aktivität im limbischen System würde dann die kortikale Aktivität reduzieren, weil diese weitgehend von der ihr zugrundeliegenden limbischen Aktivität abhängt. Über diese Veränderungen schreibt Dr. Glueck:

> »Aus den EEG-Untersuchungen scheint es immer deutlicher zu werden, daß das Mantra das wesentliche Element in dem ganzen Vorgang ist und in der Lage ist, innerhalb weniger Sekunden die Gehirnfunktion deutlich umzustellen.«

Dr. Glueck stellte die Hypothese auf, daß resonante Derivate des Mantras durch subvokale Wiederholungen im Sprachzentrum in das limbische System eindringen können. Das Sprachzentrum ist mit dem limbischen System eng verbunden. Es liegt im Broca-Bereich, dem Temporallappen der dominanten Hemisphäre. Das Denken des Mantras könnte eine Frequenzmodulation im niedrigen Alpha- und höheren Theta-Gehirnwellenbereich auslösen. Diese resonanten Derivate könnten mit der genau richtigen Frequenz in das limbische System eindringen, so daß die limbische Überaktivation gedämpft wird. Da das limbische System so viele unwillkürliche Prozesse im Körper kontrolliert – einschließlich Herzschlag, Schweißabsonderung und Blutdruck –, erklärt die Verringerung der limbischen Aktivität wahrscheinlich die tiefe Ruhe, die man während der Ausübung der TM erreicht.

Die Herabsetzung der limbischen Überaktivation könnte auch erklären, wie TM Streß abbaut und die Stabilität des autonomen Nervensystems steigert. Durch den Hypothalamus beeinflußt das limbische System direkt das Hormonsystem und das autonome Nervensystem. Die Ruhe des Hypothalamus könnte wiederum den Tonus des Parasympathikus unterstützen und dadurch die autonome Stabilität fördern; und Ruhe im Hormonsystem könnte sehr gut eine Abschwächung der Alarmreaktion zur Folge haben und dadurch Streß verringern.

Es mag sein, daß spätere Untersuchungen nachweisen werden, daß der stärkste Einfluß der TM auf das Wohlergehen des einzelnen aus der Hypersynchronisierung der Gehirnwellen entsteht. Indem TM die Synchronisierung des Kortex und des Zwischenhirns fördert, könnte sie die Schizophysiologie von Alt- und Neuhirn aufheben und damit den uralten Kampf der Menschheit zwischen Gefühl und Vernunft lösen. Da TM auch die Synchronisierung der beiden Gehirnhemisphären verstärkt, könnte sie eine Integration der analytischen und der intuitiven Denkweise zuwegebringen. Die höchsten Erfolge des Menschen verlangen nach komplementärer Tätigkeit des Denkens in *beiden* Gehirnhälften. Der Wissenschaftler und der Künstler in jedem von uns, der Geschäftsmann und der Idealist in uns müssen zusammenarbeiten können, wenn wir unser volles Potential entwickeln und zusammen unsere höchsten sozialen Ideale verwirklichen wollen.

Autonome Stabilität und Streßabbau

Obwohl frühere Untersuchungen über die physiologischen Auswirkungen der TM vermuten ließen, daß die regelmäßige Ausübung der Technik die autonome Stabilität steigert und Streß abbaut, gab es bis 1972 keinen zuverlässigen Beweis für diese Hypothese. Viele Meditierende hatten berichtet, daß sie weniger Angst hatten und daß ihre Gesundheit im allgemeinen besser sei; aber das war kein wissenschaftlicher Nachweis. Diese subjektiven Berichte ermutigten jedoch einige Forscher, die Wirkungen der regelmäßigen Ausübung der TM auf das autonome Nervensystem zu untersuchen.

David Orme-Johnson, Psychologe an der Universität von Texas in El Paso, wies als erster erhöhte autonome Stabilität und eine daraus sich ergebende Streßresistenz bei seinen Versuchspersonen nach, die TM ausübten [218]. Orme-Johnson wählte acht Versuchspersonen, die TM im Durchschnitt 15 Monate lang ausgeübt hatten, und eine entsprechende Kontrollgruppe. Er setzte beide Gruppen einem plötzlichen lauten Geräusch aus und maß dabei den elektrischen Hautwiderstand der Personen. Wenn man einem Stressor, wie z. B. einem unerwarteten lauten Geräusch, ausgesetzt ist, nimmt der elektrische Hautwiderstand für ein paar Sekunden deutlich ab und kehrt dann zum Ausgangswert zurück. Wenn der Streßreiz oft genug wiederholt wird, gewöhnt man sich daran und reagiert nicht mehr darauf. Die systematische Abnahme der Amplitude der elektrischen Hautwiderstandsreaktion, wenn man wiederholt demselben Stressor ausgesetzt ist, wird Gewöhnung genannt. Im allgemeinen gewöhnt sich ein entspannter Mensch schneller an einen wiederholten Streß, der keine unmittelbare Aufmerksamkeit und Reaktion erfordert, als ein verspannter Mensch. Orme-Johnson fand folgendes heraus: Wenn er Meditierende und eine Kontrollgruppe Nichtmeditierender wiederholt plötzlichen Geräuschen aussetzte, die etwa so laut wie ein Preßlufthammer waren, zeigten die Meditierenden – gemessen am elektrischen Hautwiderstand – eine schnelle Gewöhnung an diese Reize. Die Meditierenden reagierten im Durchschnitt nach elf Wiederholungen nicht mehr, während die Nichtmeditierenden mehr als doppelt so lange brauchten, bis sie den gleichen Grad der Gewöhnung erreichten (Tafel 9).

Orme-Johnson fand bei den Meditierenden im Gegensatz zur Kontrollgruppe ein weiteres Anzeichen für größere autonome Stabilität. Je stabiler das Nervensystem eines Menschen arbeitet, um so schneller kehrt es nach einem plötzlichen Streß zur Normallage zurück. Diese Ergebnisse lassen vermuten, daß regelmäßige Ausübung der TM die Anpassungsfähigkeit und Streßresistenz eines Menschen erhöht.

Eine zweite Untersuchung von Orme-Johnson stützt ebenfalls die Hypothese, daß TM Angst verringert und autonome Stabilität steigert [218]. In diesem Experiment zeichnete er spontane Schwankungen des elektrischen Hautwiderstandes auf. Spontanschwankungen des elektrischen Hautwiderstandes sind meßbare Fluktuationen im autonomen Nervensystem und treten unabhängig von äußeren Reizen auf. Die Anzahl der spontanen Schwankungen im elektrischen Hautwiderstand, während man sich in Ruhe befindet und keinem Streß aus der Umgebung ausgesetzt ist, ist ein guter Index für das allgemeine Angstniveau. Orme-Johnson fand heraus, daß Nichtmeditierende in einer zehnminütigen Ruheperiode etwa 34 spontane Hautwiderstandsschwankungen (von mehr als 200 Ohm Amplitude) erzeugten; das ist der Durchschnitt für die normalen amerikanischen Erwachsenen. Meditierende produzierten andererseits weniger als zehn Hautwiderstandsschwankungen während der zehnminütigen Ruheperiode (Tafel 10). Diese Ergebnisse lassen vermuten, daß Meditierende signifikant weniger Angst als Nichtmeditierende haben.

Wie schnell und wie wirksam kann die Ausübung der TM autonome Funktionen stabilisieren? Orme-Johnson kam zu folgenden Ergebnissen: Wenn die Kontrollpersonen, die in den zehn Minuten Ruhe mehr als 35 spontane Schwankungen des Hautwiderstandes aufgewiesen hatten, TM lernten, zeigten sie zwei Wochen nach der Unterweisung weniger als 15 spontane Schwankungen. TM ist offensichtlich in der Lage, das Ruheniveau der Sympathikusaktivität zu verstärken, indem sie in kurzer Zeit die Arbeitsweise des Nervensystems umstellt.

Thomas Routt berichtet über weitere Nachweise für erhöhte autonome Stabilität bei Meditierenden [243]. Er untersuchte zwölf Meditierende im Alter von 18–26 Jahren, die durchschnittlich 13 Monate meditierten (Streuung: drei Wochen bis 29 Monate). Er verglich diese Gruppe mit einer Kontrollgruppe von Nichtmeditierenden, die die Instruktion hatten, sich zu entspannen, während die Experimentalgruppe meditierte. Routt stellte auffällige Unterschiede zwischen Herz- und Atemfrequenz der beiden Gruppen vor, während und nach der Meditations- bzw. Entspannungsperiode fest (Tafeln 11 und 12). Die Herzfrequenz der Meditierenden lag während aller Perioden um zehn bis elf Schläge pro Minute niedriger und die Atemfrequenz um zwei bis drei Atemzüge pro Minute niedriger als bei den Nichtmeditierenden. Obwohl die Untersuchung [3] auf einer sehr kleinen Stichprobe beruht, sind die niedrige Herz- und Atemfrequenz, die bei der TM-Gruppe beobachtet wurde, doch ein wichtiger Hinweis darauf, daß TM das autonome Gleichgewicht fördert.

Da das autonome Nervensystem alle unsere lebensnotwendigen Funktionen steuert und unsere unwillkürlichen Reaktionen auf die Umgebung bestimmt, sind die Folgen einer Technik, die unser autonomes Gleichgewicht verbessert, kaum abzuschätzen. Autonome Stabilität ist für gute Gesundheit so ausschlaggebend, daß die medizinische Wissenschaft auf der Basis autonomer Stabilität sogar zwei grundlegende Persönlichkeitstypen unterscheidet, die Labilen und die Stabilen. Die stabile Persönlichkeit zeigt größere Unabhängigkeit, weniger motorische Unruhe, höhere Widerstandskraft gegen Lärm und Entzug von Sinneserfahrungen, besseres Abschneiden in der Rubrik »psychische Gesundheit« bei psychologischen Tests und weniger Nachgeben-Konditionierungen als Labile. Autonome Labilität kann Vorläufer von psychosomatischen und psychischen Erkrankungen sein. Da ein Labiler sehr viel Energie für falsches Anpassungsverhalten ausgibt, hat er nur geringe Energiereserven, um Streß zu begegnen oder etwas Produktives zu tun.

Die Medizin sucht schon lange nach einer Methode, ein gesundes Gleichgewicht im autonomen Nervensystem wiederherzustellen. Psychopharmaka zur Wiederherstellung des sympathisch-parasympathischen Gleichgewichts durch das limbische System und den Hypothalamus wurden in der Behandlung von psychosomatischen Krankheiten wie hohem Blutdruck, Bronchialasthma, Migräne und Magengeschwüren häufig angewandt. Diese Medikamente sind jedoch nur von begrenztem Nutzen, haben unangenehme Nebenwirkungen und ermöglichen keine dauernde Heilung.

Die bisher verfügbaren Daten zeigen, daß die regelmäßige Ausübung der TM das autonome Nervensystem ins Gleichgewicht bringt, indem sie auf natürliche Weise die Überaktivation des Sympathikus herabsetzt. Sie wirkt dem schwächenden Einfluß von Streß auf den Körper entgegen, indem sie den Parasympathikus anregt, der neue Energiereserven aufbaut. Wie die Ruhe, die von den Ärzten empfohlen wird, um Erholung von einer Krankheit zu beschleunigen, gibt die TM dem Körper Gelegenheit, Energiereserven wiederaufzubauen und sich selbst zu heilen. Durch ihre regelmäßige Ausübung schützt TM vor den entkräftenden Reaktionen auf eine Umgebung voller Streß. Die tiefe Ruhe in der TM scheint Anpassungsfähigkeit, Flexibilität und Integration des Nervensystems wiederherzustellen und könnte die gegenwärtig wirksamste Methode sein, autonome Stabilität zu verwirklichen.

Beseitigung psychosomatischer Störungen

Viele psychosomatische Krankheiten entstehen aus einem gestörten Gleichgewicht des sympathischen und des parasympathischen Zweiges des autonomen Nervensystems. Wenn Geist und Körper an einer chronischen Überreizung durch die Kampf-Flucht-Reaktion leiden, werden die physiologischen Reserven des Körpers durch energieverschlingende Aktivität des Sympathikus erschöpft, wenn die entsprechende Aktivität des Parasympathikus fehlt, um Energie wiederaufzubauen. In diesem Zustand chronischen Stresses und chronischer Übermüdung bricht der schwächste Teil des Körpers und der Psyche zusammen und wird krank. Der Neurophysiologe Wenger entwickelte Techniken, um den relativen Beitrag beider Zweige des autonomen Nervensystems zum autonomen Gleichgewicht eines Menschen zu messen [302]. Er entdeckte, daß häufige sympathische Aktivationen mit einer Vielfalt von Krankheiten einhergehen, einschließlich Schizophrenie, Tuberkulose, Frontneurosen, Magen- und Darmleiden, Hautstörungen und anderen psychosomatischen Erkrankungen.

Wallace untersuchte als erster Amerikaner den Wert der TM für eine Verbesserung der Gesundheit [295]. Er befragte eine Gruppe von Studenten, die regelmäßig drei Monate lang meditiert hatten [299]. Die Versuchspersonen füllten zwei Fragebögen über Veränderungen der körperlichen und seelischen Gesundheit aus. 67 % berichteten über eine deutliche Verbesserung ihrer körperlichen Gesundheit und 84 % über eine der seelischen Gesundheit. Nur drei Personen berichteten, daß seit Beginn der TM irgendwelche unerwünschten Dinge in der körperlichen Gesundheit hervorgetreten seien. Als Verbesserungen der körperlichen Gesundheit wurden weniger Erkältungen, Kopfschmerzen und Allergien erwähnt. Diese Untersuchung läßt vermuten, daß TM eine sichere und leichte Methode zur Steigerung des körperlichen und seelischen Wohlbefindens ist.

Forscher haben entdeckt, daß Labilität des autonomen Nervensystems ein Vorläufer von zu hohem Blutdruck ist. Außerdem scheint diese Erkrankung mit einer allgemeinen Zunahme des Sympathotonus im Nervensystem zusammenzuhängen. Personen, die an zu hohem Blutdruck leiden, neigen dazu, in ständiger Abwehrhaltung zu stehen und ihre Umwelt als feindlich zu betrachten. Diese Ergebnisse ließen mehrere Forscher vermuten, daß TM eine wertvolle Behandlungsmethode für die Millionen von Menschen sein könnte, die an zu hohem Blutdruck leiden. Dr. Datey und seine Mitarbeiter berichten, daß 47 Patienten mit zu hohem Blutdruck, die »shavasan«, eine Yogaatemübung, ausführten, eine durchschnittliche Senkung des systolischen Blutdrucks um etwa 20 % zeigten [54]. Nach mehreren Wochen der Übung blieb diese Senkung des Blutdrucks den ganzen Tag hindurch erhalten.

Wallace, Benson und Wilson stellten fest, daß TM-Ausübende niedrige Ruhewerte des Blutdrucks haben: Der durchschnittliche systolische Druck lag bei 106 mm Hg und der diastolische bei 57 mm Hg [295]. Gewöhnlich setzt man den normalen Blutdruck zwischen 120 mm Hg für den systolischen und 80 mm Hg für den diastolischen Druck an. Auf der Grundlage dieser Ergebnisse untersuchten Wallace und Benson TM als mögliche Behandlungsmethode für hohen Blutdruck [25]. Sie maßen den Blutdruck 1119mal bei 22 Patienten mit zu hohem Blutdruck vor und nach Beginn der regelmäßigen TM-Ausübung. Der Ruhewert des Blutdrucks vor dem Erlernen der Meditation lag bei 150±17 mm Hg für den systolischen Druck und bei 94±9 mm Hg für den diastolischen Druck.

Nach Beginn der täglichen TM lag der Ruhewert des Blutdrucks außerhalb der TM bei 141±11 mm Hg und 88±7 mm Hg (Tafel 13). Obwohl diese Senkung des Blutdrucks gering erscheinen mag, ist sie statistisch doch signifikant. Außerdem ist dieses Ergebnis unabhängig davon, ob die Versuchsperson Medikamente gegen zu hohen Blutdruck einnahm oder nicht. Die Forscher erwarten eine weitere Abnahme, je länger die Patienten TM ausüben. TM könnte daher klinisch wertvoll für die Behandlung zu hohen Blutdrucks sein.

Dr. Benson und seine Mitarbeiter Malveila und Graham untersuchen zur Zeit, ob TM von therapeutischem Wert für die Behandlung von Kopfschmerzen ist [24]. »Da viele Versuchspersonen berichteten, daß Kopfschmerzen seit der regelmäßigen Ausübung der TM nachließen oder ganz verschwanden, forderten wir Patienten mit schwerer Migräne und Spannungskopfschmerzen auf, mit der TM zu beginnen [4, S. 23].« Leider stehen noch nicht genügend Daten zur Verfügung, um zuverlässige Schlüsse ziehen zu können.

Wilson und Honsberger untersuchten 22 Asthma-Patienten, von denen elf TM erlernten und die andere Hälfte täglich Material über TM las aber nicht meditierten. [308]. Nach dem Erlernen der TM zeigten 94 % eine Verbesserung, gemessen am Widerstand der Atemwege. 61 % der Patienten stellten subjektiv Verbesserungen fest, die von ihrem Arzt bestätigt wurden. Diese Ergebnisse weisen darauf hin, daß TM therapeutisch wertvoll für die Behandlung von Bronchialasthma sein kann. Im Licht der Untersuchungen von Dr. Corey, daß nämlich TM die Leitfähigkeit der Atemwege heraufsetzt, ist dieses Ergebnis nicht überraschend.

TM verspricht ebenfalls gute Ergebnisse bei der Behandlung von Schlafstörungen. Als biologische Notwendigkeit für das normale Funktionieren des Nervensystems ist Schlaf einer der Wächter der Gesundheit. Schlafentzug stört die psychophysischen Funktionen außerordentlich. Schlafstörungen sind mit das weitverbreitetste Leiden, das Ärzte behandeln. Mehr als 30 Millionen Amerikaner leiden an Schlaflosigkeit. Das zeigt sich an dem ungeheuren Umsatz von Schlaftabletten. Solche Medikamente haben jedoch ihre eigenen Gefahren, einschließlich der Sucht, und setzen wahrscheinlich die Qualität des Schlafes herab, indem sie die REM-Schlafphase verhindern. Personen, die an Schlaflosigkeit leiden, sind fast immer überarbeitet und übermüdet. Das zeigt klar, daß Schlafstörungen auf Streß zurückzuführen sind. Um Menschen, die an Schlaflosigkeit leiden, ihre lebensnotwendige Nachtruhe zu geben, ist ein natürliches Mittel nötig, um die Unausgewogenheit, die durch Müdigkeit, Anstrengung und Spannung im Nervensystem entsteht, zu beseitigen.

Die zweimal tägliche Ausübung der TM scheint einen besseren physiologischen Rhythmus zu unterstützen. Sie normalisiert den Zyklus von Ruhe und Aktivität durch den Abbau von Spannungen und erleichtert natürliches Schlafen. TM ist ebenfalls für diejenigen günstig, die sehr lange schlafen und sich immer noch nicht frisch fühlen. TM-Ausübende berichten, daß sie sich besser ausgeruht fühlen, obwohl sie weniger schlafen. Kurz nach Beginn der TM brauchen einige mehr Schlaf als vorher, aber nach einigen Tagen oder Wochen Nachholphase berichten die Meditierenden von tiefem, ununterbrochenem Schlaf und zunehmender Wachheit während des Tages [10]. Nach einigen Monaten sagen viele Meditierende, daß sie weniger Schlaf brauchen, obwohl ihre Aktivität zugenommen hat. Es sei hier bemerkt, daß TM jedoch kein Schlafersatz, sondern eher eine Ergänzung zum Schlaf ist.

D. E. Miskiman an der Trent-University in Ontario hat die Wirkung der TM auf Schlafentzug untersucht [206]. Er prüfte die Hypothese, daß Meditierende nach Schlafentzug in den folgenden Nächten weniger REM-Schlaf brauchen als Kontrollpersonen, da sie wegen der TM weniger erschöpft sind. Vier Meditierende und eine Kontrollgruppe durften 40 Stunden lang nicht schlafen. Vor und nach dem Schlafentzug wurde die ganze Nacht hindurch das EEG aufgezeichnet. Die Gruppe der Nichtmeditierenden zeigte eine Zunahme des kompensatorischen REM-Schlafes um 25 % und die TM-Gruppe um nur 17 %. Dieses aufschlußreiche Ergebnis an einer kleinen Stichprobe von Meditierenden muß jedoch kritisch betrachtet werden. Miskiman stellte nicht fest, wieviel Schlaf die Meditierenden während ihrer zweimal täglichen Meditationen bekamen. Es könnte sehr gut sein, daß der Unterschied zwischen Meditierenden und Nichtmeditierenden sich daraus ergab, daß die Meditierenden den Schlafverlust während ihrer Meditationen nachholten. Wenn ähnliche Untersuchungen in der Zukunft nachweisen, daß dies nicht der Fall ist, dann lassen diese Ergebnisse den Schluß zu, daß TM-Ausübende den Streß des Schlafentzugs besser bewältigen.

In vielen Fällen wurde berichtet, daß durch die regelmäßige TM psychosomatische Erkrankungen geheilt oder weitgehend gelindert wurden. Kanellakos berichtet von einer Frau, die nach knapp einem Jahr regelmäßiger TM feststellte, daß ein kleines Zwölffingerdarmgeschwür, das sie schon seit einigen Jahren belästigte, geheilt war [144]. Eine andere Frau erzählte, daß sie vor Beginn der TM drei- bis viermal in der Woche an zwei- bis dreimal aufeinanderfolgenden epileptischen Anfällen litt. Nach vielen Monaten TM hatte sie keine Anfälle mehr und nahm auch keine Medikamente mehr. Die Autoren haben persönlich viele Berichte über Erleichterung von rheumatischer Arthritis, schweren Spannungskopfschmerzen, Angina pectoris und Allergien erhalten.

Wenn man die Auswirkungen der TM auf Streß, einer Hauptursache psychosomatischer Erkrankungen, bedenkt, sind solche Berichte nicht überraschend. Die physiologischen Daten über die Wirkungen der TM lassen vermuten, daß die regelmäßige Ausübung der Technik psychosomatische Krankheiten beseitigt. Der einzigartige hypometabolische Zustand, den die TM hervorruft, ist wahrscheinlich für die gute Gesundheit verantwortlich, von der die Meditierenden berichten. Anekdotische Berichte lassen jedoch höchstens Vermutungen, aber keine zuverlässigen Schlußfolgerungen zu. Bei psychosomatischen Erkrankungen treten gar nicht so selten spontane Besserungen oder sogar Heilungen auf. Der Placebo-Effekt einer neuen Therapie kann ebenso Heilungen erklären, gleichgültig ob die Behandlungsmethode wirklich effektiv ist oder nicht. Die medizinische Wissenschaft muß den therapeutischen Wert der TM für verschiedene Krankheiten klinisch erforschen und systematisch prüfen. Die Wirkungen der TM können leicht untersucht werden, da die physiologischen Reaktionen fast sofort auftreten und leicht meßbar sind. Paralleluntersuchungen können über einige Tage, Monate oder Jahre hinweg durchgeführt werden. Da TM leicht zu erlernen ist und keine Disziplin oder Veränderungen der Lebensweise erfordert, können die Forscher sehr leicht Versuchs- und Kontrollpersonen aus der Bevölkerung gewinnen. Außerdem wurde nie gefunden, daß TM irgendwelche schädlichen körperlichen Wirkungen hat. Umfassende Untersuchungen über die Anwendung der TM in der Medizin werden zur Zeit in Harvard, in der Universität von Pennsylvania, in der Universität of California, Los Angeles, in dem Illinois Masonic Medical Center und anderen führenden medizinischen Instituten auf der ganzen Welt durchgeführt.

Wir möchten betonen, daß TM kein Wundermittel oder Allheilmittel ist. TM sollte nie als Ersatz für Desensitivierungs-Medikamente, Magengeschwür-Diät oder anti-epileptische Drogen angesehen werden. Nach dem, was wir bisher über TM wissen, scheint die regelmäßige Ausübung der TM jedoch einen bedeutenden Beitrag zur Behandlung von Krankheiten zu leisten. TM scheint viele verschiedenartige Leiden zu erleichtern, die eine psychische Komponente haben, so zum Beispiel hoher Blutdruck, Magengeschwüre, Asthma und einige allergische Leiden. Es gibt Millionen von Patienten, deren organische Pathologien wahrscheinlich mit Gefühlstörungen zusammenhängen. Die Fähigkeit der TM, autonomes Gleichgewicht wiederherzustellen und Streß zu lösen, verweist auf ihren Wert, psychosomatischen Krankheiten vorzubeugen und sie zu heilen.

Die tiefe Ruhe der TM beschleunigt wahrscheinlich auch alle körperlichen Heilungsprozesse. Maharishi empfiehlt, daß Bettlägerige oder Schwerverwundete öfter als gewöhnlich meditieren. Untersuchungen über die Wirksamkeit der TM als Zusatz zur postoperativen Erholung werden gerade durchgeführt. Die Erforschung ihres Nutzens für so chronisch schmerzhafte Krankheiten wie Kreuzschmerzen und Arthritis scheint ebenfalls gerechtfertigt. Weil TM Energiereserven freisetzt und die Stabilität steigert, könnte sie sich als hilfreich in Rehabilitierungsprogrammen für Blinde, Taube und Körperversehrte erweisen. Maharishi legt dar, daß TM sogar förderlich sein kann bei:

»... rein organischen Krankheiten, wo kein Hinweis auf eine geistige Ursache besteht ...

Es ist wohlbekannt, daß ein Kranker eine bestimmte geistige

und emotionale Einstellung zu seiner Krankheit hat, die tiefe Wirkungen auf ihren Verlauf haben kann, wenn sie auch nicht der Auslöser der Krankheit ist. Die Meditation wird die Ängste des Kranken beseitigen. Sie wird ihm geistige Stärke geben, daß er durchhält und Abstand von seinem Leiden gewinnt [188, S. 195].«

Von all den potentiellen Vorteilen, die TM für die Gesundheit besitzt, ist wahrscheinlich die Vorbeugung der wichtigste Punkt. Krankheit erst gar nicht entstehen zu lassen, ist das höchste Ziel der Medizin. Wie Maharishi feststellt:

»Mehr Krankenhäuser zu bauen, um den Menschen, die schon krank sind, Krankheit und Leiden leichter zu machen, ist ein lobenswerter Akt der Nächstenliebe. Es ist jedoch unendlich wichtiger, Wege und Mittel zu finden, die verhindern, daß die Menschen krank werden, und sicherzustellen, daß sie sich guter Gesundheit erfreuen. Da eine Methode existiert, die verhindert, daß Menschen krank werden (TM), wäre es ein sehr viel größerer Akt der Nächstenliebe, sie allen Menschen auf der Welt verfügbar zu machen [188, S. 191].«

Diese kühne Behauptung sollte nicht zu leicht genommen werden. Die moderne Wissenschaft hat bereits nachgewiesen, daß viele Erkrankungen nicht so sehr von krankheitserregenden Viren oder Bakterien abhängen, sondern vielmehr von der Anfälligkeit des Organismus. Verstreßte Menschen sind viel anfälliger für Krankheiten – von Erkältungen und Sodbrennen bis zur Tuberkulose und Herzkrankheiten. In dem Maße, wie uns weitere Daten aus der Forschung zur Verfügung stehen, könnte sich sehr wohl herausstellen, daß TM sowohl zur Krankheitsvorbeugung als auch zur Therapie einen bedeutenden Beitrag leistet.

Ein vierter Bewußtseinszustand

Forscher haben gezeigt, daß die Technik der TM einen tiefen Ruhezustand, verbunden mit geistiger Wachheit, hervorruft. Sie haben ebenfalls nachgewiesen, daß dieser Zustand für die Regeneration des Körpers äußerst wertvoll ist. Unterscheidet sich der Bewußtseinszustand, den man während der TM erreicht, genügend vom Wachen, Träumen und Schlafen, um als vierter Hauptbewußtseinszustand bezeichnet zu werden? Die Bedeutsamkeit dieser Frage zeigt sich am zunehmenden weltweiten Interesse von Wissenschaftlern an der Beobachtung von William James:

> »... Unser normales Wachbewußtsein, das rationale Bewußtsein, wie wir es nennen, ist nur eine spezielle Art von Bewußtsein, um das herum, nur durch dünnste Schichten getrennt, vollkommen andersartige potentielle Formen des Bewußtseins liegen. Wir können durch das Leben gehen, ohne auch nur die geringste Ahnung von ihrer Existenz zu haben, wenn aber der richtige Reiz geliefert wird, sind sie mit einem Schlag vollständig vorhanden ... Keine Beschreibung des Universums kann umfassend sein, die diese anderen Formen des Bewußtseins außer acht läßt [133, S. 388].«

Wallace schlug 1970 vor, daß der psychophysiologische Zustand, den man während der TM erreicht, so einzigartig sei, daß er als vierter Hauptbewußtseinszustand bezeichnet werden könne. Er bemerkte, daß dieser Zustand charakteristische Gehirnwellen habe, einen bestimmten Sauerstoffverbrauch und eine bestimmte Blutchemie und daß daher dieser Zustand sich deutlich vom Wachen, Träumen und Schlafen und Zwischenzuständen wie Hypnose oder Autosuggestion unterscheide [292]. Orme-Johnson, Banquet und Glueck berichteten über weitere Hinweise, daß TM einen einzigartigen psychophysiologischen Zustand hervorruft, der die Beschreibung »vierter Hauptbewußtseinszustand« verdient.

Auf ihrer Suche nach einer Methode, übermäßigen Streß abzubauen, haben Wissenschaftler nach einem natürlichen Regenerationsprozeß gesucht. Viele Kulturen enthalten ausdrücklich Hinweise auf einen Bewußtseinszustand, der sich von Wachen, Träumen und Schlafen unterscheidet und der für das allgemeine Wohlergehen und die Entfaltung des menschlichen Potentials dringend notwendig ist [126, 209]. Einige Forscher, die die physiologischen Auswirkungen der TM-Technik untersuchten, begannen diesen vierten Hauptbewußtseinszustand zu definieren. Die Leichtigkeit und Wirksamkeit der TM lassen vermuten, daß diese Technik eine universal anwendbare Methode zum Abbau von Streß ist.

5
Die psychischen Auswirkungen der Transzendentalen Meditation

Die psychischen Korrelate von übermäßigem Streß und autonomer Instabilität haben wir bereits klar definiert. Angst, kurze Aufmerksamkeitsspanne, impulsive Motorik, Drogenabhängigkeit, geringe Egostärke und schlechte Leistungsfähigkeit gehören zu den vielen negativen psychischen Wirkungen, die mit Streß und autonomer Instabilität zusammenhängen. Da es der Psychologie an Methoden fehlte, die autonomen Funktionen zu verbessern und Streß abzubauen, konzentrierten sich die Psychologen, die das autonome Nervensystem untersuchten, fast ausschließlich auf die Beschreibung der negativen Konsequenzen eines labilen Nervensystems. Bis sich vor kurzem die ersten Hinweise ergaben, daß TM die autonome Stabilität steigern und Streß abbauen kann, war die medizinische Wissenschaft fast einstimmig der Meinung, daß der Grad der autonomen Stabilität bzw. Instabilität ein unveränderliches physiologisches Kennzeichen jedes Menschen sei [220].

Dr. Elmer Greens psychophysiologisches Prinzip legt nahe, daß die physischen Auswirkungen der TM, die wir in Kapitel 4 besprochen haben, entsprechende psychische Auswirkungen haben sollten [112]. Das Gehirn ist die zentrale Schaltstelle, die alle Gefühle, Gedanken und Verhaltensweisen kontrolliert und vermittelt. Die Integration der Gehirnfunktionen sollte nicht nur zur Besserung der Gesundheit führen, sondern auch zu einer Verbesserung vieler emotionaler und geistiger Vorgänge und letztlich zu bedeutenden Verbesserungen der Leistungsfähigkeit und des Verhaltens. Veröffentlichungen über die physiologischen Auswirkungen der TM und unzählige anekdotische Aussagen von Personen, die TM ausüben, haben bisher mehr als 30 Forscher inspiriert, die psychischen Wirkungen der TM zu untersuchen. Diese Forschungsergebnisse besprechen wir in diesem Kapitel.

Einerseits sind psychische Veränderungen eigentlich nur im kontrollierten Experiment nachprüfbar, *andererseits* besagen psychologische Daten für Nichtpsychologen meist sehr wenig, da sie

Gefühle in meßbare Quantitäten umsetzen. Um unsere Besprechung der psychischen Wirkungen der TM zu beleben, haben wir auch einige subjektive Berichte über die Veränderungen durch TM in dieses Kapitel aufgenommen. Die meisten Berichte erhielten wir direkt durch Interviews, einige von ihnen erschienen jedoch bereits in Veröffentlichungen über TM.

Persönliche Berichte

Meditierende berichteten über viele positive psychische Veränderungen in ihrem Leben, die sie der täglichen Ausübung der TM zuschreiben. Am häufigsten erzählten sie von Leistungssteigerungen bei der Arbeit oder in der Ausbildung bei gleichzeitiger Zunahme innerer Stabilität und Ruhe. In seinem Artikel im Yale Alumni Magazine führt Al Rubbottom den typischen Bericht eines Geologieprofessors an, der seit einem Jahr TM ausübte:

> »Seit ich mit der TM anfing, gab es einen Quantensprung in der Verbesserung meiner Lebensqualität. Ich habe das Gefühl, daß die Klarheit meines Denkens, die Begeisterung, mit der ich an meine Arbeit herangehe, die Zuwendung, die ich meinen Studenten und jedem, mit dem ich zu tun habe, geben kann – daß all dies sich ungeheuer gesteigert hat. Oft fühle ich mehr Ruhe bei angespannten Situationen an meinem Arbeitsplatz. Selbst meine Mitarbeiter sagen, es sei ihnen unbegreiflich, wie ich so ruhig sein könnte. Und all dies kommt von der Meditation. Bevor ich mit der TM anfing, war ich völlig deprimiert – ich hatte vor, alles zu verlassen, einfach im Wald zu verschwinden [245].«

Terri Shultz fing mit TM an, um darüber einen Artikel für *Today's Health* zu schreiben. Nach drei Monaten berichtete sie über große Verbesserungen in ihrem Leben, die schließlich auch ihren skeptischen Ehemann überzeugten, ebenfalls mit der TM zu beginnen:

> »Zum erstenmal war ich einfach gezwungen, all die allmählichen Veränderungen in meinem Leben zur Kenntnis zu nehmen. Mein Arbeitsraum war mit Artikeln übersät, für die ich in den letzten Wochen – nach Jahren der Enthaltsamkeit – freie Mitarbeiter-Kontrakte abgeschlossen hatte. Zum erstenmal

seit dem Abitur interessierte ich mich wieder für Nähen, und neuer Gardinenstoff lag schon zugeschnitten bereit. In den letzten beiden Monaten hatte ich mehr Freunde zu uns eingeladen und mehr neue Rezepte ausprobiert als im ganzen vergangenen Jahr. Beim Abendessen trank ich nur noch halb soviel Wein. Das Fieber und die Müdigkeit, die ich gewöhnlich jeden Abend gegen 5 Uhr fühlte, waren schon seit Wochen nicht mehr aufgetreten [250].«

Sie fand ähnliche Veränderungen bei anderen Geschäftsleuten und Berufstätigen, wie bei jenem Geschäftsmann mittleren Alters aus Chicago, einem frommen Katholiken, der berichtete, daß er regelmäßig bei seinen Zugfahrten von und zum Arbeitsplatz meditiere:

»Es ist, als ob mein Geist einen neuen Hebel hätte und dadurch viermal so stark, entspannt und ausgeruht ist. Ich lese mehr und freue mich mehr. Ich fühle mich geistig aufnahmefähig wie ein Schwamm. Ich sehe, wie Leute sich am Bahnhof gegenseitig stoßen und wie Eltern ihre Kinder ausschimpfen, und stelle fest, daß ich auch einmal so war. Jetzt nehme ich mir einfach mehr Zeit, und mir tun die Leute fast leid, die sich immer in Eile fühlen, irgendwohin zu kommen. Auch meine Religion hat für mich an Bedeutung gewonnen. Und die Veränderung in mir verändert die Leute, mit denen ich in Berührung komme. Ich werde plötzlich zu dem Menschen, der ich immer schon sein wollte, ich wußte nur nicht wie [250].«

Einer von Dr. Kanellakos Kollegen gab unaufgefordert einen Bericht über die umfassende Veränderung in seinem Leben, seitdem er mit TM angefangen hatte.

»Seit ich anfing zu meditieren, bin ich weniger gewalttätig; ich bin heiterer geworden und habe mehr gelächelt und bin mehr angelächelt worden als jemals zuvor. Meine Fähigkeit zu lieben hat sich gesteigert, und die Beziehung zu meinen Familienmitgliedern ist sehr viel besser geworden. Obwohl ich bei meiner Arbeit mehr leiste (ich sitze länger an meinem Schreibtisch und arbeite), fühle ich mich dabei weniger angestrengt.

Meine Intuition und mein Wissen über mich selbst sind größer geworden; ich liebe mich selbst mehr, meine Selbstachtung ist gestiegen, und ich habe größeres Selbstvertrauen. Ich schlafe nachts weniger, trotzdem werde ich morgens früher wach. Meine Träume sind anders geworden (ein unangenehmer ständig wiederkehrender Traum ist verschwunden), und die meisten Träume sind nicht so unangenehm wie vorher.

Mehr als je zuvor weiß ich jetzt, was ich im Leben will, und wohin ich gehe. Ich bin aufnahmebereiter für meine Umgebung; meine Sinne sind feiner geworden, und ich bin mir meiner Umwelt mehr bewußt. Ich trinke und rauche weniger. Der Geschmack von Alkohol und Tabak ist mir jetzt unangenehm, und sie haben keine Wirkung mehr. Ich vertiefe das Wissen über meine Religion. Ich bin viel ruhiger, und viele Dinge machen mir nicht mehr so viel aus.

Ich bin toleranter geworden, und viele meiner Vorurteile sind entweder ganz verschwunden oder erheblich schwächer geworden. Ich merke, wie ich die Fähigkeit entwickle, ein ganzheitliches Bild aus der Betrachtung anscheinend unverbundener Teile zu gewinnen.«

Der Abbau von Streß und Angst durch die regelmäßige Ausübung der TM-Technik scheint einen großen Teil von vorher blockierter Energie freizusetzen, was die gesteigerte Vitalität erklären würde, von der Meditierende so oft berichten. Lösung von Spannungen bedeutet automatisch Zunahme der Leistung, wie dieser Student berichtet:

»Bevor ich mit der TM anfing, war ich sehr viel weniger tolerant, und ich war nervös und leicht aus der Fassung zu bringen. Jetzt, wo ich schon 8 Monate meditiere, komme ich besser mit anderen Leuten zurecht. Probleme machen mir nicht mehr so viel aus wie früher; ich kann mich den Problemen stellen und sie besser lösen, statt mir Sorgen über sie zu machen. Ich habe festgestellt, daß ich leichter lerne; seit Beginn der Meditation ist mein Semesternotendurchschnitt von 2,6 auf 3,4 angestiegen.« (Nach amerikanischem Benotungssystem eine Verbesserung. Anm. der Red.)

Da die Meditierenden erfahren, daß sie seelisch ständig wachsen, ist ihre Erwartung der Zukunft gegenüber positiv; sie empfinden Altern nicht als Verlust, sondern als Entwicklung und

Verbesserung. Viele ältere Menschen, die mit der TM anfangen, berichten, daß ihr Leben mit jedem Tag regelmäßiger Meditation erfüllender wird, und daß die Zeit ein Freund, kein Feind mehr ist. Ein 62jähriger, der seit 2 Jahren meditiert, drückte dieses Gefühl folgendermaßen aus:

»Ich litt unter Einsamkeit, Angst und zunehmender Verzweiflung, weil ich merkte, daß meine Zeit bald vorüber war. Jetzt fühle ich mich jünger und habe mehr Hoffnung. Statt in körperlichen Schmerzen und Wehwehchen absorbiert zu sein, kümmere ich mich jetzt um neue Gebiete: Schreinern und Fischen. Das Leben ist erfüllender – jeder Tag bringt schöne neue Dinge. Ich fühle mehr Weisheit. Gern würde ich 100 Jahre alt, aber ich fürchte mich nicht mehr vor dem Sterben. TM hat mir inneren Frieden gegeben.«

Meditierende berichten auch über Veränderungen, die eine Stärkung des Ich widerspiegeln. Dies führt zu zunehmendem Optimismus und zu Erfolgserlebnissen. Eine Hausfrau, die seit 2 Jahren meditiert, berichtet, wie sie ein tiefes Gefühl der Leere überwand:

»Ich fühlte mich unzufrieden und unglücklich, weil ich innerlich voller Konflikte und Frustrationen steckte. Ich war zwar mit meiner Ehe zufrieden, war glücklich mit meinem Mann, hatte drei wunderbare Kinder und alles, was ich mir materiell nur wünschen konnte. Ich wußte jedoch, daß mir etwas fehlte. Ich fühlte mich zutiefst über meine Existenz verunsichert. Hatte ich wirklich nur Alter, schlechte Gesundheit und schließlich den Tod zu erwarten? Wenn ich mich sportlich betätigte, machte mir das Spaß, aber ich konnte nie lange ruhig sitzen, ohne Angst zu bekommen. Das Hauptergebnis der TM, das sich fast sofort einstellte, war das Gefühl, daß das Leben einen tieferen Sinn hat. Ich kann eindeutig sagen, daß mein ganzes Leben sich seit dem Tag, an dem ich mit TM begann, mit immer mehr Glück und Hoffnung füllt. Seitdem werde ich in meinem Selbst, in meinem Denken und Fühlen immer gefestigter.«

Die regelmäßige Ausübung der TM befähigt offensichtlich viele Menschen, eine positive Einstellung sich selbst gegenüber zu entwickeln und nicht so sehr von der Meinung anderer abhängig zu sein. Diese zunehmende Ichstärkung bei Meditierenden scheint mit größerer Feinfühligkeit für die Bedürfnisse anderer und besserer Wertschätzung ihrer Umgebung Hand in Hand zu gehen. Freunde und Familienmitglieder von Meditierenden berichten oft, daß sie sich besser fühlen, weil in ihrer Umgebung meditiert wird. Diese ansteckende Zufriedenheit könnte die dramatische Ausbreitung der TM in vielen Gemeinschaften erklären. Wenn ein Familienmitglied die TM erlernt, fangen die anderen gewöhnlich auch bald an. Die Mutter einer Familie, in der alle meditierten, sagt dazu:

> »Zum erstenmal in meiner Ehe freue ich mich über meine Rolle als Koch, Ehefrau, Mutter und Hausfrau – vor allem wegen des Selbstvertrauens, das ich durch meine neuen Fähigkeiten und Erfolge gewonnen habe. In unserer Familie wurde häufig gestritten, jetzt nicht mehr. Wir sprechen sanfter, mit mehr Liebe und Verständnis und geduldiger. Wir haben mehr voneinander. Den Kindern geht es so viel besser, es ist immer noch ein Wunder für mich. Ich bin weniger schüchtern als vorher; ich bin selbstsicherer und sicherer in meinen Meinungen und Überzeugungen.«

Trotz der allgemeinen Tendenz, nach Rechtfertigungen für das zu suchen, was man tut, gibt es viele Gründe, weshalb man diesen persönlichen Aussagen glauben kann. Erstens beziehen sich die Behauptungen oft auf ganz spezifische objektive Veränderungen, so z. B. bessere Gesundheit, bessere Noten, höhere Leistungen oder weniger Drogengebrauch. Zweitens gehen alle Berichte in dieselbe Richtung einiger allgemeiner Bereiche gesteigerten Wohlbefindens, die man auch aus den physiologischen Veränderungen, die durch die TM zustandekommen, erwarten kann. Drittens erhielten wir diese Berichte von den Meditierenden so bereitwillig, daß anzunehmen ist, daß ein großer Prozentsatz der Meditierenden solche positiven Erfahrungen hat. Schließlich beweist die Tatsache, daß die große Mehrheit derjenigen, die mit TM beginnen, auch weiter meditieren, daß sich die regelmäßige Ausübung der TM lohnt. Dr. Mohammed Shafii, von der medizinischen Fakultät von Michigan, befragte eine Zufallsstichprobe von Leuten, die innerhalb der letzten drei Jahre TM gelernt hatten, und fand heraus, daß 70 % von ihnen noch meditierten [256]. Bei informellen Befragungen in Yale Trinity und Taft, einer Vorbereitungsschule in Connecticut, die den Autoren bekannt wurde, stellte sich heraus, daß nur 18–20 % derjenigen, die TM gelernt hatten, mit der Technik aufhörten. Wir interviewten einige von ihnen und fanden heraus, daß Zeitmangel der Hauptgrund dafür war, mit der regelmäßigen Ausübung der TM aufzuhören. Fast jeder, der aufgehört hatte, wollte später wieder damit anfangen.

Die vielen Berichte über die positiven Auswirkungen der TM sind natürlich kein wissenschaftlicher Beweis, regen aber wissenschaftliche Untersuchungen an. Aus wissenschaftlicher Perspektive ist das Wichtigste an diesen Berichten die weitgestreute Wirkung, die die Ausübung der TM offensichtlich mit sich bringt. Wenn TM tatsächlich das Wachstum in all den Bereichen fördert, über die Meditierende bisher berichtet haben, dann muß diese Technik unter allen gegenwärtigen Programmen zur Entwicklung des Menschen einzigartig sein. Um die Auswirkungen der regelmäßigen TM auf die psychische Gesundheit zu bestimmen, untersuchten Forscher ihre Wirkungen auf Wahrnehmung, senso-motorische Koordination, Angst, Feindseligkeit, Selbständigkeit, Selbstverwirklichung, Glücklichsein, Intelligenz, Lernfähigkeit, Drogenmißbrauch, Arbeitsleistung und Leistungen in der Schule und Universität.

Bessere psychische Gesundheit

Streß und Unausgewogenheit des autonomen Nervensystems schränken das Wohlbefinden ein. Der Psychologe Maynard Shelly hat eine deutliche Korrelation zwischen der Suche des Menschen nach Glück und autonomer Aktivation festgestellt [264]. In Kapitel 3 haben wir Shellys Hypothese besprochen, daß Glücklichsein und psychisches Wohlbefinden von unserer Fähigkeit abhängen, eine optimale Aktivationsebene zu erhalten. Wenn man überaktiviert ist, bedeutet das Spannung; bei nichtgenügender Aktivation wird Langeweile erfahren. Shelly beschreibt zwei Arten von Freude, ein stilles Sichfreuen und eine aufregende Art von Vergnügung, die mit gesteigerter Aktivation zusammenhängt. Er legt dar, daß Streß die optimale Aktivationsebene anhebt, und daß wiederholte Streßerfahrungen die Freude des Menschen an seiner Aktivität systematisch senkt, da Streß die Aktivationsebene anhebt. Ohne Befriedigung in der täglichen Routine sucht der Mensch verzweifelt nach immer mehr Erregung. Diese oft hektische Suche nach neuen Reizen führt zu einer entsprechenden Verachtung ruhiger Freude. Genährt durch die Streßreaktion kann dieses Bedürfnis nach Erregung zu einer Sucht werden, in der flüchtige »Hochs« nur zu um so tieferer Erschöpfung, Spannung, Langeweile und Depression führen.

Durch den Abbau von Streß und die Wiederherstellung des autonomen Gleichgewichts kann TM die notwendige physische Stabilisierung geben, um von dieser schwächenden Sucht loszukommen. Shelly stellte die Hypothese auf, daß TM in vielen täglichen Aktivitäten mehr Freude schafft, indem sie die Aktivationsebene des Gehirns normalisiert. Obwohl Untersuchungen über den Einfluß der TM auf die autonome Stabilität die physiologische Wahrheit von Shellys Hypothese zu bestätigen scheinen, beschloß er zu untersuchen, ob TM-Ausübende glücklicher sind als Nichtmeditierende.

Um diese Theorie zu prüfen, verteilte Shelly Fragebögen an 150 Meditierende und eine Kontrollgruppe von Nichtmeditierenden, alle ungefähr gleichaltrig und in den persönlichen Daten übereinstimmend. Er baute Fragen über allgemeines Sichglücklichfühlen und über spezifische Veränderungen, über die Meditierende gewöhnlich berichten, in den Fragebogen ein. Die Skalen waren kompliziert und erforderten eine komplexe mathematische Analyse, die noch nicht abgeschlossen ist. Wie Landrith jedoch berichtet, waren die vorläufigen Ergebnisse des Vergleichs der Durchschnittswerte bei den Meditierenden und Nichtmeditierenden wie folgt:

> »TM-Ausübende sind 1. glücklicher, 2. entspannter, 3. weniger traurig, 4. erfahren häufiger das Gefühl der Freude, 5. suchen ebensooft wie Nichtmeditierende nach Aktivität, extreme Formen (extreme Aufregungen) werden jedoch vermieden, 6. begeben sich ebensohäufig wie Nichtmeditierende in soziale Kontaktsituationen, obwohl sie dazu neigen, mehr Zeit allein zu verbringen, 7. scheinen tiefere Beziehungen zu anderen anzuknüpfen, 8. haben mehr persönliche Reserven, wie Shelly es nennt. (So hängen sie weniger von ihrer Umgebung ab, um glücklich zu sein) [263].«

Shelly sieht es so, daß TM-Ausübende nicht nur mehr Reserven haben, um ihr Ziel zu erreichen, sondern daß sie auch besser in der Lage sind, innere Reserven zu mobilisieren als Nichtmeditierende. Da sie angesichts großer Anforderungen stabiler sind als Nichtmeditierende, zeigen sie wesentlich größere Zielgerichtetheit in ihrer Aktivität. Shelly zog folgenden Schluß: Die Faktoren-Konstellation, die TM-Ausübende auszeichnet, zeigt, daß TM das psychische Wohlbefinden steigert, indem sie die optimale Aktivationsebene herabsetzt.

Über weitere Nachweise, daß TM das psychische Wohlbefinden steigert, wurde in vielen Zeitschriften berichtet. Die meisten dieser frühen Untersuchungen wurden an kleinen Stichproben durchgeführt. Wenn jedoch mehrere Untersuchungen mit verschiedenen Populationen von Meditierenden und verschiedenen Meßmethoden alle die gleichen Ergebnisse bringen, dann ist ein gewisses Vertrauen in ihre Aussagekraft gerechtfertigt. Statt alle diese Voruntersuchungen in ihren Einzelheiten durchzusprechen, fassen wir kurz ihre Methoden und Ergebnisse zusammen.

1) Seeman, Nidich und Banta [252] von der Universität von Cincinnati testeten die Hypothese, daß TM die Selbstverwirklichung fördert – ein Konzept, das Maslow bei seinen Untersuchungen der gesündesten kreativsten und erfolgreichsten Mitglieder der Gesellschaft entwickelte [193]. Selbstverwirklichung gibt das Maß für den Grad, zu dem jemand sein Potential anwendet und Qualitäten zeigt, die Maslow als die höchsten Werte der Menschheit identifizierte. Um ihre Hypothese zu testen, benutzten die Forscher Shostrams Personal Orientation Inventory (POI), eine häufig verwandte Meßskala für die Qualitäten der Selbstverwirklichung. Die Tests wurden statistisch zueinander passenden Experimental- und Kontrollgruppen von je 15 Personen gegeben; die Experimentalgruppe lernte dann TM. Nach zwei Monaten füllten beide Gruppen wieder den POI aus, und die Ergebnisse der Vor- und Nachtests wurden verglichen (Tafel 14). Die Forscher stellten fest, daß TM positive Veränderungen in der Persönlichkeitsentwicklung hervorrief, was in mehreren Testparametern zum Ausdruck kam. Zunehmende Innengesteuertheit ließ die Forscher vermuten, daß die TM den Versuchspersonen ermöglichte, sich mehr auf ihren »psychischen Kompaß« zu verlassen [188, S. 185]. Die Meditierenden verbesserten sich auch in Spontaneität,

Selbstachtung, Aggressionstoleranz und der Fähigkeit zu tieferen menschlichen Beziehungen. Nidich, Seeman und Dreskin haben weitere Untersuchungen durchgeführt, die diese Ergebnisse bestätigen [210].

2) D. W. Orme-Johnson untersuchte 13 Mitarbeiter eines Drogenprogrammes in einem Militärstützpunkt in Texas. Er unterteilte die Stichprobe in eine Experimentalgruppe von sieben Personen, die die TM lernten, und eine Kontrollgruppe von sechs Personen, die die TM nicht lernten. Er verwandte für beide Gruppen – vor Beginn des Programms und zehn Wochen später – das Minnesota-Multiphasic Personality Inventory (MMPI), ein Standardmeßverfahren für psychische Gesundheit. Er fand heraus, daß Meditierende eine signifikante Abnahme von Angst, Hypochondrie und Persönlichkeitsstörungen zeigten, während die Nichtmeditierenden über die Testzeit hinweg keine Veränderungen aufwiesen [221].

3) L. C. Doucette von der McMaster Universität in Kanada stellte fest, daß TM-ausübende Universitätsstudenten, verglichen mit Kontrollgruppen von Nichtmeditierenden und »Unechtmeditierenden«, die eine simulierte Meditationstechnik ausübten, signifikant weniger Spannung und Angst zeigten [62].

4) Boese und Berger von der medizinischen Fakultät der Pennsylvania State University untersuchten ohne Kontrollgruppe 15 Meditierende. Sie stellten fest, daß die Meditierenden gemäß dem Thematic Apperception Test (TAT) signifikant weniger verbale Feindseligkeit zeigten als der durchschnittliche Erwachsene [31].

5) S. J. Tjoa aus Amsterdam führte eine Voruntersuchung an einer Gymnasialklasse von 20 Schülern durch. Er testete sie, bevor 14 von ihnen mit der TM begannen, und ein Jahr danach. Als Experimentalgruppe benutzte er die sieben Regelmäßigsten in der Ausübung der TM und verglich sie durch Wildes Neurotizismustest und Fokkems Intelligenztest mit Nichtmeditierenden. Seine Ergebnisse zeigten eine signifikante Abnahme des Neurotizismus und eine signifikante Intelligenzsteigerung bei den TM-Ausübenden und keine signifikanten Veränderungen bei den Nichtmeditierenden [284].

6) Larry Hjelle verglich 15 Meditierende (mittlere Meditationsdauer 22 Monate) und 21 Personen, die erst später mit der TM anfangen wollten. Die erfahrenen Meditierenden hatten si-

gnifikant weniger Angst und waren innerlich kontrollierter. Auch bei Parametern der Selbstverwirklichung, wie Spontaneität, Selbstachtung und Fähigkeit zu tieferen zwischenmenschlichen Beziehungen erreichten sie höhere Punktzahlen [122].

7) Theo Fehr, Psychologe in der Bundesrepublik Deutschland, verglich 49 TM-Lehrer mit durchschnittlichen deutschen Versuchspersonen. Er benutzte das Freiburger Persönlichkeitsinventar. Nach seinen Ergebnissen zeigten Meditierende weniger Nervosität, Depressionen und Reizbarkeit, geringere Gehemmtheit und geringere Tendenz zu dominieren, zunehmende Geselligkeit, Selbstsicherheit, emotionale Stabilität, Durchhaltevermögen und Effizienz [71].

8) Ferguson und Gowan benutzten zwei verschiedene Angstskalen und die Northridge Developmental Scale, um Angst, Depressionen, Neurotizismus und Selbstverwirklichung zu messen. Sie untersuchten drei Gruppen: 31 Studenten vor dem Erlernen der TM, eine statistisch zu ihnen passende Kontrollgruppe und eine Gruppe von länger Meditierenden, die schon mehr als dreieinhalb Jahre meditierten. Nachdem sie alle Gruppen getestet hatten, bevor die erste Gruppe TM lernte, stellten die Forscher fest, daß die neuen Meditierenden nach sechs Wochen regelmäßiger Ausübung der TM eine signifikante Abnahme in beiden Angstskalen (Tafel 15) und in den Depressions- und Neurotizismusskalen (Tafel 16) sowie höhere Selbstverwirklichung zeigten (Tafel 17). Die Langzeitmeditierenden zeigten signifikant positivere Meßwerte auf allen Skalen als die Anfänger in der Meditation. Die Forscher zogen daraus den Schluß, daß die Wirkungen der TM sich mit der Zeit wahrscheinlich steigern [72].

In ihrer Gesamtheit lassen diese Untersuchungen vermuten, daß die regelmäßige Ausübung der TM einen positiven Einfluß auf die psychische Gesundheit hat. Die psychischen Wirkungen der TM entstehen wahrscheinlich aus der Steigerung autonomer Stabilität und dem Abbau von Streß während der Meditation. Die physischen und psychischen Auswirkungen zusammengenommen begründen die Hypothese, daß TM hilft, das Potential der psychischen Gesundheit in einzelnen Menschen zu entfalten. In mehr als 30 Forschungsinstituten werden z. Z. Untersuchungen über TM und das psychische Wohlergehen durchgeführt.

Leistungssteigerung

Entgegen der allgemeinen Vorstellung bestehen die TM-Ausübenden darauf, daß TM nichts mit mönchischem Leben zu tun hat. Sie behaupten im Gegenteil, daß die Ruhe in der TM auf eine gesteigerte Aktivität vorbereite. Die Meditierenden berichten gewöhnlich, daß TM ihre Leistungen in praktisch allem, was sie tun, steigert. Da Leistungstests leicht durchzuführen sind, haben viele Forscher damit begonnen zu untersuchen, wie die Wirkungen der regelmäßigen Ausübung der TM mit der Fähigkeit zusammenhängen, verschiedene Aufgaben auszuführen.

Einzelne Erfahrungsberichte führten einige Psychologen dazu, einen sehr grundlegenden Aspekt von Leistung zu untersuchen – die Wahrnehmungsfähigkeit. Zusammen mit erhöhtem Selbstbewußtsein beschrieben viele Meditierende eine vertiefte Wahrnehmung der Umwelt. Der folgende Bericht über die Steigerung der Wahrnehmungsfähigkeit ist typisch:

> »Ich bemerkte eine totale Umstellung meiner Wahrnehmung. Ich habe angefangen, den Schleier von meinen Augen zu entfernen, den Nebel wegzublasen und ich sehe jetzt klarer, was geschieht. Meine visuelle und manchmal auch akustische Wahrnehmung ist viel klarer geworden. Ich kann Landschaften viel mehr genießen als früher, obwohl ich die Natur immer schon liebte. Ich werde oft von winzigen, subtilen, wunderschönen Mustern in der Natur angezogen, die mir vorher entgangen waren.«

Maharishi beschreibt, daß sich die Wahrnehmung in zwei Richtungen verbessert: ein weiterer Horizont, oder die Fähigkeit, einen Überblick über die Umgebung zu gewinnen; und größere Schärfe, oder die Fähigkeit, einen Gegenstand tief zu erfassen [189: X, XX]. Kenneth Pelletier an der Universität von Kalifornien in Berkeley versuchte diese Aussagen zu überprüfen. Er stellte fest, daß die Ausübung aller Meditationsformen, insbesondere der TM, zu größerer Feinfühligkeit gegenüber inneren Reizen wie physischen Empfindungen, tiefen Gefühlen und biologischen Rhythmen führt und ebenfalls die Fähigkeit steigert, sich auf äußere Aufgaben und Gegenstände zu konzentrieren. Bei 20 Personen, die gerade mit der TM angefangen hatten, und einer passenden Kontrollgruppe, die sich für TM interessierte, untersuchte er Veränderungen in der Entwicklung ihrer Aufmerksamkeit [227].

Er benutzte drei verschiedene Maße für die Aufmerksamkeit. Das erste war ein Test, der den autokinetischen Effekt mißt. Die Testperson schaut auf einen Lichtpunkt auf einem vollkommen dunklen Hintergrund. Wenn sie sich ohne Unterbrechung auf dieses Licht konzentriert, sieht sie schließlich, daß das Licht sich bewegt; während diejenigen, die das ganze Feld einschließlich der Dunkelheit überblicken, weniger der Täuschung der Bewegung anheimfallen. Pelletier forderte, daß die bessere Konzentrationsfähigkeit der Meditierenden sie dahin bringen würde, sich mehr auf das Licht zu konzentrieren und dadurch mehr Bewegung wahrzunehmen. Die TM-Ausübenden zeigten in der Tat einen größeren autokinetischen Effekt als die Kontrollgruppe. Dies läßt vermuten, daß Meditierende sich besser konzentrieren können.

Pelletiers zweites Instrumentarium war der sogenannte »Stab-Rahmen-Test«, bei dem die Versuchspersonen gebeten werden, einen Stab in einem verdrehten Rahmen so auszurichten, daß er vertikal ist. Wenn man versucht, den Stab nach dem Rahmen auszurichten, macht man Fehler, während diejenigen, die ihn nach ihrem inneren Gefühl für oben und unten einrichten, erfolgreicher sind. Pelletier stellte fest, daß die Meditierenden weniger durch die Neigung des Rahmens beeinflußt wurden, wahrscheinlich weil sie ihre inneren Richtungsgefühle als Maßstab nahmen. Nach drei Monaten war die Gruppe der Meditierenden signifikant besser in diesem Test als die nichtmeditierende Kontrollgruppe.

Der dritte Test der Aufmerksamkeitsentwicklung war der eingebettete Figurentest, bei dem die Versuchsperson eine einfache Figur, wie z. B. ein Rechteck, in einer komplexen Figur, die aus vielen sich überschneidenden Formen besteht, finden soll. Wer sich konzentrieren kann, ohne von der Umgebung abgelenkt zu werden, kann die Figuren schneller finden. Pelletier stellte fest, daß die Meditierenden diese Aufgabe besser lösten als die Kontrollgruppe, wenn hier auch die Verbesserung nicht so signifikant war wie bei dem Stab-Rahmen-Test. Er stellte die Hypothese auf, daß die größere Verbesserung im Stab-Rahmen-Test daher kam, daß sich die Versuchspersonen dabei mehr auf körperliche Hinweise verlassen, statt auf die rein kognitiven Fähigkeiten, die beim eingebetteten Figurentest benötigt werden.

Die Leistungen im Stab-Rahmen-Test und im eingebetteten Figurentest korrelieren sehr stark mit grundlegenden Persönlichkeitsvariablen [310, 311]. Feldabhängigkeit ist ein Zeichen für starke Außengesteuertheit, wohingegen Feldunabhängigkeit mehr Innengesteuertheit zeigt. Feldabhängige Personen neigen mehr dazu, ihre Werte und ihr Selbstbild nach äußeren Quellen auszurichten. Mehr innengesteuerte Menschen zeigen andererseits größere psychische Differenziertheit, mehr Selbstvertrauen und ein stärkeres Identitätsgefühl. Feldabhängigkeitstests werden häufig bei Jugendlichen angewandt und gelten als verläßlicher Indikator für die Festigung der Persönlichkeit. In diesem Licht ist es bemerkenswert, daß Meditierende nach wenigen Monaten der Ausübung der TM eine signifikante Zunahme der Feldunabhängigkeit zeigen.

Einige Wissenschaftler untersuchten, wie genau Meditierende subtile Veränderungen in ihrer Umgebung wahrnehmen können und ob ihre Leistungen in solchen Tests sich mit längerer Meditationszeit steigern. So berichtet z. B. Graham von der Universität von Sussex, England, daß nach der Ausübung der TM seine Versuchspersonen über ein besseres akustisches Unterscheidungsvermögen verfügten [110] (Tafel 18). Acht Meditierende zeigten eine Verbesserung der Tonhöhenunterscheidung um 37 % und eine Verbesserung der Lautstärkenunterscheidung um 28 % nach 20 Minuten TM. Nachdem die Versuchspersonen 20 Minuten lang in einem Buch gelesen hatten, nahm das akustische Unterscheidungsvermögen leicht ab. In einer weiteren Untersuchung maßen Brown, Stewart und Blodgett die Wahrnehmungsschwelle der Unterscheidung zwischen zwei Punkten, die elektrischen Hautwiderstandsreaktionen und das Helligkeitsunterscheidungsvermögen. Diese Tests wurden mit elf meditierenden Versuchspersonen vor der Meditation und nach 15 Minuten TM, und mit elf Kontrollpersonen vor und nach 15 Minuten Ausruhen durchgeführt. Die Versuchspersonen, die die physiologischen Charakteristika des meditativen Zustandes zeigten, erbrachten in allen Messungen signifikant bessere Ergebnisse als die Kontrollgruppe [38].

Andere Forscher untersuchten die Wirkungen der TM auf die sensomotorische Koordination. Blasdell ließ eine Gruppe von 15 Meditierenden und eine Kontrollgruppe von Nichtmeditierenden eine komplexe Zeichenaufgabe durchführen, die eine schnelle Reaktion auf äußere Gegebenheiten erforderte [28]. Sie fand, daß die Meditierenden eine wesentlich bessere Koordination zwischen Wahrnehmung und den Bewegungen der Hand zeigten und die Aufgabe wesentlich schneller und richtiger ausführten als die Kontrollgruppe. Shaw und Kolb an der Universität von Texas stellten fest, daß Meditierende eine bessere Reaktionszeit haben als Nichtmeditierende (Tafel 19) [259]. Neun Meditierende und eine gleiche Anzahl Kontrollpersonen sollten auf ein aufblitzendes Licht durch Knopfdruck reagieren. Die Forscher berichten, daß die Meditierenden durchschnittlich um 30 % schneller reagierten als die Nichtmeditierenden. Nach vielen Durchgängen wurde für beide Gruppen eine 15minutige Ruhepause eingelegt. Die Meditierenden übten während der Zeit TM aus, während die Nichtmeditierenden sich mit geschlossenen Augen bequem sitzend ausruhten. Dann wurden die beiden Gruppen erneut getestet. Die Ergebnisse waren wiederum signifikant. Die Reaktionszeit der Meditierenden verkürzte sich zusätzlich um nochmals 15 %, während die Reaktionen der Nichtmeditierenden um etwa 10 % langsamer wurden.

Allan Abrams, ein Diplomand der Psychologie, entwarf eine Pilotuntersuchung, um herauszufinden, ob TM die Lernleistungen steigert. Er benutzte das Erinnerungsvermögen – gemessen an der Fähigkeit, eine Wörterliste schnell und genau auswendig zu lernen und sie über einen Zeitraum zu behalten – als Maß für das Lernvermögen. Die Psychologie war bisher nicht in der Lage, das Gedächtnis zu steigern, indem sie die Lernumgebung manipulierte, da diese Fähigkeit vom inneren Zustand des Lernenden abhängt. Allans Meinung nach könnte TM ein einzigartiges Werkzeug in der Pädagogik werden, wenn sie die Lernfähigkeit tatsächlich steigern kann, indem sie ein besseres inneres Milieu schafft.

Aus dem SIMS-Center in Berkeley holte sich Abrams zwölf Meditierende und sechs Anfänger. Dazu nahm er eine Kontrollgruppe von zwölf Nichtmeditierenden. Um ihr Erinnerungsvermögen zu prüfen, setzte er für alle Versuchspersonen drei Sitzungen im Abstand von je einer Woche an. Die Versuchspersonen wurden aufgefordert, Wortpaare zu lernen, die aus je einem sinnlosen Wort und einem sinnvollen Wort bestanden. Nach 25 Minuten wurden sie gebeten, das entsprechende sinnvolle Wort als Antwort auf das sinnlose Wort niederzuschreiben. Eine Woche später wurde das gleiche Verfahren mit einer neuen Liste durchgeführt, und danach mußten sie noch einmal die ursprünglichen sinnvollen Worte der ersten Woche den entsprechenden sinnlosen Worten zuordnen. In der dritten Woche wurde nach dem gleichen Verfahren vorgegangen.

In Tafel 20 sind die Ergebnisse wiedergegeben. Die drei Experimentalgruppen sind auf einer kombinierten Skala aufgetragen, die sowohl Kurzzeitgedächtnis (25 Minuten) als auch Langzeitgedächtnis (eine Woche) enthält. Bei den ersten Tests erinnerten sich die Meditierenden an eine signifikant größere Anzahl von Wortpaaren als die Kontrollgruppe. In den anschließenden Wochen erinnerten sich die Meditierenden ebenfalls an mehr Wortpaare. Abrams stellte auch fest, daß die Meditierenden in ihrem Lernvorgang weniger als Nichtmeditierende gestört waren, wenn ein Wort des Paares lauter gegeben wurde, was gewöhnlich die Konzentration und damit die Leistung stört. Zusätzlich entdeckte er eine allgemeine Tendenz zu besserer Lernfähigkeit bei Meditierenden, die schon längere Zeit TM ausübten. Dies läßt vermuten, daß die Verbesserung der Lernfähigkeit durch TM mit der Zeit zunimmt.

Obwohl diese Voruntersuchungen einige Hinweise darauf geben, daß TM die Lernfähigkeit steigert, sind weitere Untersuchungen wegen der geringen Anzahl der Versuchspersonen und der niedrigen Signifikanzen angebracht. Obwohl diese frühen Untersuchungen über gesteigerte Leistungen bei TM-Ausübenden eher Vermutungen als Schlußfolgerungen zulassen, begründen Banquets und Gluecks EEG-Untersuchungen doch die Hypothese, daß TM die Leistungsfähigkeit steigern kann, indem sie Funktionen des Gehirns verändert. Während der TM synchronisieren sich die Gehirnwellenmuster sowohl der beiden Hemisphären als auch der Frontal- und Okzipitalbereiche des Gehirns. Diese Hypersynchronisierung läßt eine gesteigerte Integration verschiedener Gehirnteile vermuten. Da verschiedene Teile des Gehirns verschiedene Körpervorgänge steuern, könnte eine höhere Integration des Gehirns zu besseren Leistungen führen.

So kontrolliert z. B. der Frontalbereich des Gehirns die willkürlichen Bewegungen, während der hintere Teil des Gehirns für die Wahrnehmung zuständig ist. Eine höhere Integration zwischen diesen beiden Bereichen des Gehirns könnte die bessere sensomotorische Koordination und kürzere Reaktionszeit der TM-Ausübenden erklären. Mehr Kohärenz in der elektrischen Aktivität des Gehirns ist vielleicht die physiologische Entsprechung der erhöhten Bewußtheit, von der Meditierende als Grundlage ihrer gesteigerten Leistungsfähigkeit berichten.

TM und Drogenkonsum

Als einige Psychologen den Einfluß der TM auf die Leistungsfähigkeit bemerkten, erwachte ihr Interesse daran, TM unmittelbar zur Verbesserung fehlangepaßten Verhaltens einzusetzen. Da beträchtliche Beweise vorliegen, daß TM die Selbstachtung erhöht, Angst verringert und Selbständigkeit steigert, stellten mehrere Wissenschaftler die Hypothese auf, daß TM Drogenmißbrauch verringern könnte. Diese Spekulation beruht auf jüngsten Untersuchungen über die Gründe des Drogenkonsums. Wenn jemand Angst hat, sich langweilt oder keine Ziele hat, sucht er ganz natürlich nach einer Ausflucht. Obwohl Ferien, Filme, Sport oder Fernsehen vorübergehende Stimmungsänderungen erzeugen können, verursacht keine dieser Aktivitäten eine signifikante Veränderung der ursächlichen physiologischen Bedingungen für psychische Spannungen. Um den psychischen Folgen von Streß zu begegnen, hat unsere Gesellschaft eine der charakteristischsten Neurosen unserer Zeit, das Zurückgreifen auf Drogen aller Art, entwickelt.

Während der illegale Drogenkonsum Schlagzeilen machte, stimmten die meisten Forscher auf dem Gebiet des legalen und illegalen Drogengebrauchs darin überein, daß Drogenmißbrauch auf allen Ebenen der Gesellschaft üblich ist. Die Amerikaner verbrauchen Milliarden von Beruhigungspillen, Aufputschpillen und Schlaftabletten zusätzlich zu Milliarden von Zigaretten und viele Millionen Liter Alkohol. Der Psychiater und Leiter des öffentlichen Gesundheitsdienstes Joel Fort schrieb vor kurzem ein Buch, in dem er nachwies, daß Alkoholismus das verbreitetste und gefährlichste Drogenproblem der USA ist [77]. Keine andere Droge hat zu mehr Gesundheitsproblemen, zerbrochenen Familien, Selbstmorden, Gewalttätigkeit und Autounfällen geführt als Alkohol. An zweiter Stelle nach dem Alkohol wird Zigarettenrauchen als das größte Drogenproblem des Landes anerkannt. Trotz der allgemein bekannten Gefahren des Rauchens werden immer mehr Zigaretten verkauft. Im Laufe des letzten Jahrzehnts hat sich der Gebrauch von Aufputschmitteln zur Energiesteigerung, von Psychopharmaka zur Erleichterung von Depressionen, von Schlafmitteln und von Beruhigungsmitteln zur Lösung von Spannungen immer weiter verbreitet und ist gesellschaftlich akzeptiert worden. Die ungeheure Zunahme des Verlangens nach diesen Drogen ist wahrscheinlich das klarste Anzeichen dafür, wie stark Streß unsere Gesellschaft beeinflußt.

Als viele Jugendliche gegen Ende der sechziger Jahre anfingen, Marihuana und halluzinogene Drogen zu nehmen, verursachte das Wort »Drogenmißbrauch« große Aufregung. Obwohl die Psychiatrie inzwischen die psychischen Gründe des Drogenmißbrauchs besser versteht, konnte sie Jugendliche nicht davon abhalten, illegale Drogen zu nehmen. Juristische Verbote, Erziehung, Psychotherapie und verschiedene Programme, die jede dieser drei Möglichkeiten einsetzen, haben sich allgemein als unwirksam erwiesen, Jugendliche vom Drogenmißbrauch abzubringen. Als all diese Programme versagten, zog Dr. Andrew Weil den Schluß, daß Drogenmißbrauch aus einem echten Bedürfnis heraus entsteht. Weil nimmt an, daß der Drogenmißbrauch so lange fortgesetzt wird, bis der Konsument eine Alternative findet, das Bedürfnis zu befriedigen, das er sonst versucht, mit Drogen zu erfüllen [299].

Auf welche Bedürfnisse ist der Gebrauch von Drogen abgestimmt? Wenn jemand müde und deprimiert ist, nimmt er wahrscheinlich Aufputschmittel, wenn jemand nicht schlafen kann, nimmt er Schlafmittel. Ein gelangweilter Jugendlicher probiert wahrscheinlich psychedelische Drogen. In jedem dieser Fälle ist der Drogenkonsum Ausdruck des grundlegenden Bedürfnisses, eine unangenehme Situation auszugleichen. Trotz all der spezifischen Wirkungen, derentwegen Drogen genommen werden, ist doch das Ziel des Drogenmißbrauchs, ein physiologisches Gleichgewicht und Wohlbefinden wiederherzustellen. Da TM dieses Gleichgewicht durch Abbau von Streß wiederherstellt und die Freude am Leben vergrößert, bietet sie wahrscheinlich die plausible Lösung für alle Formen des Drogenmißbrauchs.

Dr. Benson berichtete als erster, daß TM Einfluß auf Drogenmißbrauch haben könnte. Als er entdeckte, daß 19 seiner 20 Versuchspersonen bei seinen physiologischen Untersuchungen vor Beginn der TM Drogen genommen hatten, schlug er bereits 1969 vor, TM als Werkzeug zur Verringerung des Drogenmißbrauchs zu untersuchen [23]. Im gleichen Jahr berichtete ein Soziologiediplomand an der University of California, Los Angeles, Thomas Winquist, über die Drogengewohnheiten von 525 Studenten, die mindestens 3 Monate lang TM ausgeübt hatten [309]. Von den 484 Studenten, die seinen Fragebogen ausfüllten, hatten 32 % Marihuana genommen. Von den 143 Studenten, die über regelmäßigen Marihuanagebrauch berichteten, sagten 84 % aus, daß sie damit aufgehört hatten. 14,5 % nahmen weniger und 1,5 % nahmen seit Beginn der TM mehr. Von all den 111 Versuchspersonen, die vor der Unterweisung in die TM regelmäßig psychedelische Drogen genommen hatten, hörten 86 % damit auf, und 14 % nahmen nach Beginn der TM weniger. Die Hälfte der regelmäßigen Drogenkonsumenten sagte aus, daß ihr Drogenkonsum sich durch TM änderte, weil das Leben erfüllender wurde. Ein weiteres Viertel der Drogeneinnehmenden sagte aus, sie hätten mit Drogen aufgehört, da die Drogenerfahrung weniger angenehm war als zuvor. Ein Zehntel sagte aus, daß sie keine Drogen mehr nahmen, da sie kein Verlangen mehr danach hätten. Der verbleibende Anteil setzt sich aus Personen zusammen, die ihr Drogenverhalten nicht änderte. Die folgenden Berichte illustrieren, wie TM den Drogenmißbrauch bei Jugendlichen herabsetzt. Ein Mädchen von 21 Jahren berichtete uns:

»Vor der TM suchte ich nach etwas, das meine Entwicklung unterstützte und das mir half, mich aus meiner Verwirrtheit zu befreien. Ich fing an, LSD zu nehmen. Der Versuch, auf diese Weise geistig weiterzukommen, war jedoch äußerst frustrierend. TM war der einzig logische Schritt für mich. Seit dem Erlernen der Technik ist aller Fortschritt beschleunigt, und ich fühle mich sehr stabil. Dinge, die ich für meine persönliche Entwicklung wünschte, aber nie erreichen konnte, fallen mir leicht zu, und mein Leben gewinnt – häufig unerwartet – zunehmend an Form und Richtung.«

Ein anderer 24jähriger Student schrieb:

»Bevor ich mit der TM anfing, lebte ich in Berkeley in einem alten Fünf-Zimmerappartement zusammen mit durchschnittlich sieben anderen drogensüchtigen Collegeversagern. Wir trieben seltsame Dinge. Niemand arbeitete oder hatte Geld oder war sonderlich vom Leben begeistert, was sich an unserer lethargischen Lebensweise ablesen ließ. In der Zeit, Februar 1968, fing ich an, mich für TM zu interessieren, konnte mich aber mit den 35 Dollar Einführungsgeld nicht abfinden. Mein Leben wurde jedoch zunehmend deprimierender. Mein Drogenverbrauch stieg, und ich ging auf die alte ›Todestrip-Masche‹. Inzwischen hatten einige meiner Freunde angefangen zu meditieren, und ich konnte zusehen, wie sie sich in den ersten Monaten veränderten. Das überzeugte mich schließlich, daß TM die richtige Richtung war. In diesem Sommer ging ich nach New York, wo ich auch mit TM begann. Am Ende des Sommers kehrte ich nach Kalifornien zurück, meldete mich wieder an der Universität an und nahm eine Arbeit an, was alles seit Jahren nicht mehr vorgekommen war. Seitdem habe ich mein Studium weitergeführt, mein Notendurchschnitt ging auf 3,7 hoch, und ich will mein Diplom machen und ins Lehrfach einsteigen. Ich bin überzeugt, daß TM die großartigste Sache ist, der ich jemals begegnet bin.«

Winquists frühere Ergebnisse und viele persönliche Berichte führten Benson und Wallace dazu, den Drogenkonsum in einer Gruppe von 1862 TM-Ausübenden zu untersuchen [26, 293]. Sie baten Personen, die an einem Lehrerausbildungskurs teilnahmen, über ihren Drogenkonsum, Drogenhandel und ihre Einstellung zu Drogen vor und nach dem Beginn mit der TM zu berichten. Die befragten Personen hatten TM im Durchschnitt 20 Monate lang ausgeübt.

Die Ergebnisse zeigten, daß die befragten Personen im Lauf ihrer TM-Ausübung immer weniger illegale Drogen nahmen. Nach 21 Monaten der Meditation hatten die meisten damit völlig aufgehört (Tafel 21). So berichteten etwa 80 % der Befragten, daß sie in dem halben Jahr, bevor sie mit der TM anfingen, Marihuana genommen hatten und etwa 28 % von diesen sehr häufig. Nach einem halben Jahr TM nahmen nur 37 % noch Marihuana und nur ein Befragter nahm es noch häufig. 21 Monate nach Beginn mit der TM nahmen nur noch 12 % Marihuana. Die Abnahme bei LSD war sogar noch drastischer. Vor Beginn der Meditation hatten

48 % LSD genommen, davon 14 % sehr häufig. Nach 21 Monaten nahmen nur noch 8 % LSD. Vergleichbare Veränderungen traten im Gebrauch von Barbituraten, Aufputschmitteln und Betäubungsmitteln auf. Etwa die Hälfte derjenigen, die auch nach der Unterweisung in der TM noch weiter Drogen nahmen, war in der Ausübung der TM nicht regelmäßig. Die Wissenschaftler stellten auch eine deutliche Abnahme des Drogenhandels fest und die Tendenz, anderen von Drogen abzuraten. Alle Befragten meinten, daß dies vom Einfluß der TM herrühre.

Benson und Wallace stellten ähnliche Tendenzen im Alkohol- und Zigarettenkonsum fest (Tafel 22). In den sechs Monaten vor der Unterweisung in die TM tranken 60 % der Befragten starke alkoholische Getränke und etwa 4 % waren schwere Trinker. Nach 21 Monaten Meditation tranken nur 25 % starke Alkoholika und fast keiner trank übermäßig. 48 % rauchten vor der TM, die Hälfte schwer, aber nach 21 Monaten TM rauchten nur noch 16 % und nur 6 % schwer. Fast jeder Befragte nannte TM als Ursache dafür. Eine 36jährige Hausfrau, die seit einem Jahr meditiert, gab eine typische Erklärung für solch eine Veränderung:

> »Bevor ich mit der TM anfing, rauchte ich ziemlich viele Zigaretten. Jetzt rauchte ich überhaupt nicht mehr. Ich hörte leicht auf, ohne mich darum zu bemühen und ohne daß ich zuerst überhaupt merkte, daß ich aufhörte, es ging ganz allmählich im Laufe eines Jahres. Bei Parties trank ich auch Alkohol. Jetzt tue ich es nie, denn durch Meditation merkte ich, daß es schädlich ist. Vorher wußte ich das natürlich auch, obwohl es vager war, wenn ich mich aber gesellschaftlich verpflichtet fühlte, konnte ich einfach nicht ablehnen. Nachdem ich jedoch 1 Jahr meditiert hatte, stellte ich fest, daß ich mich in jeder gesellschaftlichen Situation auch ohne solche ›Krücken‹ freuen konnte. Meine eigenen Überzeugungen sind ganz natürlich stärker geworden [226].«

Graham, Peterman und Scarff führten im Sommer 1971 eine weitere Drogenuntersuchung in British Columbia durch [111]. Sie befragten neue Meditierende vor Beginn der TM und bereits länger Meditierende bei einem Lehrerausbildungskurs in Humboldt, Kalifornien. Sie bestätigten das Ergebnis, daß Meditierende den Konsum von illegalen Drogen, Zigaretten und Alkohol einschränkten oder damit ganz aufhörten. Zusätzlich berichteten die 451 befragten Personen, daß ihre geistige Klarheit zunahm, daß sich die Beziehungen zu anderen verbesserten und daß ihre Leistungen in der Aktivität sich steigerten, was sie ebenfalls der Ausübung der TM zuschrieben.

Shafii, Lavely und Jaffe von der medizinischen Fakultät der Universität Michigan wiesen auf mehrere schwache Punkte in der Untersuchung von Wallace und Benson hin [257]. Erstens war die Stichprobe nicht für die Allgemeinheit der Meditierenden repräsentativ, da sie nur aus sehr interessierten und hochmotivierten Meditierenden bestand, die zur Weiterbildung gekommen waren. Zweitens: Da die Wissenschaftler keine Kontrollgruppe von Drogenkonsumenten hatten, die nicht mit der TM anfingen, ließ sich der Untersuchung nicht entnehmen, ob sich die Abnahme im Drogengebrauch in einer ähnlichen Gruppe nicht auch ohne TM ergeben hätte. Zusätzlich waren sie der Meinung, daß die Erwartung positiver Ergebnisse bei Wallace und Benson die Formulierung der Fragen beeinflußt hatte, was die Befragten annehmen ließ, daß man von ihnen erwartete, TM dem Drogenkonsum vorzuziehen. Die Verteilung des Fragebogens zu einer Zeit, da die Befragten täglich Kontakt miteinander hatten, ließ vielleicht eine Gruppensuggestion entstehen, die die Antworten der einzelnen noch weiter verzerrten. Obwohl die Untersuchung von Wallace und Benson zeigte, daß der Drogenkonsum in einer ausgewählten Gruppe von Meditierenden stark zurückgeht, wies sie jedoch nicht nach, ob diese Abnahme weit verbreitet ist oder ob der Drogenkonsum und die Persönlichkeitsvariablen der TM-Ausübenden sich von anderen Drogenkonsumenten unterscheiden.

Die Shafiigruppe führte eine Untersuchung über Marihuanakonsum und TM durch, die diese methodischen Unsauberkeiten nicht aufwies. Sie benutzten Akten des lokalen SIMS-Centers an der Universität von Michigan und konnten zu 187 von 525 Meditierenden Kontakt aufnehmen. Von den Kontaktierten sagten 30 %, daß sie z. Z. nicht meditierten, und wurden daher aus der Untersuchung ausgeschlossen. In einem ersten Fragebogen wurde jede Versuchsperson gebeten, zwei Personen zu nennen, die ihr in Persönlichkeitscharakteristika ähnelten, die aber nicht meditierten. Diese Personen wurden als Kontrollpersonen benutzt. Die endgültige Stichprobe bestand aus 126 Versuchspersonen, die die

TM zwischen einem und 39 Monaten ausübten, und einer Kontrollgruppe von 90 Personen.

Die Meditierenden und die Kontrollpersonen wurden gefragt, ob sie in den letzten 4 Jahren Marihuana genommen hatten. In der Gruppe der Meditierenden waren 69 % Konsumenten, mit einer mittleren Häufigkeit des Marihuanagebrauchs von 7,3mal pro Monat vor Beginn der TM. 51 % der Kontrollgruppe, derselbe Prozentsatz wie in der Gallupbefragung der Collegestudenten im selben Jahr 1971, gaben an, daß sie Marihuana mit einer mittleren Häufigkeit von 3,6mal pro Monat nahmen. Nach der Unterweisung in die Technik der TM sank der Durchschnitt der Meditierendengruppe auf 2,8mal, während der Durchschnitt der Kontrollgruppe gleich blieb.

Die Meditierenden wurden in fünf Gruppen eingeteilt, entsprechend der Zeit, wie lange sie schon meditierten. Shafii stellte fest, daß, je länger jemand meditierte, es um so wahrscheinlicher sei, daß er den Konsum von Marihuana einstellen oder völlig aufhören würde. In Gruppe eins (die TM zwischen einem und drei Monaten ausübten), war eine 46 %ige Abnahme zu verzeichnen und 23 % völliges Aufhören mit Drogen in den ersten Monaten nach der Unterweisung in TM, verglichen mit 15 % Aufhören in der Kontrollgruppe. In den Gruppen zwei (vier bis sechs Monate TM), drei (sieben bis zwölf Monate TM) und Gruppe vier (13 bis 24 Monate TM) erfolgte auch eine signifikante Abnahme oder völliges Aufhören des Marihuanakonsums nach der Unterweisung in TM. In Gruppe fünf (25 bis 36 Monate TM) hörten 69 % völlig mit Marihuanakonsum auf im Gegensatz zu einer Abnahme um 15 % bei der Kontrollgruppe. Diese letzte Gruppe entsprach am ehesten den Versuchspersonen von Wallace und Benson. Die Prozentsätze der Abnahme des Marihuanakonsums waren vergleichbar.

Zusätzlich berichtete Shafii in seiner Untersuchung von einer Verringerung des Zigarettenrauchens bei den Versuchspersonen, die 13 Monate oder länger meditierten [256]. 71 % der Gruppe, die länger als zwei Jahre TM ausübten, verringerten signifikant ihren Zigarettenkonsum, und 25 % hörten ganz auf zu rauchen. Die entsprechenden Zahlen der Kontrollgruppe änderten sich nicht.

Eva Bräutigam führte in Schweden eine Pilotuntersuchung durch, die den Schluß erlaubt, daß TM für Drogensüchtige nützlich sein kann [33]. Von der Hepatitis-Abteilung einer Klinik bekam sie eine Liste von 20 bekannten Heroinkonsumenten. Sie schickte ihnen ein Informationsblatt, daß TM sich als hilfreich gegen Drogenabhängigkeit erwiesen habe, und forderte sie dringend auf, mit dem TM-Kurs zu beginnen. Wer reagierte, wurde nach Zufallsauswahl in eine Experimental- und eine Kontrollgruppe eingeteilt. Eine Gruppe fing sofort mit TM an, und die andere hatte jede Woche eine Gruppenberatung. Da die zweite Gruppe jedoch ebenfalls unbedingt TM lernen wollte, wurde sie schließlich auch in TM unterwiesen. Beide Gruppen senkten ihren Drogenkonsum bedeutend und verbesserten sich in einer großen Anzahl psycho-physischer Variablen. Bräutigam vermutet, daß, außer der Wirkung der TM selbst, die neuen Kontakte in der Gruppe und ihre neue soziale Identität als Meditierende zu den Veränderungen beitrugen.

Obwohl diese Untersuchungen über TM und Drogenmißbrauch offensichtlich ihre schwachen Punkte haben, hat diese einfache Technik anscheinend doch einen bedeutenden Einfluß auf die Verringerung der Abhängigkeit von legalen und illegalen Drogen. Offizielle Regierungsstellen in Illinois, Michigan, New Hampshire, New York, British Columbia, Schweden, Frankreich und Neuseeland untersuchen inzwischen die Möglichkeit, TM gegen den Drogenmißbrauch einzusetzen. So hat z. B. das Parlament von Illinois im Mai 1972 eine Resolution verabschiedet mit dem Inhalt, »daß TM verspricht, das wirkungsvollste Drogenvorbeugungsprogramm zu sein, das heute verfügbar ist«, und die empfahl, »daß das Landesamt für geistige und seelische Gesundheit den TM-Kurs in das Drogenprogramm aufnimmt«[129].

Integriertes Wachstum durch TM

Die Forschungsergebnisse die wir in diesem Kapitel besprochen haben, lassen vermuten, daß die regelmäßige Ausübung der TM positive Wirkungen auf das psychische Wachstum des Menschen hat. TM scheint in ihrer Tiefe und ihrem umfassenden Nutzen anderen Selbstentwicklungsprogrammen gegenüber einzigartig zu sein. In Übereinstimmung mit den wissenschaftlichen Nachweisen für Streßabbau und psycho-physische Integration gibt Maharishi das folgende Beispiel, um zu erklären, wie die einfache geistige Technik der TM die gesamte Psyche des Menschen verbessern kann:

> »Wenn eine Festung ein ganzes Gebiet beherrscht, dann ist es weise, direkt zur Festung hinzugehen und sie zu erobern. Dann wird alles in der Umgebung – all die Gold- und Diamantenminen und andere Reichtümer – einem ganz natürlich gehören. Wenn man aber jede einzelne Mine erobern will, kann man seine Zeit und Energie damit erschöpfen, auch nur eine von ihnen zu erobern [188, S. 107].«

Maharishi definiert die TM als eine Technik, durch die reine Bewußtheit erreicht und somit der Zugang zu großen Reserven kreativer Intelligenz ermöglicht wird; und Maharishi betont, daß diese eine Erfahrung jeden Aspekt des Lebens bereichert. Oft verausgabt man seine Energien damit, auch nur einen Aspekt der Psyche zu verbessern: Durch den Einsatz von Willenskraft oder eine Vielfalt von Techniken der Stimmungsmache versucht man, gut, glücklich, liebevoll, stark oder kreativ zu sein. Die innere Spannung, die aus dieser Willensanspannung entsteht, kann man als eine der Hauptursachen dafür auffassen, daß die Erwartungen so nicht erfüllt werden. Im Gegensatz dazu macht TM jenen Bereich des Geistes zugänglich, der die gesamte Psyche steuert. Indem man die inneren Reserven kreativer Intelligenz erschließt, beginnt man in all den Bereichen des Lebens zu wachsen, die man verbessern wollte, und oft auch in völlig unerwarteten Bereichen. Psychologen haben in letzter Zeit festgestellt, daß die erfüllendsten Erfolge des Menschen nicht aus der Willenskraft heraus zustande kommen, sondern durch die natürliche und spontane Anwendung ihrer potentiellen Energie, Intelligenz, Kreativität und Liebe [199]. Bevor wir die Rolle der TM bei der Entfaltung des menschlichen Potentials besprechen und TM in Zusammenhang mit den gegenwärtigen psychologischen Theorien betrachten, untersuchen wir eine weitere praktische Anwendungsmöglichkeit der Technik in der Psychotherapie.

6
Transzendentale Meditation und Psychotherapie

TM als Psychotherapie

Natürliche Prozesse heilen die meisten körperlichen und geistigen Erkrankungen. Verletzte Gewebe regenerieren sich selbst, weiße Blutkörperchen verhindern Infektionen, und viele Gefühlsgestörte erfahren spontane Besserungen oder finden einen Weg, mit ihrem Kummer fertigzuwerden. Auch Wachstum ist ein natürlicher Prozeß. In lebendigen Wesen scheint es einen grundlegenden Trieb zu geben, zum vollsten Ausdruck ihrer Fähigkeiten und Möglichkeiten zu streben. Während Kinder sich jedoch darüber freuen, neues Wissen und neue Geschicklichkeiten zu erwerben, scheinen viele Erwachsene Befriedigung darin zu finden, ihre meiste Energie auf Routine, Wiederholung oder Verteidigung zu verwenden. Der Streß und die Verantwortung des Lebens stumpft die Menschen oft so weit ab, daß sie sich vor Veränderungen fürchten und sich nicht weiterentwickeln wollen.

Während der TM erreicht der Meditierende reine Bewußtheit, ein Energiereservoir tief in der Psyche. Unter die Wirkungen dieser Erfahrung gehören sowohl Abbau von Angst als auch größere Unabhängigkeit von äußeren Reizen, wie Drogen und Aufregungen zu Selbststimulierung. Außerdem berichten die Meditierenden von mehr Glücklichsein, größerer Stabilität, besseren Leistungen, größerem Optimismus, mehr Energie und guter Gesundheit. Die Ausübung der TM bringt offensichtlich eine Steigerung des physischen, psychischen und geistigen Wohlbefindens mit sich. So berichtet Shafii z. B., daß 92 % von 126 befragten Meditierenden sich nach der Meditation entspannter fühlen, und 75 % berichteten von einer Steigerung ihres Konzentrationsvermögens und einer Abnahme von Spannungen und Nervosität [255]. Kann denn TM auch denen helfen, die so ernsthaft gestört sind, daß sie psychiatrischer Hilfe bedürfen? In der Tat nehmen die Beweise zu, daß TM einen signifikanten Beitrag zur Behandlung von geistig und seelisch Kranken leisten kann. Angst ist der gemeinsame Nenner aller geistigen und seelischen Erkrankungen. Neurosen zeichnen sich durch übermäßige Angst aus, die auftaucht, wenn gar keine Gefahr besteht, oder sie dauert noch lange nach der Gefahr an. So stört sie das normale Leben des Betroffenen. Chronische Angst geht oft stark depressiven Phasen voraus. Die Angst, die schizophrene Schübe ankündigt, ist äußerst tief und anhaltend und führt zu starken Wahrnehmungs, Verhaltens- und Schlafstörungen. Auch ist Hypochondrie oft eine Reaktion auf Angst. Alkoholismus und Drogenmißbrauch sind selbstzerstörerische Gewohnheiten, die ebenfalls versuchen, die Angst zu vertreiben. Da Angst bei allen seelischen und geistigen Erkrankungen eine so grundlegende Rolle spielt, und da sich erwiesen hat, daß TM Angst verringert, interessieren sich immer mehr Psychiater dafür, ob TM für die Behandlung schwerer psychischer Störungen brauchbar ist.

TM setzt die Angst herab, indem sie die Reaktionen der Umwelt gegenüber verändert und eine bessere Anpassung an die Lebensbedingungen des 20. Jahrhunderts erlaubt. Während der TM wird das Atmen flacher und langsamer, Herzfrequenz und die Arbeit des Herzens werden gesenkt, die Muskeln entspannen sich, die Milchsäure im Blut nimmt ab, der Hautwiderstand steigt beträchtlich, das Gehirn ist besser synchronisiert, und der Meditierende erfährt einen erfrischenden Zustand ruhevoller Wachheit. Der umfassende und integrierte hypometabolische Zustand während der TM scheint das Gegenteil einer Angsterregung zu sein, die aus schlechter Anpassung entsteht.

Heute ist Psychotherapie entweder allein oder in Kombination mit Psychopharmaka die Hauptbehandlungsmethode für seelische Erkrankungen. Diese Therapie erfordert gewöhnlich viele Jahre der Behandlung und erbringt Resultate, die, schmeichelhaft ausgedrückt, uneinheitlich sind. Psychotherapie ist nur für bestimmte Menschen wirksam, und nur wenige Auserwählte in unserer Gesellschaft können sich den Luxus einer langdauernden psychotherapeutischen Behandlung leisten. Nach unserer Meinung bietet die Technik der TM hier eine Alternative, nicht unbedingt, um die persönliche Begegnung, die der Kern der Psychotherapie ist, zu ersetzen, sondern als eine bedeutende Methode, Spannung abzubauen, die Bewußtheit zu erweitern, das Leben sinnvoller und angenehmer zu machen und dadurch das Ziel aller Formen der Therapie zu erfüllen. Da die Psychotherapie ebenfalls darauf abzielt, die Begrenzungen der vollen Fähigkeiten des Geistes abzubauen, kann sie aus jeder Technik Nutzen ziehen, die den einzelnen stärkt.

Die Psychotherapie will dem Kranken primär helfen, die psychischen Ursachen seines Konfliktes in den Griff zu bekommen. Wissen über den Ursprung des Stresses ist jedoch nicht so wichtig. Wichtiger ist, wie Streß abzubauen und zu überwinden ist. Wissen über die Ursachen psychischen Stresses kann sogar äußerst entmutigen. Viele haben nach Jahren ergebnisloser Suche schon festgestellt, daß übermäßige Analyse früherer negativer Erfahrungen zu einem Verlust an Selbstachtung führt, anstatt sie zu fördern. Der Schlüssel zu einer erfolgreichen Therapie liegt vielmehr darin, psychische und physiologische Bedingungen zu schaffen, die die natürliche Tendenz des Nervensystems nach Stabilität fördern. TM scheint eine systematische Methode zu sein, dieses Ziel in relativ kurzer Zeit zu erreichen.

Viele Psychiater sind der Meinung, daß Individual- und Gruppentherapie nur unvollständige Prozesse sind, die zwar zu Verständnis oder Katharsis, aber nicht zu andauernder Besserung und Zufriedenheit führen. Im folgenden Bericht wird TM mit verschiedenen anderen Therapien verglichen. Die Patientin stellte fest, daß TM nicht nur sofortige Erleichterung brachte, sondern daß sich die Wirkungen mit zunehmenden Meditationsjahren immer mehr verstärkten:

»Mein ganzes Leben hindurch war ich von einer Vielfalt psychosomatischer Erkrankungen und Depressionen geplagt. Als ich vier Jahre alt war, zupfte ich an meinen Nagelhäutchen, bis sie anfingen zu bluten. Fünf Jahre lang hatte ich einen Ausschlag an meinen Unterarmen. Als ich älter wurde, las ich ständig, um mich von meiner Angst und meinen Einsamkeitsgefühlen abzulenken. Ich hatte zu niemandem Kontakt. Meine Eltern waren nur eine Belastung für mich, unter der ich litt, und Freundschaften waren mir unbekannt. Wenn ich überhaupt mit jemandem sprach, war ich immer auf der Hut. Als ich 14 Jahre alt war, machte ich einen Selbstmordversuch. Ich fing an, hin und wieder zu trinken, um meine Spannungen abzubauen, und bald hatte ich ein Magengeschwür. Ich suchte einige Male einen Psychiater auf und fing mit 17 Jahren eine Gruppentherapie an, die über ein Jahr ging. Sie half mir, den Ursprung meiner Probleme zu verstehen, aber ich fühlte mich immer noch einsam, ängstlich und oft wütend. Als ich ins College kam, nahm ich an vielen Sensitivity-Trainingsgruppen teil und verließ mich auf Freunde und halluzinogene Drogen, um meine Probleme zu analysieren. Die Angst blieb, und ich fing an, Migräne zu bekommen und Beruhigungsmittel und Kodein zu nehmen. Ich war chronisch depressiv und sah Selbstmord als reale Lösung an. Als ich von TM hörte, war ich äußerst skeptisch, aber nach einigen Erkundigungen war ich der Meinung, daß Ausprobieren sich lohne. Ich war überrascht. In meiner ersten Meditation fühlte ich großen Optimismus und Erleichterung. Ich lächelte so sehr, daß ich glaubte, ich würde platzen. Ich war regelrecht euphorisch: Ich schob nichts mehr auf, ich schrieb meine Arbeiten, las meine Bücher und bereitete mich auf meine Prüfungen vor, denn ohne die geistige Lähmung, die mich zuvor geplagt hatte, fühlte ich mich produktiv und glücklich. Ich habe keine Angst mehr, mit anderen zu sprechen. All meine körperlichen Symptome sind verschwunden, und seit Beginn der TM habe ich mich nicht mehr depressiv gefühlt oder an Selbstmord gedacht.«

TM kann tiefgehende psychische Veränderungen hervorrufen. Die spontane Erfahrung, daß man sich öffnet – sich selbst, den anderen und der Umgebung gegenüber –, kann einen sofortigen Strom von Energie freisetzen. Neue Meditierende können das Gefühl haben, plötzlich Verbindung zum Leben zu bekommen. Folgender Bericht – nach fast einem Jahr Meditation geschrieben – macht die Kraft der TM, jemanden aus ernsten psychischen Problemen zu befreien, deutlich:

»Im April 1966 mußte ich mein College verlassen und mich in eine psychiatrische Klinik einweisen lassen. Ich war völlig überspannt, überemotional, selbstzerstörerisch und nahm extrem schnell an Gewicht zu. Als ich die Klinik verließ, war ich nicht wirklich funktionsfähig oder fähig, Kontakt zur Realität zu finden. Ein oder zwei Jahre lang lebte ich allein und nahm viele Medikamente – in weniger als drei Monaten nahm ich 35 Pfund zu. Danach normalisierte sich mein Gewicht nicht wieder, da es die Auswirkung innerer Spannungen und Leere war. Ich kannte mich selber nicht. Ich hatte keine Achtung vor mir und hatte das Gefühl, daß alles, was mir zustieß, gleichgültig war. Ich fing mit TM an. In drei Monaten verlor ich 30 Pfund und fühlte mich körperlich und geistig wieder beweglich. Ich konnte mit anderen Menschen zusammensein, ich fing an, wieder etwas Selbstachtung zu haben, und hatte wieder Erfolg. Letzten Februar ging ich zum College zurück. In allen Fächern außer in einem war ich der Beste, obwohl ich nicht sehr dafür arbeiten mußte. Ich fühle mich großartig – natürlich sind hin und wieder kleine Störungen und Unsicherheiten vorhanden, aber ich habe Vertrauen in meine Fähigkeit, das zu tun, was nötig ist, und es zu genießen. Ich kann mich eigentlich nicht mehr erinnern, was es heißt, so unglücklich und unfähig zu sein, und ich denke auch nicht mehr viel darüber nach. Ich nehme an, daß sich weiterhin alles so verbessert wie bisher.«

Erfahrungsberichte über dramatische Persönlichkeitsveränderungen durch TM bei psychisch gestörten Patienten, die auf medikamentöse Behandlung und Individualtherapie nicht ansprachen, werden immer häufiger. Immer mehr Psychiater, Psychologen und andere Berater üben selbst TM aus und wenden sie in ihrer Praxis als zusätzliche Therapie an.

Viele Therapeuten, die selbst meditieren, empfehlen ihren Patienten TM. Einer der Autoren, Dr. Bloomfield, wendet TM in seiner psychiatrischen Praxis an. Er gibt drei Fallbeschreibungen, in denen er einige therapeutische Veränderungen beschreibt, die sich nach Einführung der TM ergaben.

Joan ist eine 25jährige Diplomandin. Vor Beginn der Meditation war sie chronisch verspannt und weinte häufig, da sie den »konstanten Druck, Druck, Druck« nicht ertragen konnte. Sie hatte Beruhigungsmittel und Entspannungsübungen ausprobiert, die aber nur minimale Erleichterung boten. Als der Druck im Studium zunahm, konnte Joan an manchen Tagen nicht einmal mehr aufstehen; wenn sie aber aufwachte, konnte sie nicht mehr einschlafen. Sie meditiert jetzt fast schon ein Jahr. Seit ihrer Unterweisung in die TM hat sie das Gefühl, daß sie entspannter und energiereicher ist als nach zwei Jahren Therapie, Pillen und Übungen. Sie berichtet, »daß sie jetzt weiß, was tiefe Entspannung ist«.

Joan leidet nicht mehr an chronischer Schlaflosigkeit, steht jeden Morgen auf und freut sich auf die tägliche Arbeit. Sie berichtet immer noch, daß sie sich verspannt fühlt, wenn sie einen besonders arbeitsreichen Tag hat oder wenn sie eine Arbeit abliefern muß, aber sie fühlt sich fähig, dies zu bewältigen. Sie sagt:

»TM hat neue Horizonte in meinem Leben eröffnet. Vor Beginn der TM fühlte ich mich wie in einer Tretmühle. Die Anstrengung wurde unerträglich, und ich war am Rande eines Nervenzusammenbruches. Seit der Meditation habe ich gelernt, das Leben leicht zu nehmen. Es ist nicht so, daß sich meine Lebensumstände verändert hätten, aber ich sehe sie anders. Viele dieser Veränderungen schreibe ich der tiefen Ruhe zu, die ich in der TM erfahren habe.«

Georg war 28 Jahre alt, alleinstehend und litt an wahnhaften Zwangssymptomen und chronischer Angst. Er verspannte sich sofort, wenn er in die Nähe anderer Menschen kam, vor allen Dingen in der Öffentlichkeit. Bevor er sich der Welt stellen konnte, mußte er mehrfach das Ritual vollziehen, sich seine Kleidung glattzuziehen. Unsinnige Gedanken kamen ihm ständig in den Kopf, verwirrten ihn und fesselten seine Aufmerksamkeit. Er meditiert nun seit fünf Monaten und berichtet über eine deutliche Abnahme seiner Angst. Er fühlt sich »wacher und lebendiger«. Während er vorher das Gefühl hatte, daß sein Geist nie »abgestellt werden könnte«, kennt er jetzt zum ersten Mal in seinem Leben Phasen, in denen er nicht hektisch und angestrengt denkt. Georg berichtet, er habe gelernt, was es bedeute, »einfach zu sein«, und er akzeptiert das Leben mit mehr Leichtigkeit und weniger Zwang. Es wird immer weniger von Wahnideen verfolgt. Er kann jetzt seine »Gedanken gehen lassen«. In der Öffentlichkeit und mit anderen Menschen zusammen ist er weniger verspannt und kann sich mehr mit ihnen identifizieren. Er hat gelernt, daß er nicht »der einzige ist, der das Leben zu leben versucht«. Er berichtet:

»Ich bin sehr glücklich darüber, daß ich meditiere. Die TM ermöglicht mir, mein Denken in die Hand zu bekommen, statt daß umgekehrt mein Denken mich in der Hand hat. Ich mag auch, daß die Technik so mühelos ist. Vorher hatte ich das Gefühl, daß man alles im Leben nur mit großer Anstrengung bekommen kann, und deshalb fühlte ich mich ständig gestört und überanstrengt. Es ist herrlich, eine Technik zu finden, bei der, ohne daß man sich darum bemüht, Gutes geschieht.«

Der dritte Bericht kommt von einer Frau in mittleren Jahren, die ihr ganzes Leben unter Depressionen und Angst litt, die in den letzten vier Jahren vor der Behandlung immer schlimmer wurden. Lisa war ein Jahr in einer privaten psychiatrischen Klinik, nachdem sie einen Selbstmordversuch begangen hatte, der der Höhepunkt einer immer tieferen Verzweiflung war. TM wurde ihr empfohlen, um ihre durchdringende Angst abzubauen. Lisa beschreibt ihre erste Meditation:

»Es war herrlich, noch nie habe ich so etwas erfahren. Jetzt verstehe ich, was es heißt, völlig entspannt zu sein und die Welt mit klaren Augen zu sehen, statt immer nur durch eine Brille von Spannungen. Den ganzen Tag über fühlte ich mich so gut wie seit Jahren nicht mehr. Wenn die Meditation mir helfen kann, mich schließlich immer so zu fühlen, könnte ich nichts besseres wünschen. Kein Medikament, das ich genommen habe – und ich habe eine ganze Menge genommen – gab mir das Gefühl. Ich finde, daß zweimal am Tage meditieren mir hilft, besser zu schlafen, morgens aufzustehen und mit der Arbeit anzufangen. Bevor ich mit der TM begann, lag ich häufig den ganzen Tag im Bett herum. Ich kann jetzt besser mit Selbstmordgedanken fertig werden, wenn ich überhaupt welche habe, und ich habe viel mehr Hoffnung als früher. Das sollte nicht so klingen, als ob sich mein ganzes Leben verbessert hätte. Ich finde es immer noch sehr schwer, mit anderen Leuten zurechtzukommen, und kann keine Arbeit finden, aber nach kaum sechs Wochen Meditation finde ich, daß sie mir hilft, besser zu schlafen, weniger depressiv zu sein und weniger Angst zu haben. Ich werde weitermachen, da ich durch TM selbst etwas tun kann, um besser mit dem Leben fertig zu werden.

Verschiedene Aspekte in den Berichten der Patienten sind bemerkenswert. Erstens ist TM, anders als Medikamente und Psychotherapie, völlig unter der Kontrolle des Patienten. Wenn er sich besser fühlt, kommt das nicht von einer Pille oder seiner Beziehung zum Therapeuten, sondern von einem natürlichen Prozeß, den er selbst auslöst. Krankenhäuser und verschiedene Formen psychiatrischer Behandlung wurden vor allem deshalb kritisiert, weil sie die Selbständigkeit des Patienten nicht unterstützen, sondern sich nur auf das Krankhafte konzentrieren und dadurch die negativen Aspekte des Selbst bestärken. Der Kampf gegen die totale Abhängigkeit, der so charakteristisch für viele Gefühlsgestörte ist, kann durch die befreiende Wirkung der TM, die sie selbst ausüben können, gewonnen werden. Diese Tatsache wird im Bericht eines Büroangestellten klar, der seit mehr als einem Jahr meditiert:

»Bevor ich mit der TM anfing, nahm ich Drogen, Methedrin und Betäubungsmittel. Durch die Drogen war ich ungeheuer verspannt. Meine Schultern waren hochgezogen, so daß man meinen Nacken kaum sehen konnte. Um die Spannungen zu ›lösen‹, weinte und schrie ich und stampfte mit den Füßen auf; in besonders angespannten Momenten schlug ich mit den Fäusten und dem Kopf auf Gegenstände ein. Ich hatte einfach das Gefühl, der armseligste Wurm auf der ganzen Welt zu sein, und hatte vor, weiterhin möglichst viele Drogen zu nehmen, und wenn ich dann nach fünf Jahren sterben sollte, wäre es besser, als fünfzig Jahre so zu leben, wie ich mir Leben vorstellte. Schließlich wurde ich wegen meiner schlechten Taten von der Polizei verhaftet und in eine psychiatrische Anstalt eingeliefert, wo ich zwei Monate blieb. Dort fühlte ich mich sehr sicher und wollte sie nicht mehr verlassen. Hier ›kümmerte man sich um mich‹, und niemand konnte mir (geistig) etwas tun. Ich weinte damals über jede negative Bemerkung. Eine neue Spannung entstand, weil ich in der Klinik mit wirklich Kranken zusammen war. Ich stellte fest, daß ich anfing, wie ein kleines Kind zu reden. Ich traf einen Helfer, der gerade mit TM angefangen hatte, und interessierte mich sehr für ihn (nicht für TM). Ich konnte keine Verantwortung übernehmen. Meine Eltern mußten für mich bürgen, so daß ich Maharishi in Harvard hören konnte, und dort beschloß ich, mit TM anzufangen. Bevor ich im Februar damit anfangen konnte, bekam ich Serumhepatitis und mußte warten. Warum ich Ihnen das alles erzähle – um klar zu machen, was für ein körperliches Wrack ich war. Es war so schlimm, daß ich am ganzen Körper zitterte, wenn ein Zug vorbeifuhr oder eine Tür zuschlug. Ich fuhr nach New York, um TM zu lernen.

Etwa 50 Leute saßen dort und sahen mich zur persönlichen Unterweisung eine Treppe hinaufgehen; als ich wieder herunterkam, hörte (ehrlich!) jeder auf zu reden und starrte mich an. Meine Schultern hatten sich gesenkt, die ganze Spannung war aus meinem Gesicht verschwunden, so daß sich mein ganzer Gesichtsausdruck verändert hatte; und was für mich am wichtigsten war, ich fühlte mich richtig wohl. Meine Spannungen kehrten nicht wieder, meine Stimme wurde reifer, und ich fing an, richtig und klar zu denken. Seitdem hat meine ganze Familie, der mein großer Fortschritt auffällt, mit TM angefangen.«

Ein Psychiater in Yale, David Sternberg, berichtet über den dramatischen Fall eines 43jährigen Mannes, der seit seinem 18. Lebensjahr in psychiatrischer Behandlung war. Dr. Sternberg war der vierte Psychiater, der diesen Patienten in den letzten beiden Jahren behandelte. Alle Psychiater hatten die Hoffnung aufgegeben, die durchdringende Angst dieses Mannes beseitigen zu können. Nur Valium verschaffte ihm etwas Erleichterung, aber er war danach süchtig geworden.

In den ersten Treffen fand Dr. Sternberg, daß nichts, was er ausprobierte, half. Der Patient wollte nur mehr Medikamente verschrieben bekommen, und der Arzt sollte für sein Leben verantwortlich sein. Er wollte seine Lebensweise nicht ändern, sondern wünschte sich nur vorübergehende Erleichterung von seiner konstanten panischen Angst. Seit einem Jahr hatte er sein Auto nicht mehr gefahren, da er sich fürchtete, einen Zusammenstoß zu haben. Er hatte seine Heimatstadt nicht verlassen, da er sich vor einem Herzanfall fürchtete, er konnte an keiner Arbeitsstelle bleiben und war vor kurzem impotent geworden.

Nach zwei Monaten fragte Dr. Sternberg, völlig frustriert, den Patienten, welcher Psychiater ihm in den 25 Jahren seiner Behandlung am meisten geholfen habe. Ein Verhaltenstherapeut, der Desensitivierungstechniken – eine Entspannungstherapie, die wir später in diesem Kapitel noch besprechen – anwandte, hatte ihm offensichtlich etwas Erleichterung verschafft. Daraufhin empfahl Dr. Sternberg, der selbst meditiert, dem Patienten, TM zu lernen. Bei jeder Sitzung meditierten sie dann die Hälfte der Zeit zusammen. Zuerst beschwerte sich der Patient, daß Angstgedanken seine Meditation störten, aber allmählich entspannte er sich und ließ die Gedanken ohne starke emotionale Reaktionen durch seinen Kopf gehen. Mehrere Therapeuten, die mit TM arbeiteten, stellten fest, daß ihre Patienten gewöhnlich angstgeladene Bilder und Vorstellungen durch TM relativ ruhig erfahren [44, 100, 222, 255]. In deutlichem Kontrast zu seiner vorhergehenden Verzweiflung, als er noch von Beruhigungsmitteln abhängig war, stieg die Selbstachtung des Patienten beträchtlich, denn er fühlte sich jetzt in der Lage, seine Angst zu mäßigen. Er nahm eine Halbtagsstelle an und konnte zum ersten Mal seit seiner Kindheit in andere Städte reisen. Eine auffällige Veränderung trat in seiner Körperhaltung ein, die sich von starr und zitterig auf fast entspannt und selbstsicher umstellte. Sein Medikamentenverbrauch ging drastisch zurück, und seine Impotenz verschwand. Diese Veränderung rief bei seinen bisherigen Therapeuten großes Erstaunen hervor. Dieses Ereignis illustriert ausgezeichnet, wie stark die Kombination von psychiatrischer Behandlung und TM als therapeutische Technik wirkt.

Dr. Shafii gibt eine ausführliche Fallsbeschreibung über einen Collegestudenten namens Hank, der zur Behandlung eingewiesen wurde, nachdem er von der Polizei in einem völlig verwirrten Zustand auf einem LSD-Trip aufgefunden worden war [255]. Er war ein gelangweilter, angstvoller, verantwortungsloser, schwerer Drogenkonsument, der keinen Sinn in seinem Leben fand und unfähig war, sinnvolle Beziehungen zu anderen oder irgendein Engagement in der Aktivität einzugehen. Nach sechs Monaten zielloser, langweiliger und frustrierender Therapie verkündete er, daß er mit TM angefangen habe.

Nach ein paar Wochen TM erfuhr er kurze Phasen ohne Gedanken, reine Bewußtheit. Diese Erfahrung war nach seinen Worten »sehr real und anders als jede bisherige Erfahrung« in seinem Leben. Dr. Shafii berichtet, daß der Patient gleichzeitig ein nie gekanntes Gefühl »der Offenheit und des völligen Vertrauens« bekam.

Hank begann, sein Leben und die Therapie ernster zu nehmen. Er kam pünktlich, schien während der Sitzungen weniger auf der Hut und offener zu sein und setzte der Therapie weniger Widerstand entgegen. Er schlief besser, hörte auf, psychedelische Drogen zu nehmen und brauchte auch weniger Marihuana. Er fühlte sich weniger verspannt und hatte mehr Selbstvertrauen. Dr. Shafii betont, daß er diese Veränderungen der TM zuschreibt, da Hank in den ersten sechs Monaten ihrer Zusammenarbeit absolut keine Veränderung zeigte. Hanks Gefühl der inneren Stärke und des Vertrauens in sich selbst und andere blühten beträchtlich auf, was seine Beziehungen und spontanen Gefühle seinem Therapeuten, seiner Freundin und anderen gegenüber verbesserte. Zum ersten Male tat er etwas gern und hatte die Energie und die Motivation, Aufgaben zu Ende zu führen. Nach mehreren Jahren ging er glücklich zu einer Hochschule. Er braucht keine Psychotherapie mehr, meditiert aber weiterhin.

Dr. Shafii berichtet über mehrere allgemeine Bereiche, die sich nach anderen Berichten über die therapeutischen Auswirkungen der TM verbesserten. Hank bekam einen besseren Kontakt zu seinen inneren Gefühlen und Empfindungen. Er entwickelte ein Gefühl für andere und einen festen Kern inneren Vertrauens. Sein Selbstvertrauen und seine Leistungen steigerten sich. So wie er spontaner und entspannter wurde, hörte sein Zwang, Drogen zu nehmen, auf. Er begann das zu tun, was er wollte, statt gegen starre Anforderungen aus fixen Ideen darüber anzukämpfen, was er tun sollte. Shafii bemerkt, daß Patienten wie Hank gewöhnlich sehr schwer zu behandeln sind und einen sehr frustrierenden Therapieverlauf haben, weil sie äußerst defensiv und abhängig sind. TM scheint diese Kruste sanft durchbrochen zu haben und ganz allmählich dazu geführt zu haben, daß er sich weniger auf neurotische Abwehrmechanismen verließ, ohne Panik zu verspüren. Hank kam offensichtlich mit einem energiereichen positiven Kern in sich selbst in Kontakt, der Reserven für autonomes Wachstum freilegte.

Dr. Margareta K. Bowers glaubt, daß man jedem psychiatrischen Patienten mit TM helfen kann [33]. Sie ließ mehr als 50 ihrer Patienten mit der TM anfangen. Sie selbst meditiert seit drei Jahren, seitdem sie eine plötzliche, schnelle Verbesserung bei zwei Patienten, die schon lange in ihrer Behandlung waren, nach Beginn der TM feststellte. Dr. Bowers ist Mitglied eines Komitees der American Psychiatric Association, das die Berührungspunkte von Meditation und Psychotherapie untersucht. Ihre Erfahrung bekräftigt die vorangegangenen Fallbeschreibungen und bietet einige nützliche Anleitungen, wie man TM bei der Behandlung einsetzt.

Sie stellte fest, daß einige Patienten aus Furcht vor Instrospektion, aus Unwilligkeit, sich selbst zu helfen, aus Unglaube an die Meditation oder aus Furcht, von feindlichen Mächten überwältigt zu werden, nicht TM lernen wollen. Den meisten ihrer Patienten gefällt TM jedoch, und sie meditieren regelmäßig. Einige Patienten leiden unter sehr stark störenden Gedanken. Wenn dies der Fall ist, hilft häufig die Überprüfung durch einen TM-Lehrer. Der Patient lernt dann, diesen Gedanken keinen Widerstand entgegenzusetzen, sondern einfach leicht weiterzumeditieren, bis diese Gedanken ihre erschreckende emotionale Intensität verlieren. Einige ihrer Patienten brauchten Ermutigung, damit sie eine Routine regelmäßiger Meditation einführten.

Die überwältigende Mehrheit jener Patienten von Dr. Bower, die regelmäßig zweimal am Tag meditieren, haben sich ungewöhnlich schnell verbessert. Sie brauchen weniger therapeutische Sitzungen, und jede Sitzung wird sinnvoller und nützlicher. Bei einigen Patienten war diese Besserung dramatisch; bei einigen verschwanden Symptome, die die vorhergehende Therapie nicht beeinflussen konnte. Von den vorangehenden Erfahrungen her gesehen geht der Fortschritt etwa doppelt so schnell wie gewöhnlich, und manchmal sogar noch schneller. Gelegentlich, wenn sich ein Patient beschwert, daß seine Besserung nicht schnell genug geht, stellte sich heraus, daß er mit der TM aufgehört hatte. Wenn er wieder anfing, war wieder Fortschritt da. TM kann häufig zur Haupttherapie werden. Weniger therapeutische Sitzungen sind nötig, und sie können in größeren Zeitabständen liegen. Der Hauptpunkt solcher Sitzungen ist es, störende Gedanken zu verstehen und einfach die Dinge mit jemandem, der sich dafür interessiert, zu besprechen. Dr. Bowers stimmt völlig mit Maharishi überein, wenn er sagt, daß bei regelmäßig meditierenden Patienten der Therapeut die Rolle bekommt, seine Hand zu halten, während TM den Heilungsvorgang durchführt.

Nicht alle Patienten wollen TM lernen, und nicht jeder Patient, der sie erlernt, merkt sofort ihren Nutzen. Die Psychoanalytiker Carrington und Ephron verweisen darauf, daß einige meditierende Patienten Schwierigkeiten mit der richtigen Ausübung der TM haben können, weil ihre gewohnheitsmäßigen Abwehrmechanismen in der Meditation wieder auftauchen als ein Bemühen, Gedanken Widerstand entgegenzusetzen [44]. Verständnis und Zustimmung des Therapeuten kann dem Patienten helfen, sich während der TM zu entspannen.

Einige Therapeuten berichten, daß Patienten manchmal nicht mehr weitermeditieren wollen, weil sie das Gefühl haben, sich zu schnell zu verändern. Dr. Bloomfield hatte z. B. eine Patientin, die mit TM aufhören wollte, weil die Freude, die sie an der TM empfand, ihr ein Schuldgefühl gab. In dem Fall war es durch Unterstützung ihres Therapeuten und häufige Überprüfung durch einen TM-Lehrer möglich, angenehm weiterzumeditieren.

Diese Berichte und Fallbeschreibungen legen eine Reihe klinischer Anwendungsmöglichkeiten der TM nahe. Psychiater finden TM wertvoll als zusätzliche Behandlungsmethode für Angstneurosen, wahnhaftes Zwangsverhalten, chronische tiefe Depressionen, Identitätskrisen, psychosomatische Leiden und Drogensucht. TM hat schwächeren Beruhigungsmitteln gegenüber, die nur allzu häufig gegen Spannungen und täglichen Streß verschrieben werden, viele Vorteile. Die Medikamente können dem Patienten helfen, sich weniger ängstlich zu fühlen, aber sie können auch bewirken, daß er sich antriebslos und zerschlagen fühlt, und sie führen häufig zur Sucht. TM hat keine schädlichen Nebenwirkungen und kann das fördern, was Pillen nicht können: natürliches psychisches Wachsen. Genauso wie Psychotherapie unterstützt TM die Lösung emotionaler Konflikte und erlaubt, daß bisher abgelehnte Aspekte des Selbst in die Persönlichkeit integriert werden. Daher erscheint es logisch, TM in das psychotherapeutische Waffenarsenal aufzunehmen und ihre vielen Anwendungsmöglichkeiten zu erforschen. Der Psychiater Robert Assagioli, der Begründer einer eklektischen humanistisch ausgerichteten Therapieform, Psychosynthese genannt, lobt die Vorteile von Meditationstechniken in der Therapie:

> »Meditation verhilft dem Patienten zu einer Erweiterung des Bewußtseins und zu unpersönlicher Erfahrung und Wissen. Der Vorteil der Meditation liegt darin, den Übergang zu religiösen Problemen in völlig natürlicher Weise vollziehen zu lassen. Der Ablauf der Therapie wird durch Meditation verkürzt, weil man nicht von der Stimmung der Träume abhängt, und so schneller sowohl diagnostisch als auch therapeutisch zu dem psychischen Konflikt vorstößt. Und schließlich überträgt der

meditierende Patient gewöhnlich sein Problem nicht auf den Therapeuten, und daher ist die Lösung der Übertragung gewöhnlich unnötig. Meditation hat gute Aussichten, einmal eine der führenden therapeutischen Techniken zu werden [14, S. 314].«

Für Therapeuten, die ihre Patienten anregen wollen zu meditieren, ist TM wahrscheinlich die beste verfügbare Technik. Sie ist am leichtesten zu erlernen, wissenschaftlich am gründlichsten untersucht und ist auf der ganzen Welt in der gleichen Weise erlernbar. Die Hälfte der Krankenhausbetten unseres Landes sind durch psychisch Kranke belegt. Man schätzt, daß jeder Zehnte irgendwann einmal in seinem Leben psychiatrische Hilfe braucht. Die schweren Beruhigungsmittel, die in den fünfziger Jahren entdeckt wurden, haben einen bedeutenden Beitrag zur Behandlung von emotional stark gestörten Patienten, besonders Schizophrenen, geleistet. Da die meisten geistigen Erkrankungen ungeklärten Ursprungs sind, viele Ursachen haben und in verschiedener Intensität auftauchen, haben die meisten Psychiater gelernt, sich nicht nur auf eine einzige Behandlungsweise zu verlassen. Die meisten modernen Behandlungsprogramme bestehen aus einer Kombination verschiedener Therapien. Die besten psychiatrischen Kliniken versorgen gewöhnlich jeden Patienten mit Individual- und Gruppentherapie, einer therapeutisch wirksamen Umwelt, Medikamenten, um bestimmte Symptome zu bekämpfen, Treffen mit der Familie und Erholungs- und Beschäftigungstherapie. Viele staatliche Krankenhäuser können sich natürlich ein so umfassendes Programm nicht leisten. Periodische Veröffentlichungen über die Zustände in diesen Krankenhäusern erinnern uns daran, daß diese Institutionen mit das größte Versagen unserer Gesellschaft repräsentieren. Die Ausübung der TM könnte für jeden von größtem Nutzen sein, der seine Zeit in diesen streßvollen Einrichtungen verbringen muß.

Wir erwähnten bereits, daß Forscher des Institute of Living, eines psychiatrischen Krankenhauses, eine größere Untersuchung über die Psychophysiologie der TM durchführen. Im September 1972 begann das Institut mit einer vergleichenden Untersuchung der Brauchbarkeit von Alphawellen-Biofeedback und TM als Entspannungstechniken. Wie schon gesagt, deutet diese Untersuchung an, daß TM wirksamer ist als Biofeedback. Dieser Abschnitt beschreibt die vorläufigen Ergebnisse des Instituts über den psychischen Nutzen der TM für stationär behandelte psychiatrische Patienten.

Das Projekt wird von Dr. med. Bernard Glueck, Forschungsdirektor, und von Dr. med., Dr. phil. Charles Stroebel, Chef des psychophysiologischen Labors des Instituts, geleitet. Zur Durchführung dieser Untersuchung stehen dem Institut ein Computersystem zur Analyse von Gehirnwellen und Labors zur Untersuchung psychophysiologischer Funktionen zur Verfügung. Diese Klinik begann als erste mit der Computeraufzeichnung der täglichen Krankenberichte nach Standardmeßverfahren für Verhalten und Fortschritt durch die Behandlung.

In der Untersuchung werden Patienten, die nach Alter, Geschlecht und Persönlichkeitsprofil zueinander passen, in Paare zusammengefaßt, und je ein Mitglied jedes Paares wird dann einer der beiden Experimentalgruppen zugeteilt. Eine Gruppe wird dem Alphabiofeedback Training zugeordnet, die andere der TM. Alle Patienten erhalten die gewöhnliche Behandlung, nämlich intensive, psychoanalytisch ausgerichtete Psychotherapie, Gruppentherapie, Psychopharmaka und ein regelmäßiges Programm beaufsichtigter Aktivität, einschließlich von Schulunterricht für jüngere Patienten.

Zwei TM-Lehrer gehören zum Vollzeitpersonal des Krankenhauses und verbringen soviel Zeit wie nötig mit jedem neuen Patienten, damit er TM richtig lernt. Die TM-Lehrer wurden von Dr. Glueck und Dr. Stroebel angewiesen, ihren Einführungsvortrag etwas abzuändern, um die Auswirkung von Erwartungshaltungen auf das Ergebnis zu verringern. Da es auf den Stationen häufig sehr laut ist, wurde in der Forschungsabteilung ein ruhiger, bequemer Bereich für die Meditation zur Verfügung gestellt, wo sich auch die TM-Lehrer aufhalten. Durch diese Maßnahme können die Patienten täglich überprüft werden. Es ist sehr wichtig, daß eine Überprüfung immer sofort gegeben werden kann, um die richtige Ausübung der TM zu gewährleisten, und man nimmt an, daß sie dafür sorgt, daß nur so wenige Patienten aufhören zu meditieren. Wenn die Patienten ein paar Wochen lang jeden Tag überprüft werden, stellen viele von ihnen fest, daß sie erfolgreich allein und ohne Überwachung meditieren können. Dann dürfen die Patienten allein weitermachen, müssen aber einmal in der Woche an einem Treffen teilnehmen.

Da ständig Lehrer zur Verfügung stehen, können die Patienten auch informell mit ihnen ihren Fortschritt besprechen. Der behandelnde Psychiater und die Krankenschwester auf der Station stehen alle in sehr engem Kontakt mit dem Forschungsteam. Durch diesen Kontakt interessieren sich immer mehr Angestellte des Krankenhauses dafür, mit der TM zu beginnen. Dr. Glueck schätzt, daß jetzt etwa 15 % des Krankenhauspersonals meditiert. Bis Mai 1974 hatten 143 stationäre Patienten mit TM begonnen und eine etwas kleinere Anzahl mit Biofeedbacktraining [104]. Da die Untersuchung auf einer Stichprobe von mehreren Hundert Patienten beruhen soll und über einen längeren Zeitraum Daten sammeln wird, können wir nur über bisher unveröffentlichte Vorergebnisse berichten*. Mehr als 90 % der eingeführten Patienten konnten die Technik leicht erlernen. Elf Patienten hörten innerhalb der ersten beiden Wochen auf. Bei mindestens zweien von ihnen ergab sich aus sorgfältiger Befragung, daß die Veränderung, die sie in der ersten Meditation erfuhren, ihre Symptome so beeinflußte, daß sie befürchteten all ihre vertrauten Abwehrmechanismen zu verlieren, wenn sie weitermachten.

Die 132 Patienten, die weitermeditierten, repräsentierten eine ziemlich weitgestreute Auswahl aus der Klinikpopulation. Das Alter liegt zwischen 15 und 55 Jahren, und viele diagnostische Kategorien kommen vor. Keine Kategorie ist allerdings bisher gut genug besetzt, um über unterschiedliche Reaktionen in verschiedenen diagnostischen Gruppen Aussagen machen zu können. Ein ziemlich überraschendes erstes Ergebnis ist die einheitlich positive Reaktion der meisten Patienten.

Zusätzlich zu elektroenzephalographischen Aufzeichnungen und anderen physiologischen Messungen werden über jede Versuchsperson viele Verhaltensdaten gesammelt. In regelmäßigen Abständen füllen die Patienten das Minnesota Multiphasic Personality Inventory (MMPI) aus, ein standardisiertes Maß für psychische Probleme, das auf Selbstaussagen beruht. Die Patienten füh-

* Bernhard C. Glueck, Charles S. Stroebel: Biofeedback and Meditation in the Treatment of Psychiatric Illnesses in Comprehensive Psychiatry, Bd. 16, Nr. 4 (1975).

ren auch ein genaues psychophysiologisches Tagebuch, in dem Funktionen wie Schlaf, Stimmung, Essen und Aktivität aufgezeichnet werden. Das Pflegepersonal füllt täglich Computerberichte über das Verhalten auf der Station aus, und Mitglieder des behandelnden Teams, einschließlich der behandelnden Psychiater, füllen standardisierte Fragebögen über ihren subjektiven Eindruck vom Patienten aus. Objektive Indikatoren wie Zensuren, Dauer des Aufenthaltes und Dosierung der Medizin werden ebenfalls aufgezeichnet.

Bisher zeigen die Durchschnittswerte im MMPI der meditierenden Patienten eine ständig sinkende Tendenz. Diese entspricht dem subjektiven Empfinden der Patienten, daß die Symptome zurückgehen. Bei einem Symposium über TM für Geschäftsleute in Hartford präsentierte Dr. Glueck eine bezeichnende Fallbeschreibung [99]. Eine Patientin in mittleren Jahren, deren andauernde Angst sich seit Jahren am Zittern ihrer Hände zeigte, begann mit TM. Vor dem Erlernen der TM hatte die Patientin im MMPI in den Skalen Depression, Angst und Beschäftigung mit unrealistischen Gedanken sehr hohe Werte. Nach vier Monaten TM lagen alle ihre MMPI-Skalen im Normalbereich, und eine beträchtliche Zunahme der Ich-Stärke war festzustellen. Nach der ersten Meditation war das Zittern etwa eine Stunde lang verschwunden, kam dann aber wieder. Nach einigen Monaten schwand das Zittern völlig. Die Patientin brauchte immer weniger Beruhigungsmittel, um ihre Angst zu kontrollieren, und nahm nach wenigen Wochen keine Schlafmittel mehr. Dic Computeraufzeichnungen dcs Pflegepersonals zeigten viele Aufs und Abs, aber der allgemeine Trend war eine Abnahme des gestörten Verhaltens und der Depressionen, und nach zwei Monaten waren die offensichtlichen Zeichen von Angst merklich weniger geworden.

Eine der hauptsächlichen positiven Wirkungen der TM scheint die Zunahme des Selbstvertrauens zu sein. Dr. Glueck bemerkt, daß sich meditierende Patienten oft über die Behandlung mit Psychopharmaka beklagen. Sie wissen, daß die Medikamente helfen, ihre Angst und ihre Symptome unter Kontrolle zu halten, aber sie mögen die Nebenwirkungen nicht, durch die unter anderem ihre Reaktionsfähigkeit auf die Umgebung gedämpft ist und durch die sie sich allgemein ganz vage unwohl fühlen. Diese Nebenwirkungen machen es einem sehr schwer, die Patienten davon zu überzeugen, daß sie weiterhin die Medikamente nehmen sollten. Viele Patienten sagen auch, daß sie lieber auf eigene Faust gesund werden möchten, statt sich auf Pillen zu verlassen. Anders als die medikamentöse Behandlung ist TM völlig unter der Kontrolle des Patienten und scheint keine negativen physischen und psychischen Nebenwirkungen zu haben. Und in der Tat, indem TM negative Gefühle wie Angst und Depressionen abbaut, steigert sie gleichzeitig die allgemeine Reaktionsbereitschaft, das Gefühl des Wohlergehens und die Fähigkeit, Kontakt zu anderen zu haben. Meditierende Patienten haben das Gefühl, daß sie selbst die Ursache ihrer Verbesserung sind, was wiederum ihr Selbstvertrauen steigert. Dr. Glueck nimmt an, daß TM ein adäquater Ersatz für Psychopharmaka sein kann.

Diese Annahme wird durch die Tatsache unterstützt, daß medikamentöse Behandlung in der Gruppe der meditierenden Patienten immer weniger nötig ist. Patienten mittleren Alters, die an chronischer Schlaflosigkeit leiden, berichten in den ersten zwei bis drei Wochen der TM schon von weniger Störungen im Schlafablauf. Dies geht so weit, daß die Gabe von Beruhigungsmitteln über Nacht selbst in vorher schweren Fällen von Schlaflosigkeit nicht mehr nötig ist. Die Forscher stellten ebenfalls fest, daß TM die Synchronisierung der Gehirnwellen steigern kann. Bei fortgesetzter TM-Ausübung zeigen die Patienten in allen Teilen des Gehirns ähnliche EEG-Muster. Dr. Glueck macht diese Aussage jedoch unter Vorbehalt: Seine Ergebnisse weisen bisher nicht eindeutig nach, daß sich die Gehirnwellen tatsächlich in der TM synchronisieren, da noch nicht sicher ist, daß die Gehirnzellen tatsächlich phasengleich feuern. Dr. Glueck benutzt nun komplexe Computertechniken, um seine Daten zu analysieren, und untersucht, ob eine große Anzahl der Gehirnzellen während der TM phasengleich feuern. Sollten die Forscher feststellen, daß TM tatsächlich die Synchronisierung der Gehirnwellen steigert, dann wäre damit die erste Voraussetzung für das Verständnis gegeben, wie TM die Integration der Persönlichkeit steigert. Der englische EEG-Forscher Mark Westcott hat in jüngster Zeit vorläufige Daten geliefert, die vermuten lassen, daß Gehirnzellen in verschiedenen Teilen des Gehirns während der TM tatsächlich phasengleich feuern [304]. Weitere Hinweise auf den Wert der TM ergeben sich aus den täglichen computerisierten Krankenberichten, die auf sehr positive Tendenzen im Fortschritt des Patienten über einen längeren Zeitraum hinweg verweisen. Die Daten zeigen in den meisten Fällen, daß durch die Ausübung der TM Angst, Depressionen und gestörtes Verhalten abnehmen und normales Verhalten zunimmt. Diese Daten werden durch die subjektiven Berichte der Patienten bestätigt, wie sich in der Verbesserung ihrer MMPI-Profile ablesen läßt.

Bei einer Experimentalgruppe jugendlicher Patienten, die das Gymnasium der Klinik besuchten, wurde der TM-Kurs als Schulfach angerechnet. Die Klasse traf sich jeden Tag zu einer Gruppenmeditation und einer Vorlesungsreihe auf Videobändern über die theoretischen Zusammenhänge der Erfahrungen in der Meditation. Bisher hat Dr. Glueck eine deutliche Steigerung der Schulleistungen bei den ersten sieben Schülern, die diesen Kurs besuchen, festgestellt. Obwohl die Schüler in der Experimental-Gruppe den gleichen IQ wie die anderen Schüler hatten, verbesserte sich der Notendurchschnitt der Experimentalgruppe im Verhältnis zu den Noten der anderen Schüler erheblich. Sicherlich werden noch wesentlich mehr Daten benötigt, aber die Verbesserung der Schulleistungen scheint ein wichtiges objektives Maß für den Fortschritt durch TM zu sein.

Die ersten 55 aus dem Krankenhaus entlassenen TM-Patienten wurden mit all den Patienten verglichen, die das Jahr zuvor entlassen worden waren. Der Zustand bei der Entlassung wird vom behandelnden Psychiater beurteilt, nicht von Mitgliedern des Forschungsteams. Diese Beurteilung ist daher einc unabhängige und daher hoffentlich unparteiische Schätzung des Zustandes des Patienten zur Zeit seiner Entlassung aus der Klinik. Die meditierenden Patienten zeigen einen höheren Grad von Wiederherstellung als die anderen Patienten bei der Entlassung. Alle TM-Patienten wurden entweder als »gesund«, »viel besser« oder »besser« eingestuft, und keiner wurde als »nicht besser« oder »schlechter« bewertet. Ein weiterer Hinweis auf den Nutzen der TM ist die Anzahl der Überweisungen, die das Forscherteam vom Krankenhauspersonal erhält. Dr. Glueck berichtet von einer ständigen Warteliste von 17–25 Patienten, die von ihrem behandelnden Psychiater überwiesen wurden, oder die ihre Therapeuten befragt haben und die Erlaubnis bekommen haben. Die Wartezeit ergibt sich aus den ausführlichen Verfahren, die Daten zu gewinnen.

Dr. Glueck nimmt an, daß die Technik der TM den Fortschritt in der Psychotherapie beschleunigen kann. Wenn ein Patient in der Meditation störende Gedanken hat oder wenn irgend etwas Ungewöhnliches geschieht, dann kommt der Gegenstand der Gedanken häufig als Teil der nächsten regelmäßigen therapeutischen Sitzung auf. Dr. Glueck berichtet:

»Wenn man mit meditierenden Patienten Psychotherapie betreibt, kann der Inhalt der Gedanken, der in der Meditation auftaucht, äußerst feindselig und aggressiv sein, aber das hat nur eine geringe oder gar keine Wirkung – d. h., die Idee ist vorhanden, aber die Intensität der Gefühle, die gewöhnlich mit ihr einhergehen, ist geringer. Das unterscheidet sich von dem, was wir gewöhnlich in der Psychotherapie sehen. Die meditierenden Patienten können bei der Therapie die Gedanken, die bei der Meditation auftauchen, sehr viel leichter besprechen. Sowohl Patienten als auch Therapeut freuen sich über die dadurch entstehende Erleichterung. Einige Patienten verarbeiten Material in zwei bis drei Monaten, was gewöhnlich sechs Monate bis ein Jahr gedauert hätte. Meditation scheint einen positiven Beschleunigungseffekt auf die Psychotherapie zu haben. Dies könnte sich als einer der wichtigsten Aspekte der Meditation bei ihrer Anwendung auf psychisch Kranke erweisen [101].«

Aus den Erfahrungen des Institute of Living scheint sich zu ergeben, daß Vorbehalte dagegen, die Technik der TM als therapeutischen Zusatz für ernstlich gestörte Patienten einzusetzen, unbegründet sind. Die Patienten lernen die TM leicht und üben sie gern aus. Dr. Glueck berichtet sogar, daß TM bei zwei gehirngeschädigten Patienten erfolgreich eingesetzt wurde. Sorgfältig überwachte Anwendung der TM kann helfen, erregte Patienten zu beruhigen, was wiederum die Notwendigkeit von Beruhigungsmitteln vermindert. Offensichtlich normalisiert TM auch den Schlafrhythmus, verbessert die Kommunikation mit der Umwelt, beschleunigt den Prozeß der Psychotherapie und verringert die schwächende Angst, die den Kern so vieler psychischer Syndrome bildet. Die Untersuchung des Institute of Living scheint zu zeigen, daß das standardisierte Verfahren, TM zu lehren, ein wertvoller Zusatz zum gesamten therapeutischen Prozeß ist und bereits existierenden Programmen mit nur geringfügigen Abänderungen hinzugefügt werden kann. TM kann zusätzlich einer großen Anzahl von Patienten beigebracht werden, was sie für die großen, schlecht finanzierten und mit zu wenig Personal versehenen staatlichen psychiatrischen Kliniken ideal macht.

TM im Vergleich zu anderen Therapien

Fehlangepaßte Anspannung ist der Feind der geistigen Gesundheit. TM kann dem psychotischen Patienten helfen, fehlangepaßte Notreaktionen herabzusetzen und damit aufzuhören, günstige Situationen als bedrohlich zu betrachten. Der Patient gewinnt immer mehr an Fähigkeit, seine innere und äußere Umgebung richtig einzuschätzen und mit einem gesünderen Verhaltensrepertoire zu reagieren. Die Wirksamkeit der TM bei der Normalisierung des Nervensystems kann mit anderen therapeutischen Verfahren verglichen werden.

Da die TM-Ausübenden angewiesen werden, sich während der Meditation nicht um Gedanken zu kümmern, und Patienten in der Psychoanalyse instruiert werden, jeden Gedanken, der ihnen einfällt, zu verbalisieren, stellen einige Analytiker eine grundlegende Ähnlichkeit zwischen den beiden Verfahren fest. Die geistige Aktivität, die durch die Streßauflösung in der TM verursacht wird, ist ähnlich der freien Assoziation, dem unzensierten Fluß geistiger und emotionaler Vorstellungen in der Psychoanalyse. Trotz dieser scheinbaren Ähnlichkeit unterscheiden sich jedoch TM und Psychoanalyse grundlegend in ihrem Ansatz, psychische Probleme zu lösen. In der Analyse, wenn der Geist in der freien Assoziation beginnt, frei herumzuwandern, wird der Patient aufgefordert, die Gedanken und Vorstellungen, die auftauchen, zu verbalisieren. Dieser Prozeß zielt darauf ab, den bewußten Bereich zu erweitern, indem unbewußte Wünsche frei ausgedrückt werden, voll verstanden und damit verarbeitet werden. Die Psychoanalyse sucht nach einem spontanen Zugang zu vorsprachlichen, geistigen Primärprozessen, benötigt aber die Verbalisierung von Gedanken, um sie zu verarbeiten. Während der Ausübung der TM jedoch geht das Denken ganz spontan zu vorsprachlichen Bereichen, und die psychischen Konflikte werden spontan gelöst, ohne Verbalisierung und ohne auch nur die geringste Anstrengung, die auftauchenden Gedanken zu verarbeiten. Die Verringerung der Stoffwechselrate während der TM reicht aus, eine vollkommen physiologische Lösung vorsprachlicher psychischer Konflikte zuzulassen.

Charles Tart, ein Psychologe, der sich auf Bewußtseinsforschung spezialisiert hat, gibt eine psychoanalytisch ausgerichtete Interpretation seiner persönlichen Erfahrung des automatischen Normalisierungsvorgangs durch TM:

> »Normalerweise führen wir alle Arten von Aktivitäten ohne genügende Aufmerksamkeit und /oder Bewußtheit unserer eigenen Reaktionen ihnen gegenüber aus. Dadurch baut sich ein ungeheurer Stau von nur teilweise verarbeiteten Erfahrungen und unerledigten Dingen auf. TM ist sozusagen ein psychisches Schmiermittel, das all diese Dinge während der Meditation ins Bewußtsein kommen läßt. Da sie dann bewußt sind, kann ihre Verarbeitung dann abgeschlossen werden. So blockieren sie die anderen psychischen Prozesse nicht mehr [278, S. 137].«

Anders als jemand in der Analyse, der lernt, daß jeder Zufallsgedanke bedeutungsschwanger sein muß, lernt der TM-Ausübende, daß Gedanken einfach die Auswirkung physiologischer Veränderungen sind, die durch Streßauflösung bewirkt werden. Während eine wirksame Analyse von der Absicht des Patienten abhängt, die psychischen Konflikte, die in der Analyse an die Oberfläche kommen, zu verarbeiten, hängt die Wirksamkeit der TM-Technik von völlig unbefangener Absichtslosigkeit während der Meditation ab. Neue Meditierende lernen, sich um den Inhalt und sogar das Vorhandensein von Gedanken während der TM nicht zu kümmern; sie lernen, keine Zeit damit zu verschwenden, die Gedanken zu verdrängen oder zu analysieren.

Dieser Unterschied kann weiter an den Träumen erläutert werden. Freud betrachtete Träume als »den königlichen Weg zum Unbewußten« und ermutigte seine Patienten, sich an Träume zu erinnern und ihre Bedeutung durch anschließende Analyse zu bewältigen. Bei der TM werden Träume jedoch als eine geistige Folgeerscheinung betrachtet, die sich aus dem Normalisierungsprozeß durch die Ruhe des Tiefschlafs ergibt. Träume werden bei der TM nur als Lehrbeispiele benutzt, um zu erklären, wie völlig automatisch Normalisierung eintritt, wenn genügend tiefe Ruhe da ist. Im Tiefschlaf führt der Körper offensichtlich wiederherstellende Veränderungen durch, die dem Gehirn in der Form von Träumen mitgeteilt werden. Wie bereits gesagt, stellte Hartmann fest, daß die Traumphasen um so länger dauerten, je stärker die Stoffwechselrate während des vorangehenden Schlafes abgesunken war [116]. Dieses Ergebnis läßt vermuten, daß die niedrige Stoffwechselrate im Tiefschlaf Normalisierungsvorgänge ermöglicht, die geistig als Traum erfahren werden. Genauso führt der hypometabolische Zustand während der TM zum spontanen Abbau von Streß, was geistig wiederum als Gedanken erfahren wird. Es besteht keinerlei Notwendigkeit, Träume zu analysieren, um aus dem Schlaf Vorteile zu ziehen. Die Traumanalyse läßt vielleicht tiefverwurzelte Konflikte verstehen, aber die Analyse kann nicht von großem Nutzen dafür sein, den physiologischen Vorgang zu unterstützen, durch den die Einprägung in das Nervensystem normalisiert wird. Genauso vergrößert die Analyse der Erfahrungen in der TM nicht die wohltuenden Wirkungen der Meditation.

Während der Vorgang der TM sich in der eigenen Person abspielt, verlangt die Psychoanalyse nach der interpersonalen Rolle des Therapeuten, der bei der Interpretation der Bedeutung der Gedanken helfen soll, die bei der freien Assoziation auftauchen. Der Analytiker dient als weiße Leinwand, auf die der Patient die Gefühle projiziert, die aus gestörten Beziehungen seiner Kindheit resultieren. Dies gibt dem Patienten Gelegenheit, zu verstehen, wie ungelöste Gefühle seinem Vater oder seiner Mutter gegenüber immer noch in seinen gegenwärtigen Beziehungen Leiden verursachen. Die Interpretationen des Analytikers werden als unumgängliche Hilfe zur Korrektur dieser Störungen betrachtet. Die Psychoanalyse nimmt an, daß der einzelne Selbstintegration nicht aus eigener Kraft erreichen kann, da er wahrscheinlich unbewußt die »wahre« Bedeutung seiner inneren Vorstellungen zensieren wird. Analytiker graben oft in solchen Themen wie oedipalen Wünschen herum, den eigenen Vater zu töten und mit der eigenen Mutter zu schlafen, sie leiten Geiz und Zwangshandlungen von Methoden der Reinlichkeitserziehung ab und betrachten asthmatisches Keuchen als den unbewußten Schrei nach der Mutterbrust.

Maharishi ist der Meinung, daß dieses Herumgraben in vergangenen Schwierigkeiten ein unwirksames Mittel ist, psychisches Leiden zu verringern:

»Es sollte nicht die Aufgabe der Psychologie sein, einen Menschen daran zu erinnern, daß seine Vergangenheit armselig war oder daß seine Umgebung und seine Lebensumstände nicht förderlich für ihn waren oder daß seine Verbindungen zu anderen Menschen deprimierend und entmutigend waren oder daß in seiner Familie Liebe und Harmonie fehlten. Jemanden an diese Dinge zu erinnern, wird nur seine Bewußtseinsebene herabsetzen ... Es sollte als kriminell betrachtet werden, jemandem zu sagen, daß sein Leben auf dem störenden und degenerierenden Einfluß seiner vergangenen Umgebung beruht. Der Einfluß solch deprimierender Information ist auf die Psyche demoralisierend, und der innerste Kern des Herzens wird dadurch verletzt [188, S. 264].«

Gegen Ende seines Lebens erkannte auch Freud die Begrenztheit der Psychoanalyse; er stellte fest, daß der Vorgang der Verbalisierung von unangenehmen Gedanken selbst ihrer Interpretation im Wege stand [80]. Als therapeutisches Werkzeug konnte die Psychoanalyse nicht die Erwartungen ihrer Vertreter erfüllen. Wie sich der Psychoanalytiker Dr. Glueck beklagt:

»Eine der grundlegenden Annahmen aller psychotherapeutischen Tätigkeit ist seit 75 Jahren, daß wir jemandem helfen können, in seinem gegenwärtigen Leben richtiger zu handeln, wenn wir ihm helfen können, die Erinnerung an frühe schmerzliche Erfahrungen loszuwerden. Unglücklicherweise – und das sage ich mit großer Sorge – ist das ursprüngliche Versprechen der Entdeckungen von Freud und seinen Mitarbeitern, wie man vielen Menschen helfen könnte, nicht in dem Ausmaß, wie wir es erwarteten, wahr geworden. Sicher gab es einige erfolgreiche Reaktionen auf diese Art von Eingriff. Aber im allgemeinen – und das sage ich nach 30 Jahren der Erfahrung im Feld – fühle ich, daß ich mit Psychotherapie für die meisten nicht genug und nicht kontinuierlich genug etwas tun kann, um den Schaden wirklich wiedergutzumachen. Es kommt mir so vor – und das ist einer der Hauptgründe für mein Interesse an der Technik der Transzendentalen Meditation – daß auf diesem Wege der einzelne jetzt gelehrt werden kann, wie er selbst in bemerkenswert kurzer Zeit das tun kann, wozu wir in der Vergangenheit in unserem traditionellen psychotherapeutischen Ansatz ihm verhelfen wollten [101].«

Mit dem Therapeuten nur über Probleme zu sprechen, kann sich als vergeblich und sogar schädlich erweisen. Es ist besser, daß der Patient sich mit früheren Erfahrungen gar nicht beschäftigt und sich stattdessen durch die erhebende Erfahrung reiner Bewußtheit am Wachstum in der Gegenwart erfreut. Statt »im Sumpf einer armseligen Vergangenheit herumzugraben«, sollte man seine Sicht erweitern und den »Genius und den Glanz der inneren kreativen Intelligenz des Menschen« wahrnehmen [188, S. 265]. TM bringt sehr systematisch Erleichterung von aufgestauter Angst und Konflikten, ohne daß es nötig wäre, diese Empfindungen zu verbalisieren oder von einem Therapeuten interpretieren zu lassen. So bietet die TM der Therapie eine Abkürzung. Obwohl Psychotherapie einem Menschen vielleicht hilft, die Quellen seines Stresses intellektuell zu verstehen, bleiben allzuhäufig die alten Ängste auf einer tieferen Ebene bestehen, und der Patient bleibt entmutigt. Psychoanalyse lenkt den Patienten zu häufig nur auf die dunkle Seite der menschlichen Natur – den Kessel aggressiver und primitiver Impulse –, während die Meditation die Sicht spontan erweitert, so daß die positiven, kreativen und spirituellen Möglichkeiten seines Lebens voller wahrgenommen werden.

Die Psychoanalyse hat unser Verständnis der unbewußten Motivationen erweitert, aber als therapeutische Technik hat sie viele Schwächen, die wir dargestellt haben, und als Untersuchung der Psyche ist sie unvollständig. Durch die Ausübung der TM lernt man, daß der unbewußte Bereich wesentlich weiter ist, als Freud jemals erkannte. Die therapeutischen Wirkungen der Psychoanalyse sind wissenschaftlich nicht bestätigt worden [27, 68, 176]. In der Tat gibt es in den vier Jahren, seit Wallaces Artikel in »Science« erschien, mehr wissenschaftliche Nachweise für die positiven Wirkungen der TM als in 75 Jahren für die Psychoanalyse [291].

Unsere Kritik an der traditionellen Psychoanalyse sollte nicht als eine ganz und gar negative Bewertung der Psychotherapie aufgefaßt werden. Psychotherapie als solche bedeutet nicht eine spezifische Methode, mit den Patienten umzugehen. Sie schließt jede Aktivität zwischen Patient und Therapeut ein, die die psychischen Funktionen des Patienten unterstützt. Für stark gestörte Patienten können einfühlendes Verstehen und solche Unterstützungsmaßnahmen wesentlich sein, die ihn das lehren, was er über seine Störung wissen muß, die ihm bei seinen Plänen helfen und ihm Ratschläge über seine Arbeit geben. Schwere psychotische Syndrome werden gewiß immer die professionelle Hilfe eines Experten brauchen, und Unterstützung wird in Zeiten großer emotionaler Krisen weiterhin nötig sein. Wir hoffen, daß die im Bereich der Psychiatrie Tätigen sich mit der Beziehung von TM und Psychotherapie beschäftigen werden und Untersuchungen darüber anstellen, wie diese beiden Ansätze zusammen einen wirksamen Beitrag zur Beseitigung von Leiden und zur Förderung psychischen Wachstums leisten können.

Der Normalisierungsvorgang in der TM hat auch seine Parallelen zur systematischen Desensitivierung, einer verhaltenstherapeutischen Technik, solchen Menschen zu helfen, die durch Fürchte und Ängste gelähmt sind. In den 30er Jahren wurde von Dr. Edmond Jacobsen eine Methode tiefer Muskelentspannung entwickelt. Sein populäres Buch »You must relax« (Du mußt dich entspannen) regte an, daß viele psychosomatische Erkrankungen und nervlichen Belastungen des Lebens durch die Praxis progressiver Entspannung erleichtert werden könnten [131]. Jacobsen trainierte seine Patienten, Muskelgruppen im gesamten Körper systematisch zu entspannen. In diesem entspannten Zustand sollten alle sinnlichen Bilder verschwinden, und in zunehmend tieferen Ebenen würden auch innere kinästhetische Vorstellungen, Erinnerungen, Denkprozesse und Emotionen allmählich schwächer werden.

Tiefe Muskelentspannung wurde die Grundlage der Arbeit von Wolpe und Lazarus über systematische Desensitivierung [314]. Diese Technik beruht auf dem Konzept der reziproken Hemmung, daß nämlich Entspannung Angst hemmt. Zuerst wird der Patient in Jacobsens Entspannungstechnik trainiert. Als nächstes wird eine Liste der angsteinflößenden Zustände, Gefühle und Vorstellungen zusammengestellt, die der Patient am meisten fürchtet. Während der Patient dann die Entspannungstechnik übt, wird jede Situation, angefangen bei der am wenigsten furchteinflößenden, dargestellt und wiederholt, bis alle Angst beseitigt ist.

Daniel Golman ist der Meinung, daß TM eine spontanere und

umfassendere Desensitivierung bewirkt als die Technik von Wolpe und Lazarus.

»Wenn der Meditierende in der Meditation die Aufmerksamkeit nach innen wendet, wird er sich klar des Zufallschaos, das die Gedanken im Wachzustand auszeichnet, bewußt ... Der Meditierende ist Zeuge des Ablaufs psychischer Ereignisse ... Die gesamten geistigen Inhalte machen die ›Desensitivierungshierarchie‹ der Meditierenden aus. Die Inhalte dieser Hierarchie entsprechen auf organische Weise den Lebensinteressen des Meditierenden ... Wie bei der Desensitivierung taucht diese ›Hierarchie‹ zusammen mit der tiefen Entspannung tiefer Meditation auf. Anders als in der Therapie jedoch ist die Desensitivierung nicht auf die Punkte beschränkt, die der Therapeut und der Patient als problematisch identifiziert haben, obwohl sie gewiß eingeschlossen sind, sondern erstreckt sich auf alle Aspekte der Erfahrung ... Es ist eine natürliche, umfassende Selbstdesensitivierung [107, S. 5].«

Der TM-Ausübende erfährt in den ersten Minuten, nachdem er die Technik gelernt hat, einen Zustand tiefer Ruhe. Es dauert länger, Jacobsens Technik zu lernen als TM, und einige Patienten haben Schwierigkeiten, auch nur einen minimalen Entspannungszustand zu erreichen. Systematische Desensitivierung erfordert einen Experten in der Verhaltenstherapie, während TM allein ausgeübt wird. Wo die Ausübung der TM anziehend und äußerst angenehm ist, finden Therapeuten und Patienten systematische Desensitivierung oft langweilig und ermüdend. In seinem Forschungsprojekt am Institute of Living berichtet Dr. Glueck, daß Patienten, die progressive Entspannung lernten, sehr wenig Verbesserung zeigten und daß fast 70 % damit wieder aufhörten [100]. Die meisten wollten nach vier Wochen damit aufhören, da sie einen beträchtlich größeren Fortschritt bei ihren Mitpatienten sahen, die meditierten, und wollten mit TM anfangen.

Die Entspannung bei Jacobsens Technik hängt von peripheren Reizen aus der Muskulatur ab, wohingegen TM das Zentralnervensystem direkt anspricht. Bei der systematischen Desensitivierung können Signale von der Muskulatur auf das Gehirn einwirken, so daß Kontrollprozesse ausgelöst werden, aber wenn sie im Gehirn ankommen, sind sie Impulse dritten oder vierten Grades und sind daher sehr schwach. TM geht vom Gehirn aus, wo sie die geistige Aktivität direkt verringert. Die Entspannung beginnt zentral und dehnt sich dann auf die periphere Muskulatur aus. Statt jede Muskelgruppe nacheinander auszuruhen, entspannt sich der ganze Organismus spontan. Die spontane Desensitivierung, die durch TM hervorgerufen wird, könnte die Verringerung von Angst und Sorgen, über die Meditierende so häufig berichten, erklären. Leonce Boudreau beschreibt den Fall eines Patienten, der auf systematische Desensitivierung nicht ansprach, der aber auf eine Behandlung reagierte, bei der TM als Entspannungsübung eingesetzt wurde. Er berichtet folgendes:

> »Herr T., 18 Jahre, College-Student, hatte Angst vor verschlossenen Räumen, Aufzügen, Alleinsein und vor Prüfungen. Er zeigte ein extremes Fluchtverhalten in diesen Situationen, seit er 13 Jahre alt war. Die physiologischen Empfindungen dabei flößten ihm die zusätzliche Angst ein, geisteskrank zu sein.
>
> Zu Beginn der Behandlung versuchten wir systematische Desensitivierung mit Entspannungsübungen als Hemmung ..., (aber) es zeigte sich keine bemerkenswerte Besserung. Zu dem Zeitpunkt ... (begann) der Patient mit Transzendentaler Meditation. Seine Instruktionen waren, TM jeden Tag eine halbe Stunde lang nach vorgestellten Angstsituationen auszuüben und auch dann, wenn tatsächlich angsteinflößende Situationen auftraten. Es folgte eine deutliche Verbesserung. Innerhalb eines Monats hatte das Fluchtverhalten gegenüber geschlossenen Räumen, Alleinsein und Aufzügen völlig aufgehört. Mit der Abnahme seiner Spannungen hatte er auch keine abnormen physischen Empfindungen mehr, und das gab ihm bezüglich seines körperlichen und geistigen Zustandes Sicherheit [32, S. 97].«

Gewöhnlich sollen Meditierende TM nur zweimal am Tag ausüben. In diesem Fall berichtet ein Therapeut, daß ein Patient der Psychiatrie durch sorgfältig überwachte zusätzliche Ausübung der TM, wenn er durch Furcht oder Angst behindert war, Erleichterung gewann. Diese Anwendung der TM als Technik für sofortige Desensitivierung ist noch nicht genügend untersucht worden. Wenn solche zusätzlichen Meditationen verschrieben werden sollen, sollten der Therapeut und der Patient eng mit einem speziell ausgebildeten TM-Lehrer zusammenarbeiten.

Der Psychologe Arnold A. Lazarus, einer der Begründer systematischer Desensitivierung, führte Nachuntersuchungen durch, die zeigten, daß 40 % der Patienten, denen seine Methode half, innerhalb von einem bis drei Jahren nach der Behandlung Rückfälle erlitten [168]. Da die therapeutischen Wirkungen dieser Technik so kurzlebig sind, erweiterte Lazarus seinen Ansatz und geht jetzt auf mehr Bereiche ein. Er beschäftigt sich unmittelbar mit Empfindungen, Wahrnehmungen, Emotionen, Kognitionen, dem Verhalten und den Beziehungen zu anderen Menschen [167]. Da die TM Verbesserungen in jedem dieser Bereiche zu fördern scheint, sollte sie zu dem therapeutischen Repertoire eines jeden Verhaltenstherapeuten gehören.

Die Verhaltenstherapie ist als oberflächlich kritisiert worden. Und man könne sie nur auf einen kleinen Bereich von Problemen anwenden. Wenn sie mit TM kombiniert würde, hätte sie wahrscheinlich tiefere und dauerhaftere Ergebnisse. Die Verhaltenstherapie behandelt schnell und wirksam solche Quellen von Streß, die den Menschen zu irgend etwas unfähig machen – so z. B. Angst vor dem Fahren auf der Autobahn, Mangel an Bestimmtheit oder sexuelle Störungen – während TM eine umfassende psychische Integration fördert.

Andere neue Therapien zielen auch auf den Abbau von Streß ab. Gestalttechniken, bioenergetische Techniken und die Urschreitherapie konzentrieren sich auf das, was im Leben des Patienten am schmerzhaftesten und störendsten ist. Man trainiert seine Bewußtheit, sich auf das »Hier und Jetzt« zu richten und die volle Reichweite seiner Gefühle, seiner Körperbewegungen und seiner Lebensenergie wiederzuentdecken. Diese Techniken versuchen, die emotionalen und physischen Blockaden zu beseitigen, die das gegenwärtige Bewußtsein stören. Die Leute brechen in Gelächter, in Schreie und Tränen aus, wenn sie vergangene schmerzhafte Ereignisse mit all der physischen und emotionalen Intensität der ursprünglichen Erfahrung noch einmal durchleben. Freud nennt diesen Vorgang Katharsis. Diese jüngeren Therapien zielen direkt auf den Abbau von Spannungen und können vorübergehende Erleichterung bringen. Leider geben sie nicht die tiefe regenerierende Ruhe, durch die TM das Nervensystem spontan normalisiert und stabilisiert. Es fehlt ihnen auch die wissenschaftliche Bestätigung, die TM erhalten hat.

Reintegration durch TM

Die Kombination von TM und anderen Therapien läßt Großes hoffen. Obwohl TM einige analytisch orientierte Techniken als überflüssig erweisen mag, kann sie die therapeutischen Ansätze der humanistischen Schulen bedeutend bereichern. Wir wollen nun einige theoretische Gesichtspunkte im Zusammenhang mit der TM als therapeutischer Technik betrachten.

Maharishi hat erklärt, daß geistige Gesundheit auf der Integration von Körper und Geist beruht [188]. Eine geistige Erkrankung ist nur eine Widerspiegelung des Zusammenbruchs der Geist-Körper-Koordination. Wenn ein Mensch »sich verstreßt«, verliert er den Zugang zu seinen inneren Reserven. Sein Geist wird schwach, was die Stärke und Klarheit seines Denkens beeinträchtigt. Er kann sich innerlich nicht genügend organisieren, um in der Aktivität leistungsfähig zu sein. Er kann seine Wünsche nicht mehr erfüllen, weil er seine Richtung verloren hat. Jeder Mißerfolg verursacht noch mehr Streß. Der Zusammenbruch der Koordination von Geist und Körper ist ein Teufelskreis, der zu immer größerer Frustration, zu Leiden und Verzweiflung führt. Wie kann man aus dem Teufelskreis von Mißerfolg und zunehmendem Streß herauskommen?

Die Techniken der modernen Psychotherapie kümmern sich um den Geist oder um den Körper (oder um beide), um das Denken zu klären und die Fähigkeit, Wünsche zu erfüllen, zu stärken. Analytisch ausgerichtete Therapien versuchen das Denken zu klären, indem die den Geist von Konflikten und Verdrängungen befreien. Somatisch ausgerichtete Techniken versuchen, den Körper von Streß zu befreien, um die Energie und die Integration von Körper und Geist zu steigern. Das geistig-körperliche System ist jedoch so kompliziert, daß es sehr fraglich ist, ob irgendeine Technik, die darauf abzielt, Veränderungen in nur einem Aspekt des Systems zustandezubringen, sich als wirksam erweisen kann, eine ganzheitliche Integration zu bringen.

TM stellt einen integrierten Ansatz zur Koordination von Geist und Körper dar und unterstützt die Selbstheilungsvorgänge im

Körper durch tiefe Ruhe. Körper und Geist werden energiereicher und werden von Streß befreit. Durch die Erfahrung reiner Bewußtheit bekommt der einzelne zusätzlich Zugang zur integrierenden Natur seines inneren Selbst. TM gibt einem leidenden Menschen das fehlende Element, genauso wie das Anschalten des Lichts einen dunklen Raum verwandelt. Die Analyse der Dunkelheit in einem dunklen Raum ist nicht sehr sinnvoll; ebenso gewinnt man nur wenig durch die Analyse der vergangenen Erfahrungen eines Menschen, der dabei ist, in allen Aspekten des Lebens zu wachsen – man könnte den Fortschritt sogar behindern. Wenn man erst einmal Zugang zu seinen inneren Reserven hat, sieht man Möglichkeiten des Wachstums, wo zuvor nur spannungsgeladene Hindernisse waren. Wenn diese Umformung beginnt, braucht ein psychiatrischer Patient nur Unterstützung und Ermutigung, sich in Handlungen auszudrücken. Wenn seine Handlung zum Erfolg führt und damit zur Erfüllung eines vielleicht auch nur kleinen Wunsches, beginnt er den Zirkel zunehmenden Stresses zu durchbrechen. Erfüllung beginnt dann in seinem Leben stärker zu werden.

Maharishi erklärt ebenfalls, daß TM psychisch selbstregulierend ist. Der Grad der Normalisierung entspricht ungefähr dem Grad der Ruhe. Streß löst sich proportional der inneren Stabilität auf, die man erfährt. Das Wachstum durch die TM geschieht natürlich mit seiner eigenen Geschwindigkeit und steigert die individuelle Entwicklung zu einem Maximum, während sie das Unbehagen verringert. Indem die innere Erfahrung der TM mit der äußeren Erfahrung zunehmender Wunscherfüllung durch Aktivität abgewechselt wird, beginnt sich ein Wachstumsrhythmus einzurichten. Unsere Erfahrung läßt vermuten, daß dieser Rhythmus automatisch dazu führt, daß der Patient mehr Verantwortung für sich selbst übernehmen will. Dazu braucht der Patient nur die Anregung, regelmäßig zu meditieren und dynamisch aktiv zu sein. Wenn ein Patient erst einmal in seinem Wachstumsrhythmus gefestigt ist, nimmt sein Bedürfnis nach psychiatrischer Behandlung deutlich ab. Das vielleicht größte Versprechen der TM ist die Möglichkeit, daß die einzelnen selbst weiterwachsen und dabei nur geringfügige professionelle Unterstützung brauchen.

TM für Therapeuten

Wir empfehlen den Psychotherapeuten, die sich dafür interessieren, ihre Patienten TM lernen zu lassen, erst einmal die Technik selbst zu lernen, um mit ihren Prinzipien vertraut zu werden. Da sie wissenschaftliche Berichte über den Wert der TM gelesen haben und positive Veränderungen bei ihren Kollegen und Patienten festgestellt haben, haben viele Psychiater und Psychologen selbst mit der TM begonnen. Sie berichten über mehr Leistungsfähigkeit und Zufriedenheit bei ihrer Arbeit. Ein Psychiater, der erst seit einem Jahr TM ausübt, informierte uns:

> »Ich war ein ziemlich glücklicher Mensch, aber leider absorbierte ich viele Probleme meiner Patienten auf. Die tägliche Arbeit erschöpfte mich. Manchmal nahm ich den Streß aus der Praxis mit nach Hause und fing an, mit meiner Frau und den Kindern zu streiten. Ich machte mir viele Sorgen über meine Klienten und hatte Schwierigkeiten, mich davon zu lösen. Wenn ich jetzt nach einem Arbeitstag meditiere, halte ich eine Art von psychischem Hausputz. Automatisch verarbeite ich das Material aus meinen therapeutischen Sitzungen auf sehr entspannte Weise und reagiere heute als Therapeut wesentlich besser auf meine Patienten. Aufmerksam zuzuhören fällt mir leichter und ist weniger anstrengend.«

Der Psychologe Terry Lesh zeigte, daß meditierende Therapeuten ihr Einfühlungsvermögen für die Patienten steigern [172]. Der folgende Bericht eines Psychologen zeigt die Veränderung im Berufs- und Privatleben, die ein Therapeut erwarten kann, wenn er mit TM beginnt:

> »Ich beschloß, TM zu erlernen, als ich bei einem Patienten, der bei mir in Behandlung war, bemerkenswerte Veränderungen feststellte. Die Ergebnisse haben meine Erwartungen weit übertroffen. Während meiner Ausbildungsjahre war ich extrem starr geworden. Ich analysierte ständig, was die ›realen‹ Motive des Menschen waren. Ich hatte Angst, ein unfähiger Therapeut zu sein; wahrscheinlich war ich auch nicht sehr gut. Seitdem ich TM in den letzten zwei Jahren ausgeübt habe, bin ich sehr viel spontaner geworden und habe mehr Zugang zu meinen Gefühlen. Alle meine Beziehungen zu anderen Menschen sind besser

geworden. Meine Frau hat gemerkt, daß ich keine Wutanfälle mehr bekomme, und unser Sexualleben ist besser geworden. Ich fühle mich meinen Patienten gegenüber echter und menschlicher, aber zur gleichen Zeit respektierte ich meine Arbeit als Therapeut mehr. In der Praxis und zu Hause lache und schmunzle ich sehr viel häufiger.«

Die Anwendung der TM auf die Probleme der geistigen Gesundheit unseres Landes ist durch den Mangel an TM-Lehrern verzögert worden, die für Rehabilitationsprogramme speziell geschult worden sind. Wenn jemand mit einer Vorgeschichte psychischer Erkrankung TM als therapeutische Technik lernt, muß er von einem speziell ausgebildeten TM-Lehrer sorgfältig überwacht werden. Da aber immer mehr Personen aus psychiatrischen Berufen TM-Lehrer werden, und da Programme angelaufen sind, TM-Lehrer als medizinisches Hilfspersonal auszubilden, wird diese Situation jetzt verbessert. Das Institute for Social Rehabilitation an der Maharishi International University hat damit begonnen, erfahrene TM-Lehrer für die Arbeit in allen Arten von Rehabilitations-Institutionen auszubilden: für Krankenhäuser, psychiatrische Anstalten, Gemeindezentren für geistige Gesundheitspflege, Pflegeheime und Gefängnisse.

7
Eine Psychologie der kreativen Intelligenz

TM entstammt nicht der westlichen Wissenschaft oder Kultur, sondern der vedischen Tradition Indiens. Obwohl die wissenschaftlichen Nachweise, die wir in diesem Buch vorstellen, den Anschein geben, TM sei nur eine Technik, um Gesundheit zu verbessern und Streß zu beseitigen, hat die Tradition der TM sie jahrhundertelang als ein Mittel benutzt und weitergegeben, Erfüllung zu erlangen. Obwohl Maharishi alte Texte übersetzt hat, welche eine Einsicht in den allumfassenden Zweck der TM vermitteln [187, 189], ist es dennoch notwendig für uns westliche Menschen, die Theorie der TM in die westliche Vorstellungswelt über die menschlichen Fähigkeiten zu integrieren.

Wir haben schon erklärt, daß es in jedem Menschen ein unbegrenztes Energie- und Intelligenzreservoir gibt, das Maharishi mit der Quelle aller kreativen Intelligenz bezeichnet hat. Transzendentale Meditation »zapft« systematisch dieses ungeheure Reservoir »an«, normalisiert dabei das Nervensystem und entfaltet das volle Potential menschlichen Lebens.

Die Verantwortung für unsere letzten Werte und Ziele ist allmählich von der Theologie in die Hände der Naturwissenschaft übergegangen. In letzter Zeit hat die Psychologie begonnen, das Grundmuster der menschlichen Natur freizulegen. Heute sind die Psychologen für die Beantwortung solch grundlegender Fragen wie der nach der Bedeutung und dem Sinn des Lebens und nach den Grundlagen menschlicher Werte zuständig. Die Entwicklung der derzeitigen psychologischen Selbstverwirklichungstheorien bietet ein Absprungbrett für die Psychologie der kreativen Intelligenz. Diese Theorie gibt das Gerüst für das Verständnis des Einflusses, den TM nicht nur auf die Wiederherstellung menschlicher Gesundheit, sondern auch auf die Entfaltung der höchsten menschlichen Möglichkeiten hat.

Jenseits des Kampfes um die psychische Existenz

Die moderne Psychotherapie verdankt ihre Geburt der Pionierarbeit von Sigmund Freud. Als Freud begann, die grundlegenden Strukturen des Bewußtseins in ein wissenschaftliches System zu bringen, wurde die Psychologie von der Philosophie unabhängig. Freud stellte in seiner Arbeit zu Beginn des zwanzigsten Jahrhunderts nicht nur eine dynamische Theorie des Geistes auf, sondern lieferte auch ein Verfahren, psychische Krankheiten zu heilen. Freud demonstrierte den Wert seiner Theorien an dem Ergebnis seiner therapeutischen Bemühungen. Obwohl als erster wissenschaftlicher Versuch, den psychisch Kranken zu helfen, ermutigend, brachte Freuds Methode, die Psychoanalyse, nur oberflächlichen Erfolg [27, 68]. Diese begrenzte Wirksamkeit von Freuds Therapie scheint an der grundlegenden Unzulänglichkeit seiner Theorie zu liegen.

Freud suchte die Hartnäckigkeit menschlichen Leidens angesichts der wachsenden Erfolge unserer Zivilisation zu erklären. Deshalb legte er das Axiom zugrunde, daß die Psyche essentiell auf einem Konflikt beruhe. An der Basis des Bewußtseins sah er einen andauernden Kampf zwischen den Trieben nach Befriedigung durch Verringerung der Spannung – dem Lustprinzip – und der Forderung nach Überleben in der Umwelt, dem Realitätsprinzip. Er bestand darauf, daß die essentielle Unmöglichkeit, diese zwei Prinzipien, die das menschliche Leben regieren, zu vereinbaren, dem Menschen nicht nur die Erfüllung versagt, sondern ihn auch zum Leiden verdammt. Obwohl Freud erkannte, daß Befriedigung eine zeitweilige Ruhepause in unserem Kampf mit der Umwelt ermöglicht, bestand er darauf, daß aus jeder Befriedigung eines Wunsches ein neuer Wunsch entstehen müsse, der den Konflikt mit der Umwelt wiederherstelle. Von daher gesehen kann ein Mensch – nach Freud – nur hoffen, in seinem Leben eine maximale Befriedigung seiner Trieb-Wünsche mit einem Minimum an Behinderung durch die Umwelt zu erreichen. An der Grundlage psychischen Lebens postulierte Freud eine unversiegbare Quelle von instinktiven Wünschen. Er nannte diese einen »Kessel voll brodelnder Erregungen«, die nur im Sinne des Lustprinzips, des »Es«, handeln [83, S. 74]. Dem Es entgegengesetzt, das Realitätsprinzip repräsentierend, definierte Freud einen geistigen Mechanismus, der zusammenhängendes Wissen über das Selbst und die Welt aufrechterhält. Freud nannte diesen Mechanismus Ego oder Ich. Bewußtsein, argumentierte Freud, sei ein Werkzeug des Ich, den Konflikt zwischen Instinkt und Umgebung zu lösen. Nach Freud jedoch sind die Forderungen des Es und die der Umwelt so entgegengesetzt, daß das Ich niemals bleibende Erfüllung erreichen kann.

Des weiteren sah Freud ein Hindernis für die Erfüllung des Menschen in seiner Beziehung zur Gesellschaft. Wenn das Ich nur die Forderungen des Es und der Umwelt erfüllen müßte, könnte Erfüllung noch möglich sein, aber das Ich muß zusätzlich noch die Forderungen der Gesellschaft respektieren. Diese Forderungen, die in der Psyche durch das, was Freud mit Über-Ich bezeichnet, operieren, verhindern die Möglichkeit der Befriedigung instinktiver Wünsche, so daß das Ich oft die instinktiven Forderungen durch Verdrängung verleugnen muß. Verdrängung ist ein Vorgang der Selbst-Hemmung im Interesse der Gesellschaft und auf Kosten der Befriedigung des Individuums. Bezüglich dieses fundamentalen Konflikts in der menschlichen Natur schrieb Freud:

»Es ist einfach das Programm des Lustprinzips, das den Lebenszweck setzt ... an seiner Zweckdienlichkeit kann kein Zweifel sein, und doch ist sein Programm im Hader mit der ganzen Welt ... Es ist überhaupt nicht durchführbar, alle Einrichtungen des Alls widerstreben ihm. Man möchte sagen: Die Absicht, daß ein Mensch ›glücklich‹ sei, ist im Plan der ›Schöpfung‹ nicht enthalten [82, S. 23].«

Freud implizierte, daß das Leben selbst eine Neurose sei, ohne möglichen Weg für den Menschen, seine grundlegenden Triebe mit den Forderungen der Gesellschaft und der Umwelt zu versöhnen. Krieg, Schmerz, Konfusion und Frustration sind alles Teile der Kosten der Zivilisation. Freud fand keinen Hinweis auf irgendeinen positiven Kern in der menschlichen Psyche, der Anlaß zu einem Optimismus über die menschliche Zukunft gebe.

Nichtsdestoweniger gibt es einige Hinweise darauf, daß Freud zum Teil mit dem Konzept reinen Bewußtseins vertraut war, das er als »ozeanisches Gefühl« beschrieb:

»Wenn wir annehmen können, daß dieses primäre Ichgefühl

sich im Seelenleben vieler Menschen ... erhalten hat ..., die zu ihm passenden Vorstellungsinhalte wären gerade die der Unbegrenztheit und der Verbundenheit mit dem All, dieselben, mit denen mein Freund das ozeanische Gefühl erläutert [82, S. 12].«

Dennoch stand er dem ozeanischen Gefühl der unbegrenzten Einheit nicht positiv gegenüber. Er bezeichnete solche Erfahrungen als regressiv. Regression ist ein Reflex, der zu einer früheren Entwicklungsstufe umkehren läßt, als Reaktion überwältigender Angst. Zum Beispiel lutscht ein älteres Kind in einer unsicheren Situation an seinem Daumen. Oder ein Erwachsener wünscht sich eine kraftvolle Vaterfigur, die ihn schützt und pflegt. Freud glaubte, daß das ozeanische Gefühl eine Regression in einen infantilen Zustand ist, wo das Ich noch nicht vom Rest der Welt getrennt ist und wo das Lustprinzip dominiert. Freud dachte, daß das reife Ich nur einen geschrumpften Rest seiner ursprünglichen Einheit mit der Welt bewahren könne, und daß es so auch sein müsse. Freud war total pessimistisch gegenüber der Fähigkeit des Menschen, jemals in einem dauernden Zustand ozeanischer Glückseligkeit leben zu können. Er schloß seine Diskussion dieser Erfahrung mit einer scharfen Note Skepsis ab:

»Es hat offenbar keinen Sinn, diese Phantasie weiter auszuspinnen, sie führt zu Unvorstellbarem, ja zu absolut Absurdem [82, S. 12].«

Spätere Interpreten der Regression, besonders Ernst Kris, haben vermerkt, daß eine höchst wertvolle Form der Regression für Künstler und Genies charakteristisch sei. Solche Menschen zeigten eine Fähigkeit, sich in ihre tiefsten unbewußten Erfahrungen versenken zu können, während sie die höchst verfeinerten Fähigkeiten der Wahrnehmung und der Kommunikation einer reifen Person beibehalten. Kris beschrieb diese reife nützliche Form der Regression als »Regression im Dienste des Ich«. Der Psychoanalytiker Shafii hat vorgeschlagen, die Erfahrung reiner Bewußtheit während der Meditation als diese kontrollierte, nützliche Regression in einen früheren Zustand der Einheit zu verstehen [255, S. 98]. TM-Ausübende, die eine klare Erfahrung reiner Bewußtheit hatten, dürften allerdings in Frage stellen, daß Transzendieren regressiv sei. Nichtsdestoweniger zeigt Shafiis Interpretation, wie die jüngsten Entwicklungen der psychoanalytischen Theorie zu einer Überprüfung von Freuds ursprünglichen Ideen hin tendieren, die die Unmöglichkeit der Erfüllung implizierten. Freud sah nur deshalb wenig Hoffnung für eine Lösung des fundamentalen Konflikts im Individuum, weil er die Möglichkeiten des tiefen psychischen Reservoirs nicht erkannte, das in dem ozeanischen Gefühl durchschimmert. Indem er reine Bewußtheit übersah, ließ er diesen Weg außer acht, des Menschen tiefste psychische Konflikte zu lösen und dadurch die Möglichkeit der Erfüllung zu entfalten.

Selbstintegration in der Psychoanalyse

Alle Theorien psychischer Integration basieren auf der Vorstellung eines Zentrums in der Psyche, das dahin tendiert, sich in einem Zustand vollkommener menschlicher Erfüllung auszudrükken. Als strenger Mechanist scheute sich Freud vor solchen teleologischen Vorstellungen. Aber viele Nachfolger Freuds fühlten, daß Theorien über die Psyche ohne ein Konzept evolutionärer Entwicklung nicht vereinbar sind mit den Zeugnissen, die in Jahrhunderten menschlicher geistiger Entwicklung gesammelt worden sind. Freud, wie Marx und Darwin vor ihm, versuchten geistige Fragen als Rationalisierungen herunterzuspielen, die wissenschaftlichen Fortschritt verdunkeln würden. Freuds Nachfolger andererseits versuchten Konzepte psychischer Zielgerichtetheit und Entwicklung mit Freuds strengen Beobachtungen und Analysen zu verbinden.

Alfred Adler, ursprünglich einer der begeistertsten Schüler Freuds, wies dessen Unterordnung aller geistigen Prozesse unter die Ebene instinktiver Konflikte zurück. Solch eine Vorstellung, argumentierte Adler, erkennt nicht »die geheimnisvolle schöpferische Kraft des Lebens, die sich ausdrückt in dem Wunsch nach Entwicklung«. Innerhalb der Psyche »ist das Selbst, das wächst und zum Leben drängt und das wir später als die kreative Kraft erkennen werden« [3, S. 92]. Trotzdem behielt Adler Freuds Konflikttheorie bei. Nach dieser Theorie entsteht Leiden aus einer unversöhnlichen Opposition zwischen dem Drang nach Vollkommenheit und der grundlegenden Unterlegenheit des Menschen der Welt gegenüber. Dieser Dualismus kann als eine andere Form der Freudschen Theorie des instinktiven Konflikts angesehen werden. Nichtsdestoweniger ging Adler über Freud hinaus, indem er darauf bestand, daß es notwendig sei, die inneren kreativen Impulse zu erschließen, um sich in Richtung Erfüllung zu bewegen.

Carl Jung, Freuds anderer berühmter Schüler, der mit dem Meister brach, weitete die psychoanalytische Theorie zu einer umfassenden Vision der menschlichen Anlagen aus. Er nahm die Möglichkeit, Neurosen zu überwinden, ernst und entwarf die Möglichkeit eines Wachstums zu einem Leben tiefgehender Erfüllung. Anstatt das Unterbewußtsein als einen »Kessel voll brodelnder Erregungen« zu interpretieren, identifizierte Jung viele Schichten des Unbewußten, die tiefer liegen als die von Freud postulierten. Im Unterbewußtsein sah Jung nicht nur den Wunsch nach Befriedigung, sondern auch die Möglichkeit der Selbstverwirklichung. In den tiefsten unbewußten Schichten fand Jung eine universelle Intelligenz mit großer kreativer Energie: »Das Unbewußte enthält das ganze geistige Erbe der menschlichen Evolution, neu geboren in der Gehirnstruktur eines jeden Individuums ... Das Unbewußte ... ist die Quelle der instinktiven Kräfte und der Formen, die sie regulieren [137, S. 158].«

Jung lokalisiert zwar das Leiden im Konflikt, aber ungleich Freud und Adler entdeckte er Einheit statt Dualität an der Wurzel der Psyche. Er behauptete deshalb, daß der Mensch sich über das Leiden zu einer Ganzheit hin erheben könne, indem er zur Würdigung seiner inneren Natur hingelangte: das Selbst im Zentrum des Bewußtseins. Er schrieb: »Die Anfänge unseres ganzen seelischen Lebens scheinen unentwirrbar aus diesem Punkte zu entspringen, und alle höchsten und letzten Ziele scheinen auf ihn hinzulaufen [140, S. 238].« Dieser Ausblick auf Ursprung und Ziel menschlichen Lebens bedeutete eine radikale Abwendung von Freud. Jung behauptete, daß das grundlegende motivierende Prinzip der Psyche nicht Konflikt ist, sondern ein Drängen in Richtung Erfüllung. Er definierte Erfüllung als die Verwirklichung eines ursprünglichen Reservoirs kreativer Energien, eine zugrundeliegende Ganzheit, die der Verschiedenheit der bewußten Erfahrung unterliegt. Zunächst von den meisten Psychiatern zurückgewiesen, hat diese Definition der menschlichen Möglichkeit, Erfüllung zu erlangen, eine wachsende Unterstützung erfahren, seit Jung sie zum ersten Mal vorgeschlagen hat.

Selbst-Integration und Gestalttherapie

Freuds psychoanalytische Theorien konzentrieren sich auf die Psyche. Wenn überhaupt die Umwelt erwähnt wird, erscheint sie nur als Hindernis für die Erfüllung. Neuere Theoretiker haben die Beziehung des Menschen zur Umwelt als Ausgangspunkt genommen. Der menschliche Organismus braucht die physikalische Umwelt für Luft, Nahrung, Wasser und Unterkunft und braucht die gesellschaftliche Umgebung für Gefühlsaustausch und Zusammenarbeit bei Projekten. Gestaltpsychologen haben den Menschen als ein Ganzes betrachtet, insofern er in die Umwelt eingebettet ist. Diese Analytiker haben gezeigt, daß wir nicht so sehr eine Lunge oder Luft zum Atmen »haben«, sondern daß wir eher ein System sind, das Lunge und Luft mit einschließt. Aufgrund dieser Außen-Innen-Abhängigkeit argumentieren sie, daß jedes organische System eine Ganzheit ist, die mehr ist als die Summe seiner Teile.

Der erste Theoretiker, der die Notwendigkeit für eine psychophysikalisch-soziale Theorie des Organismus sah, war Kurt Goldstein [105]. Er argumentierte, daß Bewußtsein aus der Relation zwischen Organismus und Umwelt entsteht. Bewußtsein, so meinte er, strukturiert Gestalten des Interesses vor dem Hintergrund von Organismus und Umgebung. Ein Objekt interessiert einen Organismus, wenn es Bezug zu den Bedürfnissen des Organismus hat. Goldstein nannte diesen Vorgang Gestaltbildung. Dieses Konzept hat eine Definition von Bewußtsein geliefert, die gleichermaßen für die Beschreibung einer Amöbe paßt, die Nahrung sucht, wie für die Beschreibung eines kreativen Künstlers, der sein inneres Leben ausdrückt. Gestaltbildung folgt einem Muster, das fortschreitend aufkommende Vorlieben des Organismus ausdrückt. Durch diesen Vorgang etabliert der Organismus sein Selbst.

Fritz Perls, ebenfalls ein Psychoanalytiker, erweiterte dieses Konzept in ein psychotherapeutisches System, das darauf abzielt, die Unmittelbarkeit des Organismus-Umwelt-Kontaktes zu vergrößern [231]. Er definierte Reifung als einen Prozeß, der sich von einem Zustand völliger Abhängigkeit von der Umwelt zu einem Zustand der Selbstgenügsamkeit bewegt, der unabhängig von den unmittelbaren Fluktuationen der Umwelt ist. Neurosen können von daher verstanden werden als eine Wachstumsstörung, die aus der Notwendigkeit erwächst, die Umwelt zu manipulieren, um sich darin zu Hause zu fühlen. Solche Manipulationen begrenzen künstlich die Wahrnehmung. Perls glaubte, daß eine Person für sich selber sorgen, ihren Bedarf selber decken und ihr Potential aktualisieren könne, ohne diktatorische Kontrolle über die Dinge und Menschen um ihn herum auszuüben. Um diese Möglichkeit zu erläutern, postuliert Perls das Selbst als ein Zentrum dynamischer Ruhe, die Quelle kreativen Ausdrucks, den Grund des Bewußtseins und die Basis der Gesundheit. Der Zweck von Perls Gestalttherapie ist es, dem Individuum zu helfen, wieder mit seinem Selbst Kontakt zu bekommen. Perls argumentiert, daß Identifikation mit diesem Zentrum automatisch das Bewußtsein schärft und die Aktualisierung des inneren Potentials begünstigt.

Perls beschreibt den Vorgang des Wachstums bis zur vollen Würdigung des Bewußtseins als »Zentrieren«:

> »Wenn du in dir selbst zentriert bist, dann paßt du dich nicht mehr an ... dann assimilierst du alles, dann verstehst du, dann hast du Bezug zu allem, was geschieht ... Ohne ein Zentrum gibt es keinen Ort, von dem aus man arbeiten könnte ...
> Ein Zentrum zu gewinnen, in sich selbst gegründet zu sein, ist ungefähr der höchste Zustand, den ein menschliches Wesen erreichen kann [230, S. 30, 37].«

Ein zentrierter Mensch kann sich voll am Leben freuen. Er ist befreit davon, sich ständig anpassen oder modifizieren zu müssen, um den Anforderungen seiner Aktivität zu begegnen. Statt dessen erfährt er eine innere Grundlage, von der aus er voll aufnehmen, verstehen und mit der Welt arbeiten kann. Diese Ebene innerer Stabilität gibt eine Grundlage für dauerhaft erfolgreiche Handlung und wachsende Erfüllung.

Perls fügt eine weitere Einsicht in den Vorgang des Zentrierens hinzu, indem er die Beziehung zwischen Zentrieren und Physiologie aufzeigt.

> »Wenn wir in unserem Metabolismus gestört sind ..., haben wir kein Zentrum, von dem aus wir leben könnten; wir müssen et-

was tun, um wieder die Quelle zu fassen, die Grundlage unseres Seins. Der Vorgang des Zentrierens erfordert physiologische Integration [230, S. 64].«

Selbstverwirklichung, Gipfelerfahrungen und Transzendenz

Die positivste Einschätzung des menschlichen Potentials seitens Psychologie ist in den Werken Abraham Maslows zu finden. Maslows »Psychologie des Seins« bietet den besten theoretischen Absprung zu der Formulierung der Psychologie der kreativen Intelligenz. Maslows Theorie entwickelte sich aus der Kritik, daß Freuds Formulierung des Lustprinzips als Spannungsreduktion inadäquat ist, um menschliche Motivation zu erklären. Das Lustprinzip erklärt nicht das spontane Wachstum von Kindern und die Aktivität kreativer Menschen. Während Freuds Theorie annahm, daß Befriedigung zur Ruhe führe und zu einer verringerten Motivation, haben jüngere Untersuchungen, die von Maslow zitiert werden, gezeigt, daß in gesunden, richtig funktionierenden Menschen »... Befriedigung erhöhte Motivation erzeugt: Der Appetit nach Wachstum ist in sich selbst ein lohnender und aufregender Vorgang« [199, S. 30].

Aufgrund dieser Beobachtung erklärte Maslow:

»Immer mehr Psychologen sehen sich gezwungen, eine Tendenz zum Wachstum oder zur Selbstvervollkommnung zu postulieren, die die Begriffe des Gleichgewichts, der Homöostase, der Spannungsreduktion und andere erhaltende Motivationen ergänzen [196, S. 23].«

Die Theorie der Spannungs-Reduktion bietet eine Erklärung, warum Wunsch auf Wunsch folgen sollte, aber die Selbstverwirklichungstheorie definiert ihr organisierendes Prinzip als »die Tendenz, daß neue und höhere Bedürfnisse auftauchen, wenn die niedrigeren Wünsche sich erfüllen, indem sie hinreichend befriedigt werden« [199, S. 155]. Maslow meinte, daß das Bedürfnis nach Schönheit, Wahrheit und Liebe genauso biologisch im Menschen strukturiert ist wie die Überlebensbedürfnisse nach Nahrung, Obdach und Kleidung. Er bestand darauf, daß viele der höheren Bedürfnisse notwendigerweise erst dann hervorkommen, wenn grundlegende Überlebensbedürfnisse befriedigt sind.

Dieses Prinzip der fortschreitend auftauchenden Bedürfnisse formt die Grundlage für Maslows Theorie der Selbstverwirklichung. Er beschreibt dieses Ziel der Selbstverwirklichung als den vollsten Ausdruck des Seins:

> »Der Mensch zeigt in seiner eigenen Natur einen Drang nach vollerem und vollerem Sein, nach mehr und mehr vollkommener Verwirklichung seines Menschseins, in genau derselben naturwissenschaftlichen Weise, wie eine Eichel sozusagen zu einer Eiche drängt [199, S. 160].«

Maslow erklärte, daß der Prozeß des Wachstums der Prozeß sei, eine Person zu werden, aber daß eine Person zu sein etwas anderes sei. Werden impliziert Streben, während Sein Erfüllung beschreibt.

Der perfekte Ausdruck des Seins ist einfach ein Zustand, der frei von Streben ist. Maslow glaubt, daß die Natur des Seins in der von ihm so genannten »Gipfelerfahrung« direkt wahrgenommen werden kann. Im allgemeinen entsteht diese »Gipfelerfahrung« spontan. Sie ist

> »... eine Episode oder ein plötzlicher ›Spurt‹, in denen die Kräfte einer Person zusammenkommen in einer besonders wirksamen und intensiv freudevollen Weise, und in der der Mensch integrierter ist und weniger zerrissen, offener für Erfahrungen, eigenwilliger, vollkommener, sich ausdrückend und spontaner, voller funktionierend, kreativer, humorvoller, mehr das Ich transzendierend, unabhängiger von niedrigeren Bedürfnissen usw. Er wird in diesen Episoden mehr er selbst, kann seine Fähigkeiten vollkommener verwirklichen und ist näher dem Kern seines Seins [199, S. 89].«

Maslow untersuchte die Gipfelerfahrung in allen Einzelheiten. Er bat Künstler, Studenten, Ingenieure, Sozialwissenschaftler, Schauspieler, Politiker und Arbeiter, über Erfahrungen zu sprechen, die am besten ihr tiefstes Selbst ausgedrückt hatten. Die Gipfelerfahrungen, die sie beschrieben, zeigten bemerkenswerte Ähnlichkeiten, z. B. das Erlebnis eines ruhigen inneren Zentrums und das Gefühl einer Erfüllung, die keiner Rechtfertigung von außen bedarf. Als Kernstück der Gipfelerfahrung beschreibt Maslow etwas, was wir mit reiner Bewußtheit bezeichnet hatten.

Maslow behauptet, daß diese Erfahrung das grundlegende, definierende Charakteristikum einer ganz gesunden und voll verwirklichten Person ist. Menschen, die regelmäßige Gipfelerfahrungen hatten, lassen all die höchsten Ideale der Menschheit sichtbar werden: Kreativität, Wahrheitsliebe, Feingefühl, Selbstgenügsamkeit und Wertschätzung des inneren Wertes anderer. Gipfelerfahrungen scheinen auch therapeutische Wirkungen zu haben, indem diejenigen, die diese Erlebnisse hatten, voller funktionsfähig werden, weniger Angst haben und mehr mit ihren Gefühlen in Verbindung stehen. Diese Veränderungen sind dauerhaft.

Wenn wir Maslows Beschreibung der Gipfelerfahrungen mit den medizinischen Berichten über das persönliche Wachstum durch TM vergleichen, dann fällt uns ihre Ähnlichkeit ins Auge. Wir könnten die Hypothese aufstellen, daß TM die Häufigkeit der Gipfelerfahrungen und die Empfänglichkeit der Menschen dafür außerordentlich steigert. Die Untersuchungen, die die Wirkungen der TM beschreiben, zeigen wiederholt das Wachstum derjenigen Eigenschaften, die von Maslow als Anzeichen der Selbstverwirklichung beschrieben werden.

Maslow nannte die Wahrnehmung, die während solcher Gipfelerfahrungen vorkommt, »Seins-Wahrnehmung«. Während solcher Momente ist die Wahrnehmung am nächsten an reiner, unbegrenzter, bedürfnisloser Sicht eines Objektes oder des Selbst. Ist die Erfahrung des Transzendierens während der TM eine Gipfelerfahrung?

In seinen späteren Arbeiten differenziert Maslow zwischen zwei Arten der Seins-Wahrnehmung. Die häufigste Gipfelerfahrung ist ein dramatischer, aufregender, orgasmischer Moment undifferenzierter Einheit, eine intensive Form dessen, was Shelly, dessen Arbeit wir im 3. und 5. Kapitel beschrieben haben, als aufregende Freude bezeichnet hat. Als Gegensatz zu dieser Erfahrung sieht Maslow das »Plateau-Erlebnis«, das durch heitere und kontemplative Seins-Wahrnehmung charakterisiert ist, ähnlich dem, was Shelly ruhige Freude nennt.

Das Plateau-Erlebnis wird so genannt, weil es eine lange Zeitspanne anhält:

»... die heiter-ruhige und nicht so sehr heftig-emotionale, gipfelartige und automatische Reaktion auf das Wunderbare, Ehrfurcht-Erregende, Heilige, Einende, die Seins-Werte ... Sie ist viel willkürlicher als Gipfelerfahrungen. Man kann lernen, bewußt in dieser vereinheitlichenden Weise zu sehen. Dann entsteht ein Gefühl des Zeuge-Seins, des Verständnisses, eine heitere, einsichtige Glückseligkeit, die jedoch die Qualität des Zwanglosen und Lässigen hat. Das weniger intensive Plateau-Erlebnis wird häufig als reines Genießen oder Glück erfahren, vielleicht so, wie eine Mutter, die ruhig dasitzt und nach ihrem spielenden Baby schaut, sich Gedanken macht, staunt, philosophiert und es nicht ganz glaubt ... [195, S. 88].«

Dieser Kontrast zwischen Gipfel- und Plateau-Erfahrungen kann uns als Grundlage dienen, TM von Gipfelerfahrungen unterscheiden zu können.

Das Transzendieren in der TM wird wahrgenommen, wenn die Aufmerksamkeit in reiner Bewußtheit zur Ruhe kommt, einem Zustand innerer Wachheit, ohne ein Wahrnehmungsobjekt. Der Erfahrende erfährt seine innerste Identität als unbegrenzte Bewußtheit; das ist Bewußtheit, die nicht durch einen Gedanken oder durch ein Gefühl begrenzt ist. Diese Erfahrung ist charakterisiert durch tiefe physische und geistige Entspannung. Transzendieren unterscheidet sich also stark von der Gipfelerfahrung, die Maslow als überwiegend oder sogar »rein und ausschließlich emotional« beschreibt [195, S. 88]. Wie Maslow anmerkte, stellen Gipfelerfahrungen wohl in der Tat keine Wahrnehmungen des Seins dar, sondern mehr ein gesteigertes oder erhöhtes Erfassen des In-der-Welt-Seins, ein Erfassen der Integration und des Zusammenhanges von Organismus und Umwelt.

Verglichen mit dem Transzendieren in der TM, kann die Gipfelerfahrung so beschrieben werden, daß während der Aktivität, also im Zustand des Wachbewußtseins, die Wahrnehmungen besser und intensiver verarbeitet werden. Transzendieren in der TM ist demgegenüber der Endpunkt des Fortschreitens in Richtung verringerter Stoffwechselaktivität, wobei die innere Wachheit erhalten bleibt.

Die ruhigere Natur der Plateauerfahrung hat einige Ähnlichkeit mit der Erfahrung der TM. Die Unterschiede sind jedoch offensichtlich. Maslow beschrieb die Plateauerfahrung als einen Zustand, der willentlich hervorzurufen ist und ihm speziell in Museen, ländlichen Milieus oder stillen Situationen zugänglich war.

Die Erfahrung betrifft wesentlich die Wahrnehmung und ist reich an Bildern, die jedoch nicht willentlich hervorgebracht sind. Beim reinen Bewußtsein, auf der anderen Seite, spielen weder Einbildung noch Wille eine Rolle. Man kann sagen, daß Plateauerfahrungen, da sie ein Produkt der »Verdichtung von tausend Erfahrungen sind« [163, S. 117], einfach ein Destillat der klaren Wahrnehmung des In-der-Welt-Seins darstellen, wie sie in der Gipfelerfahrung auftritt. Die Vorstellung, daß das integrierte Individuum eine solche ununterbrochene Wahrnehmung des Seins erfahren kann, legt jedoch die Möglichkeit nahe, daß ein richtig entwickeltes Individuum die Erfahrung reinen Bewußtseins aufrechterhalten könnte. Diese Möglichkeit ist für die Psychologie der kreativen Intelligenz zentral.

Es ist wichtig, sich daran zu erinnern, daß die Erfahrung reiner Bewußtheit und ihrer Wirkungen nur während eines speziellen physiologischen Zustandes auftritt. Auch wenn Gipfel- und Plateauerfahrungen von ungeheurem Wert für einige Menschen sein mögen, so liefern sie doch nicht notwendig die neurophysiologische Integration, die aller signifikanten menschlichen Entwicklung zugrunde liegen muß. In der Tat mögen Gipfel- undPlateauerfahrungen überhaupt nicht zu irgendeiner Art von Integration führen, sondern können sich auf kurzlebige Stimmungen beschränken. Maslow bemerkte:

> »Ich wurde teilweise durch folgende Tatsachen darauf aufmerksam: Wenn man den Himmel in einer Gipfelerfahrung erleben kann, warum wird dann nicht jedermann besser und besser? Wir müßten uns dann bald in eine Rasse von Engel verwandeln. Nun, ich bekam offensichtlich auch Berichte von sehr kranken Leuten über Gipfelerfahrungen [163, S. 115].«

Nichtsdestoweniger, ob nun Gipfel- und Plateauerfahrungen zum Wachstum beitragen mögen oder nicht, bleiben sie ein charakteristischer Ausdruck der Selbstverwirklichungstendenzen der menschlichen Natur.

Auf dem Wege zu einer Psychologie der Erfüllung

In der Entwicklung der psychologischen Theorien von Freud bis Maslow haben sich zwei grundlegende Konzepte im Zusammenhang mit der Theorie der Selbstverwirklichung herausgebildet. Erstens: Wünsche treiben die Entwicklung voran; die Bestrebungen des Menschen, die höchsten Ideale zu erreichen, sind in der Befriedigung seiner grundlegenden Bedürfnisse strukturiert. Zweitens: Die Psyche hat eine Grundlage: Das menschliche Bewußtsein ist gegründet auf einem weitgehend unberührten Kraftzentrum, das in jedem Menschen existiert. Diese zwei Ideen zeigen ungeheure Möglichkeiten für menschliches Wachstum auf: Wachstum in Energie, Intelligenz und Befriedigung. Seit Perls und Maslow ihre Arbeiten veröffentlicht haben, sind regelmäßig neue Techniken und Therapien aufgetaucht, die Selbstverwirklichung fördern sollten. Die »human potential«-Bewegung innerhalb der Psychologie sucht immer noch nach einem wirksamen Programm, um die ungenutzten Reserven des Menschen zu entfalten.

TM-Untersuchungen haben beträchtliches Interesse an diesem einfachen geistigen Vorgang zur Entfaltung der vollen menschlichen Möglichkeiten erweckt. Der Einfluß regelmäßiger TM auf die individuelle Gesundheit, geistige Stabilität und Leistung ist so tiefgehend, daß traditionelle Theorien des Bewußtseins einfach nicht ausreichen, um die Daten zu erklären. Die Erklärung der TM-Auswirkungen legen die Ausarbeitung eines neuen psychologischen Konzepts nahe, welches kreative Intelligenz als ein Reservoir an der Basis der Psyche behandelt.

Die Psychologie der kreativen Intelligenz ist speziell mit der Entfaltung des menschlichen Potentials befaßt. Sie kann aus den zwei Hypothesen entwickelt werden, die für die Theorie der Selbstverwirklichung am wichtigsten sind. Trotz dieser gemeinsamen Prinzipien unterscheidet sich die Psychologie der kreativen Intelligenz deutlich von den Selbstverwirklichungstheorien. Um diese primäre Differenz herauszuarbeiten, brauchen wir nur zu untersuchen, wie diese psychologischen Theorien diese beiden Grundprinzipien in Verbindung bringen, nämlich daß Wünsche die Evolution vorantreiben und daß die Psyche eine Grundlage hat. Der Unterschied zwischen den zwei Psychologien liegt nicht in dem Unterschied zwischen ihren grundlegenden zwei Prämissen, sondern darin, wie die zwei Theorien diese grundlegenden Ideen in Verbindung bringen.

Beide Theorien erkennen eine primäre gegenseitige Abhängigkeit zwischen den beiden Ideen an. Maslow liefert einen Schlüssel zu seinem Verständnis ihrer gegenseitigen Abhängigkeit, wenn er schreibt:

> »Wachstum ... findet in kleinen Schritten statt, und jeder Schritt nach vorne ist durch das Gefühl ermöglicht, sicher zu sein ... Wir können als Beispiel das kleine Kind nehmen, das sich von den Knien seiner Mutter fortwagt in eine fremde und seltsame Umgebung. Charakteristischerweise klammert es sich zunächst an seine Mutter, wenn es den Raum mit seinen Augen untersucht. Dann wagt es eine kleine Exkursion, wobei es sich aber immer vergewissert, daß die Sicherheit durch seine Mutter da ist. Diese Exkursionen dehnen sich mehr und mehr aus. Auf diese Weise kann das Kind eine gefährliche und unbekannte Welt erforschen. Wenn plötzlich seine Mutter verschwinden sollte, würde es in Angst geworfen, würde kein Interesse mehr an der Entdeckung der Umwelt haben, würde sich nur wünschen, zur Sicherheit zurückzukehren, und mag sogar seine Fähigkeiten verlieren, d. h. anstatt zu gehen, kriecht es vielleicht [199, S. 46–47].«

Um den Drang nach Wachstum auszuleben, braucht sogar ein Erwachsener einen Mindestgrad an Sicherheit. Wenn ein Mensch in eine bedrohliche Situation kommt, wird er natürlicherweise immer zurückhaltender und vorsichtiger in seinen Handlungen. Nur wenn er sich sicher fühlt, riskiert er, seinen Einfluß auszudehnen, in der Hoffnung, seine Erfolge zu vergrößern und seinen Fortschritt zu beschleunigen. Die Tendenz, angesichts einer Gefahr Veränderungen gering zu halten, sieht man ebenso bei einem General, der einem überwältigenden feindlichen Angriff gegenübersteht, wie bei einem Kind, das seine Mutter aus den Augen verloren hat.

Obgleich sowohl die Selbstverwirklichungstheorie als auch die Psychologie der kreativen Intelligenz die Weisheit des Konservatismus angesichts einer Gefahr anerkennen und auch die Wichtigkeit der Sicherheit für das Wachstum, so unterscheiden sie sich doch in der Interpretation dessen, was der Grund der Sicherheit ist.

Maslow behauptet, daß die Basis der Sicherheit und deshalb des Drangs nach Wachstum in der Befriedigung dessen liegt, was er Überlebensbedürfnisse nennt [199, S. 49]. Im Licht seiner Bedürfnishierarchie schlägt er vor, daß die Befriedigung der grundlegenden Bedürfnisse nach Nahrung, Obdach und einem bißchen Liebe und Vertrauen natürlicherweise zu dem Bedürfnis nach Freundschaft, kreativem Ausdruck und letztlich zum höchsten Bedürfnis nach Verwirklichung der vollen Möglichkeiten des inneren Selbst führt. Die Psychologie der kreativen Intelligenz, auf der anderen Seite, identifiziert den letzten Grund der Sicherheit in der direkten Erfahrung des inneren Potentials des Selbst, der reinen kreativen Intelligenz.

Eine genaue Untersuchung der Mechanismen des Selbstausdrucks unter bedrohlichen Umständen zeigt, warum die Psychologie der kreativen Intelligenz darauf besteht, daß die Erfahrung des Selbst die Basis des Drangs nach Wachstum ist und nicht sein schließlicher Ausdruck. Wenn ein Kind seine Mutter aus den Augen verliert, wird keine Menge an Nahrung und Obdach seine Panik und sein Zurückziehen abfangen können. Das Kind gewann das Vertrauen, das für den Selbstausdruck notwendig ist, von dem Wissen, daß seine Mutter da ist. Nur indem es seine Mutter oder vielleicht einen anderen Erwachsenen wiederfindet, der ihm eine ähnliche Seinsqualität geben kann, kann das Vertrauen des Kindes wiederhergestellt und seine Rückkehr zu erkundendem Spiel ermöglicht werden. Das Vertrauen, das ein Kind aus der Gegenwart seiner Mutter gewinnt, kommt nicht einfach aus dem Wissen, daß Nahrung und Obdach da sind, sondern mehr aus der Unterstützung einer unbegründeten, liebenden, energiegebenden Gegenwart, eben seiner Mutter. Ähnlich wenn ein Mann sich einer bedrohlichen Situation gegenübersieht, dann sind Nahrung und Obdach keine Voraussetzungen für die Aktivität, der Gefahr zu begegnen. Im Gegenteil, ein Mensch muß in seinem eigenen Sein eine Stabilität, Energie und Intelligenz finden, durch die er genug Vertrauen gewinnt, um zu handeln. Die Anstrengung selbst, die von einem hungrigen, frierenden und körperlich geschwächten Mann gefordert wird, wenn er die zum Leben notwendige Nahrung und Wärme finden soll, kann nur aus der inneren Erfahrung kommen, daß sein Selbst energiereich, intelligent und irgendwie unbesiegbar ist, auch angesichts einer Katastrophe. Perls glaubte, daß ein Zentrum tief in der Psyche die Voraussetzung für wirksame Interaktionen mit sich selbst, anderen und der Umwelt ist. Er schrieb: »In Abwesenheit eines solchen Zentrums wünschen wir uns nur noch, uns selbst zu sammeln, um Kontakt mit unserem innersten Sein wiederzufinden [230, S. 64].«

Deshalb unterscheidet sich die Psychologie der kreativen Intelligenz von der Selbstverwirklichungstheorie in der Art und Weise, wie sie die Beziehung zwischen dem Wachstumsstreben und der Erfahrung des innersten Selbst deutet. Während die Selbstverwirklichungstheorie die Erfahrung des Selbst als einen letzten Ausdruck des Dranges nach Wachstum definiert, glaubt die Psychologie der kreativen Intelligenz, daß die Erfahrung des Selbst die Voraussetzung für das Wachstumsstreben ist. In der Tat, während die Selbstverwirklichungstheorie glaubt, daß das Ausmaß, inwieweit eine Person ihr Selbst erfahren kann, direkt proportional abhängt von der Befriedigung ihrer Überlebensbedürfnisse, behauptet die Psychologie der kreativen Intelligenz, daß die Erfüllung des Wunsches zu wachsen direkt linear abhängt von der Erfahrung des Selbst.

Bei der Darstellung der Selbstverwirklichungstheorie begannen Maslow und seine Kollegen mit einer Diskussion der Motivation. Sie sahen in dem Wachstumsstreben den Schlüssel für das Verständnis dessen, wie die höchsten Werte zum Ausdruck kommen. Bei der Darstellung der Psychologie der kreativen Intelligenz dagegen müssen wir mit einer Diskussion des Selbst beginnen. Aus der Perspektive der Psychologie der kreativen Intelligenz liegt der Ansatz für den Ausdruck der höchsten Werte in der Erfahrung des Selbst. Durch diese Erfahrung erst gewinnen wir die Fähigkeit und Kraft, den Drang zu wachsen voll auszuleben.

Das Zentrum des Lebens: Reine kreative Intelligenz

Die grundlegende Voraussetzung der Psychologie der Erfüllung ist, daß in jedem Menschen ein anscheinend unausschöpfliches Zentrum an Energie, Intelligenz und Befriedigung existiert. Da dieses Zentrum am Ursprung alles Denkens und Handelns liegt, dabei jedoch von den Begrenzungen des Denkens und Handelns unterschieden bleibt, wurde es reine kreative Intelligenz genannt. »Reinheit« bezeichnet dabei die Unabhängigkeit dieses Zentrums vom Denken und Handeln. Das Wort »kreativ« bezieht sich darauf, daß dieses Zentrum Energie liefert und schöpferisch und erzeugend wirkt. Und das Wort »Intelligenz« betrifft die Rolle, die dieses Zentrum als ordnendes Prinzip des Bewußtseins und des Verhaltens spielt. In dem Maße, wie unser Verhalten von dem Grad an Energie und Intelligenz abhängt, die uns verfügbar sind, kann dieses Zentrum reiner kreativer Intelligenz als die Quelle beschrieben werden, die all unseren Erfahrungen, Gedanken und Handlungen eine Richtung gibt.

Wir müssen dieses Konzept durch Analyse und Erfahrung genau untersuchen, wenn es nicht als rein spekulatives Phantasiegebilde abgetan werden soll. Deshalb wollen wir mit der Untersuchung des Erfahrungsaspektes beginnen. Finden wir irgendein Anzeichen für die Existenz eines Reservoirs an Energie und Intelligenz an der Grundlage des Geistes? Wir alle haben unzählige Gedanken, von denen jeder die Qualitäten Energie und Intelligenz aufweist. Energie, insofern der Gedanke fließt, Intelligenz, insofern er gerichtet ist. Können wir die Erschaffung der Gedanken uns selbst zuschreiben? Eine genaue Beobachtung des Denkprozesses zeigt, daß wir nicht *versuchen* können zu denken. Gedanken steigen spontan von einem Zentrum in uns auf.

Die weitere Analyse des Denkvorganges läßt erkennen, daß Energie und Intelligenz anwachsen, wenn wir ruhigere Ebenen des Denkprozesses erfahren. Unsere kraftvollsten Gedanken kommen, wenn der Geist ruhig ist. Jemand mag tagelang mit einem Problem ringen, bis er schließlich sich zurücklehnt, um sich zu entspannen, und feststellt, wie eine kraftvolle Lösung in Form eines Gedankens hochsprudelt. Ein General plant die Schlacht in der Ruhe der hinteren Reihen und nicht an der Front. Ein Philosoph entwickelt die Einsichten in der Ruhe seines Studierzimmers, und nicht im Vorlesungssaal. Ein Architekt entwirft seine Gebäude im stillen Atelier, nicht mitten in der Aktivität des Bauplatzes. Je mehr sich jemand der Erfahrung der stillsten Aspekte des Denkvorganges nähert, desto mehr Energie und Intelligenz findet er in seinem Denken verwirklicht.

TM ist eine systematische Technik, um Zugang zu den ruhigeren Ebenen der Gedanken und zu der Erfahrung reiner Bewußtheit zu bekommen. Wenn diejenigen, die die TM ausüben, wachsende Energie, Intelligenz und Befriedigung in ihrem Leben feststellen, dann liefert das einen weiteren Beweis, daß reine kreative Intelligenz nahe den ruhigsten Ebenen des Geistes zu finden ist. Forschungsarbeiten unterstützen dieses Argument.

Doch muß die Existenz reiner kreativer Intelligenz letztlich durch direkte Erfahrung bestätigt werden. Solange unser Bewußtsein an die Oberfläche des Geistes gebunden bleibt, d. h. an jene Ebene, wo wir uns einer bestimmten Sache bewußt sind, werden wir »reine kreative Intelligenz« notwendigerweise als einen abstrakten Begriff ansehen müssen.

Während der TM jedoch erfahren wir ruhigere Ebenen des Denkprozesses, indem wir ein Wahrnehmungsobjekt immer unpräziser benutzen. Wir überschreiten, transzendieren die bewußten Gedanken und erreichen reines Bewußtsein, die Erfahrung kreativer Intelligenz. In diesem Zustand erkennt der Meditierende, daß ein unbegrenztes Feld jedem Bewußtsein eines Objekts unterliegt und es aufrechterhält. Wenn jemand von diesem Zustand mit größerer Energie, Intelligenz und Freude in die Aktivität zurückkehrt, dann versteht er, daß das Feld unbegrenzter Bewußtheit, das er berührt hat, ein Reservoir dieser Qualitäten ist.

Die Analyse des Denkvorganges, die Wirkungen der TM und die direkte Erfahrung des Transzendierens stellen die Hauptbeweise für die Existenz reiner kreativer Intelligenz dar. Ist diese Erfahrung des Transzendierens eine mystische und deshalb nicht Gegenstand wissenschaftlicher Analyse oder logischer Beschreibung? Nein. Wir haben im 4. Kapitel gezeigt, daß diese Erfahrung einzigartige physiologische Entsprechungen hat. Nun wollen wir zeigen, daß die Erfahrung des Transzendierens selbst logisch erklärt werden kann. Maharishi beschreibt den Vorgang des Transzendierens so:

> »Wenn wir zu den feineren Ausdrucksebenen kreativer Intelligenz innerhalb des Geistes vorstoßen, dann erfahren wir einen zarten Bereich des Fühlens. Tief innerhalb der Zartheit des Gefühls erfahren wir die ›Meinheit‹, die zu mir Gehörigkeit des Gefühls. Wir sagen ›*Ich* fühle mich so‹, ›*Ich* fühle‹. ›*Ich* fühle *meine* Gefühle‹. So ist meine ›Meinheit‹ noch zarter innerhalb des Gefühls anzusiedeln. Tief innerhalb des Ich ist eine noch zartere Ebene der kreativen Intelligenz, welche die ›Ichheit‹ ist.

Die ›Ichheit‹ ist fast schon der abstrakte Wert der individuellen Existenz, nämlich Intelligenz. Und tief im Innern ist diese individuelle Ichheit – die manifeste, unveränderliche, unsterbliche, ewige Realität [189, S. XIX].«

Die grenzenlose Realität, die sich in der innersten Erfahrung des »Ich« entfaltet, ist reine kreative Intelligenz.

Eine Analyse dieser Erfahrung zeigt, daß sie von Natur her sehr einfach ist, trotz der Dunkelheit der Begriffe »Ichheit« usw. Im zweiten Kapitel haben wir festgestellt, daß Transzendieren ein so automatischer Vorgang ist wie das Tauchen. Der Geist folgt der Erfahrung des Mantras zu stilleren Ebenen geistiger Aktivität, angezogen von der immer stärker werdenden Befriedigung, die mit ruhigerer geistiger Aktivität verbunden ist. Dieser Vorgang läuft durch vier Stadien. Zuerst beginnt der Geist, einen Gedanken wahrzunehmen. Als zweites beginnt dieser Gedanke zu schwinden, indem der Geist durch verschiedene Ebenen des Denkens und Fühlens hindurchgeht. Als drittes schwindet der Gedanke und läßt den Geist mit sich selbst allein in einem Zustand der »Ichheit«. Maharishi beschreibt diesen Zustand: Der Geist hält »seine Individualität im Leeren – in der abstrakten Fülle um ihn herum –, weil nichts für ihn da ist, das er erfahren könnte. Er bleibt ungestört, in sich selber bewußt« [184, S. 422]. Als letztes wird der Geist von dieser Ebene innerer Klarheit durch das unbegrenzte reine Bewußtsein angezogen. Der Geist transzendiert sogar die Erfahrung seiner eigenen begrenzten Individualität und gewinnt den Status reiner kreativer Intelligenz. Dieser letzte Schritt des Transzendierens, sagt Maharishi,

»... beginnt mit der Ausweitung der Individualität, und wenn das geschieht, beginnt der Intellekt, indem er seine Individualität verliert, den unbegrenzten Zustand reiner kreativer Intelligenz zu gewinnen. Während er mit der reinen kreativen Intelligenz verschmilzt, nimmt er reine kreative Intelligenz als sein eigenes Selbst wahr und erhält Glückseligkeitsbewußtsein [187, S. 423].«

Maharishi impliziert, daß die Erfahrung reiner kreativer Intelligenz starken Einfluß auf das Identitätsbewußtsein der Person hat. Der Begriff »Identität« bezieht sich gewöhnlich auf die Synthese von Rollen und Bildern, die eine Person durch soziale Interaktionen sammelt, während er heranwächst [67, S. 211]. »Identität« impliziert auch die Gewißheit, die eine Person sich selbst gegenüber als bedeutungsvolles Zentrum des Bewußtseins in seiner Umgebung empfindet. Unter den gegenwärtigen Bedingungen ist die Umwelt ständiger und sich beschleunigender Veränderung unterworfen. Die Aussichten, eine stabile Basis für diese eigene Identität zu finden, sind nicht günstig. Wie Marzetta, Benson und Wallace in einem wichtigen Artikel über TM erwähnten:

> »Man muß eine Quelle innerer Stabilität finden, unabhängig von den veränderlichen Institutionen und Beziehungen. Wenn man eine solide Basis hat, die unterschieden ist vom Leben um uns herum, wird man frei, sich an die Umstände anzupassen, ohne die eigene Integrität zu gefährden [193, S. 13].«

Wie ist es möglich, daß die Formung der Identität einer Person von außen-bestimmten Rollen und Selbstbildern gelöst werden kann? Der indische philosophische Text Bhagavad-Gita präsentiert ein Argument, das die Grundlage der Identität betrifft. Da unser Körper und unsere Erfahrungen sich ständig verändern, kann die Identität, durch die eine Person weiß, daß sie das ganze Leben hindurch dieselbe ist, nicht von ihrem Körper oder irgendeiner speziellen Menge von Erfahrungen abhängen [187, S. 47]. Daher muß die letzte Grundlage der Identität in dem unbegrenzten inneren Feld reiner kreativer Intelligenz liegen, dem einzigen Aspekt unseres Selbst, der wahrhaft unveränderlich ist, wie wir es im Transzendieren erfahren.

Erfahrung bestimmt die Formung der Identität. Solange das Individuum sich nur in Beziehung auf seine Aktivitäten erfährt, kennt es sich nur als Handelnder, Fühlender, Verantwortlicher und Rollen-Spielender. Bevor das Selbst nicht als getrennt von der Aktivität erfahren wird, erscheint es notwendigerweise als unstabil und begrenzt. Um seinen unbegrenzten Status richtig einschätzen zu können, muß das Individuum systematisch eine Ebene des Selbst erfahren, die grundlegender ist als jede andere Aktivität, sogar die Aktivität des Denkens.

Durch die regelmäßige Erfahrung der reinen kreativen Intelligenz wird das individuelle Ego oder »Ich« spontan mit der Unbegrenztheit verbunden. Alle objektiven Veränderungen, die sich aus der regelmäßigen Ausübung der TM ergeben – größere Energie, Intelligenz und Glück – sind begleitet von einer entsprechenden subjektiven Veränderung. Maharishi hat diese Veränderungen in Begriffen direkter Erfahrung der kreativen Intelligenz beschrieben:

> »Wenn reiner Honig auf die Zunge kommt, dann übersteigt der Geschmack des Süßen an Stärke allen anderen süßen Geschmack, den man bis dahin erfahren hatte. Wenn die Zunge den Geschmack des Honigs beibehält, dann gibt es keine Möglichkeit mehr für den vorangegangenen süßen Geschmack, wieder aufzutauchen [187, S. 285].«

Die wiederholte Erfahrung der unbegrenzten Energie, Intelligenz und Befriedigung an der Tiefe des Geistes ist so grundlegend bedeutsam, daß diese Erfahrung allmählich alle vorigen Identitätsbestimmungen verdrängt.

Die Entdeckung, daß die Erfahrung reinen Bewußtseins jeden Aspekt des Lebens eines Menschen bereichert, stellt einen wesentlichen Fortschritt der Psychologie dar. Frühere Theorien psychologischer Entwicklung, sogar die weit vorausblickenden Werke Maslows und Perls, schrieben Techniken vor, um die Konflikte – jeweils einen zur Zeit – zu lösen, die einen Menschen quälen und seinen Selbstausdruck begrenzen. Die Psychologie der kreativen Intelligenz auf der anderen Seite verschreibt die Erfahrung der reinen kreativen Intelligenz als ein Mittel, die Identität umzuformen und dadurch eine ganzheitliche Verbesserung aller Aspekte der Psychologie einer Persönlichkeit zu erreichen. Statt Methoden zu verschreiben, verdrängte Teile der Persönlichkeit wieder zu integrieren, indem man sich mit jedem einzelnen unangenehmen Erlebnis der Vergangenheit auseinandersetzt, besteht die Psychologie der kreativen Intelligenz auf dem ganzheitlichen Nutzen dessen, eine Identität zu gewinnen, die in der reinen kreativen Intelligenz begründet ist. Wenn ein Mensch in sich Glück erfährt, fängt er ganz natürlich an, seine zuvor verdrängten Persönlichkeitsaspekte auf spontane und umfassende Weise wieder zu integrieren.

Der Drang nach Erfüllung

Das zentrale Thema der Maslowschen Selbstaktualisierungstheorie entwickelte sich aus der Betrachtung darüber, warum die Erfüllung eines Wunsches oft den Appetit nach weiterer Befriedigung anregt. Die Untersuchung dieser Frage ergab, daß Wachstum in Stufen zunehmender Befriedigung vor sich geht. Darüber hinaus reflektiert die Befriedigung, die auf jeder Wachstumsstufe erreicht wird, eine höhere Wertordnung als die vorangegangenen Stufen. Diese Beobachtung legte die Vermutung nahe, daß Wachstum als ein Vorgang interpretiert werden kann, durch den ein Organismus seine innewohnenden Anlagen aktualisiert. Maslow argumentiert, daß unsere höchsten Bedürfnisse im menschlichen Nervensystem biologisch vorstrukturiert sind und zum Ausdruck kommen, wenn unsere grundlegenden Sicherheitsbedürfnisse befriedigt sind. Maslows Theorie führt zu einer Definition des einen wesentlichen Motivationsfaktors allen Lebens, der für die Psychologie der kreativen Intelligenz fundamental ist. Diesbezüglich sagt Maharishi:

> »Was ist die Natur des Lebens? Wenn wir uns umschauen, sehen wir, daß alles wächst und sich entwickelt. Fortschritt, Evolution und Wachstum – das ist die Natur des Lebens ... Diese selbe Tendenz finden wir auch im menschlichen Leben. Wir wissen aus Erfahrung, daß unsere Aufmerksamkeit die natürliche Neigung hat, sich Bereichen zuzuwenden, die größeres Glück verheißen. Jeder wünscht sich größere Macht, größeres Glück, und dieser Wunsch drückt die eine Grundtendenz des Lebens aus [189, I].«

Unser Wünschen ist uns so vertraut und selbstverständlich, daß wir seine grundlegende Struktur, nämlich Entwicklung zu bringen, leicht übersehen. Unsere Grundbedürfnisse müssen zwar immer wieder befriedigt werden. Doch bei Wünschen höherer Rangordnung scheint das anders zu sein. Wenn ein solcher Wunsch erfüllt ist, führen Wünsche gleicher Qualität nicht mehr zu dieser Erfüllung. Statt dessen taucht ein Wunsch auf, der noch mehr verspricht, und motiviert unser Handeln. Ein Kind, das gerade gelernt hat, sein Fahrrad auf dem Hof herumzufahren, wird nicht lange damit zufrieden sein, nur bis zur Toreinfahrt zu fahren. Es möchte bald in der ganzen Nachbarschaft herumfahren. Ein Mann, der es bis zum zweiten Vize-Präsidenten einer Firma gebracht hat, verspürt ganz natürlich den Wunsch, Präsident zu werden.

Man kann in dieser Theorie einen Hinweis darauf sehen, daß Bedürfnisse und Wünsche zu einer sich aufwärts windenden Spirale wachsender Forderungen nach Erfüllung führen. Wenn das so ist, können wir die diversen Krisen unseres modernen Lebens sehr wohl als Ausdrucksformen dieser Gesetzmäßigkeit erklären. Die Menschen verlangen nach immer mehr Befriedigungen, die immer schneller aufeinanderfolgen sollen, und erzeugen dadurch ungewollt Streß, zwischenmenschliche Konflikte und soziale Aufsplitterung. Zielt denn jeder neue Wunsch einfach auf eine Ausweitung des Glücks ab, ohne die biologischen Bedingungen des Lebens zu berücksichtigen? Oder kann die Reihenfolge der aufsteigenden Wünsche mit der biologischen Notwendigkeit vereinbart werden, ein optimales Niveau der Erfüllung aufrechtzuerhalten? Ist das Leben lediglich eine Explosion zunehmenden Verlangens, oder hat es ein Ziel?

Die Selbstaktualisierungstheorie und die Psychologie der Kreativen Intelligenz geben dem Leben übereinstimmend ein ganz bestimmtes Ziel und eine ganz bestimmte Bedeutung. Maslow erklärte als das Ziel des Lebens die Möglichkeit, einen Zustand des Seins zu leben, in welchem man seine ganzen einzigartigen Fähigkeiten verwirklicht hat. Diese Zielbeschreibung deutet keineswegs auf eine endlose Spirale wachsender Forderungen hin. Im Gegenteil, Maslow sieht, daß das Leben durch die Folge erfüllter Wünsche eine ständig wachsende Integration gewinnt.

Als Beispiel: Ein Mensch, der sein Bedürfnis nach Nahrung befriedigt hat, könnte als nächstes wünschen, Freundschaften zu haben. Und weiter: Nachdem er Freunde gefunden hat, könnte in ihm der noch stärkere Wunsch nach der engeren Beziehung einer Ehe erwachen. Jede Stufe erfüllter Bedürfnisse führt zu einer höheren Stufe. Maharishi spricht in diesem Zusammenhang von einer fortschreitenden Verfeinerung der Wünsche. Nach Maslow findet diese Folge ihre Vollendung in einem voll funktionsfähigen Menschen. Maharishi beschreibt das Ziel des Lebens in noch glühenderen Worten:

»Weil sich das Spiel der kreativen Intelligenz in die Richtung von größerem Glück, größerem Wissen und größerem Erfolg bewegt, wird es offensichtlich, daß das Leben im Zustand der Erfüllung gelebt werden möchte – in einem Zustand, wo alles ein Maximum ist: maximales Wissen ... Erfolg ... Stärke ... Kraft ... Erfüllung. Das Leben strebt danach, im Reichtum, im Überfluß gelebt zu werden. Unendlichkeit zu leben, ist die natürliche Tendenz unseres Lebens, und wenn diese Unendlichkeit des Lebens zur lebendigen Wirklichkeit wird, findet dieses natürliche Streben seine Erfüllung [189: 1].«

In einem solchen Zustand voller Entwicklung eröffnet uns das Leben seinen tiefsten, innersten Sinn. Wir können dieses Ziel in Wertbegriffen verstehen. Wenn ein Mensch einen Zustand erreicht hat, wo er höchste kreative Intelligenz lebt, wird er zum Ausdruck höchster menschlicher Ideale. Maslow zählte einige dieser universalen Werte auf, die er in den Persönlichkeiten selbstverwirklichter Menschen ausgedrückt fand: Ganzheit, Vollkommenheit, Geordnetheit, Spontaneität, Fülle, Güte, Mühelosigkeit, spielerische Leichtigkeit und Selbständigkeit [199, S. 83]. Auf ganz ähnliche Weise glaubt die Psychologie der Kreativen Intelligenz, daß unsere höchsten Werte als angeborene Qualitäten kreativer Intelligenz in uns strukturiert sind. Maharishi erklärt, daß für einen selbstverwirklichten Menschen die vorantreibende, integrierende, unterscheidende, selbstgenügsame und unbesiegbare Natur kreativer Intelligenz in jedem Aspekt seines Bewußtseins zum Ausdruck kommt [189: V].

Solche Verwirklichung höchster Menschheitswerte beschränkt sich nicht nur auf die subjektive Erfahrung. Maharishi betont, daß die gesamte Persönlichkeitsentwicklung sowohl den inneren als auch den äußeren Aspekt des Lebens umfassen muß, so daß das Ziel des Lebens in der Verwirklichung von »zwei Füllen« oder »200prozentigen Lebens« besteht [190]. Mit anderen Worten, die innere Erfüllung, die sich aus einer zunehmenden Identifizierung mit der kreativen Intelligenz ergibt, hilft dem Menschen, seine vollen Möglichkeiten auszudrücken. Es ist darum durchaus gerechtfertigt zu erwarten, daß die regelmäßige Ausübung der TM-Technik das Anwachsen der Erfüllung nicht nur im Innern, sondern auch im äußeren Bereich – in jedem Aspekt des Lebens eines Menschen – begünstigt. Die Untersuchungsergebnisse, über die schon in früheren Kapiteln berichtet wurde, sowie auch die zahlreichen Berichte Meditierender unterstützen diese Schlußfolgerung. Um jedoch die volle Bedeutung dieses Wachstumsprozesses klar darzustellen, müssen wir die umfassenden Veränderungen, die sich bei länger Meditierenden sowohl innerlich als auch äußerlich vollziehen, etwas detaillierter beschreiben:

Normales Leben: Die Morgenröte der Erfüllung

Obwohl reine kreative Intelligenz als ein grenzenloses Reservoir von Energie und Intelligenz in jedem Menschen vorhanden ist, unterscheiden sich die Menschen jedoch darin, wie weitgehend sie diese Quelle erschlossen haben; außerdem nutzen sie manchmal weniger, manchmal mehr davon. Das unterschiedliche Maß an Energie und Intelligenz, das ein Mensch jeweils im Schlaf-, Traum- oder Wachzustand ausdrückt, illustriert den sich dauernd verändernden Zugang zur reinen kreativen Intelligenz. Durch die TM-Technik gewinnt man jedoch direkten Zugang zur reinen kreativen Intelligenz, und zwar in der Form eines vierten Bewußtseinszustandes, der sich deutlich vom Wachen, Schlafen und Träumen unterscheidet. Untersuchungen weisen darauf hin, daß regelmäßiges Erleben dieses vierten Zustandes die regenerierende Funktion von Schlaf und Traum verstärkt, während es gleichzeitig alle Aspekte des Lebens im Wachzustand fördert.

Untersuchungen über die physiologischen Auswirkungen der TM haben den Wachstumsmechanismus, der sich durch TM vollzieht, als Streßreduktion und eine entsprechende Gehirnintegration definiert. Aus diesen Untersuchungen geht jedoch nicht hervor, ob der vierte Zustand das Nervensystem selbst strukturell oder funktionell entwickelt. Demgemäß wurden die Auswirkungen des vierten Zustandes übereinstimmend als Normalisierung bezeichnet. Entgegen der allgemeinen Annahme, übermäßiger Streß sei ein normaler und sogar notwendiger Bestandteil des Lebens, deuten Untersuchungen der physiologischen Auswirkungen der TM darauf hin, daß sich der Körper genauso natürlich von Streß zu befreien sucht, wie er sich durch tiefe Ruhe von Krankheiten erholt. Mit anderen Worten: Trotz der Tatsache, daß fast jeder unter Streß zu leiden hat, und obwohl die schwächenden Auswirkungen des Streß in den meisten Industrienationen krisenartige Ausmaße angenommen haben, ist der Streß für den Körper nicht normaler, als es der Krebs ist.

Das ganzheitliche Wachstum, das aus der systematischen Erfahrung des vierten Zustandes entsteht, entwächst aus der Normalisierung des Nervensystems. Da die regelmäßige Erfahrung des vierten Zustandes nicht nur Streß reduziert, sondern auch einen gewissen Widerstand gegen neue Streßansammlung aufbaut – durch eine Stärkung der autonomen Stabilität –, sollte auf lange Sicht die regelmäßige Ausübung der TM das Nervensystem völlig normalisieren [217].

Wie wirkt sich völlige Integration des Nervensystems auf die subjektive Erfahrung aus? Und weiter: Wie wirkt sich ein völlig normalisiertes Nervensystem auf die Arbeit und Verhaltensweisen eines Menschen aus? Der starke Einfluß der TM auf die Qualität subjektiver und objektiver Erfahrung ist so umfassend, daß das Endresultat der sich aus regelmäßiger Ausübung der TM ergebenden Wirkungen als ein fünfter Bewußtseinszustand bezeichnet werden muß, der sich wieder deutlich physiologisch vom Wach-, Schlaf- und Traumzustand und dem 4. Zustand unterscheidet.

Am Anfang ist dieser Übergang jedoch nicht immer deutlich bemerkbar. Wir können die subtile Art dieser Entwicklung am besten mit einer Analogie beschreiben: Man stelle sich vor, daß das Bewußtsein die Objekte unserer Wahrnehmung erhellt, wie ein Scheinwerferstrahl verschiedene Gegenstände beleuchtet. In schwachem Licht können wir nur schlecht sehen und finden es schwierig, mit den Dingen zurechtzukommen. Angenommen, wir wären nun in der Lage, die Intensität des Lichtes allmählich zu erhöhen. Diese Zunahme an Helligkeit entspricht dem Anheben unseres Bewußtseins durch das Einfließenlassen von mehr kreativer Intelligenz durch Transzendentale Meditation. Wenn das Licht anfängt, heller zu werden, merken wir plötzlich, wie alles viel sichtbarer wird als vorher. Wir stellen auch fest, daß wir unter diesem Licht besser mit den Dingen arbeiten können. Weil wir aber in bezug auf das Sehen sowieso vom Licht abhängig sind, bemerken wir die Veränderungen zunächst nicht als Veränderungen des Lichts, sondern als eine erhöhte Fähigkeit, mit dem, was wir sehen, umzugehen. In ganz ähnlicher Weise erkennen auch die Meditierenden die Vorteile der Meditation nicht sofort in bezug auf ihre erhöht subjektive Erlebnisfähigkeit, sondern erfahren statt dessen, wieviel effektiver und freudiger als vor Beginn der Meditation sie ihre täglichen Aufgaben erfüllen. Aber letztlich bemerkt man durch die ständige Zunahme des Lichts und die wachsende Fähigkeit, die Dinge zu erkennen und mit ihnen in diesem Licht zu arbeiten, doch, daß eine Veränderung im Licht selbst da ist. Genauso bemerken Meditierende nach regelmäßiger täglicher TM einen fundamentalen und beglückenden Wandel in der Qualität ihrer subjektiven Erfahrung. Sie beginnen, ihr eigenes Bewußtsein als unbegrenztes, reines, unwandelbares Glück zu empfinden, das alles, was sie wahrnehmen, erhellt.

Die Erfahrung der persönlichen Identität als unbegrenztes, reines Bewußtsein wächst allmählich. Wie Maharishi erklärt, erlebt der Meditierende zuerst einfach nur, wie der Geist ruhiger wird, bis er einfach nur hellwach bleibt – ohne Gedanken oder Objekte der Wahrnehmung [190]. Mit regelmäßiger Ausübung nimmt die Klarheit dieses Zustandes zu, und der Geist erfreut sich heller innerer Wachheit. Fortgesetzte Praxis der TM normalisiert das Nervensystem hinreichend, um den Menschen sein eigenes Bewußtsein als im unendlichen Bereich reiner kreativer Intelligenz gegründet, klar erleben zu lassen. Wenn nun diese Klarheit des inneren Erlebens während der Meditation wächst, werden die Auswirkungen der TM auch in der Aktivität zunehmend sichtbar. Fortgesetzte Ausübung der TM führt zu einer vergrößerten Fähigkeit, unbegrenztes Bewußtsein gleichzeitig mit geistiger Aktivität wie Denken und Fühlen beizubehalten. Danach kann ein Meditierender dann irgendwo auf der Straße gehen oder sich mit irgendjemandem unterhalten und gleichzeitig diese selbe Unbegrenztheit erleben, die er früher nur in der Meditation kannte. Solche Erfahrungen stehen nicht in Konflikt mit seiner Arbeit. Im Gegenteil inspirieren sie lebhafte und aufmerksame Teilnahme an der augenblicklichen Aktivität, weil der Mensch höchste Wachheit und höchstes Auffassungsvermögen bewahrt. Diese kurzen Einblicke in die Grundlage des Bewußtseins, in den unbegrenzten Bereich reiner kreativer Intelligenz, werden immer häufiger und tiefer.

Maharishi erklärt, daß diese Erweiterung der Fähigkeit, reines Bewußtsein außerhalb der Meditation zu erfahren, das Resultat eines systematischen Wechsels von Transzendentaler Meditation und Aktivität ist [187, S. 314]. Jede Meditation durchdringt den Geist mit den Qualitäten der kreativen Intelligenz, und die jeweilige Aktivitätsphase nach der Meditation festigt diese Wirkung. Maharishi meint, daß die bedeutsame Wirkung dieses Wechsels von TM und Aktivität darin liegt, das Bewußtsein reiner kreativer Intelligenz dauerhaft zu festigen. Er verdeutlicht diese Entwicklung an Hand einer Analogie [190]:

In Indien werden Stoffe, die man färben will, nach jedem Farbbad dem Sonnenlicht ausgesetzt, um sie farbecht zu machen. Obwohl nun die Sonne den Stoff ausbleicht, ist doch die zurückbleibende Farbe echt. Durch die Wiederholung dieses Verfahrens wird die Farbe schließlich leuchtend und dauerhaft. Ähnlich ist die tägliche Arbeit nach der TM erforderlich, damit das Nervensystem das Bewußtsein reiner kreativer Intelligenz ständig aufrechterhalten kann.

Im Verlauf dieses ganzen Vorganges wirken die Energie, Intelligenz und Befriedigung, die im vierten Zustand erlebt werden, bereichernd auf die anderen drei Bewußtseinszustände ein. Die tägliche Arbeit wird besser ausgeführt, der Schlaf wird tiefer und ruhevoller, und Träumen dient wirksamer der Normalisierung von Streß, der sich während des Tages angesammelt hat. Streß wird immer mehr abgebaut, und der Körper wird zunehmend integriert. Wie Maharishi sagt, normalisiert sich das Nervensystem durch die regelmäßige Ausübung der TM schließlich vollständig [182: XXIII]. Zu diesem Zeitpunkt erreicht der Meditierende eine vollkommene neurophysiologische Integration. Dieser objektive Wandel im Körper resultiert in einer deutlichen Veränderung des Bewußtseins. Frei von den Stressen, die ihnen bislang den bewußten Zugang zur kreativen Intelligenz versperrt hatten, werden TM-Meditierende nun dauerhaft in unbegrenztem Bewußtsein gefestigt.

Wenn ein Meditierender ständigen bewußten Zugang zur kreativen Intelligenz gewonnen hat, bewahrt er dieses reine Bewußtsein immer und in allen Phasen des Wachens, Schlafens und Träumens. Ob wachend, schlafend oder träumend – er spiegelt ununterbrochen die enge Vertrautheit mit der gesamten Kapazität an geistiger Erlebnisfähigkeit wider. Ständig bringt er die unbegrenzte Energie, Intelligenz und Zufriedenheit des Basisbereiches, in dem sein Bewußtsein gegründet ist, zum Ausdruck. Maharishi nennt diese Bewußtseinserweiterung »Kosmisches Bewußtsein« [187, S. 136–137]. Der Begriff »kosmisch« bezieht sich auf das Allumfassende dieses Entwicklungszustandes: »Energie, Intelligenz und Kreativität steigern sich zur Grenzenlosigkeit, und der zuvor in jeder Hinsicht begrenzte und eingeschränkte Mensch gewinnt den Status grenzenloser kosmischer Existenz [190].« Maharishi vertritt die Ansicht, daß dies der normale Zustand menschlichen Lebens sei.

Die Leichtigkeit, Natürlichkeit und Universität der TM lassen darauf schließen, daß kosmisches Bewußtsein ein Geburtsrecht aller Menschen ist. Maharishi hat diese Universalität so erklärt, daß dem menschlichen Nervensystem die Fähigkeit angeboren ist, bewußten Kontakt mit der Ebene reiner kreativer Intelligenz aufrechtzuerhalten, während die Qualitäten dieses Bereiches gleichzeitig in der Aktivität ausgedrückt werden. Maharishi schreibt: »Das menschliche Nervensystem ist ein Werkzeug und eine Schöpfung der kreativen Intelligenz und kann den gesamten Wirkungskreis der kreativen Intelligenz in sich einbeziehen: den unmanifesten Aspekt und auch den voll entwickelten manifesten Aspekt [182: VII].« Maharishi erklärt weiterhin, daß das natürliche, spontan erreichbare Ziel des Lebens in der Fähigkeit besteht, kontinuierlich das Bewußtsein kreativer Intelligenz beizubehalten und zu nutzen. Das einzige Hindernis ist anscheinend der Streß. Genau wie der Körper spontan eine Wunde heilt, wenn er die erforderliche Ruhe erhält, ist auch das ganze Nervensystem so strukturiert, daß es sich automatisch vom Streß befreit und den vollen Wert kosmischen Bewußtseins verwirklicht. Es ist nur der Mangel an physiologischer Integration, der uns von diesem Zustand bleibender Erfüllung abhält. Durch die tiefe Ruhe der TM-Technik kann jedoch jeder Mensch sein Nervensystem systematisch wieder integrieren und spontan den vollen Wert eines normalen Lebens erlangen.

Die Entwicklung zum kosmischen Bewußtsein ist also in keiner Weise das Ergebnis intellektuellen Verstehens oder emotionaler Hingabe. Tatsächlich ist der Vorgang rein physiologisch. Jeder Versuch, diesen Zustand künstlich hervorzurufen, indem man sich die Stimmung »Seligkeitsbewußtsein« vortäuscht oder versucht, irgendwie in Erfüllung zu leben, werden bestenfalls von geringem Wert sein und sogar zu einer Persönlichkeitsstörung führen. Ähnlich würden auch Bemühungen, schöne Meditationserfahrungen in die Aktivität hinüberzuziehen, dem Wachstum keinesfalls förderlich sein, sondern können es eher verzögern. Das Wachstum des Bewußtseins wird nicht vom Willen hervorgebracht. Im Gegenteil: Die kreative Intelligenz wächst im Leben eines Menschens nur spontan und mit einer maximalen Geschwindigkeit durch die regelmäßige Ausübung der TM. Sobald jemand sein Nervensystem systematisch von allem Streß befreit hat, *ist* er einfach kreativer und intelligenter und muß nicht mehr *versuchen,* es zu sein.

Leben in Erfüllung

Wie kann man sich diesen Zustand ständigen Gegründetseins in reiner kreativer Intelligenz vorstellen? Welche Veränderungen geschehen in der täglichen Arbeit, den menschlichen Beziehungen, den Zielen und Erfolgen, wenn ein Meditierender sich das volle Maß an kreativer Intelligenz angeeignet hat? Am besten beantworten wir diese Frage mit dem Begriff »Freiheit«. Gegründet in Unbegrenztheit, ist ein kosmisch bewußter Mensch frei, seine Umwelt voll zu schätzen. Er ist frei von den Verzerrungen der Wahrnehmung, die einen kreativen Austausch mit der Umwelt behindern. Er ist frei von den negativen Eindrücken vergangener Erlebnisse und frei für eine leichte und reiche Kommunikation mit allen Dingen und Menschen um ihn herum. Unbedrückt von allem, was er benötigt oder was von ihm verlangt wird, ist er frei, mit vollem Erfolg und spontanem Altruismus zu handeln.

Auf welcher Basis kann solche Freiheit erlangt werden? Da der reine Bereich kreativer Intelligenz der Ursprung all unseres Denkens und Handelns ist, ist er von allem Denken und Handeln unabhängig. Wenn reines Bewußtsein erst einmal dauerhaft da ist, entdeckt der Mensch, daß sein Selbst von seinem Erleben und Arbeiten getrennt ist. Seine unbegrenzte Identität unterstützt eine natürliche Unabhängigkeit von den Wechselfällen des Lebens.

Eine von Maharishis Analogien, die an Platons Höhlengleichnis erinnert, erläutert die Entfaltung solcher Freiheit im Bereich der Beziehung zwischen dem Bewußtsein und den Objekten der Erfahrung [190]. Man stelle sich jemanden vor, der gezwungen ist, immer in einem dunklen Kino zu leben, wo nichts anderes zu sehen ist als der Film auf der Leinwand. Da er nur den Film kennt, nimmt er an, daß seine Erfahrungen unlösbar mit den Geschehnissen auf der Leinwand verbunden sind, und daß er selbst von diesen Geschehnissen völlig bestimmt ist. Wenn nun der Projektor abgestellt wird, hören auch die Erfahrungen auf: Der Mensch schläft. Während der Dunkelheit wird er manchmal halb wach und erschafft sich eingebildete Filme: Er träumt. Wenn er mit TM anfängt, gewinnt er eine neue Erfahrung: Er ist in er Lage, bei eingeschaltetem Projektor die Bilder auf der Leinwand verblassen zu lassen, bis die Leinwand, auf die die Bilder projiziert sind, sichtbar wird. Dann beginnt er, das Wesen des Kinos zu erkennen. Wenn dieses Erlebnis zweimal täglich wiederholt wird, wird er schließlich so sehr mit dem Kino vertraut, daß er immer die Leinwand sieht, selbst wenn ein Film läuft. Das Ergebnis davon ist, daß er jetzt nicht nur das Kino versteht und sich daran freuen kann, sondern zum ersten Male kann er sich zurücklehnen und wirklich den Film genießen. Der Inhalt des Filmes, der ihn vorher gefangen hielt, und auch die formalen Feinheiten des projizierten Filmes werden eine Quelle der Freude.

Diese Analogie soll nicht zu der Annahme führen, daß die Entfaltung kosmischen Bewußtseins das Leben als unwirklich hinstelle. Das Verständnis, daß ein Film nur ein Film ist, hindert einen Menschen schließlich auch nicht daran, in ihn verwickelt zu werden. Die Analogie dient nur zur Unterscheidung zwischen der Realität des Bewußtseins an sich und seiner Manifestationen in unserer Wahrnehmung der Welt. Unsere Erfahrungen werden lebendig durch unser Bewußtsein, aber Bewußtsein existiert schon, bevor äußere Erfahrungen da sind, und ist deshalb unabhängig von ihnen. Wenn diese Unabhängigkeit des Bewußtseins als eine dauernde Wirklichkeit erfahren wird, kann der Mensch sich an seiner Aktivität freuen, ohne von ihr überschattet zu werden. Genauso, wie das Verständnis der wahren Natur eines Films die Freude an jedem Film vergrößert, gibt auch ein volles Wissen über das Selbst im kosmischen Bewußtsein eine stabile Grundlage für die volle Teilnahme am Leben.

Eine solche Unabhängigkeit des Selbst von der Aktivität ist in keiner Weise ein Zustand distanzierter Abkehr vom Leben. Maharishi erklärt:

> »Wenn durch TM kosmisches Bewußtsein erreicht ist, arbeitet der Geist automatisch von der Ebene seines vollen Potentials aus. Die Sinne haben ihre maximale Entwicklungsmöglichkeit erreicht und funktionieren mit einem Höchstmaß an Leistungsfähigkeit. Das ist der Grund dafür, weshalb die Sinne, wenn sie von ihrer erhöhten Ebene aus funktionieren, Objekte vollständiger wahrnehmen, was auf eine noch größere Wertschätzung

der Objekte hinausläuft und damit eine Erfahrung größeren Glücks auf der Sinnesebene möglich macht. Man freut sich mehr an den Sinnesobjekten als vorher, aber sie nehmen dennoch nicht den Geist gefangen. Der erleuchtete Mensch bleibt somit natürlicherweise in einem Zustand, in dem die Sinne weiterhin ihre Objekte erfahren, während er selbst frei bleibt [187, S. 343].«

Psychologen haben beschrieben, wie die Erfahrung der meisten Erwachsenen in stereotypen und schematischen Bahnen abläuft. Charles Tart zeigt auf, daß die Menschen im allgemeinen »abstrakte Wahrnehmungsmuster an die Stelle umgeformter Sinneserfahrungen setzen« [278, S. 486]. Auf diese Weise verlieren die Menschen die Fähigkeit, Plätze und Stellen wahrzunehmen, an denen sie täglich auf ihrem Weg zur Arbeit vorbeikommen. Ihre sozialen Beziehungen werden starr, und sie nehmen andere Menschen nur durch die Brille stereotyper Vorurteile wahr. Ornstein beklagt diese allgemeine Tendenz, die Welt nur in starren Wahrnehmungsmustern zu sehen, und beschreibt den begrenzenden Aspekt »linearer Formen des Bewußtseins«, welche die Erfahrung der Realität verarmen lassen [224, S. 41–46]. Erich Fromm beschreibt, wie ein dreifacher Filter aus Sprache, Logik und gesellschaftlich vereinbarten Konzepten dem Leben Reichtum und Einzigartigkeit nimmt [88, S. 99–104]. Dieser Vorgang, uns selbst der Erfahrung zu verschließen, wird als Automatisierung bezeichnet.

Wir können die Freiheit des kosmischen Bewußtseins als eine vollständige Deautomatisierung verstehen. Im kosmischen Bewußtsein berichten die Menschen von großer Aufgeschlossenheit für äußere Erfahrungen – eine Frische oder sogar Unschuld, durch die sie ein feineres Gefühl für die Neuartigkeit jeder Situation entwickeln, selbst wenn sie sie schon hundertmal vorher erlebt hatten. Ein Meditierender, der schon 5 Jahre lang TM ausübt, bemerkte:

»Ich kann nun voll wahrnehmen. Ich bin voll bei allen Dingen, auf die meine Aufmerksamkeit fällt. Ich fühle, daß ich sie in natürlicher Weise als das sehe, was sie sind. Ich erinnere mich, wie ich einen Baum ansah. Ich fühlte viel deutlicher, wie lebendig er war; er war nicht nur Holz, er lebte. Ich konnte die Schönheit dieser Schöpfung in jeder glänzenden Tannennadel erkennen, in jedem Stück Rinde. Ich bin früher oft an diesem Baum vorbeigegangen, aber nun ist es jedesmal, wenn ich nur kurz hinschaue, eine neue und frische Wahrnehmung.«

Menschen in kosmischem Bewußtsein berichten von einem Zustand der Ausgewogenheit und Integration. In diesem können sie sich jederzeit an einer stabilen konzentrierten Fülle erfreuen. Mit einem Gefühl der Sicherheit in einem unbegrenzten Fluß von Energie, Intelligenz und Erfüllung, frei von den Unsicherheiten des Lebens, brauchen sie sich selbst nicht mit starren Erwartungshaltungen der Wahrnehmung zu verteidigen. Ein Ausübender der TM, der sich dieser Erfahrung anscheinend näherte, erklärte:

»Nachdem ich 6 Jahre lang meditiert habe, bemerke ich, daß alles in mir viel ruhiger geworden ist, daß ich weniger mit den großen Mustern der Geschehnisse um mich herum in Konflikt gerate. Ich hatte so viel inneren Lärm, entweder stille Gedanken oder chaotische Gefühle, daß ich nicht in der Lage war, die größeren Entwicklungen zu sehen, die um mich herum Gestalt annahmen. Als Resultat dessen fühle ich jetzt, daß meine Teilnahme am Leben mehr eine Freude ist über das, was in mir *und* um mich herum geschieht, anstatt ein Versuch, dieses oder jenes geschehen zu machen. Ich nenne es »teilnehmende Wachheit«. Man schafft ein Gleichgewicht zwischen vollster aktiver Teilnahme am Leben und dieser ständigen großen inneren Wachheit neuen Situationen und Mustern gegenüber, die sich entwickeln. Man wird nicht von unbedeutenden Dingen gefangengenommen, und man erzwingt nicht die Dinge, aber man sieht in jedem Augenblick klar, was man tun kann und was am wichtigsten ist.«

Eine wesentliche Komponente des Aufstiegs kosmischen Bewußtseins ist die Auflösung des Einflusses negativer Eindrücke aus der Vergangenheit. Wir interpretieren natürlicherweise jede neue Situation unter den Gesichtspunkten früherer Erfahrungen und antworten auf neue Sinnesdaten in Kategorien und Tendenzen, die mit ähnlichen früheren Eindrücken assoziiert sind. Für negative Eindrücke müssen wir teuer bezahlen, insofern sie unsere Fähigkeit begrenzen, die Welt klar wahrzunehmen und eine positive Interaktion mit unserer Umgebung aufrechtzuerhalten. Eindrücke aus der Vergangenheit führen dazu, Gründe für Angst und Ärger in an sich harmlose Situationen hineinzulesen. Ein 29jähriger TM-Lehrer, der seit 4 Jahren TM ausübt, erinnert sich an dieses Problem:

»Ich kann mich an Zeiten erinnern, wo ich durch überwältigende Situationen aus dem Gleichgewicht geworfen wurde, aber jetzt trifft mich so etwas einfach nicht mehr. Ich kann fühlen, was geschieht, ich erfahre Gefühle und Feinheiten tiefer, aber das erschüttert und überschattet mich nicht mehr wie früher oft. Ich tue einfach, was getan werden muß, und mache weiter. Ich fühle keinerlei Nachwirkungen mehr von schweren Erlebnissen. Die Probleme anderer Leute haben mich früher so sehr gepackt, daß ich mein inneres Gleichgewicht verloren habe; aber jetzt empfinde ich viel tiefer für sie, weil ich ihnen helfen kann, ohne meine eigene Stabilität zu verlieren …

Die Erinnerung an früheren Streß ist nicht weggewaschen. Es ist wie bei einer Orangenschale: Der bittere Teil ist immer da, aber man weiß, wo der gute Teil ist. Und weil der Geist weiß, wie er zum guten Teil kommt, denkt man an das Schlechte gar nicht erst, man geht einfach hindurch. Es ist nur eine Frage, die richtigen Verbindungen herzustellen. Die Erinnerung ist da; in einem verspannten Menschen werden ständig alle möglichen falschen Verbindungen hergestellt. Wenn man sich entwickelt, werden die Verbindungen sehr zweckgerichtet und auf Entwicklung ausgerichtet, so daß die eigene Evolution und die aller anderen unterstützt wird.

Es ist immer noch schmerzhaft, die Leute um sich herum leiden zu sehen. Aber es besteht ein Unterschied zwischen einem Zwicken und einem Vorschlaghammer. Es ist wie mit dem Honig, den Maharishi in seinem Beispiel gebraucht. Wer einmal Honig geschmeckt hat, oder wer einmal in einem unveränderlichen Bereich gefestigt ist, gut, der kennt diesen Wert und kennt ihn als eine ständige Realität. Zur selben Zeit geht die Veränderung weiter. Geringere Werte sind immer da. Man verliert keinen geringeren Wert, nur weil man einen größeren erhalten hat. Die Dinge gehen weiter in der Welt, aber das Schöne daran ist: Wenn ein Mensch unerschütterlich ist, dann kann er alles um sich herum besser stabilisieren, einfach nur dadurch, daß er ist, was er ist. Und dann vergrößern seine Handlungen sein

Sein, sie vergrößern den Effekt dieser Stabilität, indem sie sie erweitern und für die Umwelt erreichbar machen.«

Maharishi hat die Beseitigung negativer Eindrücke aus der Vergangenheit primär als das Resultat der Erfahrung reinen Bewußtseins erklärt, die alle Erfahrungen – vergangene und gegenwärtige – mit der unbegrenzten Befriedigung reiner kreativer Intelligenz durchflutet. Er sagt, daß der Haupteffekt der Entfaltung kosmischen Bewußtseins darin besteht, daß ein Mensch eine Identität erhält, die in »Glückseligkeitsbewußtsein« verankert ist. Er fährt fort:

> »Dann erkennt der Mensch, daß sein Selbst verschieden ist vom Geist, der mit Gedanken und Wünschen beschäftigt ist. Es ist dann seine Erfahrung, daß der Geist, der sich mit Gedanken und Wünschen identifiziert hatte, wesentlich mit dem Selbst identisch ist [187, S. 150–151].«

Mit anderen Worten: Negative Eindrücke aus der Vergangenheit werden keineswegs vernichtet, wenn kosmisches Bewußtsein entsteht, sondern sie werden zweitrangig gegenüber der großen Befriedigung, die diesem Zustand zu eigen ist.

Diese Verankerung der geistigen Vorgänge in reinem Glück, charakteristisch für das Entstehen kosmischen Bewußtseins, erklärt die Veränderungen, die tief in der Psyche stattfinden. Im kosmischen Bewußtsein erfährt ein Mensch,

> »... daß die Wünsche des Geistes außerhalb von ihm selbst sind, wohingegen er früher sich selbst als völlig in den Wünschen verwickelt erlebt hatte. Auf der Oberfläche des Geistes sind gewiß immer noch Wünsche, aber tief im Geist gibt es sie nicht mehr, da die Tiefen des Geistes in die Natur des Selbst transformiert worden sind. Alle Wünsche, die im Geist vorhanden waren, sind sozusagen ›nach oben geworfen‹ worden, sie sind zur Oberfläche gegangen, und tief im Geist erhält der feinste Intellekt einen unerschütterlichen Status [187, S. 151].«

Wenn somit kosmisches Bewußtsein entsteht, wird unsere subtile Unterscheidungsfähigkeit, der Intellekt, von seiner Versklavung durch die Wünsche befreit. Von den Wünschen in der Tiefe des

Geistes befreit, erfährt der Mensch den unbegrenzten Status seines eigenen Selbst und hat »Glückseligkeitsbewußtsein«.

Diese Befreiung von den Wünschen durch den Einfluß der Glückseligkeit auf den Geist hat jedoch nicht die Wirkung, daß der Mensch weniger im Leben engagiert ist.

»Es wäre falsch zu denken, daß jemand, der diesen Zustand erreicht hat, in Untätigkeit verharrt und nicht aktiv wird. Dieser Zustand des Lebens ist so, daß er die Freiheit des inneren Selbst erhält und zur selben Zeit wirkungsvoll und erfolgreich aktiv ist [187, S. 151].«

Obwohl Erfüllung erreicht ist, zwingt die Natur der Existenz den Menschen weiterhin zur Handlung. In einem vollkommen erfüllten Menschen sieht der Wunsch zur Handlung ganz anders aus als der Wunsch eines Menschen, der noch Befriedigung sucht. Von maximaler kreativer Intelligenz unterstützt, ist die Handlung Ausdruck und nicht Manipulation. Ohne sich noch um persönliche Begrenzungen zu sorgen, genießt der kosmisch Bewußte in natürlicher Weise den Erfolg.

Weiterhin erlaubt die ständige Wachheit und Aufgeschlossenheit gegenüber der äußeren Welt einem kosmisch Bewußten, spontan richtige Entscheidungen zu treffen. Hier die Erfahrung eines 26jährigen, der seit 5 Jahren meditiert:

»Ich merke, daß ich wirklich in der Lage bin, schnell das zu tun, was ich zu tun habe. Wenn ich etwas will oder brauche, muß ich nicht lange warten und überlegen, was zu tun ist, oder ob ich im Einklang mit meinem Geschmack oder meinem Interesse bin oder was auch immer. Weil diese Harmonie da ist, finde ich, daß in jedem Augenblick die beste Gelegenheit gerade da ist. Es ist also keine Sache der Entscheidung, wie man das Beste aus einer Situation herausholt. Die beste Situation ist immer da, und man ist in der Lage, die größten Vorteile für sich und andere daraus zu ziehen. Was in dieser spontanen Weise geschieht, ist die Funktion dessen, was wichtig für das Individuum ist, das die Arbeit beginnt, und richtig ist für jeden in der Umgebung. So kommt beides glücklich zusammen. Was immer ich tue, hat mit der gesamten Umwelt zu tun.«

Ein Mensch im kosmischen Bewußtsein behält den Zustand maximaler innerer Freiheit und kann Entscheidungen treffen, die den höchsten Werten entsprechen und nicht nur kurzsichtigen Bedürfnissen. Es mag sein, daß jede Arbeit, die ein kosmisch Bewußter unternimmt, in ihren Zielen von einem spontanen Altruismus geprägt ist in dem Sinne, daß das Beste für die Menschheit erreicht wird. Ständiges unbegrenztes Bewußtsein befähigt solch einen Menschen, ein natürliches Gefühl für Moral, Gerechtigkeit, Schönheit und Wahrheit zu entfalten, diejenigen Werte also, die Maslow als die tiefste Ebene der menschlichen Natur aufgezeigt hat [199, S. 83]. Der kosmisch Bewußte lebt den Zustand vollkommener innerer Erfüllung und handelt mit dem Ziel, seine sich verändernde Umwelt auf dieselbe Ebene stabilisierter Vollkommenheit zu heben, die er in sich selbst erfährt.

Die Physiologie des kosmischen Bewußtseins

Jeder Bewußtseinszustand hängt von einem entsprechenden Zustand des Nervensystems ab. Dieses psychophysiologische Prinzip, das unsere Erörterung der ersten vier Bewußtseinsstufen geleitet hat – Wachen, Schlafen, Träumen und transzendentales Bewußtsein – trifft auch für das kosmische Bewußtsein zu. Wie Maharishi es beschreibt, ist die Entwicklung zum kosmischen Bewußtsein das natürliche Ergebnis der regelmäßigen Abwechslung ruhevoller Wachheit während der TM mit der normalen täglichen Aktivität, bis alle Spannungen systematisch aus dem Nervensystem beseitigt sind. Kosmisches Bewußtsein erscheint dann als ein einzigartiger Zustand psychophysiologischer Integration. Aufgrund seiner offensichtlichen Unterschiede zu allen anderen Bewußtseinsstufen hat Maharishi kosmisches Bewußtsein ausdrücklich als einen 5. Bewußtseinszustand identifiziert.

Untersuchungen höherer Bewußtseinszustände gehören zu den aufregendsten Arbeiten an der Front psychophysiologischer Forschung. R. K. Wallace, dessen wegbereitende Untersuchungen über TM den 4. Zustand nachgewiesen haben [291, 294], deutete den Autoren gegenüber an, daß die psychophysiologische Beschreibung des 5. Zustandes die nächste große Herausforderung für die Forscher sei, die sich mit der physischen Grundlage menschlichen Bewußtseins beschäftigen. In ihren Bemühungen, die Charakteristika kosmischen Bewußtseins zu bestimmen, müssen die Forscher zunächst entscheiden, wo sie nach den physischen

Wirkungen des 5. Bewußtseinszustandes suchen sollen. Jon Farrow, Neurobiologe an der MIU, legte in einer Unterhaltung mit den Autoren folgendes dar:

»Ich nehme an, daß zukünftige Untersuchungen der höheren Bewußtseinszustände eine zunehmende Synchronisation aller Körperrhythmen erkennen lassen werden. EEG-Untersuchungen haben bereits höchst bemerkenswerte synchrone Aktivität während der TM aufgezeigt. Wir könnten sehr wohl eine ähnliche stabilisierende Integration in dem harmonischen Zusammenspiel anderer Rhythmen, einschließlich der Cirkadischen Rhythmen finden. Meine persönliche Überzeugung ist, daß physiologische Untersuchungen über kosmisches Bewußtsein sehr wahrscheinlich bemerkenswerte Veränderungen in hormonalen Rhythmen ebenso wie in den Gehirnwellen aufzeigen werden.«

Banquet [19, 20] und Glueck [100] haben schon von dramatischen Steigerungen der Kohärenz elektrischer Aktivität verschiedener Zonen des Gehirns während der TM berichtet. Bei fortgeschrittenen TM-Ausübenden entwickelt das Frequenzspektrum ihrer EEGs regelmäßige schmale Spitzen in der Theta- und Beta-Gegend gleichzeitig zusammen mit Phasenkohärenz zwischen der linken und rechten Gehirnhälfte [20]. Solche Hypersynchronisation ist einmalig in EEG-Untersuchungen und scheint ein physiologisches Korrelat zu der Erfahrung erweiterten Bewußtseins zu sein. Wir können aufgrund dieser frühen Ergebnisse die Hypothese aufstellen, daß das ununterbrochene unbegrenzte Bewußtsein des kosmischen Bewußtseins als völlige zeitliche und räumliche Wellenkohärenz des gesamten elektrophysiologischen Systems des Gehirns erscheinen wird.

Maharihis Behauptung, daß ein Mensch im kosmischen Bewußtsein unbegrenztes reines Bewußtsein während des Wachens, Träumens und Schlafens beibehält, eröffnet ein weiteres vielversprechendes Gebiet für wissenschaftliche Forschung [187, S. 183]. Wir können die Hypothese aufstellen, daß ganz spezifische EEG-Muster während des Schlafes eines kosmischen Bewußten auftreten. Banquet hat einige bisher unveröffentlichte Daten über den Schlaf von Personen gesammelt, die schon seit langem TM ausüben. Er stellte fest, daß während langer Schlafphasen Alpha-wellen, die gemeinhin für entspannte Wachheit charakteristisch sind, sich über große Deltawellen legen, die charakteristisch für den tiefen Schlaf sind. Wenn dies durch weitere Untersuchungen erhärtet werden kann, dann wird diese Entdeckung die physiologische Bestätigung der Berichte dieser Meditierenden sein, daß sie Wachheit während des Schlafes erfahren.

Die beruhigenden Wirkungen der Erfahrung reinen Bewußtseins während der Aktivität bilden noch ein weiteres Gebiet für Untersuchungen über die Physiologie des 5. Bewußtseinszustandes. Ein 28jähriger Mann, der seit sieben Jahren meditiert, berichtet: »Ich ruhe mich mehr aus als früher, aber ich bin nicht so lange im Bett. Die Ruhe ist die größte Ruhe die ich je gekannt habe, sie ist tatsächlich 24 Stunden am Tag da.« Solche Personen behaupten auch, daß ihre täglichen Energiereserven frühere Fähigkeiten bei weitem übersteigen. Ein solches Anwachsen der Energie und Vitalität müßte sich anhand der Stoffwechselrate und durch biochemische Untersuchungen messen lassen. Nach Maharishi resultiert dieser uneingeschränkte Fluß von Energie aus der Auflösung allen Stresses aus der Vergangenheit und aus der hohen Widerstandsfähigkeit gegenüber der Ansammlung von neuem Streß. Die Streßreaktion ist physiologisch meßbar. Die Untersuchungen von Orme-Johnson und Thomas Routt [217, 243], die gezeigt haben, daß Meditierende größere autonome Stabilität haben, lassen noch eine weitere Möglichkeit erkennen, den 5. Zustand zu untersuchen.

Mahrishi gibt uns einen weiteren Einblick in die physiologischen Veränderungen, die die Entwicklungen zum kosmischen Bewußtsein begleiten, wenn er die notwendige Integration des vierten Bewußtseinszustandes mit Wachen, Träumen und Schlafen erörtert.

> »Transzendentales Bewußtsein entspricht einem bestimmten Zustand des Nervensystems, der jede Aktivität transzendiert und deshalb völlig verschieden ist von *dem* Zustand des Nervensystems, der dem Wachbewußtsein entspricht.
> Damit nun Transzendentales Bewußtsein permanent werden und gleichzeitig neben dem Wachzustand bestehen kann, ist es nötig, daß die zwei Zustände des Nervensystems, die diesen zwei Bewußtseinszuständen entsprechen, gleichzeitig nebeneinander herlaufen. Dies wird erreicht, indem der Geist ab-

wechselnd transzendentales Bewußtsein und Wachzustand erfährt. Diese allmähliche und systematische Kultivierung des physischen Nervensystems schafft eine physiologische Situation, in der die zwei Bewußtseinszustände gleichzeitig nebeneinander existieren. Es ist bekannt, daß im Nervensystem viele voneinander unabhängige Funktionsebenen vorhanden sind, zwischen denen ebenfalls ein System der Koordination existiert. Im Zustand des kosmischen Bewußtseins funktionieren zwei verschiedene Ebenen der Organisation im Nervensystem gleichzeitig nebeneinander, während ihre Funktionen trotzdem getrennt bleiben. Zu Beginn der TM-Ausübung können diese zwei Funktionsebenen im Nervensystem nicht gleichzeitig existieren. Die Funktion der einen Ebene hindert die Funktion der anderen. Das ist der Grund dafür, weshalb zu Beginn entweder nur transzendentales Bewußtsein oder nur der Wachzustand erfahren werden kann. Die Übung des Geistes darin, von einem Zustand zum anderen überzuwechseln, überwindet allmählich dieses physiologische Hindernis, und die zwei Ebenen beginnen, vollkommen zur selben Zeit zu funktionieren, ohne sich gegenseitig zu stören; und trotzdem erhalten sie ihre unterschiedliche Identität aufrecht [187, S. 314–315].«

In dieser Darlegung präsentiert Maharishi verschiedene Einsichten in die physiologischen Veränderungen, die aus der täglichen Praxis der TM resultieren. Zwei interessante Gesichtspunkte, die für weitere Untersuchungen bedeutsam sein könnten, sind folgende:

1) Beim kosmischen Bewußtsein arbeiten zwei verschiedene Aspekte des Nervensystems gleichzeitig.
2) Diese Vorgänge behindern sich zunächst gegenseitig.

Eine letzte Möglichkeit von Untersuchungen über die Physiologie des kosmischen Bewußtseins verdient erwähnt zu werden. Die altindischen Texte der Veden enthalten häufige Hinweise auf eine Chemikalie, die Soma genannt wird [187, S. 9–17]. Viele Verse, besonders in den Rig-Veden, sind einer poetischen Beschreibung der rituellen Zubereitung dieser Substanz gewidmet und preisen ihre wunderbaren Eigenschaften. Während bestimmte Kommentatoren glaubten, daß es sich bei dieser Substanz um rituelle Nahrung oder um eine halluzinogene Droge gehandelt haben könnte, erklärt Maharishi, daß Soma ein natürliches Stoffwechselprodukt sei, das durch eine Verfeinerung im Verdauungssystem des kosmisch bewußten Menschen erzeugt wird. Maharishi deutete an, daß diese Substanz eine Chemikalie ist, und analysierbar sein müßte. Bei Gesprächen mit Medizinern legte er nahe, daß man durch Untersuchungen herausfinden müsse, ob Soma eine neue Chemikalie ist, die im Körper erst nach dem Beginn kosmischen Bewußtseins produziert wird, oder ob es nur eine neue Verwendung einer schon vorhandenen Chemikalie ist, wie z. B. Serotonin: eine Verbindung, die im Magen und Gehirn gefunden wurde und die, wie man weiß, die Bewußtseinszustände bedeutsam beeinflußt [21]. Maharishi erklärt, daß der Wert von Soma darin liege, eine wesentliche physiologische Komponente bei der weiteren Verfeinerung des Bewußtseins zu sein, nachdem ein Individuum kosmisches Bewußtsein erreicht hat [190].

Weitere Horizonte des Bewußtseins

Kosmisches Bewußtsein ist nicht die letzte Stufe menschlicher Entwicklung, die durch die systematische Ausübung der TM erreicht werden kann. Wenn einmal kosmisches Bewußtsein erreicht ist, so sagt Maharishi, entstehen nacheinander zwei weitere, höhere Zustände, nämlich verfeinertes kosmisches Bewußtsein und Einheitsbewußtsein. Diese Bewußtseinszustände drücken die immer klarer werdende Wahrnehmung des vollen Wertes reiner kreativer Intelligenz durch den Meditierenden aus. Maharishi hat diese Zustände als den 6. und 7. Bewußtseinszustand beschrieben und hat angedeutet, daß sie physiologisch voneinander und vom kosmischen Bewußtsein genauso verschieden sind wie von Wachen, Träumen und Schlafen. Obwohl es noch keine Untersuchungen gibt, die diese Behauptungen bestätigen könnten, so wird Maharishis systematische Beschreibung der Entwicklung dieser Zustände dennoch durch Berichte von Meditierenden gestützt, die schon 10 Jahre oder länger TM ausüben [189: XXIII]. Wenn immer mehr Meditierende diese Ebene erreichen, werden wissenschaftliche Untersuchungen voraussichtlich Maharishis Beschreibung höherer Bewußtseinsebenen genauso untermauern, wie es beim 4. Zustand geschehen ist.

Nach Maharishi ist die Bewußtseinsentwicklung jenseits des

kosmischen Bewußtseins hauptsächlich als Entwicklung der Wahrnehmung der äußeren Welt zu verstehen. Der 6. Zustand, verfeinertes kosmisches Bewußtsein, entfaltet die spontane Erfahrung feinerer Aspekte der Realität in der unmittelbaren Umgebung eines Menschen. Genau wie die Wissenschaft gezeigt hat, daß die Materie auf molekularer, atomarer und subatomarer Ebene analysiert werden kann, tritt eine parallele Erweiterung der Wahrnehmungsfähigkeiten mit der Entwicklung zum 6. Zustand hin ein. Maharishi erklärt, daß die Fähigkeit, feinere Aspekte von Dingen wahrzunehmen, durch die volle Entwicklung der Wertschätzung und der Liebe entsteht [190]. Bis zu einem gewissen Grad ist jeder mit den Wirkungen innerer Stimmungen auf die Wahrnehmung vertraut: Wenn wir uns gut fühlen, erscheinen alle Dinge schöner; wenn wir depressiv sind, erscheinen alle Dinge flach und grau. Wenn wir einen Menschen, ein Kunstwerk oder ein Ideal lieben, nehmen wir das Geliebte in seinen feineren Qualitäten wahr, die für diejenigen unsichtbar bleiben, die dieses liebende Gefühl nicht haben. Maharishi hat den 6. Zustand als eine tiefgehende Erweiterung des »Herzens« bezeichnet, durch die ein Mensch liebevolle Beziehungen zu allem, was er erfährt, entfaltet [189: XXIII]. Hingabe an den Ehepartner, an die Familie, an die Eltern oder an intellektuelle Ideale beschleunigen diese Entwicklung.

Die wachsende Anziehung durch die Liebe führt den Menschen, der sich zum 6. Zustand erhoben hat, dahin, ruhigere und intimere Aspekte dessen, was er wahrnimmt, zu erkennen. Maharishi erklärt, daß, genauso wie ein Mensch durch die Ausübung der TM einen Gedanken auf immer feineren Ebenen erfährt, jemand im 6. Zustand feinere Ebenen der Sinnesobjekte wahrnimmt, während er im täglichen Leben aktiv ist. In dem Maße, wie er kosmisches Bewußtsein verfeinert, beginnt er in der äußeren Welt Aspekte wahrzunehmen, die seine Erfahrung reiner kreativer Intelligenz reflektieren.

Diese Wahrnehmung der verfeinerten Ebenen der Realität auf der Basis einer erhöhten universellen Liebe stellt ein Absprungbrett für einen noch höheren Grad der Wahrnehmungsschärfe dar. Diese Transformation entfaltet den siebten Zustand, das Einheitsbewußtsein. Genauso wie das Mantra einen Menschen nach innen, durch ruhigere Zustände der Gedanken hindurch zu dem

Bereich reiner kreativer Intelligenz führt, so führt die Wahrnehmung der feineren Ebenen der äußeren Realität den Menschen im 6. Zustand dazu, den Bereich reiner kreativer Intelligenz als Grundlage aller Dinge wahrzunehmen.

»In dieser weiteren Entwicklung wird die Lebendigkeit der Unendlichkeit wahrgenommen auf der Grundlage der Endlichkeit. Das ist nur möglich, wenn der bewußte Geist im unendlichen Wert pulsiert und die Wahrnehmung so verfeinert ist, daß die feinsten relativen Werte spontan wahrgenommen werden können. Aus diesem Zustand heraus erhebt sich die feinste relative Wahrnehmung auf die Ebene des unendlichen Wertes der Wahrnehmung [189, S. XXIII].«

Maharishi berichtet, daß im Einheitsbewußtsein die gleiche reine kreative Intelligenz, die als die Basis des Selbst vom Beginn des kosmischen Bewußtseins wahrgenommen wurde, nun auch als die grundlegende Essenz aller Dinge in der Umgebung wahrgenommen wird. Diese Qualität der Wahrnehmung resultiert in der völligen Auflösung der Trennung zwischen dem Individuum und seiner Welt. Maharishi berichtet, daß für einen Menschen, der sich dieses Zustandes erfreut, jedes Objekt ebenso lieb und teuer ist wie er sich selbst:

»In diesem geeinten Zustand des Bewußtseins sind der Erfahrende und das Objekt der Erfahrung auf dieselbe Ebene der Unendlichkeit angehoben worden, und dies betrifft das gesamte Phänomen der Wahrnehmung wie auch der Handlung. Die Kluft zwischen dem Wissenden und dem Objekt seines Wissens ist überbrückt worden [189, S. XXIII].«

Auf diese Weise vervollständigt die vereinigende Kraft der Liebe, die die letzte Integration des Individuums mit seiner Umwelt durch die Entfaltung der Wahrnehmung feinerer Ebenen der relativen Existenz eingeleitet hatte, den Entwicklungsprozeß, indem sie Subjekt und Objekt auf der Ebene der absoluten reinen kreativen Intelligenz vereinigt.

Dieser Zustand der Einheit ist von einer völlig anderen Natur als die von Psychologen beschriebenen Zustände, in denen ein Mensch seine Fähigkeit verliert, sich von den Objekten seiner Wahrnehmung zu differenzieren. Freud beschrieb eine uranfängliche Einheit, in der das Kind nicht in der Lage ist, sich von seiner Umwelt zu unterscheiden [82, S. 12]. Jung beschrieb eine »participation mystique« (mystische Teilnahme), durch die kulturelle Traditionen primitiven Völkern ein dauerhaftes Gefühl der Einheit untereinander und mit der Natur auf Kosten der Individualität verleihen [138]. R. D. Laing beschreibt einige erschreckende psychotische Erfahrungen, die die Auflösung der Grenzen des Ich und eine vollständige Identifikation mit allem Geschehenen oder Gehörten mit sich bringen [163]. Ernst Kris hat aufgezeigt, daß Künstler und kreative Menschen häufig produktive regressive Erfahrungen haben, in denen sie Einheit mit den Objekten ihrer Wahrnehmung finden [164]. Alle diese Erfahrungen entstehen auf Kosten der Einzigartigkeit und der Stabilität der persönlichen Individualität. Das Subjekt verliert sich völlig in dem Objekt der Wahrnehmung.

Maharishi erklärt, daß das Bewußtsein der Einheit auf der Basis kosmischen Bewußtseins entfaltet wird [189, S. XXIII]. Im 5. Zustand ist das individuelle Bewußtsein unerschütterlich in reiner kreativer Intelligenz gefestigt. Gegründet auf einem unveränderlichen Zentrum innerhalb des Individuums, verstärkt das Einheitsbewußtsein die Individualität eher, als daß es sie verringert. Der siebte Bewußtseinszustand ist weder eine regressive Nicht-Unterscheidung zwischen Individuum und Umwelt, noch ist er ein Zustand, in dem das Individuum in irgendeiner Weise überschattet wird von den Objekten seiner Wahrnehmung. Statt dessen beinhaltet er eine Vereinigung des Subjektes mit dem Objekt im höchsten Werte des Subjektes. Der innere Wert der unbegrenzten kreativen Intelligenz, der den Erfahrenden charakterisiert, kennzeichnet nun auch das Objekt und vereinigt deshalb das Subjekt mit dem Objekt. Eine solche Fähigkeit, die grundlegende Einheit aller Existenz direkt auf der Ebene des Selbst wahrzunehmen, erlaubt dem Menschen im 7. Bewußtseinszustand alles, was er sieht, zutiefst zu verstehen. Und was noch wichtiger ist: Sie führt zu einem Zustand im Leben, in dem der Wert unbegrenzten Glückseligkeitsbewußtseins voll gelebt wird, sowohl in den inneren als auch in den äußeren Aspekten des Lebens.

Das Ziel des Lebens

Alles, was wir tun, hat nicht nur ein unmittelbares, sondern auch ein letztes Ziel. Obwohl wir ständig unsere Aktivitäten verändern entsprechend den sich ständig ändernden Wünschen, so ist dennoch das subjektive innere Ziel aller Menschen die Erfüllung. Diese Feststellung des letzten Zweckes impliziert nicht, daß jeder gleich werden soll, kann oder jemals sein wird. Jeder Mensch ist einzigartig, und in der Tat hängt der Fortschritt der Zivilisation von der Differenzierung menschlicher Fähigkeiten ab. Im Laufe der individuellen Entwicklung jedoch strebt jeder Mensch notwendigerweise und aktiv danach, seine innersten Fähigkeiten, sein volles Maß an Energie und Intelligenz vollkommen auszudrücken und eine höchstmögliche Erfüllung für sich selbst zu erlangen. Falls jedes einzelne Individuum irgendwie in der Lage wäre, dieses Ziel zu erreichen, dann könnten wir eine Lösung für die Krisen, die unser modernes Leben bedrücken, ins Auge fassen. Unsere grundlegende These kann einfach ausgedrückt werden:

Das menschliche Nervensystem ist in der Lage, unbegrenzte kreative Intelligenz ununterbrochen zu erfahren. Dadurch erhält der Mensch Zutritt zu seinem unbegrenzten inneren Potential und beginnt, die Werte der kreativen Intelligenz in seiner täglichen Arbeit auszudrücken; sein Bewußtsein erweitert sich. Wir können den Grad, zu dem ein Individuum diese unbegrenzte Quelle nutzt, erkennen, indem wir seinen Bewußtseinszustand untersuchen. Wir haben sieben Bewußtseinszustände aufgeführt, die die sieben Hauptübergänge darstellen von der am meisten beschränkten Möglichkeit menschlicher Erfahrung bis zum umfassendsten Zustand der Erfüllung:

Schlafen
Träumen
Wachen
Reine Bewußtheit oder transzendentales Bewußtsein
Kosmisches Bewußtsein
Verfeinertes kosmisches Bewußtsein
Einheitsbewußtsein

Maharishi definiert diese sieben Bewußtseinszustände als die Hauptstufen des Wachstums, die charakterisiert sind durch bestimmte Ebenen subjektiver und physiologischer Veränderungen. Schlafen, Träumen, Wachen sind uns bekannt und physiologisch wohl definiert. TM führt die regelmäßige Erfahrung reinen Bewußtseins ein. Es scheint bewiesen, daß dieser Zustand ruhevoller Wachheit sich von den ersten drei Zuständen unterscheidet und zu deren vollem Ausdruck notwendig ist. Systematische Erfahrung des 4. Zustandes führt zum 5. Stadium, dem normalen Zustand des Menschen, in dem sein vollkommen integriertes Nervensystem reine Intelligenz voll ausdrückt. Ein Mensch im kosmischen Bewußtsein erfreut sich ständiger reiner Bewußtheit zusammen mit Schlafen, Träumen und Wachen. Die physiologische Integration des 5. Zustandes ermöglicht eine weitere Entwicklung des Bewußtseins. Die Bereicherung emotionaler Fähigkeiten auf der Basis perfekter psychophysiologischer Integration verfeinert die Wahrnehmung, um eine Erfahrung subtilerer Ebenen der objektiven Existenz im 6. Zustand zu vermitteln. Schließlich vervollständigt der siebte Zustand diese Entwicklung, indem er die direkte Wahrnehmung des absoluten Bereiches reiner kreativer Intelligenz nicht nur im Individuum, sondern auch in der Welt entfaltet. In diesem Zustand drückt der Mensch die volle Würde des Lebens aus, auf der Grundlage andauernder und unbegrenzter Erfüllung in allem, was er tut.

8
Auf dem Weg zu einer erfüllten Gesellschaft

Wir stehen vor dem Anbruch einer Umwälzung, die sich einmal als eine der bedeutendsten in der Geschichte der Menschheit erweisen wird. Aufgrund der heutigen beschleunigten Entwicklung, haben wir den Vorzug, mehrere Jahrzehnte kultureller und wirtschaftlicher Veränderungen miterlebt zu haben, die an Umfang und Bedeutung historische Umwälzungen übertreffen, die in der Vergangenheit über Jahrhunderte gebraucht haben. Sehr wenige Menschen des Europa im frühen neunzehnten Jahrhundert erkannten die Bedeutung der Textilfabriken und der wachsenden Stadtbevölkerungen beim Anbruch dessen, was wir heute die industrielle Revolution nennen. Noch geringer war die Zahl derer, die die Wichtigkeit von Kopernikus' neuer Methode und Betrachtungsweise der Astronomie erkannten oder Gutenbergs revolutionäre Buchdruckmethode in der Morgendämmerung der Renaissance. Wir können mit Recht bezweifeln, ob auch irgend jemand die Wirkung des Christentums auf das Römische Reich zu Christi Zeiten voraussah. Und wir können ziemlich sicher sein, daß niemand die Anwendungsmöglichkeiten der neuen Instrumente übersah, als die Eisengewinnung aus Erz entdeckt wurde. Mit der technologischen Revolution jedoch war die ganze Welt Zeuge, wie sich die Datenverarbeitung über vier Jahrzehnte hinweg von mechanischen Rechnern zu komplizierten Computersystemen entwickelte, beobachtete, wie innerhalb von fünfundzwanzig Jahren Kommunikationsnetze mit unmittelbarer Funk- und Fernsehübertragung die Erde umspannten, und stand erstaunt unserer Umwandlung von erdgebundenen Reisenden zu Raumfahrern in nur fünfzehn Jahren gegenüber. Veränderungen derartigen Ausmaßes finden so schnell statt, daß wir die erste Generation in der Geschichte sein könnten, die die Morgendämmerung einer neuen Ära innerhalb einer Lebensspanne erleben darf.

Obwohl die spektakulären Wunderwerke technologischer Errungenschaft als das erste Anzeichen einer neuen nachindustriellen Gesellschaft die Aufmerksamkeit weiterhin auf sich lenken, so haben doch diese Fortschritte nur wenig weitere revolutionäre Bedeutung. Obwohl die jüngsten Energie- und Geldmittelverknappungen eine wesentliche industrielle Neuorganisierung ahnen lassen, so stellen diese doch nur eine Erweiterung der Erfolge und Probleme der industriellen Revolution dar. Die große geschichtliche Umwandlung unserer Zeit spielt sich im Verborgenen, hinter der Bühne ab, fast ebenso unbemerkt wie die großen geschichtlichen Veränderungen der Vergangenheit. Die wesentlichsten Wandlungen unserer Zeit laufen nicht draußen ab, sondern innen, durch die schnell wachsende Zahl derer, die sich neuen Werten, einer neuen Art des Bewußtseins, einer neuen Art des Daseins öffnen.

Angesichts des Versagens optimistisch-liberaler und wortreich-revolutionärer Anstrengungen, den Problemen der technologischen Gesellschaft zu begegnen, haben die frühen 70er Jahre ein gründliches Nachdenken über das, was vor uns liegt, mit sich gebracht. Die meisten Kritiker sind sich darin einig, daß der sich vorbereitende Wandel mit einer Neueinschätzung der persönlichen Werte und Möglichkeiten des Individuums beginnt. Dieser Wandel gewinnt an Stoßkraft, wenn der Mensch zunehmende innere Möglichkeiten für Wachstum und Erfüllung entdeckt. Und er erhält gesellschaftliche Bedeutung, wenn der Mensch seine neue Wertschätzung für erweiterte Bewußtseinshorizonte innerhalb seines sozialen Umfeldes anzuwenden beginnt. Sozialphilosophen wie Buckminster Fuller [91, 93], Abraham Maslow [199], R. D. Laing [165], Carl Rogers [240], Norman O. Brown [39], Dennis Gabor [95], Willis Harman [115], George B. Leonhard [171], Theodore Roszak [242], Charles Reich [234] und William Irwin Thompson [281] bestehen alle im wesentlichen auf einer Neueinschätzung unserer innersten Werte. Sie sind sich einig über das gewaltige, ungenutzte innere Potential der Menschheit und sehen die Anfänge der gesellschaftlichen Anwendung dieses Potentials voraus. Sie stimmen darin überein, daß die Anstrengung kollektiv, aber nicht politisch sein wird – ein koordiniertes Wachstum, das nicht auf der Grundlage von Bündnissen oder Übereinkünften, sondern aus der tiefen Übereinstimmung über das Wesen des Menschen und seiner sich entfaltenden Möglichkeiten erwachsen wird.

Die Neueinschätzung des Individuums

Keiner der heutigen Gesellschaftsvisionäre schlägt ein spezifisches Programm vor, durch das die große gesellschaftliche Umwandlung, von der sie sprechen, erreicht werden könnte. Sicherlich bieten einige ein breites Spektrum möglicher Schritte an, aber niemand verschreibt eine spezifische Methode, die Entfaltung des menschlichen Potentials zu beschleunigen [91, 93, 242]. In ähnlicher Weise scheinen Sozialplaner, die sich mit der Problematik von Kriminalität und Armut befassen, eine eher konservative Haltung einzunehmen, nachdem sie den nur begrenzten Erfolg freiheitlich-sozialer Rezepte der 60er Jahre beobachtet haben [282]. Angesichts solcher Schwierigkeiten, sozialen Problemen großen Ausmaßes zu begegnen, kommen viele Soziologen zu einer Besinnung über das Wesen fundamentaler Probleme unserer Gesellschaft. Der Soziologe Wendell Bell aus Yale, erklärte: »Wir fühlen, daß traditionelle, soziale Techniken tatsächlich nichts bewirken. Was immer sie tun – Schulplanung, Nachbarschaftsstudien, Sozialausschüsse –, all das funktioniert nicht wirklich [282, S. 81].« Wie S. M. Miller betont, meinen heute viele Soziologen, daß soziale Probleme unlösbar bleiben, »weil sie ihre Wurzeln im unveränderlichen individuellen Charakter haben« [282]. Auf jeden Fall scheinen sowohl die Sozialphilosophen als auch die sozialen Pragmatiker zu erkennen, daß die beginnende Veränderung in unserer Gesellschaft nicht durch einen allumfassenden Plan sozialer Reorganisation stattfinden kann, sondern durch fundamentale Veränderungen im einzelnen Menschen selbst.

Für einige Sozialkritiker ist die Aussicht auf von individuellem Wachstum abhängige Veränderung ein Grund zum Pessimismus. Obwohl sie erkennen, daß wir Probleme, denen unsere Gesellschaft gegenübersteht, nicht einfach durch Gesetze überwinden können, haben sie nur wenig Hoffnung, daß wir bei einer Abhängigkeit vom individuellen Wachstum Lösungen finden können. Wie Henry Kissinger kürzlich ausführte:

> »Wir neigten zu der Annahme, daß jedes Problem eine Lösung haben muß und daß gute Absichten auch irgendwie gute Resultate garantieren. Utopia wurde nicht als Traum, sondern als logische Unvermeidlichkeit gesehen, wenn wir nur die richtige

Straße nähmen. Unsere Generation ist die erste, die entdeckt, daß die Straße endlos ist und wir durch sie nicht Utopia finden, sondern uns selbst [282, S. 91].«

Kissinger deutet an, daß wir nur eine Quelle von endlosen Problemen öffnen, wenn wir uns selbst entdecken. Diejenigen Personen aus allen Gesellschaftsschichten jedoch, die sich tatäschlich selbst entdecken, finden in sich ein riesiges – unerwartetes Reservoir an Energie, Intelligenz und Befriedigung vor. Wenn wir glauben, uns selbst durch das simple Hinnehmen der offensichtlich endlosen individuellen und sozialen Probleme, von denen die Geschichte berichtet, entdeckt zu haben, werden wir der Konzeption der Selbsterkenntnis in keiner Weise gerecht. Uns allen ist das Ausmaß bewußt, in dem sich individuelle Unredlichkeit, Manipulation, Angst, Ärger, Frustration, Vorurteil und Haß in der Gesellschaft widerspiegeln. Das Beweismaterial dieses Buches jedoch zeigt klar, daß diese Eigenschaften aus individuellem Streß resultieren und nicht zum Selbst des Menschen gehören.

Transzendentale Meditation erlaubt jedem, ein tiefes inneres Reservoir kreativer Intelligenz auszuschöpfen und spontan alle menschlichen Fähigkeiten voll zu entfalten. Im Gegensatz zu der langgehegten Meinung, daß die Menschen immer in den Grenzen ihrer konditionierten Persönlichkeit verharren müssen und damit an das Leiden gebunden bleiben, verstärken sich die Beweise, daß Erfüllung jedermanns Geburtsrecht ist. Wenn wir unfähig sind, die Energie und die Intelligenz im menschlichen Nervensystem zu erkennen, weil wir keine Mittel haben, unser volles Potential zu erreichen, dann muß unsere Vision einer gesellschaftlichen Veränderung düster bleiben.

Daß soziale Veränderung beim einzelnen anfangen muß, ist eine uralte These, die im Osten ihren Ursprung in der vedischen Tradition hat und im Westen spätestens zur Zeit Platons auftauchte. Bis jetzt waren aber nur wenige in der Lage, diese These wegen der offensichtlichen Unmöglichkeit ernst zu nehmen, daß wesentliche Veränderungen im einzelnen Menschen erreichbar sind. Unberührt von wirtschaftlichen und politischen Strukturen scheinen im Laufe der Geschichte die Menschen im wesentlichen die gleichen geblieben zu sein. Was aber an ihnen gleich blieb, ist nicht sehr ermutigend. Wie es Konrad Lorenz darstellt, hat sich die instinktiv-aggressive Natur des Menschen im Lauf der Geschichte nicht verändert [175]. R. D. Laing beklagt, daß selbstsüchtige und destruktive Tendenzen die Menschen dazu führten »vielleicht 100 Millionen ihrer eigenen Art in den letzten fünfzig Jahren zu töten« [165, S. 28].

Jene Visionäre, die zu beobachten meinen, daß große soziale Umwandlungen im Gange sind, verwerfen jedoch die Idee, daß die Menschen im Schlamm ihrer selbstsüchtigen und destruktiven Persönlichkeiten steckenbleiben müssen. Wichtiger noch: Eine große Anzahl von Individuen hat schon begonnen, wesentliche positive Veränderungen aller Aspekte ihres Verhaltens zu erfahren und auszudrücken. So praktiziert zum Beispiel fast 1 Million Menschen in den USA die TM-Technik, die Streß beseitigt, volle physische und geistige Gesundheit bewirkt, alle zwischenmenschlichen Beziehungen bereichert und volle kreative Intelligenz entfaltet. Jede dieser Veränderungen im einzelnen Menschen läßt entsprechende Wirkungen auf die Gesellschaft erhoffen. *Wenn viele Menschen auf der ganzen Welt die TM-Technik ausüben, so verspricht das einen kollektiven Effekt, der in mehr besteht als nur darin, daß halt viele Menschen sich gesund fühlen und wirksamer handeln. Eine globale qualitative Verbesserung aller Bereiche individuellen Lebens muß in einer parallelen Verbesserung aller Bereiche der sozialen Umwelt führen, eingeschlossen die Struktur der gesellschaftlichen Institutionen.*

Die gesellschaftlichen Wirkungen der TM-Technik finden wir auf zwei Ebenen. Einmal inspirieren Meditierende Veränderungen in ihren Mitmenschen. In dem Maße, wie sie eine Verringerung von Streß, Angst und Feindseligkeit in sich selbst erleben, dämpfen sie Spannung und Abwehrhaltungen in anderen [211, 217]. Energie, Optimismus, Toleranz und Liebe der Meditierenden wirken als Katalysatoren für positive Gefühle im Anderen, auch im Nichtmeditierenden [71, 72]. Wenn Nichtmeditierende die Veränderungen in ihren Freunden beobachten, beginnen sie meistens auch mit der Praxis. Dieser Effekt ist verantwortlich für das anhaltende Wachstum der TM-Bewegung, die ihre Größe jedes Jahr mehr als verdoppelt. Bis vor kurzem erwuchs der soziale Einfluß der TM-Bewegung hauptsächlich durch eine Mund-zu-Mund-Werbung. Innerhalb der letzten zwei Jahre jedoch öffnete sich eine zweite Möglichkeit für die TM, Motor wichtiger positiver sozialer Veränderungen zu werden. Eine Reihe sozialer Institutionen hat damit begonnen, die TM-Technik in ihre tägliche Arbeit mit einzubeziehen. Medizinische Einrichtungen und Institutionen zur Rehabilitierung entdecken den therapeutischen Wert der TM-Technik. Geschäftswelt und Regierung bemerken, daß TM das wirkungsvollste Programm zur qualitativen Verbesserung des Personals ist. Erziehungsinstitutionen beginnen festzustellen, daß Kurse der Wissenschaft der kreativen Intelligenz nicht nur die Studenten inspirieren, sondern auch die Lernfähigkeit bis zu einem solchen Ausmaß verbessern, daß die Studenten wesentlich höhere Leistungen zeigen.

Die Aussicht, daß die volle kreative Intelligenz im Menschen entfaltet werden kann, gibt der Vision einer großen Umwälzung Substanz, einer Vision, die unter unseren einsichtsvollsten Sozialkritikern geläufig ist. Durch den Kontakt mit dem vollen Reichtum kreativer Intelligenz wird das Individuum die höchsten Ideale der Menschheit in seinem täglichen Leben widerspiegeln können. Die Vorstellung, daß eine ganze Gesellschaft diese Ideale durch das Wachstum der Individuen auszudrücken beginnt, ist nicht länger ein fremdartiger Traum, sondern ein bedeutsamer Vorgang, der sich heute in unserer Gesellschaft abspielt. Diese große Umwälzung unserer Gesellschaft ist stillschweigend im Vormarsch. TM verbreitet sich zwar sehr schnell, aber auch sehr leise. Obwohl wir im ersten Kapitel die kulturelle Krise beschrieben haben, zeigten wir in den folgenden Kapiteln auch, daß die TM-Technik einen positiven Einfluß auf alle diejenigen Gebiete des Lebens hat, die von der psychophysiologischen Herausforderung der Technik betroffen sind. Wir haben wissenschaftliche Beweise durchgeführt, daß jeder von Streß befreit werden, ein bedeutungsvolles Leben führen und sogar Erfüllung erreichen kann. Solch eine individuelle Entwicklung bietet den Schlüssel zur Lösung moderner sozialer Probleme.

Wir können jedoch nicht spezifisch einzelne Veränderungen gesellschaftlicher Strukturen aus der Verbreitung der TM voraussagen, weil jede spezifische politische oder wirtschaftliche Vorausschau dann aufgrund ihres verordnenden Charakters als Rezept für soziale Veränderungen benutzt werden würde, ähnlich den Sozialverbesserungsvorschlägen, welche in der Vergangenheit gescheitert sind. Mit der umfassenden Entfaltung individueller kreativer Intelligenz wird sich unsere Gesellschaft nicht plötzlich verändern, sondern wird zusammen mit den individuellen Erkenntnissen, wie wir unsere höchsten materiellen und geistigen Ziele besser erreichen können, wachsen. Obwohl solche Veränderung nicht plötzlich stattfinden wird, könnte sie dennoch schnell ablaufen wegen der beschleunigten Entwicklung der technologischen Gesellschaft. Während die industrielle Revolution ein Jahrhundert gebraucht hat, um in ihrer Bedeutung offensichtlich zu werden, wird die Bedeutung der TM innerhalb von ein bis zwei Jahrzehnten sichtbar werden. Wir können heute schon die vorläufigen Resultate der gesellschaftlichen Anwendung der TM-Technik in verschiedenen Einrichtungen darstellen und können die Strategie eines Plans beschreiben, den Maharishi entwickelt hat, um TM jedem auf der Welt zugänglich zu machen.

TM und Gefängnisreform

Von allen heutigen sozialen Problemen, die unsere Nation quälen, ist die Kriminalität unter den bösartigsten, bedrohlichsten und unlenkbarsten. Gleichgültig, wieviel Geld Gemeinden, Länder und Bund für Vorbeugungsmaßnahmen gegen die Kriminalität ausgeben: die Kriminalität wächst weiter.

Um mit der Kriminalität fertig zu werden, müssen wir ihre Wurzeln erkennen. Soziologen und Psychologen haben Daten im Überfluß gesammelt, die die geistigen und sozialen und Umwelt-Faktoren beschreiben, welche anscheinend kriminelles Verhalten begünstigen. Armut, gestörtes Familienleben und Drogenmißbrauch sind die drei am meisten zitierten Ursachen. Trotz dieser Analysen ist eine effektive Methode zur Verbrechensbekämpfung noch nicht ans Licht getreten. Das Versagen aller bisher angewandten Methoden der Verbrechensbekämpfung zeigt, daß entweder diese Methoden unwirksam sind oder daß die Analyse über die Ursachen falsch ist und die wahren Ursachen bisher noch nicht erkannt worden sind.

Maharishi bietet eine einfache, aber tiefgehende Analyse kriminellen Verhaltens an, die nahelegt, daß nicht nur die Wurzel kriminellen Verhaltens noch nicht erkannt worden ist, sondern auch die Maßnahmen, sie zu verringern, ineffektiv waren. Was auch immer die psychologischen und sozialen Faktoren sein mögen, die zu kriminellen Einstellungen führen – antisoziales Verhalten kann letztlich immer aus einer einzigen Ursache erklärt werden: Schwäche des Individuums. Maharishi schreibt:

»Verbrechen ist offensichtlich ein Abkürzungsversuch, um irgendein starkes Verlangen zu stillen – eine Abkürzung, die jenseits normaler und legaler Wege liegt ... Verbrechen, Vergehen und die verschiedenen Formen antisozialen Verhaltens entstehen aus einer tiefen Unzufriedenheit, aus einer psychischen Schwäche [188, S. 322].«

Auch wenn unzählbare Umwelteinflüsse das Individuum schwächen, die Ursache der Verbrechen liegt in der Unfähigkeit, persönliche Wünsche durch akzeptables Verhalten zu erfüllen. Um Kriminalität direkt bekämpfen zu können, müssen wir eine Methode finden, die die individuelle Fähigkeit stärkt, natürliche und legitime Bedürfnisse durch legale Mittel zu befriedigen.

Da die TM den Menschen emotional, gesundheitlich und geistig stärkt, haben Strafvollzugsfachleute angefangen zu untersuchen, ob TM möglicherweise wertvoll für die Bekämpfung der Ursachen kriminellen Verhaltens ist. Inwieweit TM einen Kriminellen genügend stärken kann, um ihn von seiner Neigung zu kriminellen Handlungen abzubringen, muß durch kontrollierte Experimente festgestellt werden. Dazu gibt es schon einige Voruntersuchungen über TM in Gefängnissen, und weitere Studien sind in Arbeit.

Die Verhältnisse im Gefängnis bieten eine perfekte Ausgangssituation für Tests über den Wert der TM bei der Verminderung kriminellen Verhaltens. Obwohl Strafvollzugsbehörden auf Bund- und Länderebene – innerhalb ihres begrenzten Budgets – große Anstrengungen unternommen haben, Programme zur Rehabilitation von Strafgefangenen zu erstellen, liefern die Unterlagen erdrückendes Beweismaterial über das Versagen dieser Programme. Es ist diesen nicht gelungen, bei den Gefängnisinsassen den Drang zu kriminellen Handlungen zu verringern. Das Problem der Rückfälle spiegelt sich deutlich in einem Auszug aus dem »Congressional Record«, dem offiziellen Mitteilungsblatt des amerikanischen Kongresses, von 1971 wider:

»Zwei Drittel aller 200 000 Insassen der Gefängnisse auf Bund- und Länderebene sind Wiederholungstäter aus anderen

Strafanstalten. Von den 100 000 Gefangenen, die jedes Jahr frei in die Gesellschaft zurückkehren, begehen 75 % wieder Straftaten und werden wieder bestraft [17, S. 2].«

Warum sind gegenwärtige Rehabilitierungsprogramme so wirkungslos? Der Erfolg jedes Rehabilitierungsprogrammes hängt von der Bereitschaft des Teilnehmenden ab, sich innerlich zu ändern. Wenn ein Mensch positiv zu einer eigenen Entwicklung eingestellt ist, dann wird jede Prozedur, der er sich verschreibt, wahrscheinlich erfolgreich sein. Ohne diese positive Einstellung wird aber nichts helfen. Ein Gefangener drückte es treffend aus:

»Eine Behandlung ist unnötig, denn wenn ich mich ändern will, dann schaffe ich es auch; wenn nicht, dann nicht.«

Es ist schwierig, Strafgefangene zu motivieren, weil sie jedes Rehabilitationsprogramm durch denselben Komplex innerer Haltungen hindurch erleben, der ihr vorheriges fehlangepaßtes Verhalten bestimmt hatte. Die fehlgeleitete Meinung oder die innere Spannung, die den Gefangenen vorher davon abgehalten hatten, ein nützliches Leben in seiner Umwelt zu führen, wird auch während des Rehabilitationsprogrammes weiterwirken. Das Problem der Rehabilitation bleibt, was es schon immer war: im Gefangenen ohne Zwang lebensunterstützende Verhaltensmuster und Werte zu entwickeln, welche zu einem erfüllenden Verhalten führen. Aber solche fundamentalen Persönlichkeitsmerkmale zu ändern, hat sich als fast unmöglich herausgestellt. Widerstand und Verzweiflung charakterisieren unsere Gefängnisse.

In einer solchen Situation könnte die TM nützlich sein, wenn es darum geht, die Strafgefangenen dazu zu motivieren, sich selbst zu verbessern, insbesondere in die Richtung, daß sie Berufsausbildungs- und Erziehungsprogramme akzeptieren, die ihnen nach der Entlassung helfen können. Im Gegensatz zu anderen Programmen, welche ein bestimmtes Problem zu lösen oder eine begrenzte Fähigkeit zu entwickeln versuchen, bringt die TM eine Ganzheit von Wirkungen, die in auffallender Weise das Lernen erleichtern und ein allgemeines psychologisches Wohlbefinden fördern. Da diese Wirkungen physiologisch sind und aus einer individuell ausgeführten Übung, nicht aus verbaler Kommunikation, resultieren, spürt man sie unmittelbar. Daraus entsteht die Erfahrung einer wachsenden persönlichen Befriedigung durch die TM, und dies weckt das Verlangen des Häftlings nach mehr Selbstachtung und weiterer Befriedigung. Erreicht werden kann ein solches Wachstum nur durch positives Verhalten. Nachdem der Gefängnisinsasse durch die normalisierenden Wirkungen der TM tüchtiger geworden ist, merkt er, daß er eigene Willenskraft entwickeln kann, was er in konventionellen Rehabilitierungsprogrammen als schwierig oder sogar unmöglich erfahren hatte.

Da TM äußerst leicht zu erlernen und auszuüben ist, benötigt sie beträchtlich weniger Zeit zur Durchführung als andere Rehabilitierungsprogramme. Zudem sind TM-Programme, die speziell für Rehabilitierung entwickelt wurden, preiswert und leicht in jedes Gefängnissystem einzuführen. Gleichwohl ist, besonders am Anfang, jedes neue Programm abhängig von der Unterstützung der Gefängnisbeamten. Somit mag es eine notwendige Voraussetzung des TM-Rehabilitationsprogramms sein, daß auch einige der Mitglieder des Aufsichtspersonals TM erlernen. Im Haney Correctional Center bei Vancouver unterrichteten vier TM-Lehrer 16 Insassen. Obwohl die Gefängnisdirektion den Lehrern das notwendige Nachfolgeprogramm nicht erlaubte, meditiert die Hälfte der Unterwiesenen trotz dieses wesentlichen Nachteils weiter.

Im Federal Correctional Institut in Lompoc, Kalifornien, lernten nahezu fünfzig Häftlinge und einige Aufsichtsbeamte TM. Unter der Leitung von Monty Cunningham, Direktor für die Entwicklung von Unterrichtsprogrammen für Gefängnisse, erregte das Programm beachtliches Aufsehen und lieferte einige bemerkenswerte Daten. Wegen mangelnder finanzieller Unterstützung konnte Cunnigham das Programm nur in seiner Freizeit beaufsichtigen. Obwohl das Programm ursprünglich nicht als Experiment gedacht war, wurden dennoch einige Tests durchgeführt, um gewisse Wirkungen der TM im Gefängnisbereich quantitativ zu erfassen. Cunnigham benutzte das *State Trait Anxiety Inventory* (STAI) als Haupttestverfahren. Befragt wurden die Insassen je einen Monat vor und einen Monat nach Beginn der TM. Eine Kontrollgruppe, deren Mitglieder sich durch Berichte der Experimentiergruppe bald auch an TM interessiert zeigten, nahm auch am Test teil. Beide Gruppen zeigten zuerst ungefähr gleiche Ergebnisse, mit Normwerten nahe dem nationalen Durchschnitt und ohne statistisch bedeutsame Differenz zwischen den beiden Gruppen. Nach drei Monaten verzeichnete Cunnigham mehrere hochsignifikante Unterschiede zwischen den Gruppen und stellte eine klare Beziehung zwischen der regelmäßigen Ausübung der TM und verbesserten STAI-Testwerten fest [52]. Fast alle meditierenden Testpersonen zeigten weniger Angst als die Nichtmeditierenden der Kontrollgruppe. Diejenigen, die regelmäßig meditiert hatten, zeigten die geringste Angst, und die durchschnittliche Anzahl ausgelassener Meditationen spiegelte sich direkt in den STAI-Testleistungen wider.

Die Strafgefangenen nahmen zusätzlich an einem Selbstbewertungstest teil, in dem sie aufgefordert wurden, Worte einzustufen, die Veränderungen in ihrem Leben seit dem Beginn des Tests beschrieben. Bei vierzig Begriffen auf der Skala gaben die Ausübenden der TM die größte Abnahme in folgenden Punkten an: Nervosität, Reizbarkeit, Ruhelosigkeit, Langeweile, Depression, Verlangen nach Drogen und Gebrauch nicht verschriebener Drogen. Ebenso gaben sie eine Verbesserung an in der physischen Gesundheit, emotionaler Stabilität, allgemeiner Harmonie und Freude. Die Korrelation zwischen einem guten Ergebnis in diesem Test und der Regelmäßigkeit der Ausübung der TM war sehr hoch.

Nach nur drei Wochen TM-Ausübung waren die Strafgefangenen mit den Ergebnissen der Technik sehr zufrieden. Beispielhaft für ihre Reaktion ist folgende Erklärung:

> »Das Programm sollte aus leicht einsehbaren Gründen fortgesetzt werden: Das hier ist eine Umwelt voller Streß. Das ist zwar auch in den Städten und Wohnungen der Menschen draußen so, aber hier ist der Streß konzentrierter und spürbarer. Ich bemerkte an mir und anderen, die etwa zur selben Zeit unterwiesen wurden, einen entschiedenen Rückgang der unangenehmen Wirkungen, die Spannungen auf mich haben können. Nach und nach werde ich weniger verspannt und erfahre etwas mehr Frieden, Stille, Ausgeruhtheit und Entspannung, aber das Beste, was die Meditation mir auftat, ist die Möglichkeit, unabhängig zu werden: in einer Welt voller Lärm, Absurdität und Spannung als ein friedlicher Mensch zu leben. Dieses Gefühl sollten alle haben.«

Auch die Verwaltung ist mit dem Programm zufrieden. Nun

überwacht Dr. Scott Moss, Koordinator für psychische Gesundheit, das weitergehende Programm in Zusammenarbeit mit der Erziehungsabteilung. Zur Zeit wird daran gearbeitet, die TM allen Strafgefangenen zugänglich zu machen.

Wissenschaftliche Berichte über die allgemeinen Wirkungen der TM und das Bereitstellen finanzieller Hilfen für neue Rehabilitierungsprogramme motivierten einige Gefängnisdirektoren dazu, spezielle Programme zu entwerfen, die den Rehabilitationswert der TM für Strafgefangene testen sollen. Orme-Johnson untersuchte die Wirkungen der TM auf Gefangene der La-Tuna-Bundesstrafanstalt in Texas [2]. Hierbei wurden zwölf Drogensucht-Gefangene in der TM unterwiesen und mit einer Kontrollgruppe verglichen. Orme-Johnson stellte fest, daß die meditierende Gruppe ihren Grad an Streß, gemessen an den Spontanschwankungen des galvanischen Hautwiderstandes (Tafel 23), verringerte. Obwohl die TM-Gruppe mit schlechteren Ausgangswerten als die Kontrollgruppe begann, sank ihr Streßgrad nach zwei Monaten regelmäßiger Übung deutlich unter den der Kontrollgruppe. Auch mit dem Minnesota Multiphysic Personality Inventory gemessen, war der Streßgrad der TM-Häftlinge geringer. Abnorme Werte für Psychasthenie und soziale Introversion auf dem MMPI, beides Faktoren, die stark mit kriminellem Verhalten korrelieren, wiesen nach zwei Monaten TM eine Normalisierung auf (Tafel 23). Je regelmäßiger die TM ausgeübt wurde, desto größer waren auch die psychischen und physischen Verbesserungen.

Der Anthropologe David Ballon [17] beendete kürzlich ein zwölfmonatiges Versuchsprogramm im Stillwater Staatsgefängnis, einer Institution mit höchster Sicherheitsverwahrung in Minnesota. Ballon sammelte Daten über Psychologie und Verhalten von vierundsechzig Häftlingen, die TM erlernt hatten. Während der ersten Monate verwandte Ballon eine beachtliche Menge Zeit darauf, sich mit den Aktivitäten, Problemen und Ansichten der Häftlinge durch zwanglosen täglichen Kontakt und persönliche sowie schriftliche Interviews vertraut zu machen.

Die Strafgefangenen akzeptierten die TM rasch. Anfangs war die Durchführung des Projekts von der Gefängnisleitung auf einen Zellenblock mit 125 Häftlingen begrenzt worden, die schon wegen Drogenabhängigkeit oder emotionaler Störungen in Behandlung waren. Fünfundsiebzig von diesen wünschten die Teilnahme an einem Informationsvortrag über TM und davon wiederum meldeten sich fünfzig, um an dem Programm teilzunehmen. Folgende Voraussetzungen mußte jeder Häftling erfüllen:

1) Er mußte mindestens noch für ein Jahr inhaftiert sein.
2) Er mußte bereit sein, an dem Programm in vollem Umfang, einschließlich Folgeprogramm und Mitarbeit bei der Datensammlung, teilzunehmen.
3) Er durfte für mindestens 14 Tage vor der persönlichen Unterweisung keine nichtverschriebenen Drogen einnehmen.
4) Er mußte eine Kursgebühr von einem Dollar entrichten.

Anfangs wurden 30 Männer in TM ausgebildet. Man stellte zwei getrennte Kontrollgruppen zusammen: eine, die den Wunsch hatte, auch die TM zu erlernen, und eine andere, die kein Interesse an der Meditation hatte. Als jedoch das Projekt kaum zwei Monate gelaufen war, baten Hunderte von Strafgefangenen anderer Zellenblöcke darum, auch die TM beginnen zu dürfen. Daraufhin stimmte die Gefängnisverwaltung zu, TM-Kurse für alle Gefängnisinsassen zugänglich zu machen. TM-Lehrer führten vier weitere Kurse durch und unterrichteten insgesamt 64 Häftlinge während eines Jahres. Fragebögen und Akten der Häftlinge, die an dem TM-Programm teilzunehmen wünschten, erbrachten keine besonderen Gemeinsamkeiten dieser Gruppe, was Alter, Bildung, sozioökonomischen Hintergrund, Rasse, Intelligenzquotient oder Art und Schwere der Gesetzesübertretung betraf.

Die Lehrer führten in regelmäßigen Abständen Gruppentreffen für die meditierenden Häftlinge durch: während des ersten Monats jeden Abend, in den drei folgenden Monaten einmal wöchentlich und danach, für die restliche Dauer des Projekts, alle vierzehn Tage einmal. Diese Treffen umfaßten Überprüfung der Meditationsausübung, Gruppenmeditation, Fortgeschrittenenvorträge und Diskussionen. Trotz Lärm, verwirrender Umstände, unzureichender Räumlichkeiten für Gruppentreffen und einer Vielfalt von störenden Einflüssen meditierten etwa 85 % der 64 Insassen nach Beendigung des Kurses regelmäßig weiter. Sieben brachen den Kurs vorzeitig ab.

Jeder der Meditierenden wurde kurz vor Beendigung des Kurses aufgefordert, die Ausübung der TM mit Hilfe eines Fragebogens zu bewerten. Obwohl von etwa der Hälfte der Projektteilnehmer wegen Entlassung oder Versetzung keine Daten gesammelt werden konnten, zeigten alle Antworten im wesentlichen folgendes:

1) Äußerst günstige allgemeine Reaktionen auf das Programm der TM:
»Ein Freund hat mich auf das Programm gebracht. Er sagte, es ist ein Trip, um sich selbst zu finden. Sie könnten es mir jetzt weder abkaufen noch wegnehmen.«

2) Besseres Verständnis und besserer Kontakt sich selbst und anderen gegenüber; weniger Einsamkeit und Depression; mehr Geselligkeit:
»Ich finde, daß ich besser mit anderen auskomme. Ich habe mehr Kontakte und verstehe die anderen besser, je mehr ich von mir selbst kennenlerne und verstehe. Beziehungen auf einer positiven Ebene sind für mich phantastisch, weil ich mich nie um andere oder nur um mich selbst gekümmert habe.«

3) Anstieg in der Teilnahme am Sport, Bildungs- und anderen freiwilligen Aktivitäten um 200 %.

4) Erfolgreiche Teilnahme an Programmen wie Gruppentherapie oder Drogenentwöhnungskuren aufgrund neu gewonnener Offenheit gegenüber Wissen:
»Der Unterschied durch TM ist ein Unterschied in mir selbst. Ich habe einen Hebel gefunden und den *Wunsch* nach Besserung ...
In der Therapiegruppe habe ich etwas erreicht, weil ich so bereitwillig bin wie noch nie und wie ich es auch vorher gar nicht wollte. Ich habe viel geschafft in meinem Programm, aber TM hat es gefunden, und der Grundstein war gelegt!«

5) Erhöhte Arbeitsleistung und Wirksamkeit:
»Ich nehme jetzt Anteil an meiner Arbeit und bin stolz auf sie. Vorher war es mir egal.«

6) Starkes Abnehmen im Gebrauch von Drogen – Halluzionogenen, Opiaten, Barbituraten – sowie von Alkohol und Zi-

garetten. Ein ähnlicher Rückgang bei verschiedenen Medikamenten, besonders Schlaf- und Beruhigungsmitteln:
»Wegen meiner Drogensucht war es schwer für mich, Kontakt mit anderen zu haben. Aber mit Meditation gewann ich Einsicht über mich selbst und fand, daß ich doch nicht so schlecht bin. Einer der Hauptgründe, warum ich Drogen nahm, war, weil sie mir Selbstvertrauen gaben, etwas zu machen, und das Gefühl gaben, jemand zu sein. Nun habe ich das alles auch, ohne Chemikalien zu brauchen.

7) Bessere physische Gesundheit und geringere Anzahl von Krankheitstagen in den Monaten nach Beginn der TM.

Solche glanzvollen positiven Berichte mögen bei Gefängnisinsassen verdächtig wirken, da Gefangene schnell lernen, das zu sagen, was das Personal gerne hört. Aber andere Untersuchungen untermauern die angeführten Veränderungen. Beobachtung und Interviews, Unterhaltungen mit meditierenden Häftlingen, mit Gefängnispersonal und nichtmeditierenden Häftlingen während einer Reihe von Monaten führten Ballon zu dem Schluß, daß meditierende Strafgefangene sich leichter und erfolgreicher dem Gefängnisleben anpassen als Nichtmeditierende.

Die Daten zweier psychologischer Tests erhärteten das Ergebnis zusätzlich. Wie man feststellte, sank die Angst in der TM-Gruppe im Vergleich zur Kontrollgruppe (gemessen mit dem State Anxiety Trait Inventory) schon während der ersten zwei Wochen nach Beginn der TM rasch ab. Danach wiesen die Meditierenden einen neuen, anhaltend niedrigen Angstgrad auf. Ergebnisse der anderen Umfrage, einem speziell für das Stillwater-Projekt entwickelten Einstellungstest, zeigten an, daß TM den Häftlingen hilft, einige negative durch die Gefängnisumgebung hervorgerufene Emotionen abzubauen und unangenehme Erfahrungen neu zu deuten, so daß sie weniger störend waren.

Ein Berater für die Häftlinge berichtete von einem fast völligen Aufhören heftiger emotionaler Ausbrüche eines Patienten, der mit TM begonnen hatte. Es war weithin ein deutliches Absinken disziplinärer Meldungen bei einigen Meditierenden festzustellen, wenn auch der Beweis in diesem Punkt nicht schlüssig war. Keiner der Meditierenden zeigte einen Anstieg an disziplinären Meldungen während des Projektverlaufs im Vergleich zum Vorjahr. Angesichts der hohen Korrelation, die zwischen der Anzahl der disziplinären Meldungen und der Rückfälligkeit festgestellt werden konnte, darf man aus gutem Grund eine verminderte Rückfälligkeit bei meditierenden Strafgefangenen erwarten. Langzeituntersuchungen, die diese Hypothese überprüfen sollen, sind bereits geplant.

Eine wichtige Erfahrung, die aus diesen Untersuchungen gewonnen wurde, ist die absolute Notwendigkeit eines guten Folgeprogrammes für die Häftlinge, um die Regelmäßigkeit der Ausübung der Technik nach der anfänglichen Unterweisung zu sichern. Auch wenn einige Gefängnisbeamte ursprünglich befürchteten, das TM-Programm könne die tägliche Routine stören, ließen die Daten darauf schließen, daß TM die Häftlinge ermutigte, die Gefängnisroutine zu respektieren. Da das TM-Programm nicht mehr beansprucht als einen Raum für die Gefangenen, in dem sie zweimal täglich meditieren und regelmäßig mit dem TM-Lehrer zusammenkommen können, verletzt das Programm weder die Sicherheitsvorkehrungen, noch verlangt es unübliche Aufmerksamkeit von den Gefangenen oder dem Personal. Hinzu kommt, daß TM-Programme sowohl für Gefangene als auch für das Aufsichtspersonal entwickelt worden sind, um eine allgemeine Abnahme der Spannungen zwischen den beiden Gruppen zu ermöglichen. Gelegentliche Berichte über verbesserte Insassen-Personal-Beziehungen legen wiederum nahe, daß da, wo TM für Gefangene eingeführt wird, es auch dem Personal zugänglich gemacht werden sollte [17, 52].

Auf der Grundlage dieser vorläufigen Daten sind verschiedene Projekte ausgearbeitet worden, die in anderen Strafanstalten beginnen sollen. Ein staatlich finanziertes Ein-Jahres-Projekt, hundert Insassen der Männer-Strafanstalt in Somers, Connecticut, einzubeziehen, war geplant für November 1974. An der kalifornischen Strafanstalt in San Luis Obispo haben zwei dort beschäftigte Psychologen mit der TM begonnen und suchen Geldquellen für ein geplantes TM-Programm. In einer Institution in Los Angeles hat das Personal der Entzugsstelle für Narkotika (NARA) einen TM-Kurs absolviert und plant, die TM möglichst schnell für die Insassen einzuführen. Die NARA-Nachbehandlungsprogramme am Selbstmord-Vorbeugungs-Center und dem Center zur Untersuchung selbstzerstörerischen Verhaltens in Los Angeles werden über einen Zeitraum von zehn Jahren Daten liefern, um meditierende und nichtmeditierende ehemalige Drogenabhängige vergleichen zu können. Dieses Programm wird interessante physiologische Langzeit-Daten über verschiedene Faktoren liefern, wie hormonale Veränderungen, Blutchemie und Änderung von Verhaltensmustern. Andere Programme werden von mehreren staatlichen Strafinstitutionen in Betracht gezogen.

TM und Erziehung

Da das Erziehungssystem der wichtigste Faktor für die menschliche Entwicklung ist, könnte die TM ihren größten gesellschaftlichen Einfluß durch die Anwendung in unseren Schulen haben. Bei der Suche nach neuen Methoden, dem Lernen eine Bedeutung zu geben, haben Schulerzieher damit begonnen, Kurse über die Ausübung, Theorie und Bedeutung der TM in ihren Lehrplan aufzunehmen. Gewöhnlich unter dem Namen Wissenschaft der Kreativen Intelligenz (WKI), werden solche Kurse an über 30 Colleges angeboten. Mehr als zwei Dutzend öffentliche und private Schulen haben ähnliche Kurse, die speziell für »Highschool«-Schüler ausgearbeitet wurden. Forschungsprojekte sind dabei, in Schulen und Colleges den Einfluß der WKI-Kurse auf schulische Leistungen, soziale Beziehungen, psychologische Gesundheit, Kreativität und Intelligenz der Schüler zu messen.

Anders als Kurse, die darauf abzielen, Kenntnis in einem Wissensbereich oder spezifische Fähigkeiten auszubilden, entwickeln die WKI-Kurse die Fähigkeit des Individuums, zu lernen und Wissen aus verschiedenen Bereichen miteinander zu verbinden. Angesichts der wachsenden Kritik seitens der Schüler und Studenten, das Wissen, das sie bekommen, sei irrelevant, ist die Notwendigkeit eines interdisziplinären Lernansatzes schon lange erkannt worden. Ähnlich haben auch Lehrer kritisch die Aussichtslosigkeit des Lernens herausgestellt, die in der Wissensexplosion begründet ist. Niemand kann mit der Entwicklung auf seinem eigenen Gebiet Schritt halten, geschweige denn mit der Entwicklung in anderen Disziplinen. Obwohl unsere technologisierte Gesellschaft sicherlich Spezialisten braucht, hängt der weitere Fortschritt einer Gesellschaft von Menschen ab, die in umfassendem Wissen gegründet sind, welches sie dazu befähigt, dem modernen Leben einen Zusammenhang und eine Richtung zu geben.

Seit der Zeit Platos haben westliche Erzieher zwei grundlegende Ziele aufgestellt: die Integration allen Wissens und die volle Entwicklung des einzelnen Schülers. Das Erreichen dieser Ziele war niemals entscheidender als heute, wo die Wissensexplosion nicht nur alles Lernen aufzusplittern droht, sondern auch noch nie dagewesene Lernfähigkeit von jedem Schüler verlangt. Vor fast 30 Jahren beschrieb Ortega y Gasset diese Herausforderung folgendermaßen:

> »Es ist zu einem drängenden Problem geworden, dem die Menschheit nicht länger ausweichen kann, eine Technik zu erfinden, die erlaubt, mit der Assimilierung von Wissen, das jetzt in unserem Besitz ist, fertig zu werden. Wenn kein praktischer Weg gefunden wird, dieses ausufernde Wachstum in den Griff zu bekommen, wird der Mensch schließlich sein Opfer werden [225, S. 90–91].«

Solch ein praktischer Weg ist jetzt verfügbar durch die WKI, die die integrierende Basis des Wissens in der Intelligenz selbst ansiedelt. Die WKI ist das theoretische und angewandte Studium der Intelligenz als des Potentials, das den Menschen wachsendes Verständnis aller Bereiche des Wissens ermöglicht. Wie Seymour Migdal, Dekan des College für Künste und Wissenschaft an der MIU, ausführt, ist jedoch das, was die WKI zum so außerordentlich geeigneten Mittel macht, das exponentiell ansteigende Wissenswachstum zu meistern, ihr praktischer Aspekt, die TM. Durch die TM wird der Schüler eng vertraut mit jenen grundlegenden Gesetzen, die jeden Wissensbereich bestimmen und strukturieren. Diese Gesetze lernt er kennen in der Struktur seines eigenen Bewußtseins.

Viele Experimente in der Erziehung haben darauf abgezielt, Wissen zu integrieren und die Lernfähigkeit zu erhöhen, aber keines von ihnen hat mehr als nur begrenzten Erfolg erzielt. Auf der Grundschulstufe, Sekundarstufe und Oberschulstufe haben sich diese Experimente hauptsächlich darauf konzentriert, äußere Aspekte des Lehrens, wie z. B. Unterrichtsplanung, Lehrmethoden, Methoden der Lehrmaterialdarbietung und Unterrichtsraumplanung, zu modifizieren. Obwohl viele Colleges und einige Schulen nun zu interdisziplinären und unabhängigen Studien ermutigen, hat sich nur eine kleine Minderheit der Studenten als fähig erwiesen, Vorteil aus diesen Programmen zu ziehen. Die allgemeinen Begrenzungen solcher Versuche, den Erziehungsprozeß neu zu beleben, haben Wissenschaftler wie Douglas Heath vom Haverford College dazu veranlaßt, im Studenten selbst den Schlüssel zur Erfüllung der höchsten Erziehungsideale zu suchen.

> »Mein Verständnis vom Menschen sagt mir, daß die tiefste Quelle aller kreativ-ästhetischen Impulse in unserer weniger bewußten und mehr primitiven inneren Welt liegt und daß wir mit ihr durch eine rezeptive, meditative Haltung Kontakt aufnehmen. Solange wir nicht lernen, unsere inneren Stimmen zu erreichen und zu berühren und dann zu lenken und zu beobachten, werden wir nicht wirklich gebildet sein. Wenn ein Jugendlicher lernt, solch einen Zugang zu seinen inneren Kräften zu entwickeln und solche Kräfte und Einsichten mit einem sozialeren Stil der Kommunikation zu integrieren, habe ich keine Angst mehr um ihn. Er wird eine Fähigkeit der Elastizität und Autonomie entwickelt haben, die ihn befähigt, sich von seiner Entfremdung zu heilen und seine eigenen Anpassungsformen an eine noch unbekannte zukünftige Gesellschaft zu bilden.
>
> Er wird sein eigenes Wachstum kontrollieren können ... Innerhalb weniger Jahre werden Schulen und Colleges Meditationskurse anbieten. Phantastisch? Überhaupt nicht. Eine der aufregendsten Neuentdeckungen psychologischer Untersuchungen ist der Beweis, daß der Mensch einen viel größeren Zugang und eine größere Kontrolle über sein Bewußtsein durch Meditation erwerben kann, als die meisten von uns für möglich gehalten haben [118, S. 365–367].«

Sidney Reisberg, Dekan an der Staatsuniversität von New York in Albany, äußerte ähnliche Gefühle darüber, wo wir nach dem wirksamsten Mittel zur Neubelebung der Erziehung suchen sollten:

> »Es hat zahllose Versuche gegeben, die Qualität der Erziehung zu verbessern, die zu vielen wichtigen Veränderungen, Neuerungen und Verbesserungen geführt haben. Trotzdem scheinen die Milliarden von Dollars, die in den letzten 25 Jahren von privaten Stiftungen und öffentlichen Dienststellen ausgegeben worden sind, sehr viele Lehrer und Studenten unbefriedigt zu lassen.

Lehrer wie Schüler fühlen sich überwältigt von einer Masse an Informationen, Wissen und Gedanken, für die sie keine Zusammenhänge finden können. Die Wissenschaft der kreativen Intelligenz behauptet, daß dieser Zusammenhang innerhalb jedes Individuums selbst liegt und daß jeder Mensch lernen kann, wie er mit diesem verbindenden Moment in sich selbst in Kontakt stehen kann. So scheint die Wissenschaft der kreativen Intelligenz ein fehlendes Glied darzustellen, das der Erziehung Ziel und Bedeutung geben kann [246, S. 854].«

Weil die Wissenschaft der kreativen Intelligenz durch ihren praktischen Aspekt, TM, eine Methode anbietet, die Lernfähigkeit zu erweitern, unterscheidet sie sich wesentlich von früheren Versuchen, die Erziehung zu reformieren. Die WKI beginnt damit, daß sie das Bedürfnis des Schülers anspricht, sein volles Ausmaß an Energie, Intelligenz, Kreativität und Glück zu entfalten. Von dieser Erfahrungsgrundlage aus liefert die WKI einen zusammenhängenden Bezugsrahmen für das Individuum, die Gesellschaft und das Wissen selbst. Die grundlegende Voraussetzung der WKI ist, daß *Wissen in Bewußtsein strukturiert ist*. Dieser einfache Grundsatz gibt die Tatsache wieder, daß die Natur des Bewußtseins eines Menschen dafür verantwortlich ist, was er in der Welt um sich herum erfährt und was er wissen kann. Wenn ein Individuum sein Bewußtsein in dem Bereich reiner kreativer Intelligenz innerhalb seiner selbst gründet, gewinnt es Zugang zu jener Bewußtseinsebene, in der alles Wissen integriert ist. Dadurch entwickelt er ein intuitives Erfassen dessen, was er weiß, in seiner grundlegendsten Form, und er beginnt, subtile Beziehungen zwischen verschiedenen Disziplinen zu bemerken.

Die ersten akademischen Kurse in der WKI entstanden aus den Forderungen meditierender Studenten, die einen zusammenhängenden theoretischen Rahmen für die sich ändernde Einschätzung der Lebensmöglichkeiten suchten. Meditierende berichteten von einer wachsenden Abkehr von den verschiedenen negativen Grundannahmen vieler moderner Weltanschauungen. Solche Annahmen, erklären sie, seien unvereinbar mit ihren eigenen und zunehmend positiven Erfahrungen. Gleichzeitig erfreuen sich meditierende Studenten einer wachsenden Fähigkeit, das, was sie lernen, zu verstehen und sich einzuverleiben. Die folgende Aussage eines 20jährigen Studenten, der bei der Durchführung eines WKI-Kurses in Yale half, ist typisch:

»TM hat eine Vereinheitlichung und Ausrichtung in meine Studien hineingebracht. Sie hat mir eine Integration meiner selbst gegeben. Sie liefert auch einen philosophischen und praktischen Zusammenhang, in dem ich alle meine verschiedenen Studien einordnen kann. Ich kann an einem Kurs in Philosophie teilnehmen und sehen, daß Heidegger wahrscheinlich die Möglichkeit der Bewußtseinserweiterung sah, oder ich habe die direkte Erfahrung dessen, was in einem literaturwissenschaftlichen Seminar über Blake gesagt wird. Was wirklich erstaunlich ist, es geschah niemals vorher.«

Der erste Kurs in der WKI wurde von Jerry Jarvis 1970 an der Standford University gegeben und hatte die höchste Teilnehmerzahl, die ein dort gelehrter neuer Kurs je hatte. Danach wurden viele ähnliche Programme an Hochschulen angeboten wie der Universität von Colorado, den Universitäten von Kalifornien in Sacramento, Los Angeles und Humboldt, der Universität von Massachusetts, Goddard, Colby, Columbia, Harvard und Yale. Ebenso sind WKI-Kurse in der Erwachsenenbildung angeboten worden. Ein dreimonatiger Erweiterungskurs an der Universität von Kalifornia in Santa Barbara kehrte die normalerweise berichtete charakteristische Absprungrate von 75 % um, indem sich seine Teilnehmerzahl, während er lief, verdoppelte.

WKI-Kurse auf College-Ebene haben TM und ihre Wirkungen in einem stark interdisziplinären Zusammenhang dargeboten. Einer der Autoren, Michael Cain, leitete den Kurs in Yale, der Mediziner, Psychologen, Philosophen, Politologen, Astronomen, Biologen, Kunsthistoriker und Künstler in einer gemeinsamen Erforschung kreativer Intelligenz und ihrer praktischen Auswirkungen zusammenbrachte. Das Hauptziel dieses Kurses war es, eine weite Spielbreite an Wissen durch ein Bewußtseinsmodell zu integrieren, das von der Erfahrung und Theorie der TM abgeleitet war. Auf dieser Grundlage waren die Studenten in der Lage, eine systematische Beschreibung des reinen Bereichs kreativer Intelligenz in Beziehung zu einer Reihe akademischer Disziplinen zu formulieren.

In solchen Kursen haben die Studenten fast immer Freude an ihrer Arbeit und machen sie gut. Sie berichten, daß die WKI ihnen einen positiven Rahmen für ihr Wissen anbietet und eine bedeutungsvolle Alternative zu den eingeschränkten Annahmen, die anderen Aspekten ihres Lehrplanes zugrundeliegen, darstellt. Häufig entwickelten die Studenten zugleich eigenständige Lernziele, die sie effektiv verfolgten, oft durch geistreichen Gebrauch der speziellen Hilfsmittel der Universität. Ein zunehmender Sinn für die Bedeutung akademischer Fächer und eine daraus resultierende Faszination spiegeln sich in den Aussagen der Studenten wider, die an dem Yale-Kurs teilnahmen.

Ein Erstsemester-Student, der etwas enttäuscht vom Studium war und mit der TM begann, während er an dem Kurs teilnahm, sagte:

»Seit ich begann zu meditieren, hat sich meine ganze Sicht des Studiums verändert. Ich dachte daran, aufzuhören, aber nun beginne ich, den Zweck meines Hierseins in meinem eigenen Wachstum in Richtung auf Erfüllung zu sehen. Die Zusammenhänge des Stoffs in diesem Kurs haben mich dazu gebracht, mir ernsthaft zu überlegen, ob ich Medizin studieren soll.«

Ein anderer Student im zweiten Studienjahr, der schon einige Monate meditiert hatte, bevor er am Kurs teilnahm, kommentierte:

»Dieser Kurs in der WKI hat meinem akademischen Leben eine ganz neue Dimension hinzugefügt. Obwohl ich schon von Anfang an fand, daß TM hilfreich ist, hat dieser Kurs wirklich einen neuen Horizont des Wissens für mich geöffnet. Ich sehe Zusammenhänge zwischen meinen Kursen, die ich nie vorher wahrgenommen hatte. Und gestern schlug ich ein unabhängiges Studienprojekt in Englisch vor, das auf einigen Prinzipien der WKI beruhte. Mein Professor fand meine Idee wirklich gut.«

Lehrer von WKI-Kursen auf College-Ebene berichten Ähnliches. Die folgende Aussage eines 36jährigen Englischprofessors der Universität von Kalifornien in Humboldt, der vier Jahre meditierte, ist typisch:

»Das Lehren der WKI hat mir eine ungeheure erzieherische

Erfahrung gebracht, nämlich, daß ich mein Fach durchdenken und seine Relevanz neu entdecken mußte. Man muß seinen Studienbereich neu klären. Die Erfahrung mit den Studenten war enorm. Meditierende Studenten wollen lernen. Wie es eigentlich richtig ist, betrachten sie alles, was sie lernen, als bedeutsam für ihre eigene Evolution. Es ist sehr befriedigend für einen Lehrer, einen integrierten Kurs zu lehren, der die tiefe Erfahrung der Meditation auf sein Gebiet bezieht. Solches Lehren unterstützt das Vorankommen, hilft dem Studenten und belebt das eigene Fach. Das einzige Problem ist, daß die Studenten so lebendig sind, so intelligent, daß man phantastisch vorbereitet sein muß.«

Das Interesse an der WKI wuchs zwischen 1969 und 1972 so schnell, daß es während des Sommers 1971 notwendig wurde, eine internationale Universität zu gründen, um ein vollständiges Programm höherer Bildung auf der Grundlage der WKI anzubieten. Die Anfang 1972 eingetragene Maharishi International University (MIU) bietet nun Programme für Bachelor- und Master-Grade in ihrem Hauptcampus in Fairfield, Iowa, sowie in vielen US-Städten und im Ausland an. MIU-Professoren, die häufig ihre Lehrämter in anderen Schulen und Universitäten der USA und Europas verlassen haben, um der MIU-Fakultät beizutreten, glauben, daß WKI der Erziehung eine Grundlage gibt, die Lernen bedeutungsvoll und erfolgreich macht. Ein 35jähriger Literaturprofessor der MIU, der seit drei Jahren meditiert, beschreibt diese Erfahrung:

»WKI gibt der Erziehung ihre Grundlage zurück. Die Erfahrung des Lehrens hier an der MIU entspricht dem Ideal, das mir vorschwebte, als ich Lehrer wurde. Der ganze Vorgang der Erziehung, der in der Erfahrung sich entwickelnden Bewußtseins gegründet ist, erhebt sich zu seiner vollen Größe. Man kann den Zweck von allem sehen. Die Beteiligung der Studenten und ihre hervorragenden Erfolge machen jeden Aspekt dieses Programmes ungewöhnlich. Und sein integrierender Aspekt stellt sicher, daß nichts von dem hier Gelernten totes Wissen sein wird, sondern daß es dem wirklichen intellektuellen und persönlichen Wachstum des Studenten dienen wird.«

Ähnlich berichtet ein MIU-Professor für Mathematik, 38 Jahre alt, der vier Jahre meditiert:

»Ich lehre schon eine Weile. Ich habe in Harvard gelehrt und ich habe hier gelehrt, und in Hinsicht auf den Aspekt Erziehung fühle ich, daß das, was ich hier mit WKI erreichen konnte, äußerst nützlich ist. Sehr subtile mathematische Konzepte können in effektiver Weise Anfängern dargestellt werden. Sehr abstrakte Ideen und neueste mathematische Entwicklungen, wie mathematischer Kalkül und Mengenlehre, können durch WKI den meditierenden Studenten in verständlicher Form nahegebracht werden. Ohne irgendeinen mathematischen Hintergrund zu haben, sind sie in der Lage, die abstraktesten Prinzipien zu meistern, und durch die integrierende Sicht können sie diese Prinzipien in einer Weise verstehen, wie selbst Mathematiker sie nicht verstehen. Und das ganze Wissen ist so lebendig in ihnen, daß ich glaube, sie werden reichlich Wege finden, es anzuwenden.«

Die Studenten, die sich in der MIU eingetragen haben, sind über ihr Programm sehr begeistert. Zum Beispiel sagt ein 25jähriger Student, der schon drei Jahre meditiert:

»Ich hatte Soziologie in Brandeis als Hauptfach belegt, aber ich verschwendete dort nur meine Zeit. An der MIU die WKI zu studieren, war eine ungeheuerliche Erfahrung. Ich fühle, daß ich in wenigen Wochen das gewonnen habe, was ich mir von den vier Jahren College erhofft hatte, nicht nur im Wissen, sondern auch in der Fähigkeit zu denken. Dazu ist die Erfahrung der TM notwendig, weil Intelligenz notwendig ist, um irgend etwas zu wissen. Je mehr Intelligenz zur Verfügung steht, um so bedeutungsvoller wird jedes Fach, das man studiert. Und wenn man jedes Fach im Lichte der sich entfaltenden Feinheiten der Intelligenz beobachtet, dann sieht man tatsächlich, wie die gleichen grundlegenden Gesetze, die in der TM angewandt werden, sich in der Schöpfung manifestieren und in verschiedenen Bereichen ausdrücken. Was ich lerne, scheint völlig in mein ganzes Leben integriert zu sein.«

Die MIU hat einen neuartigen Vorlesungsplan entwickelt. Der erste Monat des ersten Studienjahres beginnt damit, daß man die TM lernt und sich sofort eingehend mit Maharishis WKI-Kurs auf

Fernsehbändern auseinandersetzt. Dieser Kurs ist eine Einführung in die grundlegenden Prinzipien von Bewußtsein und Wissen. Er schafft einen integrierenden Bezugspunkt für das erste Lehrjahr, in dem 24 Fächer in intensiven Einwochen-Kursen gelernt werden. Zusätzlich nehmen die Studenten an vier Einmonats-Kursen teil und werden am Ende des ersten Jahres qualifizierte TM-Lehrer. Jeder Student beginnt das zweite und dritte Jahr mit einem zweimonatigen Praktikum. Zusammen mit Fortgeschrittenenkursen für die persönliche Erfahrung in der TM besteht das zweite Jahr aus einmonatigen Intensiv-Kursen in Physik, Mathematik, Biologie, Psychologie, Literatur, Organisation und Verwaltung. Danach wählen die Studenten eine Anzahl Hauptfächer aus dem Bereich der Naturwissenschaften, Sozialwissenschaften, Geisteswissenschaften oder der Kunst. Die Reaktion der Erstsemester auf das neue Programm war äußerst günstig.

Um die unzähligen begeisterten Berichte über höhere akademische Leistungen durch die WKI nachzuprüfen, untersuchte Roy W. Collier von der Universität von Hawaii die Leistungsdurchschnitte der College Studenten, bevor sie mit TM begannen und danach [48]. Er erhielt seine Daten aus den Unterlagen ehemaliger Studenten der Universität von Hawaii. Da sich die Untersuchung auf vergangene Leistungen bezog, weil sie erst dann durchgeführt wurde, nachdem die Daten bereits vorlagen, beeinflußte die Untersuchung die Leistungen der Studenten nicht mehr. Von 29 angesprochenen Personen genügten nur sieben den Kriterien, daß sie nämlich vor Beginn der TM mindestens *ein* Semester auf dem College gewesen waren und danach *drei*.

Collier benutzte den Zensurendurchschnitt nach der Standard-4-Punkte-Skala (4 = A = sehr gut; 3 = B = gut; 2 = C = befriedigend; 1 = D = mangelhaft). Dann zeichnete er den mittleren Zensurendurchschnitt in eine Tabelle ein (Tafel 25). Collier bemerkt: »Erfahrungen der Vergangenheit zeigen, daß – wenn man das erste Semester außer acht läßt – der Durchschnitt der Leistung bei Collegestudenten im Großen und Ganzen während des Studiums gleichbleibt.« In seiner Untersuchung dagegen stieg der Durchschnitt während des ersten Semesters nach dem Beginn der TM um 0,17 Punkte an. Im zweiten Semester blieb er gleich, um im dritten Semester wieder anzusteigen. Durch eine ähnliche Untersuchung an verschiedenen amerikanischen Universitäten haben Orme-Johnson und Heaton sogar eine noch höhere Leistungssteigerung unter den meditierenden Studenten beobachtet, wie Tafel 25 veranschaulicht [119].

Die Einführung der TM in Schulen bekam einen starken Auftrieb, als die Wirkungen dieser Technik auf die Verringerung des Drogenkonsums in großem Rahmen publiziert wurde. Maharishi hat einen Lehrplan für den Unterricht der WKI an Schulen aufgestellt. Im August 1972 nahmen an der Humboldt Universität in Californien 130 Gymnasial-Lehrer an einem einmonatigen Kurs teil, der sie schulen sollte, ihren Schülern WKI zu lehren. Die Hälfte von ihnen erhielt Stipendien aus einer 21 000 Dollar-Stiftung des Nationalen Instituts für geistige Gesundheit, das interessiert war, die Anwendung der TM in Schulen zu untersuchen. Nach der Rückkehr an ihre Arbeitsstellen berichteten die Lehrer von einer verbesserten Fähigkeit zu lehren, größerer Kreativität in ihrer Arbeit und mehr Geduld. Sie bestätigten, daß Studenten, die mit TM beginnen, normalerweise ihren Drogenkonsum drastisch verringern.

Verschiedene Schulsysteme, einschließlich des York Schulsystems in Toronto und des Dade County Schulsystems in Miami, sowie viele einzelne Schulen haben Testprogramme in WKI und TM übernommen. Ein ehrgeiziges Programm, TM in ein Schulsystem einzuführen, entstand in der Vorortstadt Eastchester, New York. Der Superintendent der Schulen, Francis Driscoll, beschrieb seine Erfahrungen und gab einige nützliche Richtlinien für andere Schulen, die ebenfalls diesen Schritt ins Auge fassen [64]. Nachdem er von einem TM-Lehrer über TM und die Erforschung ihrer Auswirkungen gehört hatte, kam er zu der Überzeugung, daß TM nützlich für Schüler sein müsse. Er stellte außerdem fest, daß es von der Verwaltungsseite her einfach sei, TM in die Schulen zu bringen, da weder Religion noch Weltanschauung dabei eine Rolle spiele. Da er jedoch erwartete, daß eine solche Neuerung Widerstand in der Öffentlichkeit hervorrufen könnte, begann er mit einer gründlichen Informationsarbeit für die Öffentlichkeit.

Sechs Monate lang sprachen TM-Lehrer mit Vertretern öffentlicher Einrichtungen, den Eltern-Lehrer-Vereinigungen und den Elternbeiräten. Danach wurde im Januar 1971 ein Informationsvortrag vor der Schülerschaft gehalten. Zu dieser Zeit war der größte Teil der Stadt über TM und ihre Bedeutung für die Schule unterrichtet. Vier Lehrer standen den Schülern einen Tag nach dem Vortrag zur Verfügung, um im persönlichen Gespräch anstehende Fragen zu beantworten. Ein weiterer Vortrag wurde vor den Lehrern und ihren Frauen gehalten. Innerhalb kurzer Zeit begannen zwölf Prozent der Lehrerschaft mit TM. Viele Schüler folgten. Klassenräume wurden nach der Schule TM-Lehrern für die drei Überprüfungstage zur Verfügung gestellt. Ebenso wurde TM in die Erwachsenenbildung eingeführt. Die Benutzung von Schulräumen für TM-Programme und Vorträge wurde beibehalten, als viele Mitglieder der Gemeinde mit der TM begannen. Superintendent Driscoll beobachtete, daß »meditierende Schüler verbesserte Beziehungen zu ihrer Familie, ihren Lehrern und Freunden gewannen und häufig ebenso ihre Noten steigerten [64].«

Als Reaktion auf die äußerst günstigen Berichte über den Wert der TM für Oberschüler begannen im Februar 1974 vier höhere Schulen in der Gegend von Hartford, Connecticut, WKI-Kurse als Hauptfach anzubieten. Dieses Programm ist als Forschungsprojekt geplant und wird von einer örtlichen Stiftung Hartfords finanziert. Das Projekt wird über zwei Jahre laufen und umfaßt die Schülerschaften eines weiten Bereiches von Schulen, angefangen von der Innenstadt-Schule bis hin zu einer der angesehensten Privatschulen in Connecticut. Die für die Auswertung der WKI-Kurse verantwortlichen Wissenschaftler untersuchen Veränderungen in den akademischen Leistungen, in der Regelmäßigkeit des Schulbesuches, in den Benotungen des Schülerverhaltens, der Bewertung des Schülerverhaltens durch die Eltern und in der Selbstbewertung der Schüler. Nachdem die Schüler einen einsemestrigen WKI-Kurs abgeschlossen hatten, wurden die ersten Daten gesammelt. Sie zeigten eine signifikante Verbesserung im Notendurchschnitt und eine beachtliche Verringerung des Angstniveaus. Notendurchschnitt und Angstniveau der Kontrollgruppe blieben unverändert. Weitere Ergebnisse über dieses Projekt werden ab Mitte 1975 verfügbar sein.

TM-Kurse sind auch für die Grundschulen vorbereitet worden und wurden auch schon von einigen Lehrern eingeführt. Obwohl zur Zeit noch keine systematischen Ergebnisse veröffentlicht sind, weisen einzelne Erfahrungsberichte auf eine Steigerung der Kreativität durch diese Kurse hin. So ließ zum Beispiel einmal ein

TM-Lehrer eine Gruppe junger Kinder eine Serie Bilder malen. Nach dem Erlernen der Kindermeditationstechnik malte die Gruppe eine zweite Serie von Bildern. Der Kontrast zwischen der ersten Serie zwar verschiedener, aber wenig großzügiger Darstellungen und der späteren Serie großzügiger und farbenprächtiger Muster zeigte eine auffallende Steigerung der Fähigkeit der Schüler, ihre schöpferischen Talente zu nutzen. Dieser Bericht legt nahe, daß Kinderpsychologen die Wirkungen der Kindertechnik der TM auf frühe kognitive Entwicklung und Kreativität untersuchen sollten.

Eine der stärksten Anerkennungen des Wertes der WKI auf dem Gebiet der Erziehung kam aus einer Resolution der Abgeordnetenkammer von Illinois vom Mai 1972:

> »... daß allen Erziehungsinstitutionen – insbesondere denen, die der Rechtsprechung des Staates Illinois unterstehen – mit Nachdruck empfohlen wird, die Durchführbarkeit von Kursen in Transzendentaler Meditation und der Wissenschaft der Kreativen Intelligenz in ihren Universitäten und Schulen zu untersuchen; und weiterhin sei *beschlossen*, daß eine Kopie dieser Resolution an den Superintendenten für Unterricht, an die Dekane aller staatlichen Universitäten und an das Ministerium für geistige Gesundheit des Staates Illinois gesandt werde, um sie über die weitreichenden Möglichkeiten der oben erwähnten Programme zu informieren [131].«

Ein weiteres Anzeichen für die große Anerkennung der TM war die Einladung an Maharishi, im März 1973 auf der 28. Jahreskonferenz der Amerikanischen Gesellschaft für Höhere Erziehung in Chicago zu sprechen. Der wachsende Enthusiasmus spiegelt die Erwartung an die TM wider, ein Werkzeug der Erziehung zu sein, das das menschliche Verhalten und gleichzeitig die Qualität des Lebens verbessern kann. In naher Zukunft können wir damit rechnen, daß viele Bildungsinstitutionen dem Vorbild der MIU und der progressiven Schulen, die heute schon WKI lehren, folgen werden.

TM und Wirtschaft

Die Gesundheit eines Unternehmens und das Wohlbefinden unserer ganzen Gesellschaft hängt vom Wachstum ab. In diesem Grundsatz sind zwei Forderungen an das Personal und die Mitarbeiterschaft enthalten.

Erstens: Mit der Gesamtheit der individuellen, sozialen und ökologischen Anforderungen, welche die Wirtschaftsunternehmen von allen Seiten bedrängen, sind vitale, weitsichtige und kreative Führungskräfte heute notwendiger denn je. Die Rede von der Verwirklichung der vollen Anlagen, sowohl persönlich als auch beruflich, ist unter Geschäftsleuten schon fast ein Gemeinplatz geworden.

Zweitens: Mit der Beschleunigung der technologischen Entwicklung im gesamten Wirtschaftsleben wird das Verlangen nach Angestellten, die Sinn und Erfolg in der Anpassung an die wiederholten Veränderungen ihrer Aufgaben finden, größer als jemals in der Geschichte.

Obwohl die Diskussion dieser Anforderungen mehr und mehr die Seiten der Wirtschaftsmagazine füllt, haben sich nur wenige Programme als erfolgreich in der Erfüllung dieser Notwendigkeit erwiesen, und keines hat mehr als einen begrenzten Erfolg in einer relativ kleinen Anzahl von Firmen gezeigt. Gleichwohl geben Wirtschaftsfachleute die Möglichkeit zu, daß ihre Organisationen durch eine Ermutigung individuellen Wachstums gestärkt werden könnten. Die Einsicht, daß das Wachstum einer Firma von der Qualität der Arbeitsleistung der einzelnen Mitarbeiter abhängt, ist unbestreitbar. In großen Firmen stellen die Spitzenkräfte fest, daß Druck und Streß einer ständig lastenden Verantwortung sowohl Leistungsfähigkeit wie auch Freude an der Arbeit verringern. Der dem Geschäftsleben innewohnende Streß ist als der Feind der Gesundheit, Intelligenz, Kreativität und Effektivität des Managers erkannt worden. Entsprechend ist die Langeweile, die von einer Mehrzahl von Angestellten und Arbeitern in unserer technologischen Gesellschaft empfunden wird, als Feind der Produktivität identifiziert worden. Wenn nicht eine Methode gefunden wird, die Arbeit sinnvoller zu machen, wird die Geschäftsführung mehr Arbeitsausfall, Arbeitsplatzwechsel, weniger Produktivität und geringere Arbeitsqualität ins Auge fassen müssen.

Um die Leistungsfähigkeit der Geschäftsführung zu erhöhen und um organisatorische Hemmnisse zu verringern, hat man wirtschaftswissenschaftliche Untersuchungen über die Zusammenarbeit der Mitglieder eines Führungsteams angestellt, um durch eine Verbesserung in diesem Bereich das Wachstum zu beschleunigen. Chris Argyris von der Harvard Business School gebrauchte die Worte »interpersonelle Tauglichkeit«, um das Ziel seines Programms der »T-Gruppen« zu beschreiben, bei denen sich die Mitglieder eines Führungsteams bewußt machen, wie sie an gemeinsame Aufgaben herangehen könnten.

Indem die Mitglieder einer Geschäftsführung sich ihre Arbeitsbeziehungen klar machen, entwickeln sie diy Fähigkeit, miteinander und mit Untergebenen effektiver zusammenzuarbeiten und interpersonelle Gewohnheiten abzulegen, welche auf effektive Arbeitsbeziehungen zerstörend wirken. Um die Leistungen der Angestellten zu verbessern und um der Arbeit wieder mehr Sinn zu geben, entwickelte der amerikanische Psychologe Frederik Herzberg, was er als »Arbeitsbereicherung« bezeichnete. Hierbei werden Arbeitsbereiche erweitert; die Geschäftsführung gibt den Angestellten mehr Verantwortung und damit die Möglichkeit zu mehr Erfolg [121].

Obwohl diese beiden Versuche, individuelle Entfaltung im Arbeitsbereich zu erleichtern, so populär geworden sind, daß sie den Bereich wirtschaftsorganisatorischer Entwicklung dominieren, sind dennoch viele Schwierigkeiten bei der Anwendung dieser Wachstumsprogramme aufgetaucht. Nur ein kleiner Teil der Aktionen, bei denen »T-Gruppen« und Arbeitsbereicherungs-Programme in Geschäftsunternehmen eingeführt worden sind, haben sich als erfolgreich erwiesen. Unternehmer scheinen Anstrengungen gegenüber, ihre grundlegenden Arbeitsannahmen zu verändern, einigermaßen unzugänglich zu sein.

Die Wissenschaft der Kreativen Intelligenz bietet einen einzigartigen Ansatz für die Entwicklung der Individuen in den Organisationen und Betrieben. Im Jahre 1973 nahmen mehr als zweihundert Manager aus dem Nordosten der USA an einem Symposium über »Transzendentale Meditation und Verbesserung des Managements« teil, das im Rensselaer Polytechnic Institute in Hartford, Connecticut, abgehalten wurde. Hans Laue, Wirtschaftswissenschaftler am Standford Research Institute, faßte den einzigartigen Wert der WKI zusammen:

»Das Management sieht sich heute sechs Hauptproblemen gegenüber: wachsende Arbeitsunlust, Entfremdung, wachsender Arbeitsausfall, zurückgehende Produktivität, sinkende Qualität der Erzeugnisse, und Mangel an Innovationen. Um eine Lösung dieser weitverbreiteten Probleme zu finden, hat das Management sie bis ins Detail untersucht. Aber diese Probleme sind nur Symptome; sie sind nicht die Ursachen. Sie sind die Symptome einer darunterliegenden Ursache – des Mangels an der vollen geistigen Entwicklung eines jeden einzelnen arbeitenden Menschen in seiner ökonomischen Umwelt. Um diese Probleme zu lösen, sollten wir uns der Ursache und nicht nur den Symptomen zuwenden. Die wirkungsvollste Maßnahme ist, jedes Individuum zu befähigen, sein dynamisches Potential zu erkennen, seine kreativen Energien zu maximieren und intelligent zu nutzen durch Ausübung der Methoden der Wissenschaft der Kreativen Intelligenz.«

Der Komplex der Probleme, dem sich die Wirtschaft heute gegenübersieht, kann auf einen Mangel an voller individueller Entwicklung zurückverfolgt werden. Psychologen schätzen, daß der Durchschnittsmensch nicht mehr als fünf Prozent seines vollen geistigen Potentials nutzt. Die Weise, wie die WKI organisatorische Probleme eines Unternehmens angeht, besteht darin, jeden Mitarbeiter des Unternehmens mit einer Technik zu versehen, mit der er innere, bisher unerschlossene Quellen von Energie, Intelligenz, Kreativität und Befriedigung ausschöpfen kann.

Obwohl der Managementstil verbessert werden kann und neue Berufe strukturiert werden müssen, hängt der Erfolg jeder Bemühung, das Individuum oder die Umwelt zu ändern, von dem Maß der kreativen Intelligenz ab, die durch einsichtsvolles Denken und wirksames Handeln ausgedrückt wird. Wenn mehr kreative Intelligenz für den Mitarbeiter direkt erreichbar wird, verringern sich die Probleme zwischenmenschlicher Beziehungen und organisatorischer Hemmnisse, während klares Denken und umfassender Überblick wachsen.

Ein persönlicher Bericht von Bill Hillman, Topmanager und TM-Ausübender, Gründer eines äußerst erfolgreichen Industrieunternehmens, veranschaulicht, warum TM bei Topmanagern auf immer größeres Interesse stößt:

»Bald nach Beginn mit der TM bemerkte ich bei mir eine zunehmende geistige Klarheit, die natürlich besonders dann von Vorteil ist, wenn in unternehmerischen Entscheidungssituationen meine Verantwortlichkeit ein sorgfältiges Abwägen vieler Faktoren verlangt. Ebenfalls von höchster Wichtigkeit ist die Entwicklung eines stabilen Selbstvertrauens in mir. Früher, bevor ich mit TM begonnen hatte, bin ich unter emotionalem Streß häufig engstirnig und unflexibel geworden. Diese Starrheit hatte den Vorzug, daß sie einer der Faktoren war, der mir half, Kritik zu überstehen, und mich den Weg gehen ließ, von dem ich glaubte, er sei der beste, aber all dies entstand aus einem niederen persönlichen Entwicklungsstand. Heute habe ich die gleiche oder sogar mehr Entschlossenheit, aber ihre Wurzeln liegen in Erfüllung und innerer Freiheit. Das Gefühl, gegen etwas reagieren zu müssen, ist verschwunden, und an seiner Stelle sind Festigkeit, wachsender innerer Friede und Harmonie getreten. Einige der sofort anwendbaren Veränderungen, die ich empfunden habe, sind:

1) Größere Organisationsfähigkeit – die Fähigkeit mehr Informationen aufnehmen und behalten zu können.

2) Leichtere Konzentrationsfähigkeit – mein Geist entwickelt sich mehr und mehr zu seiner vollen Kapazität, kann sich deshalb besser auf Dinge einstellen oder zu gegenwärtigen Rhythmen zurückkehren.

3) Gedankenschnelle – die Fähigkeit, sehr schnell aus angesammeltem Wissen Nutzen zu ziehen und Verbindungen äußerst schnell ziehen zu können, ist sehr segensreich und hilft dem eigenen Selbstvertrauen.

4) Der Wunsch, nur für ein neues glänzendes Auto zu arbeiten, läßt nach. Dies zu beobachten hat seinen eigenen nostalgischen Geschmack, aber die direkte Freude an der Arbeit lohnt sich so, daß ich nicht zurückkehren möchte. Es ist eine Freude zu sehen, wie das Geschäft sich ausdehnt und von wirklichem Nutzen ist.

Darüber hinaus hat die TM für mich die höherstehende Bedeutung, einen feinen Zustand innerer persönlicher Übereinstimmung zu entwickeln. Dies ist im Geschäftsleben und auch in sehr persönlichen Bereichen von Bedeutung.«

Hillmans Bewertung der TM ist von vielen Topmanagern im

ganzen Land unterstützt worden. Alexander M. Poniotoff, Gründer und Vorsitzender des Board Emeritus der Ampex Corporation, stellte fest:

»In der Erkenntnis, daß Streß destruktive Wirkungen auf das menschliche Leben hat, hat die Stiftung für Ernährung und Streßforschung verschiedene Methoden der Streß- und Spannungslösung untersucht. Die Methoden, die wir in der Vergangenheit vorgefunden haben, waren sehr kompliziert und benötigen großen Zeitaufwand. Deshalb betrachteten wir diese Methoden als unwirksam, das Streßproblem des Menschen zu lösen. Kürzlich wurde ich als technischer Direktor des AMP Bio-Research Instituts mit der TM bekannt und begann sie selber zu praktizieren. Schon nach wenigen Monaten der Ausübung bin ich überzeugt, daß TM nicht nur das Streßproblem tatsächlich und wirksam lösen, sondern auch helfen könnte, viele andere positive Qualitäten der menschlichen Natur zu entwickeln.«

Über 30 Topmanager der Arthur D. Little, eine der kreativsten Beratungsfirmen für Management, üben TM regelmäßig aus und haben sich einen Extraraum für Meditation eingerichtet. Unter den vielen großen Firmen, in denen Topmanager die TM ausüben, sind folgende: Ampex, Monsanto, General Motors, Travellers Insurance, Sprague Elektric, Westinghouse, Aetna Insurance, IBM, Kodak und Xerox. TM ist neuerdings so populär geworden, daß jede größere Firma im Land zumindest ein paar Meditierende in führender Position hat. Der Stiftungsfonds für die Wissenschaft der Kreativen Intelligenz bietet WKI-Programme für Wirtschaft und Regierung an und lehrt Grund- und Fortgeschrittenenkurse in der WKI für Manager. Diese Kurse werden an Wirtschaftsschulen und in Firmen direkt angeboten. Die Upper Avenue National Bank in Chicago, AT & T, die Crocker National Bank in San Franzisko, General Foods, St. Joe Mineral Co. in Pittsburgh, Tilley-Lewis Food Co. in Kalifornien, die Detroit Engineering Society und das Rensselaer Polytechnic Institute von Connecticut gehören zu den Organisationen, die schon Vorteile aus diesem Kurs gezogen haben.

Bevor die WKI der Geschäftswelt im Frühjahr 1974 durch eine Reihe von Symposien überall in den Vereinigten Staaten vorgestellt worden ist, konnte der WKI-Kurs für Manager nur beschränkt angeboten werden. Dennoch sagte Dr. Francis Barrett, Präsident der Management Concepts Ltd, Kanada, schon 1972 voraus, »daß innerhalb von 10 Jahren die Wissenschaft der Kreativen Intelligenz in über 50 % aller nordamerikanischen Management-Schulungsprogrammen gelehrt werden wird«.

Bis vor kurzem war eine Auswertung der WKI in der Wirtschaft nur bezüglich der Leistungen des Managements vorhanden. Neuere Programme, in denen WKI bei Angestellten eingeführt worden ist, haben auch schon den ersten Beweis für den Wert der WKI für verbesserte Produktivität, weniger Abwesenheit und verringerten Arbeitsplatzwechsel geliefert. David Frew, Direktor des MBA-Programms am Cannon College hat eine Vorstudie über TM in Beziehung auf Produktivität und Zufriedenheit am Arbeitsplatz herausgebracht [85]. Er gab über hundert Personen, die die TM regelmäßig ausübten, einer Kontrollgruppe und den Vorgesetzten und Mitarbeitern beider Gruppen Fragebögen. Frew schloß Vorgesetzte und Mitarbeiter in den Test mit ein, um nicht nur die Daten des Selbstberichtes der Meditierenden auszuwerten, sondern auch die Beurteilung durch andere. Seine Untersuchung vermag also nicht nur über subjektive Erfahrungen zu berichten, sondern auch über die Arbeitsleistung.

Die Meditierenden berichten, daß sie mit ihrer Arbeit zufriedener seien, sie besser ausführten und weniger wechseln wollten; sie fanden ihre zwischenmenschlichen Beziehungen verbessert und hatten weniger Interesse, in höhere Positionen aufzusteigen. Diese Daten unterschieden sich signifikant von denen der Kontrollgruppe und stimmten im allgemeinen mit den Berichten der Mitarbeiter und Vorgesetzten überein. Diese starke Übereinstimmung zwischen dem Selbstbericht der Meditierenden und ihrer Bewertung durch die Vorgesetzten stützt die These, daß TM die Arbeitsleistung der Angestellten verbessert. Die Untersuchungsergebnisse sind in den Tafeln 26 und 27 dargestellt.

Frew brachte interessante Angaben über diejenigen Organisationsaufgaben und Arbeiten, in denen sich die Leute nach der Unterweisung in die TM am meisten verbessern. Personen in höheren Stellungen, speziell im Topmanagement, konnten einen größeren Gewinn durch die TM verzeichnen. Und je demokratischer eine Organisation strukturiert ist, desto größer ist der Vorteil, den der

einzelne durch die TM erfährt, insbesondere in den Bereichen verbesserter zwischenmenschlicher Beziehungen und verminderten Arbeitsplatzwechsels.

In einer demokratischen Struktur bestehen vor allem auf höheren Ebenen mehr Möglichkeiten für ein Individuum, sich selbst durch seine Arbeit auszudrücken. Daraus folgt nicht, daß Menschen, die auf unteren Ebenen einer Organisation arbeiten, sich infolge der TM nicht verändern, sondern vielmehr, daß sich ihr persönlicher Gewinn nicht so voll in ihrer Arbeit widerspiegelt, aus mangelnder Gelegenheit, neue Fähigkeiten auszudrücken. Auf der Grundlage dieses Ergebnisses schlägt Frew den Organisationen vor, das kreative Potential ihrer Angestellten mehr zu erschließen.

Eines der ersten Projekte, das die WKI bei Angestellten offiziell einführte, wurde im Sommer 1973 auf Anfrage der Firma in einer Bank in Connecticut durchgezogen. Die First Federal Savings and Loan Association von Meridan begann im Juni 1973, ihren Angestellten die TM verfügbar zu machen. Das Projekt begann auf Anfrage des Personaldirektors und des geschäftsführenden Vizepräsidenten, die beide selber die TM ausübten und die Technik sehr gut fanden. Da die Bank ihre Aktiva zwischen 1970 und 1973 verdoppelt hatte und bis 1976 eine weitere Verdoppelung zu erwarten ist, entstand die Notwendigkeit, Personal aus den eigenen Reihen so zu schulen, daß es zur Übernahme geschäftlicher Verantwortung fähig würde. Die Bank hatte Interesse daran, TM als Mittel einzusetzen, die Arbeitsleistung der Angestellten zu verbessern und ihre Fähigkeit zu entwickeln, Verantwortung zu übernehmen. Von den einhundert Angestellten der Bank entschlossen sich zwanzig, am ersten Kurs teilzunehmen. Einige Wochen später wurde auch ein Kurs für das Management angeboten. Mit einer Ausnahme besuchte das ganze Managementteam den Kurs.

Obwohl die Direktion anfangs dem Wert der TM ziemlich skeptisch gegenüberstand, gab sie, nach fünfmonatiger Prüfung, die Zustimmung, das Programm unbegrenzt fortzusetzen. Die Meditierenden zeigten eine verbesserte Arbeitsleistung, verbesserte Beziehungen am Arbeitsplatz, weniger Abwesenheit und eine allgemeine Verringerung von Spannungen und Angst. Viele der Meditierenden berichteten von Verbesserungen in ihrem persönlichen und Familienleben und betrachteten diesen Vorteil oft als den erfreulichsten Gewinn durch die TM. Auf den Wunsch der Angestellten hin erleichterte es die Bank nun auch ihren Ehepartnern, die TM zu lernen, und in Zukunft werden die Kurse auch den Ehefrauen, bzw. Ehemännern der Angestellten offenstehen.

Das Programm der First Federal Bank wird fortgesetzt als Teil ihres Personal-Schulungsprogramms und wird vom Personaldirektor geleitet. Der Präsident der Bank, der einige Wochen nach Beginn des Programms die TM erlernte, unterstützt die Anwendung der TM voll und ganz. Er bezeichnete das für das TM-Programm ausgegebene Geld als »die bestangelegten Dollars für Personalschulung«. Nachdem der Präsident von seiner Migräne vollständig geheilt war, die ihn vor Erlernen der TM jahrelang geplagt hatte, versäumt er keine Morgen- und Abendmeditation. Das Direktorium der Bank hat mehrere meditierende Mitglieder und wird wohl bald eine Mehrheit von Meditierenden haben.

Ein ähnlicher Bericht über den Wert der TM in der Verbesserung der Produktivität und der Beziehung zur Arbeit kommt von einer großen Verpackungsfirma in Columbia, Tennessee. Rick Polk, Vorsitzender der Direktion der P. A. Medical Corporation, begann Ende 1972 mit der TM. Nach den ersten zehn Monaten der Meditation berichtete er von »weniger Verspannungen und Streß und einer größeren geistigen Klarheit ... und dadurch effektivere und intelligentere Entscheidungen«. Er merkte auch, daß sich seine Beziehungen zu anderen Direktionsmitgliedern verbesserten. Darauf führte er TM im Management seiner Firma und bei seinen Angestellten ein. Im September 1973 berichtete er:

> »Zur Zeit üben insgesamt 50 % der Verwaltungsangestellten des einen meiner Unternehmen die TM aus. In dem anderen sind es 100 % (etwa 50 Mitarbeiter). Wir entdeckten, daß Manager und Angestellte besser zusammenarbeiten und mehr leisten, bei deutlich geringerem Arbeitsausfall. Das Arbeitsklima der Fabrik hat sich merklich gebessert, und die Arbeitsbedingungen sind angenehmer.«

Polk zögert nicht, TM als ein Werkzeug des Management zu empfehlen, um Produktivität und Leistung zu steigern. Die Anzahl großer und kleiner Firmen, die WKI-Programme verlangen, steigt ständig, da WKI verspricht, latentes Potential freizulegen.

Wo immer die Wirtschaft ein wichtiges, zu 95 % brachliegendes Reservoir entdeckt, wartet sie nicht lange, diese neue Quelle zu erschließen. Das zu 95 % ungenutzte Potential im Menschen ist das für die Wirtschaft wichtigste Reservoir.

Ein Weltplan

Es war der 8. Januar 1972 in Mallorca, Spanien, als Maharishi einen Weltplan ins Leben rief, der WKI und TM für jeden auf der Erde verfügbar machen sollte. In einer fünfstündigen Präsentation seines Planes vor einer Zuhörerschaft von zweitausend Lehrern der TM, nannte Maharishi zwei Gründe für seine Bestrebung, TM überall anbieten zu lassen. Erstens fanden die psychophysiologischen Wirkungen der TM ein solch positives Echo unter den Wissenschaftlern, daß die TM die Lösung für die Probleme des modernen Lebens darzustellen verspricht. Zweitens: Die ständig wachsende Zahl von Meditierenden, die daran interessiert ist, selbst Lehrer der TM und WKI zu werden, eröffnet die Möglichkeit, genügend Lehrer auszubilden, um jeden Menschen der Welt zu unterrichten.

Seit der ersten substantiellen wissenschaftlichen Veröffentlichung über die TM von Wallace im Jahre 1970 findet die TM als Technik der Tiefenentspannung immer mehr Anklang in wissenschaftlichen Kreisen. Erst nachdem über ein Dutzend Untersuchungen veröffentlicht waren, kamen Forscher darauf, daß TM mehr als nur eine Entspannungsmethode ist. Die signifikanten Verbesserungen in Physiologie, Psychologie und Leistungsfähigkeit der TM-Ausübenden unterstützen die These, daß TM den Zugang zu einer starken, inneren Quelle kreativer Intelligenz darstellt. Diese Reserven an Energie und Intelligenz hatte vorher niemand erwartet. Da der Vorgang, sie zu erschließen, rein physiologisch definierbar ist, sehen Wissenschaftler heute die TM als eine wissenschaftliche Technik an, alle dem Menschen innewohnenden Anlagen einerseits zu erforschen und andererseits praktisch zu entfalten [61, 69, 220].

Da TM nur im persönlichen Lehrgespräch unterrichtet werden kann, verursacht das Vorhaben, die TM 4 Milliarden Menschen auf der Erde zugänglich zu machen, einige strategische Probleme. Obwohl Maharishi immer schon die Verbreitung der TM auf der ganzen Welt im Auge hatte, begann er erst dann auf der weltweiten Durchführung des TM-Programms zu bestehen, als 1972 klar wurde, daß genügend Lehrer für die ganze Welt ausgebildet werden konnten.

Zu Beginn des Jahres 1972 gab es bereits tausend TM-Lehrer; weitere zweitausend befanden sich gerade in der Ausbildung. Weiterhin wurde eine internationale Universität gegründet, die ein Programm zur Schulung Tausender TM-Lehrer in aller Welt vorlegte. Schließlich war die Video-Technik genügend weit entwickelt, um eine preiswerte Massenherstellung von Lehrmaterial in Form von einfach handhabbaren Video-Kassetten zu ermöglichen.

Der Weltplan mag ursprünglich als Ausbildungsprogramm für Lehrer verstanden worden sein, er umfaßt dennoch auch den Aspekt, jedem Menschen der Welt TM und WKI verfügbar zu machen. Maharishi schätzt, daß ein Lehrer der WKI für 1000 Einwohner ausreichen wird, die Verfügbarkeit der TM überall auf der Welt sicherzustellen. Bei einer gegenwärtigen Weltbevölkerung von 3,6 Mrd. erfordert der Weltplan 3,6 Mill. ausgebildete Lehrer. Um dies zu erreichen, werden Weltplan-Center über die ganze Welt verstreut aufgebaut, jedes innerhalb einer Bevölkerung von einer Million. Unter der Schirmherrschaft des Weltplanrates ist man jetzt dabei, 3600 Weltplan-Center zu etablieren. Jedes Lehrer-Ausbildungs-Center wird tausend Lehrer der WKI ausbilden und damit das Ziel verwirklichen, einen Lehrer für tausend Menschen zu Verfügung zu haben.

Obwohl es zur Zeit vor allem darum geht, WKI-Lehrer auszubilden, hat der Weltplan sieben Ziele, die der Anwendung der WKI auf gesellschaftliche Probleme eine Richtung geben. Diese Ziele sind:

1) Das volle Potential des Individuums zu entfalten.

2) Die Leistungen der Regierungen zu verbessern.

3) Das höchste Ideal von Bildung und Erziehung zu verwirklichen.

4) Die uralten Probleme des Verbrechens und allen Verhaltens, das der Menschheit Unglück bringt, zu lösen.

5) Die Umwelt in höchstem Maße intelligent zu nutzen.

6) Den wirtschaftlichen Bestrebungen des einzelnen und der Gesellschaft Erfüllung zu bringen.

7) Die geistigen Ziele der Menschheit in dieser Generation zu erreichen.

Obwohl diese Ziele in der Vergangenheit bereits die Ideale unzähliger gesellschaftlicher Bewegungen waren, sind sie niemals erreicht worden. So ist es leicht verständlich, daß Kritiker den Weltplan nicht ernst nehmen, indem sie das wachsende gesellschaftliche Interesse an der WKI mit utopischen politischen und religiösen Bewegungen der Vergangenheit in einen Topf werfen. Sowohl die Struktur als auch die Resultate des Weltplans zeigen, daß solche Kritiker es nicht verstanden haben, den einzigartigen Wert der WKI und die noch nie dagewesene Strategie des Weltplans zu erkennen.

Um diese sieben Ziele zu erreichen, schreibt Maharishi weder eine Ideologie noch ein Moralsystem vor. Er besteht nur darauf, daß jeder die reine schöpferische Intelligenz durch TM erfährt und diese Erfahrung durch kritisch-wissenschaftliche Mittel auch versteht. Niemals vorher in der Geschichte hat irgendeine soziale Bewegung danach gestrebt, jedem Menschen eine fundamentale, gleiche Erfahrung zu geben, geschweige denn die Erfahrung eines unbegrenzten inneren Reservoirs an Energie, Intelligenz und Erfülltheit. Jeder Versuch, der Geschichte eine neue Richtung zu geben, war von einem – sei es moralischen, religiösen, wirtschaftlichen oder politischen – Glaubenssystem abhängig. Solche Bewegungen haben sich häufig auf die Anwendung von Gewalt und Zwang verlegt, um ihren Glauben aufrechtzuerhalten. TM dagegen verbreitet sich durch Empfehlung von Mund zu Mund. TM-Ausübende teilen ihre Freude mit ihren Freunden, deren Interesse an der TM auf natürliche Weise wächst. Wenn TM-Ausübende tiefgreifende positive Veränderungen in sich feststellen, dann suchen sie diese mit den Methoden der modernen Wissenschaft zu studieren und zu verstehen. Die Geschichte akademischen Interesses an der TM, die die Formulierung ihrer grundsätzlichen Prinzipien als Wissenschaft der Kreativen Intelligenz hervorgebracht hat, spiegelt genau dieses Wachstumsmuster wider.

Viele Wissenschaftler und Forscher wurden erstmalig an der TM interessiert, als sie Veränderungen in sich und anderen feststellten, die die TM ausübten. Als diese Veränderungen immer offensichtlicher wurden, wuchs das Verlangen, zu verstehen, wie

TM ein so breites Spektrum überwältigender positiver Wirkungen auf das Individuum hervorbringen kann. Das wachsende Interesse der Professoren verschiedener Universitäten in aller Welt führte zu einer Serie von 13 internationalen Symposien, denen mehr als 10 000 Menschen beiwohnten. Unter den Sprechern dieser Symposien waren der Psychologe Frank Barron, der Ingenieur Harvey Brooks, der Nobelpreisträger für Chemie Melvin Calvin, der Politikwissenschaftler Robert Dahl, der Umweltdesigner Buckminster Fuller, Psychiater Bernhard Glueck, Physiker Gerson Goldhaber, Erzieher Wills H. Harman, Literaturprofessor Erika Lorenz, Humanist Marshall McLuhan, Astronom Lloyd Motz, Physiologe Hans Selye, Biologe Robert Sinsheimer, Schoolsuperintendent Dr. Francis Driscoll, Nobelpreisträger William Glazer, General Franklin Davis, Ostasienexperte Alfred Jenkins und Dr. Jonas Salk. Diese Sprecher waren eingeladen, um in den Begriffen ihres eigenen Fachbereiches Maharishis Arbeitsdefinition der Kreativen Intelligenz zu diskutieren – »jene vorwärtstreibende Lebenskraft, die sich selbst in dem Evolutionsprozeß durch die Erschaffung neuer Formen und neuer Beziehungen im Universum manifestiert«.

Das folgende Gespräch war hierfür typisch:

Dr. Calvin: »Maharishi hat kürzlich gesagt: ›Das Ganze des individuellen Lebens und des kosmischen Lebens ist wesentlich kreativ, weil es immer weiter und weiter geht; es ist progressiv, evolutionär. Und das Ganze des Lebens ist wesentlich intelligent, weil es systematisch voranschreitet, indem es seine eigene Ordnung enthält und sich in einer geordneten Weise entfaltet ...‹ Das hat meine Aufmerksamkeit auf jenen Teil unserer neueren Arbeiten gelenkt, der sich mit den Vorgängen chemischer Entwicklung befaßt.

Die wichtigste Idee hierin ist, daß die Struktur eines Atoms so geschaffen ist, daß es sich nur in einem ganz spezifischen Muster mit anderen Atomen verbindet, wenn die geeigneten Bedingungen vorliegen – sei es im Laboratorium oder in der Ur-Atmosphäre – und die entsprechende Energie hinzugefügt wird.

... Deshalb muß es einen molekularen Mechanismus geben, der entscheidet, welche Moleküle über welche dominant sind. Dazu müssen wir den Begriff der ›stereospezifischen Autokatalyse‹ einführen, der bedeutet, daß Moleküle in der Lage sind, ihre eigene Erzeugung in einer höchst geometrisch-spezifischen Weise zu induzieren.«

Maharishi: »Es ist so wunderbar! Der Ausdruck eines hervorragenden Wissenschaftlers eröffnet die wesentliche Natur der kreativen Intelligenz ... Das Funktionieren der kreativen Intelligenz ist so, daß unter ähnlichen Umständen ähnliche Resultate entstehen. Gerade dieses Phänomen zeigt, warum Harmonie in der Schöpfung ist, und nicht Chaos. Der Apfelbaum bringt nur Äpfel hervor und keine Guavas. Aber wenn die Umstände sich ändern, könnte eine Pfropfung Guavas hervorbringen. Die unendliche Flexibilität der kreativen Intelligenz behält ihre stereospezifische Qualität!

Da ist Präzision: Nichts ist Zufall, und es ist dieses Spezifische der kreativen Intelligenz, das überall automatisch die Evolution vorantreibt [191, S. 31].«

Das erste Internationale Symposium über die WKI dauerte zwei Wochen während des Juli 1971 an der Universität in Massachusetts, Amherst. Die vielleicht größte Leistung dieses Symposiums war die Formulierung eines Plans, eine Universität zu gründen, die alle akademischen Disziplinen traditioneller Art im Licht der WKI untersucht. Nur acht Monate später wurde die Maharishi International University in Kalifornien gegründet. Die MIU bietet nun ein undergraduate- und graduate-degree-Programm an und mag somit als der Schlüssel zum Weltplan gesehen werden. Um Millionen von WKI-Lehrern auf einer internationalen Basis auszubilden, ist eine etablierte Erziehungsorganisation nötig. Die MIU liefert den Rahmen, in dem jeder die rein theoretischen Aspekte der WKI sowie ihre Beziehungen zu allen anderen Wissensgebieten gründlich studieren kann. Als eine der wahrhaft internationalen Universitäten zielt die MIU darauf ab, ihre Programme durch Zweigstellen in der ganzen Welt anzubieten.

Eindrucksvolle Schritte in dieser Richtung sind schon unternommen worden. Campusuniversitäten gibt es heute schon in Fairfield, Iowa, und in Seelisberg, Schweiz. Über 20 000 Studenten haben Maharishis auf Video-Band aufgenommenen WKI-Kurs absolviert, nachdem dieser ab Herbst 1972 verfügbar war. Gegen Ende 1974 hatte Maharishi persönlich 8000 Lehrer ausgebildet.

Von diesen sind 5600 aus den USA und 700 aus der BRD. WKI-Kurse werden nun in über 300 Centern in den USA und 50 Centern in Deutschland abgehalten. Fakultätsmitglieder der MIU haben Kurse auf Fernsehbändern erstellt, die ihr Fach im Lichte der WKI behandeln. Im Herbst des Jahres 1973 begannen mehr als hundert speziell ausgebildete Lehrer der College-Ebene, diese Kurse in Weltplan-Centern auf der ganzen Welt abzuhalten. Um die MIU-Programme stärker verbreiten zu können, sind Verhandlungen im Gange, Fernsehstationen in den dichtbevölkertsten Gegenden der USA einzurichten. Die erste dieser Stationen wird bald in der Umgebung von Los Angeles mit ihrem Programm beginnen. Diese Sendestationen werden garantieren, daß die WKI der Mehrzahl der Amerikaner zugänglich wird. Örtliche MIU-Lehrer werden eng mit denen zusammenarbeiten, die ihre Grade zu Hause mit Hilfe des akademischen Fernsehprogramms erarbeiten wollen. Für die Entwicklungsländer schlägt Maharishi ein globales Fernsehnetz vor, in welchem TV-Mikrowellen-Transmitter in den starken Ballungsgegenden Verwendung finden sollen. Zu Beginn 1974 legte die MIU den Regierungen aller Länder offiziell eine »Allianz für Wissen« [6] vor, wobei die MIU den Wissensstoff durch Fernsehmaterial zur Verfügung stellt und die Nationalen Regierungen die Einrichtung des globalen Fernsehnetzes in ihren Ländern finanzieren.

Da die MIU auf die Verwirklichung der 7 Ziele des Weltplans abzielt, bietet sie mehr Programme an als nur die Standard-Kurse. Ein vollständiger Lehrplan für Grundschulen und Sekundarschulen sowie auch für Erwachsenenbildungsprogramme ist in Arbeit. Zusätzlich sind sechs MIU-Institute gegründet worden, um spezielle soziale Probleme durch WKI zu lösen. Zum Beispiel wird das Institut für Soziale Rehabilitation (ISR) Fortgeschrittenenkurse anbieten, in denen sich TM-Lehrer weiterbilden können, um TM auf Probleme geistiger Gesundheit oder Kriminalität anzuwenden. Dieses Institut wird auch die örtlichen Krankenhäuser und Gefängnisse unterstützen, die den klinischen Wert der WKI testen möchten. Das Institut für Umweltentwicklung (IED) wird die WKI auf die kritischen ökologischen Probleme anwenden, denen die Industrienationen gegenüberstehen. Es wird die Entwicklungsländer zu gesunder ökologischer Planung auf der Basis der Prinzipien der WKI ermutigen.

Andere Institutionen sind gegründet worden, um WKI-Programme für Regierungsbeamte, Militär, Geschäftsleute, Erzieher und ältere Menschen zu koordinieren. Jedes dieser Institute kümmert sich um eines der sieben Weltplanziele. Das internationale Forschungszentrum (ICSR) koordiniert und fördert die wissenschaftlichen Untersuchungen über WKI. Ein zentrales Büro für wissenschaftliche Informationen ist notwendig geworden, seitdem in über 150 Instituten der ganzen Welt Forschungsprojekte über physiologische, psychologische und soziologische Implikationen der TM durchgeführt werden.

Das Forschungs- und Schulungsprogramm der MIU und die Feldaktivitäten der SIMS, IMS, SRM und AFSCI werden vom World Plan Executive Council (Weltplanrat) koordiniert. Dieses Gremium wurde eingerichtet, um die integrierte Verbreitung der gesamten TM-WKI-Bewegung zu leiten. In einem kürzlichen Interview sagte der Präsident des Weltplanrates Jerry Jarvis: »Zum ersten Mal in der Geschichte haben wir Maharishi, das Wissen, die Technik, die Strategie und die Organisation, um den innersten Sinn menschlichen Lebens, nicht nur für diese Generation, sondern auch für alle weiteren Generationen zu erfüllen.« Der Weltplan gewinnt einen bemerkenswerten Schwung. Im November 1973 wurden Weltplan-Wochen in den großen Städten der USA und Kanada abgehalten. Während der gleichen Zeit nahm Maharishi Einladungen an, um vor den Parlamenten von Illinois, Iowa, New Hampshire und Michigan zu sprechen. Fast 20 Landesregierungen und örtliche Regierungen einschließlich Illinois, Kalifornien und Cincinnati haben Resolutionen verabschiedet, in denen Untersuchungen verlangt werden, inwieweit WKI-Programme durch städtische oder staatliche Behörden eingeführt werden können. Während einer nationalen Weltplan-Woche im Herbst 1973 wurden die Vorstände der Gemeinden und Städte, in denen gerade Weltplanaktivitäten begonnen hatten, durch eintägige Symposien informiert. Weltplan-Center sind nun in über 200 Städten der USA aktiv.

Auch in anderen Ländern kommt der Weltplan in Bewegung. Eine wachsende Anzahl von Leuten lernt TM in Großbritannien, Deutschland, Frankreich und Skandinavien. Erziehungsbeamte von Saskatchewan entschieden, WKI-Kurse bis zum Herbst 1974 in ihrem gesamten Schulsystem einzuführen. In Afrika hat die äthiopische Regierung die Entwicklung von WKI-Kursen für das Sekundarschul-System gutgeheißen. Außerdem wurden im Sommer 1972 WKI- und TM-Lehrerausbildungskurse in Äthiopien abgehalten. WKI wird nun auch in Indien gelehrt und ist in verschiedenen Erziehungssystemen indischer Provinzen eingeführt worden. Im Januar 1973 eröffnete Maharishi den Weltplan in Sao Paulo, wo Staatsbeamte versprachen, die Einrichtung von 98 Weltplan-Centern in Brasilien zu unterstützen. Aufgrund des langsamen Fortschritts in den Entwicklungsländern hat Maharishi sich an einige hundert WKI-Lehrer aus den USA und Deutschland gewandt und sie aufgefordert, ein Jahr in den Entwicklungsländern zu verbringen und dort den Weltplan durchzuführen. Im Rahmen dieses Programmes sollen 1900 Weltplan-Center in den Entwicklungsländern eingerichtet werden.

Zusätzlich zu den 3600 Weltplan-Centern, die in den Großstädten der Erde aufgebaut werden, benötigt der Weltplan sogenannte Waldakademien in den Umgebungen jeder größeren Stadt. Pläne für zehn solcher Einrichtungen in den USA sind in Arbeit, vier Akademien existieren schon. Ähnliche Akademien werden in Israel, Großbritannien, Venezuela, Deutschland und vielen anderen Ländern geplant oder existieren bereits. Diese Waldakademien werden nicht nur längere TM-Vertiefungskurse und WKI-Grundkurse, sondern auch MIU-Diplom- und Vordiplom-Programme auf einer örtlichen Basis anbieten. Außerdem sollen sie als örtliche Kultur-Zentren für die Bevölkerung dienen.

Gegen Ende 1975 wird mehr als eine Million Menschen TM ausüben. Mehr als 40 000 beginnen TM jeden Monat allein in den USA. Das ist doppelt soviel wie im Vorjahr. Seit 1966 ist die Anzahl TM-Ausübender um 130 % pro Jahr gewachsen. Aber diese Wachstumsrate stellt erst den Anfang des Weltplans dar. Obwohl der Weltplan national und international große Fortschritte macht, beginnen die Menschen immer noch mit TM, weil ihre Freunde es machen, und nicht so sehr, weil soziale Einrichtungen sie dazu auffordern. Trotzdem verspricht die wachsende Zahl der Erziehungs-, Wirtschafts- und Regierungsinstitutionen, die den praktischen Wert der WKI ausnutzen, um damit ihren vielfachen Problemen entgegenzutreten, eine Reintegration auf vielen Ebenen der Gesellschaft. Mit diesem Weltplan fordert uns Maharishi heraus, eine ungeheure Möglichkeit zu realisieren:

»Die Lösungen heute drückender Probleme, die unsere Welt beunruhigen, können schnell und leicht gefunden werden, wenn jeder Mensch das volle Potential des Lebens lebt. Das Wissen ist vorhanden, die glänzenden Möglichkeiten der Menschheit zu entfalten. Der Beweis der Wirksamkeit dieses Wissens ist hinreichend geführt worden, so daß jeder Mensch sehen kann, daß hier die unbegrenzte Möglichkeit einer Steigerung der Lebensqualität auf diesem Planet gegeben ist. Was für jeden verantwortlichen Bürger zu tun bleibt, ist, diese Herausforderung anzunehmen, um den höchsten Idealen der Zivilisation in unserer Generation bleibende Erfüllung zu bringen [182a, S. 25].«

Weltplancenter in Deutschland

Weitere Informationen über die Wissenschaft der Kreativen Intelligenz und ihrem praktischen Aspekt, der Transzendentalen Meditationstechnik (TM), können Sie in den unten aufgeführten Weltplancentern erhalten.

1000 Berlin, Tauentzienstr. 5, 030/2138094
2000 Hamburg 13, Rothenbaumchaussee 7, 040/459912
2000 Hamburg 55, Goßlers Park 8, 040/860495
2000 Hamburg 76, Feßlerstr. 5, 040/2992528
2300 Kiel, Preußerstr. 12, 0431/561953
2370 Rendsburg, Im Winkel 5, 04331/24794
2400 Lübeck, Am Schrangen 2–4, 0451/74375
2800 Bremen, Parkstr. 97, 0421/341314
2820 Bremen-Blumenthal, Ringofenstr. 58, 0421/602216
2900 Oldenburg, Klosterstr. 259, 0441/33325
2940 Wilhelmshaven, Deichstr. 14, 04421/42685
3000 Hannover, Gretchenstr. 36, 0511/315725
3100 Celle, Hannoversche Str. 50, 05141/22942 od. 51433
3140 Lüneburg, Bachstr. 16, 04131/56101
3180 Wolfsburg, Teichgartenstr. 16, 05361/12262
3182 Vorsfelde, Lessingstr. 3, 05363/20160
3300 Braunschweig, Petersilienstr. 1–3, 0531/42157
3392 Clausthal-Zellerfeld, Berliner Str. 1, 05323/493
3400 Göttingen, Wilhelm-Weber-Str. 39, 0551/55246 od. 41288
3400 Göttingen, Rohusweg 56, 0551/41104
3500 Kassel, Kirchweg 82, 0561/14434
3550 Marburg, Fontanestr. 15
4000 Düsseldorf, Ehrenstr. 19, 0211/463755
4040 Neuss, Schulstr. 13–15, 02101/28000
4150 Krefeld, Westwall 29, 02151/29335
4250 Bottrop, Schumannstr. 28, 02142/33422

4330 Mülheim/Ruhr, Friedrich-Ebert-Str. 6, 0208/31594
4400 Münster, Salzstr. 14/15, 0251/25271
4500 Osnabrück, Knollstr. 107, 0541/16724
4516 Schledehausen, Waldakademie, 05402/8065
4590 Cloppenburg, Jammertal 16, 04471/5161
4600 Dortmund, Friedrichstr. 14, 0231/141466
4630 Bochum, Kortumstr. 96, 0234/60200 od. 02302/12068
4790 Paderborn, Salentinstr. 2a, 05251/27934
4800 Bielefeld, Breite Str. 37, 0521/60812
4930 Detmold 1, Bandelstr. 1, 05231/27851
4996 Lübbecke, Weingartenstr. 23
5000 Köln, Schildergasse 108, 0221/248575 od. 02204/67645
5000 Köln 80, Bensberger Marktweg 9, 0221/681813
5100 Aachen, Elsa-Brandström-Str. 2, 0241/25096
5300 Bonn, Poppelsdorfer Allee 36, 02221/636290
5430 Montabour-Reckenthal, Tannenweg 9, 02602/5967
5520 Bitburg-Erdorf, Kalkstr. 21, 06561/2641
5600 Wuppertal 1, Auer Schulstr. 10, 02021/309267
5800 Hagen, Emster Str. 47, 02331/53281
5900 Siegen, Wildweg 21, 0271/85821
6000 Frankfurt/M., Stettenstr. 39, 0611/554199
6100 Darmstadt, Kiesstr. 76, 06151/41096
6148 Heppenheim, Gießener Str. 11, 06252/3913
6200 Wiesbaden, Adelheidstr. 10, 06121/371642
6300 Gießen, Seltersweg 65, 0641/74534
6430 Bad Hersfeld, Güldene Kammer 37, 06621/3149
6580 Idar-Oberstein, Hasenkloppstr. 18
6600 Saarbrücken, Fechenkerstr. 9, 0681/871627 od. 36799
6600 Saarbrücken, Bahnhofstr. 59, 0681/36799 od. 871627
6750 Kaiserslautern, Fackelstr. 5, 0631/66900
6800 Mannheim, Fischerstr. 5, 0621/853110
6900 Heidelberg, Zähringerstr. 3A, 06221/29644
7000 Stuttgart, Weimarstr. 3, 0711/620184
7080 Aalen 1, Nördl. Stadtgraben 6, 07361/68848
7140 Ludwigsburg, Landhausstr. 11, 07141/25016
7260 Calw, Langesteige 16, 07051/12992
7300 Esslingen, Berliner Str. 17, 0711/350033
7320 Göppingen, Großstr. 19
7400 Tübingen, Kirchgasse 1, 07071/26518

7410 Reutlingen, Marktplatz 9, 07121/81747
7500 Karlsruhe, Röntgenstr. 5, 0721/28134
7750 Konstanz, Zeppelinstr. 10, 07531/61537
7800 Freiburg, Kaiser-Joseph-Str. 183IV, 0766/48565
7911 Pfaffenshofen, Dachsweg 2, 07302/6482
7910 Neu-Ulm, Beethovenstr. 4, 0731/74217
7988 Wangen/Allg., Schmidtstr. 6, 07522/4555
8000 München 40, Bismarckstr. 2, 089/333678
8090 Wasserburg/Inn, Heiserer-Platz 1, 08071/3446
8084 Germering, Ob. Bahnhofstr. 22
8101 Post Klais, Schloß Elmau, 08823/921
8162 Schliersee/Obb., Waldakademie, Schliersberg/Alm, 08026/6721-6722
8200 Rosenheim, Königstr. 9III, 08031/36331
8390 Passau, Kremerstr. 22, 0851/35448
8400 Regensburg, Prüfeninger Str. 3, 0941/22712
8500 Nürnberg, Kaiserstr. 46, 0911/222145
8600 Bamberg, Hainstr. 20, 0951/21146
8700 Würzburg, Reisgrubengasse 2
8755 Alzenau, Sälzerweg 21
8900 Augsburg, Konrad-Adenauer-Allee 53, 0821/577452
8950 Kaufbeuren, Kemptenerstr. 32
8990 Lindau, Schönauer Str. 55, 08382/4534

ÖSTERREICH

Center für das Zeitalter der Erleuchtung
Österreichische Koordinationszentrale
Salesianergasse 23/II/20, A–1030 Wien, Tel. (0222) 7259855
Center für das Zeitalter der Erleuchtung
Braunhirschengasse 13/11, A–1150 Wien, Tel. (0222) 8540754
Center für das Zeitalter der Erleuchtung
Robert-Preussler-Str. 4, A–5020 Salzburg, Tel. (06222) 20012
Center für das Zeitalter der Erleuchtung
Museumstr. 26, A–6020 Innsbruck
Center für das Zeitalter der Erleuchtung
Schuberstr. 42, A–4020 Linz, Tel. (07222) 546024

SCHWEIZ

Haus zum Gold, Marktplatz 5, 4051 Basel, Tel. 061/252731
Rabbentalstr. 83, 3013 Bern, Tel. 031/417002
Hirtenhofstr. 6, 6005 Luzern, Tel. 041/440344
Teufenerstr. 116, 9000 St. Gallen, Tel. 071/270927
Vogelsangstr. 7, 8006 Zürich, Tel. 01/345525 und 01/355486

Tafel 1

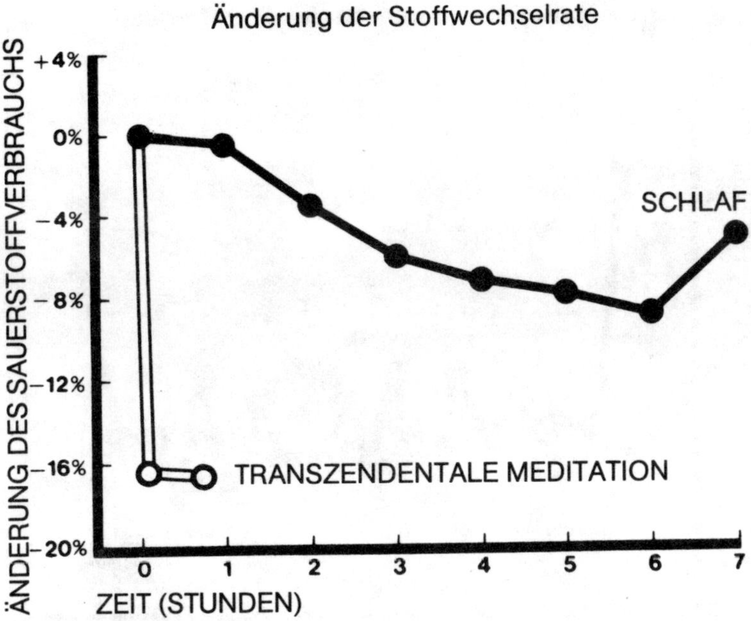

Quelle: Wallace, R. K. und H. Benson, Physiology of Meditation.

Tafel 2

Natürliche Änderung der Atemfrequenz

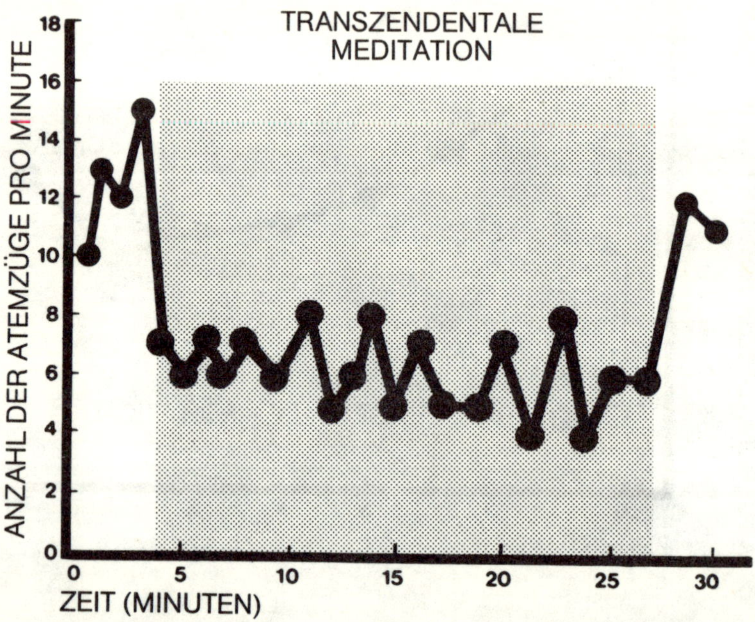

Quelle: Allison, J., »Respiratory Changes During the Practice of the Technique of Transcendental Meditation«, in: *Lancet,* Nr. 7651, April 1970, S. 833–34

Tafel 3

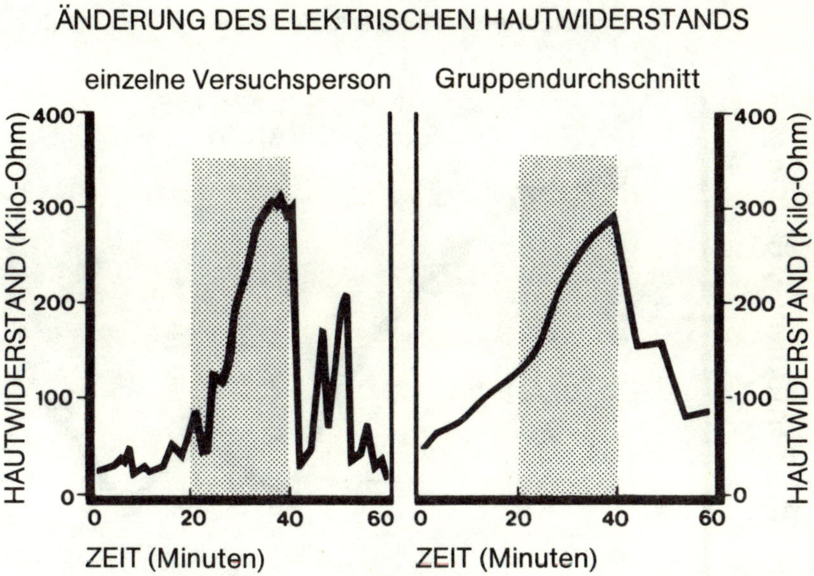
ÄNDERUNG DES ELEKTRISCHEN HAUTWIDERSTANDS
einzelne Versuchsperson
Gruppendurchschnitt
HAUTWIDERSTAND (Kilo-Ohm)
400
300
200
100
0
0
20
40
60
ZEIT (Minuten)
ZEIT (Minuten)
HAUTWIDERSTAND (Kilo-Ohm)

Tafel 4

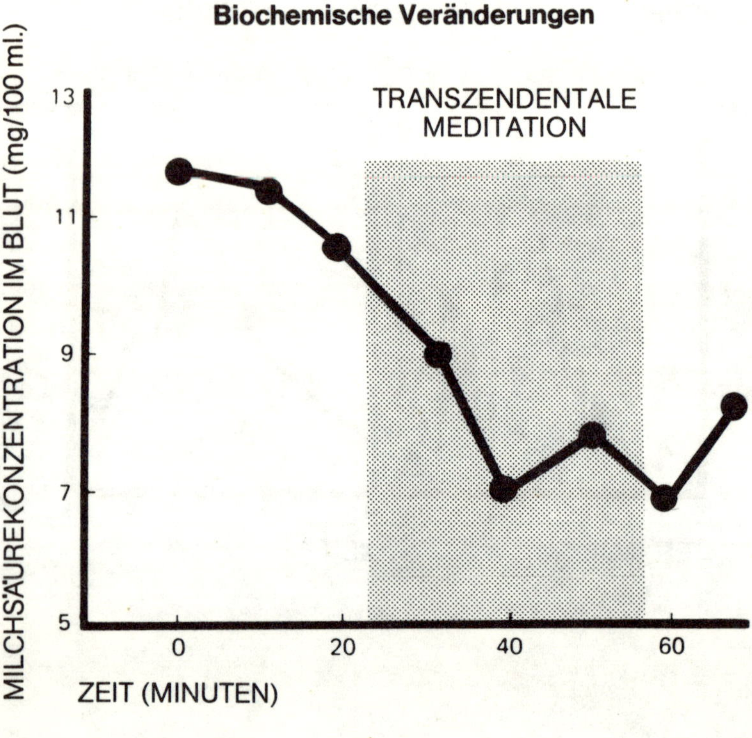

Quelle: Wallace, R. K. und H. Benson, Physiology of Meditation. Copyright 1972 by Scientific American, Inc. Alle Rechte vorbehalten.

Tafel 5

Synchronisation der Gehirnwellen

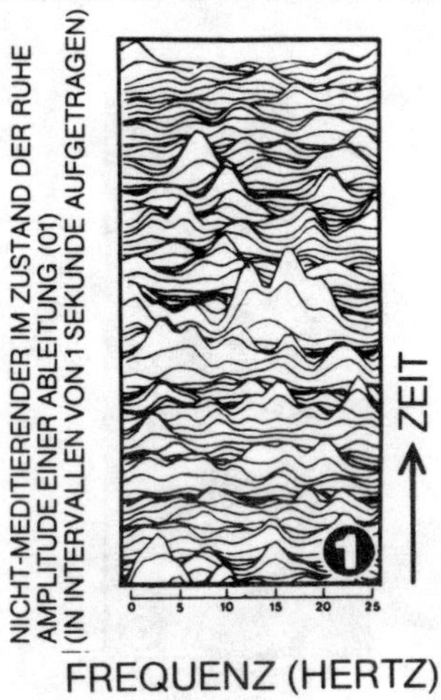

1. NICHT-MEDITIERENDER
Wachzustand; unsynchronisiertes EEG bei geistiger Aktivität; gemischte, unzusammenhängende Frequenzen.

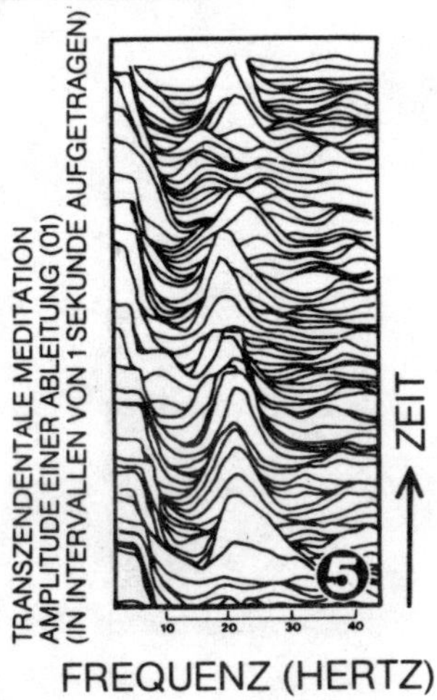

5. MEDITIERENDER
TRANSZENDENTALE MEDITATION: eine Spektralserie, die beta-Wellen (22 Hz.) von sehr konstanter Frequenz auf einer Hintergrundaktivität von konstanten, langsamen Wellen zeigt. Dieses Muster wird in tiefer Meditation beobachtet.

VERGLEICH VON 1 UND 5

Der gewöhnliche Wachzustand ist durch zufällige, unbeständige, gemischte Wellen von überwiegend hoher Frequenz charakterisiert (1). Während der TRANSZENDENTALEN MEDITATION nimmt die Geordnetheit zu (5): organisierte, zusammenhängende Wellen konstanter, hoher Frequenz.

Quelle: Banquet, J. P., »EEG and Meditation«, in: *Electroencephalography and Clinical Neurophysiology,* Bd. 33, 1972, S. 449–458; Banquet, J. P., »Spectral Analysis of the EEG in Meditation«, op. cit., Bd. 35, 1973, S. 143–151

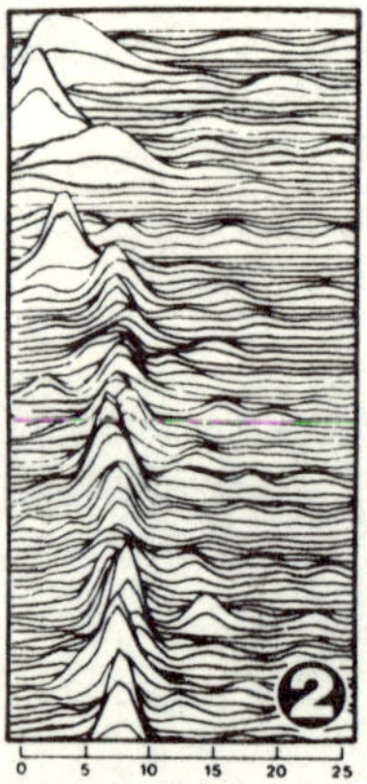

FREQUENZ (HERTZ)

2. NICHT-MEDITIERENDER
Wechsel von entspannter Wachheit – alpha-Wellen (8 Hz.) – zu Schläfrigkeit – niedere Frequenzen, gemischte theta- (4 Hz.) und delta-Wellen (2 Hz.).

FREQUENZ (HERTZ)

6. MEDITIERENDER
Eine Verschiebung von theta-Aktivität (5 Hz.) in tiefer Meditation zu alpha-Aktivität (10 Hz.) gegen Ende der TRANSZENDENTALEN MEDITATION.

VERGLEICH VON 2 UND 6

Genauso wie der Übergang vom Wachen zum Schlafen eine natürliche Veränderung darstellt, wie es durch die Verschiebung von alpha- zu langsameren Wellen deutlich wird (2), ist auch der Übergang von der Meditation in den Wachzustand, wie es durch die Verschiebung von theta zu alpha deutlich wird (6), eine natürlich fortschreitende Veränderung – stufenweise und mühelos.

FREQUENZ (HERTZ)

3. NICHT-MEDITIERENDER
Schläfrigkeit: abwechselndes Auftreten von alpha-Wellen und gemischten, niederen Frequenzen (delta- und theta-Wellen).

FREQUENZ (HERTZ)

7. MEDITIERENDER
TRANSZENDENTALE MEDITATION: eine typische Serie von gleichlaufenden Spektren, die gleichzeitig und kontinuierlich auftretende alpha- (12 Hz.) und theta-Wellen (5 Hz.) zeigt.

VERGLEICH VON 3 UND 7

Die TRANSZENDENTALE MEDITATION ist eine neue Form der Ruhe, die sich deutlich von Schläfrigkeit und Schlafen unterscheidet. Schläfrigkeit ist durch Wachheit, die mit leichtem Schlaf abwechselt, charakterisiert (3), während TRANSZENDENTALE MEDITATION die Erfahrung tiefster körperlicher Ruhe gleichzeitig mit erweiterter Bewußtheit bewirkt (7).

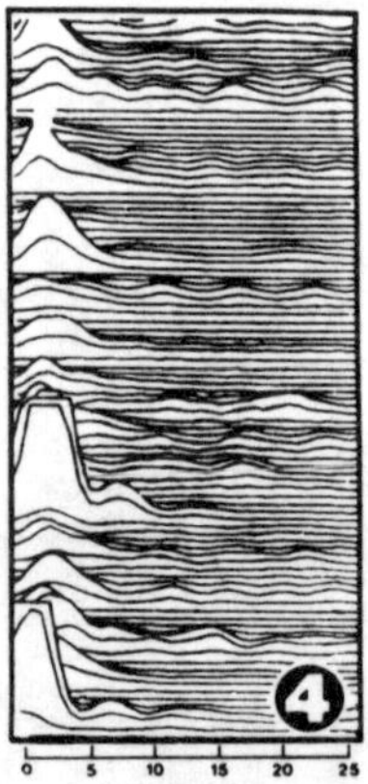

FREQUENZ (HERTZ)

4. NICHT-MEDITIERENDER
Leichter Schlaf: Verschwinden von alpha-Wellen, Vorherrschen von gemischten, langsamen und sprunghaften Wellen (Dominieren von delta-Wellen niederer und hoher Amplitude).

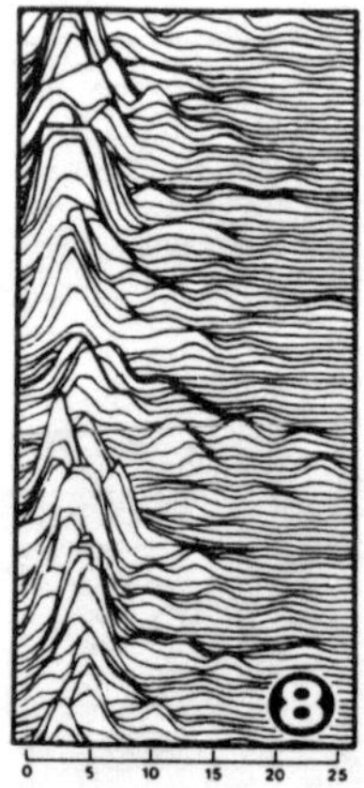

FREQUENZ (HERTZ)

8. MEDITIERENDER
TRANSZENDENTALE MEDITATION: eine typische Serie von gleichlaufenden Spektren, die eine lange Periode reiner theta-Wellen (5 Hz.) von hoher Amplitude und gleicher Frequenz zeigt.

VERGLEICH VON 4 UND 8

Die TRANSZENDENTALE MEDITATION unterscheidet sich deutlich von Schlaf (4). Ein akustischer Reiz während der Meditation unterbrach die theta-Wellen für 1–3 Sekunden, anschließend kehrten sie spontan wieder zurück. Bei Nicht-Meditierenden jedoch führte der Reiz zum Erwachen, theta-Wellen traten nicht wieder auf.

Tafel 6

Synchronisation der elektrischen Wellen in der vorderen Gehirnregion (motorischer Bereich) und der hinteren Gehirnregion (sensorischer Bereich) während der Transzendentalen Meditation.

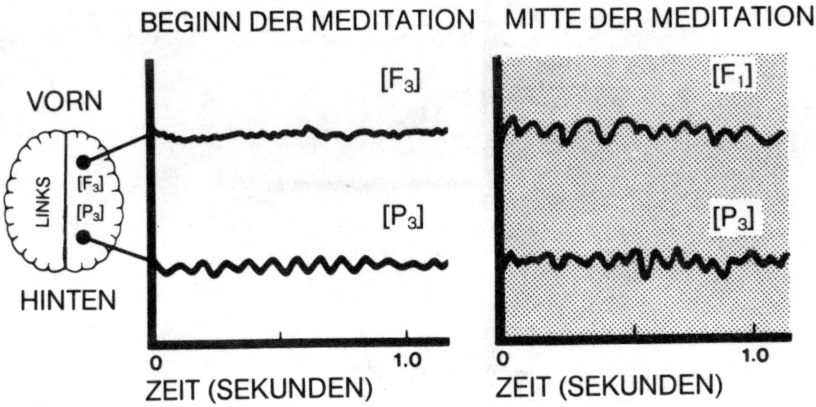

Quelle: Banquet, J. P. »EEG and Meditation«, in: *Electroencephalography and Clinical Neurophysiology,* Bd. 33, 1972, S. 449–458;
Banquet, J. P., »Spectral Analysis of the EEG in Meditation«, op. cit. Bd. 35, 1973, S. 143–151

Tafel 7

Synchronisation der elektrischen Aktivität der Gehirnhälften – Phasenkohärenz

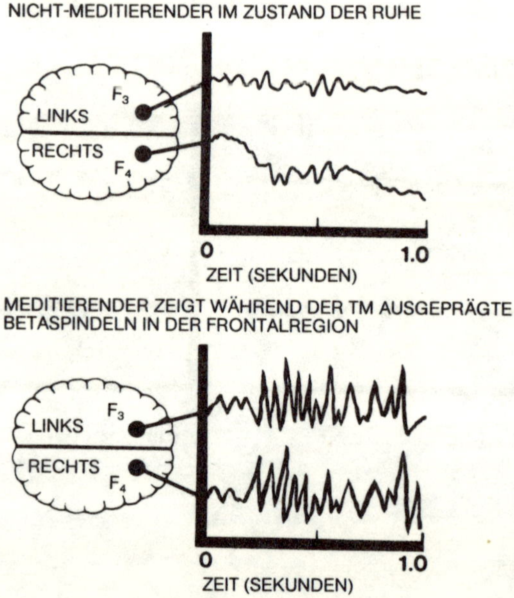

Quelle: Banquet, J. P., »EEG and Meditation«, in: *Electroencephalography and Clinical Neurophysiology,* Bd. 33, 1972, S. 449–458;
Banquet, J. P., »Spectral Analysis of the EEG in Meditation«, op. cit., Bd. 35, 1973, S. 143–151

Tafel 8

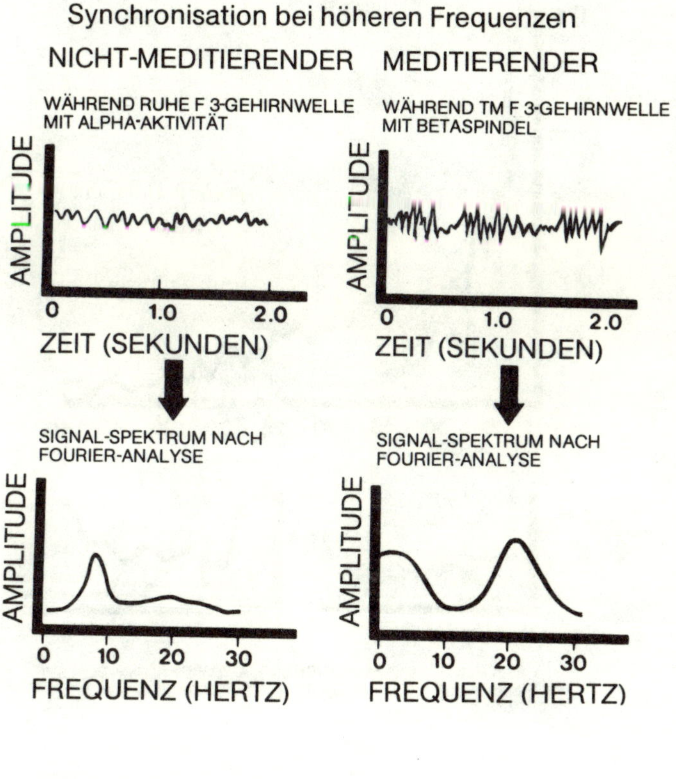

Quelle: Banquet, J. P., »EEG and Meditation«, in: *Electroencephalography and Clinical Neurophysiology*, Bd. 33, 1972, S. 449–458;
Banquet, J. P., »Spectral Analysis of the EEG in Meditation«, op. cit., Bd. 35, 1973, S. 143–151

Tafel 9

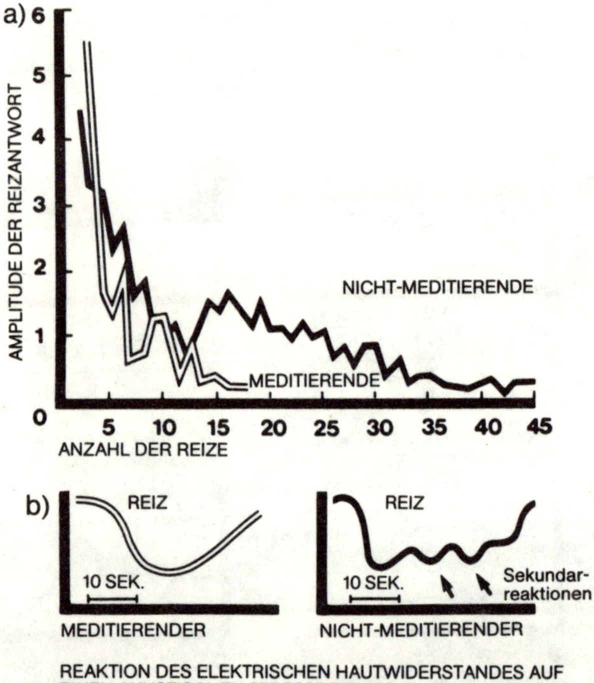

Quelle: Orme-Johnson, D. W., »Autonomic Stability and Transcendental Meditation«, in: *Psychosomatic Medicine,* Bd. 35, Nr. 4, 1973, S. 341–349

Tafel 10

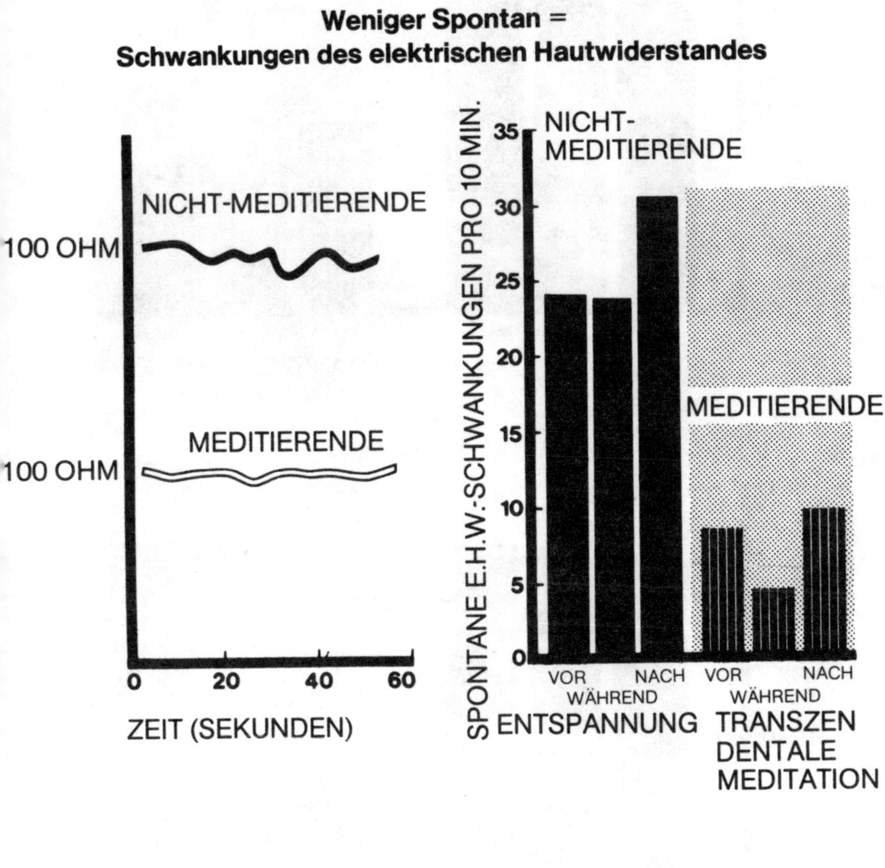

Quelle: Orme-Johnson, D. W., »Autonomic Stability and Transcendental Meditation«, in: *Psychosomatic Medicine*, Bd. 35, Nr. 4, 1973, S. 341–349

Tafel 11, 12

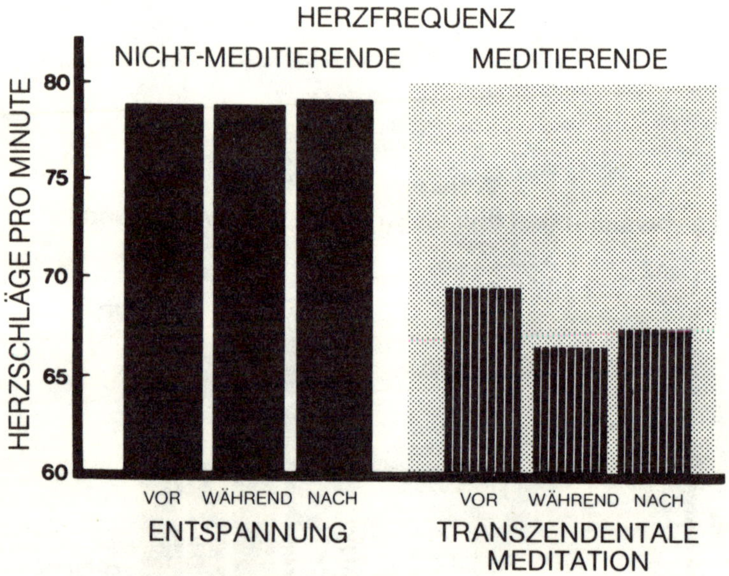

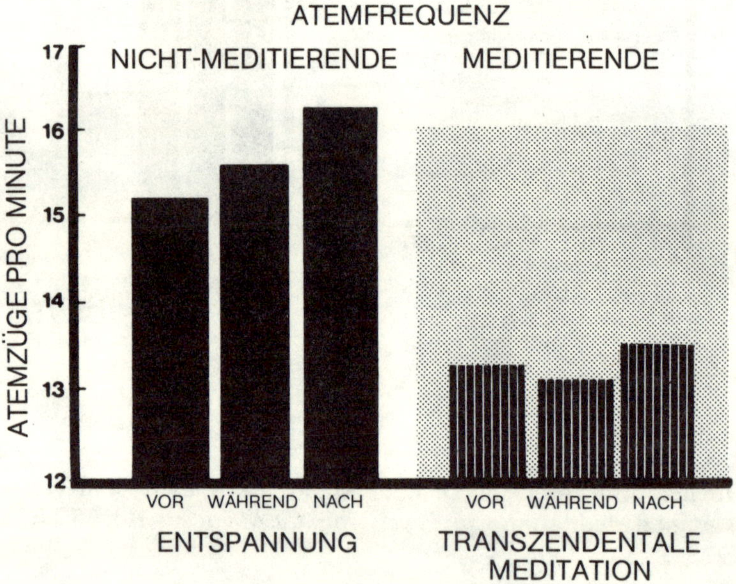

Quelle: Routt, T., »Transcendental Meditation and Relaxed States: A Pilot Study Comparing Physiological Parameters«, *Huxley College of Environmental Studies,* Western Washington State University, Bellingham, September 1973

Tafel 13

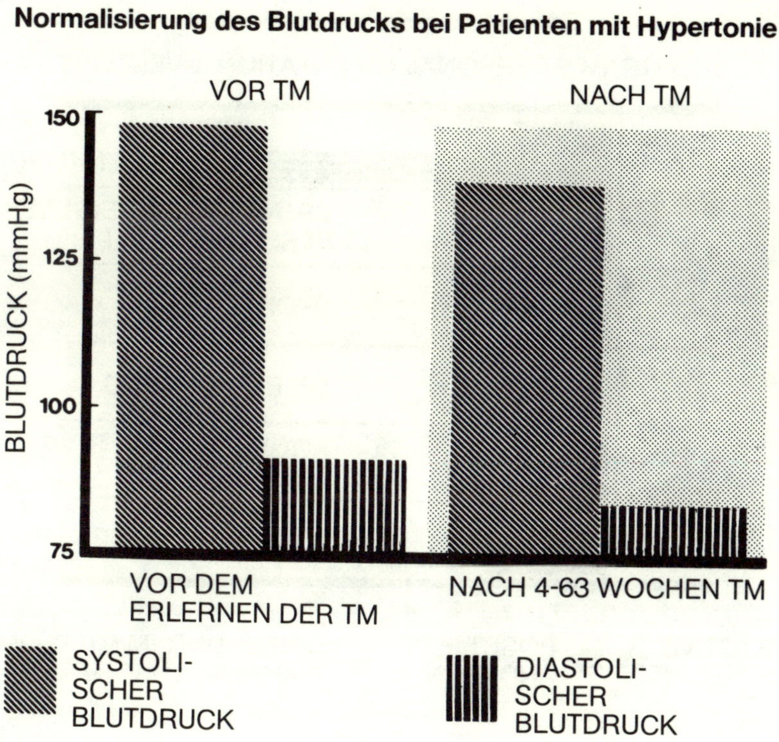

Quelle: Benson, H. und R. K. Wallace, »Decreased Blood Pressure in Hypertensive Subjects Who Practiced Meditation, Anhang II zu *Circulation,* Bd. XLV und XLVI, 10, 1972

Tafel 14

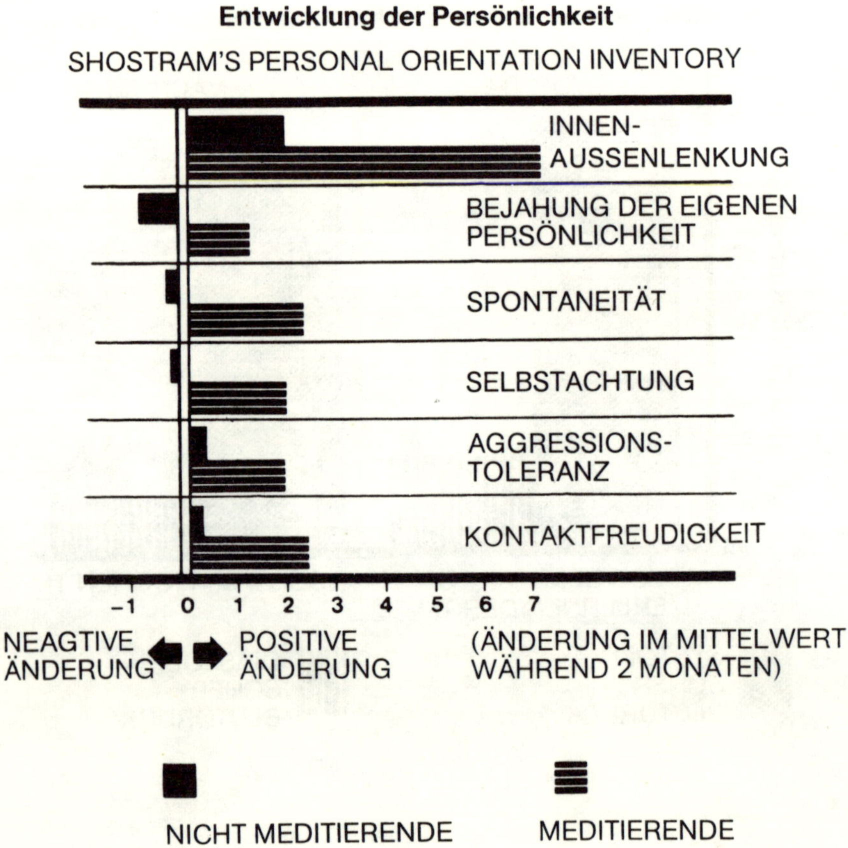

Quelle: Seeman, W., S. Nidich und T. Banta, »The Influence of Transcendental Meditation on a Measure of Self-Actualization«, in: *Journal of Counseling Psychology,* Bd. 19, Nr. 3, 1972, S. 184–187

Tafel 15

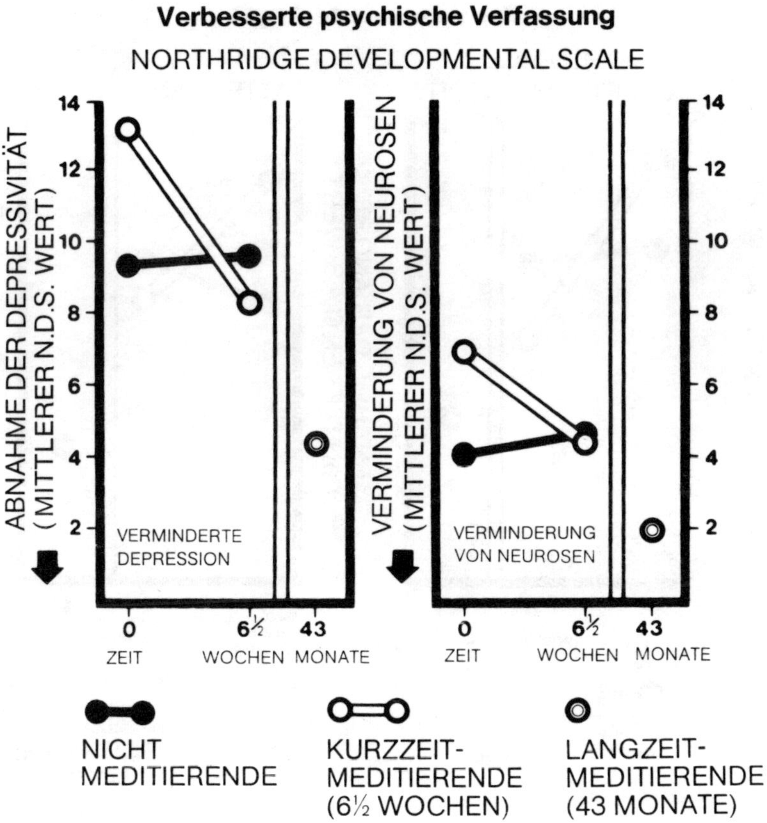

Quelle: Ferguson, P. C. und J. Gowan, »The Influence of Transcendental Meditation on Anxiety, Depression, Aggression, Neuroticism and Self-Actualization«, School of Education, California State University, Northridge, California 1973

Tafel 16

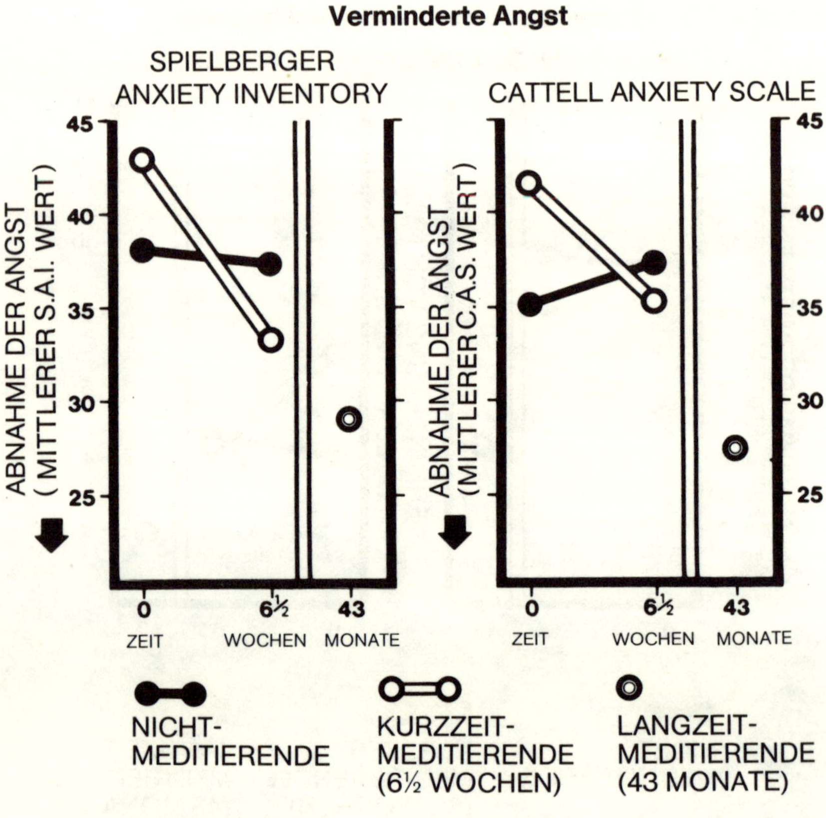

Quelle: Ferguson, P. C. und J. Gowan, »The Influence of Transcendental Meditation on Anxiety, Depression, Aggression, Neuroticism and Self-Actualization«, in: *Journal of Humanistic Psychology,* 1974

Tafel 17

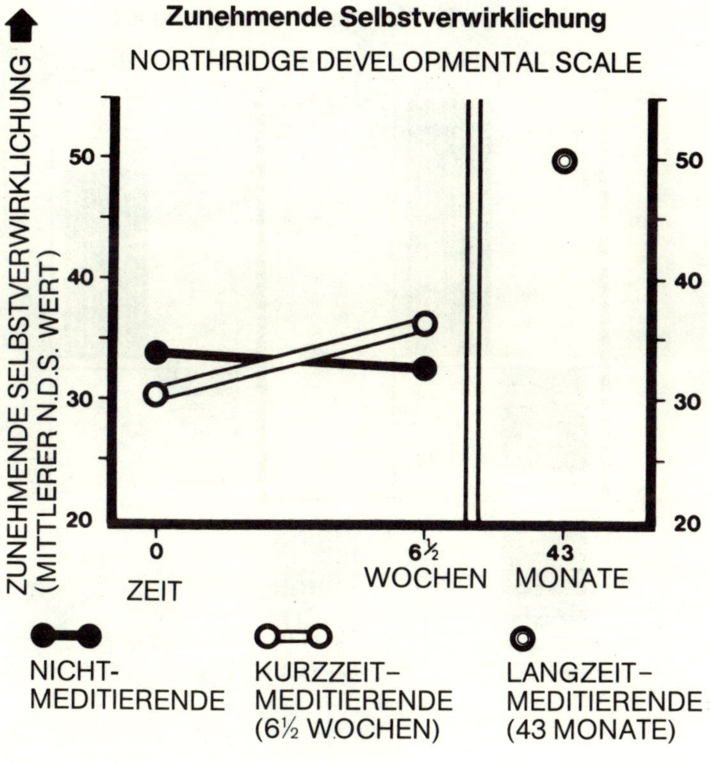

Quelle: Ferguson, P. C. und J. Gowan, »The Influence of Transcendental Meditation on Anxiety, Depression, Aggression, Neuroticism and Self-Actualization«, in: *Journal of Humanistic Psychology,* 1974

Tafel 18

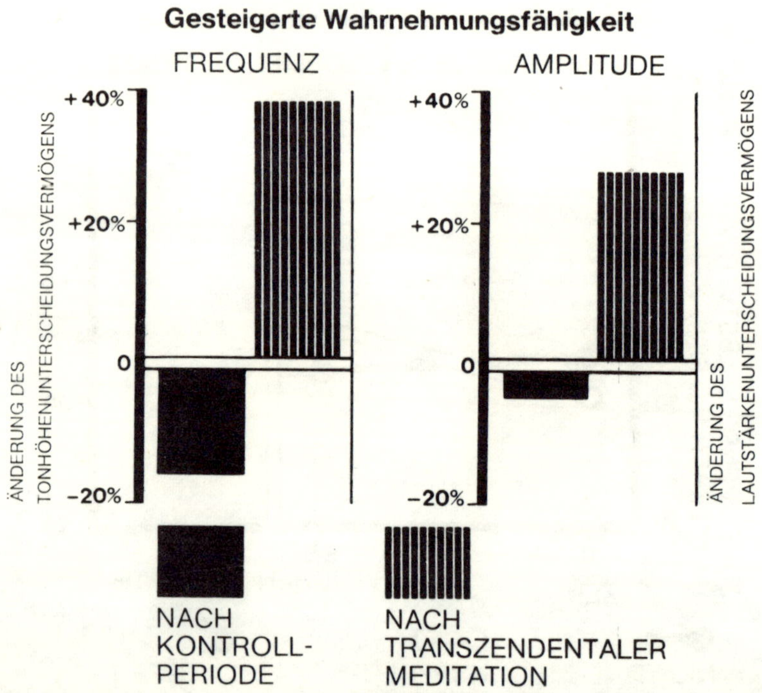

Quelle: Graham, J., »Auditory Discrimination in Meditators«, in: Scientific Research on Transcendental Meditation: Collected Papers, D. W. Orme-Johnson, L. H. Domash und J. T. Farrow (Hrsg.), Bd. I, 2, Los Angeles, MIU Press, 1974

Tafel 19

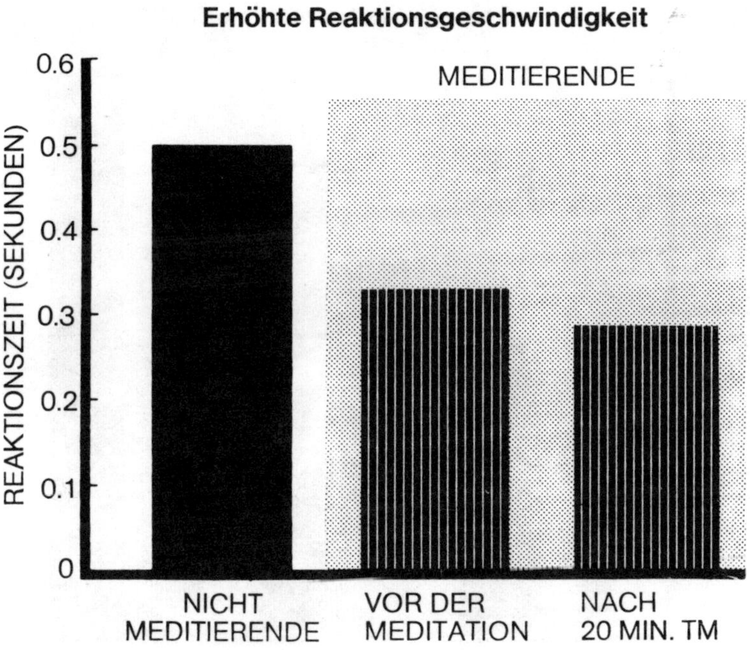

Quelle: Shaw R. und D. Kolb, »One-Point Reaction Time Involving Meditators and Non-Meditators«, in: Scientific Research on Transcendental Meditation: Collected Papers, D. W. Orme-Johnson, L. H. Domash und J. T. Farrow (Hrsg.), Bd. 1, Los Angeles, MIU Press, 1974

Tafel 20

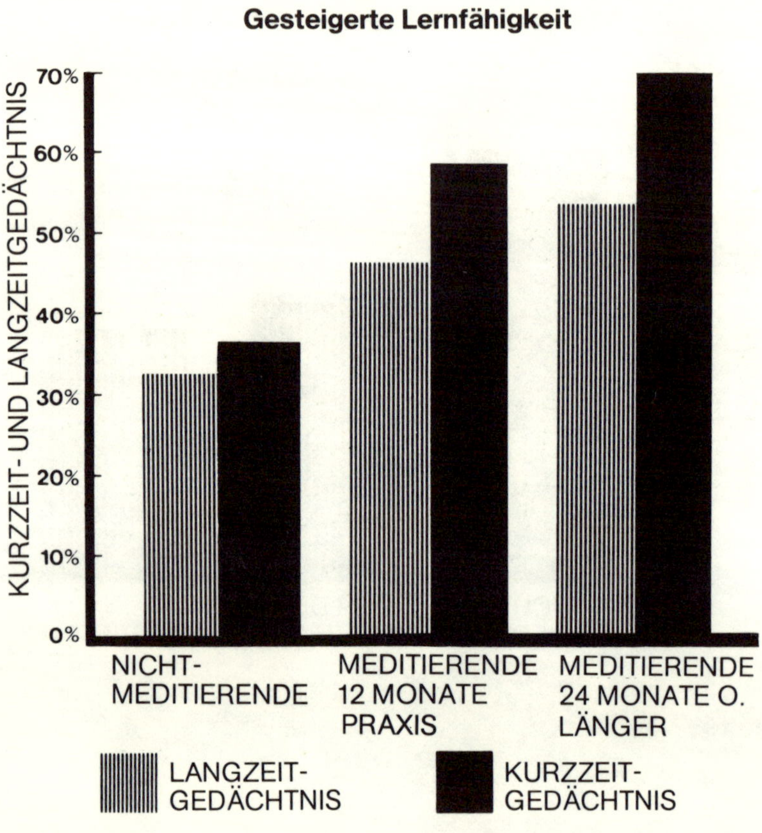

Quelle: Abrams, A. I., »Paired Associate Learning and Recall: A Pilot Study Comparing Transcendental Meditators with Non-Meditators«, in: Scientific Research on Transcendental Meditation, in: Collected Papers, D. W. Orme-Johnson, L. H. Domash und J. T. Farrow (Hrsg.), Bd. 1, Los Angeles, MIU Press, 1974

Tafel 21

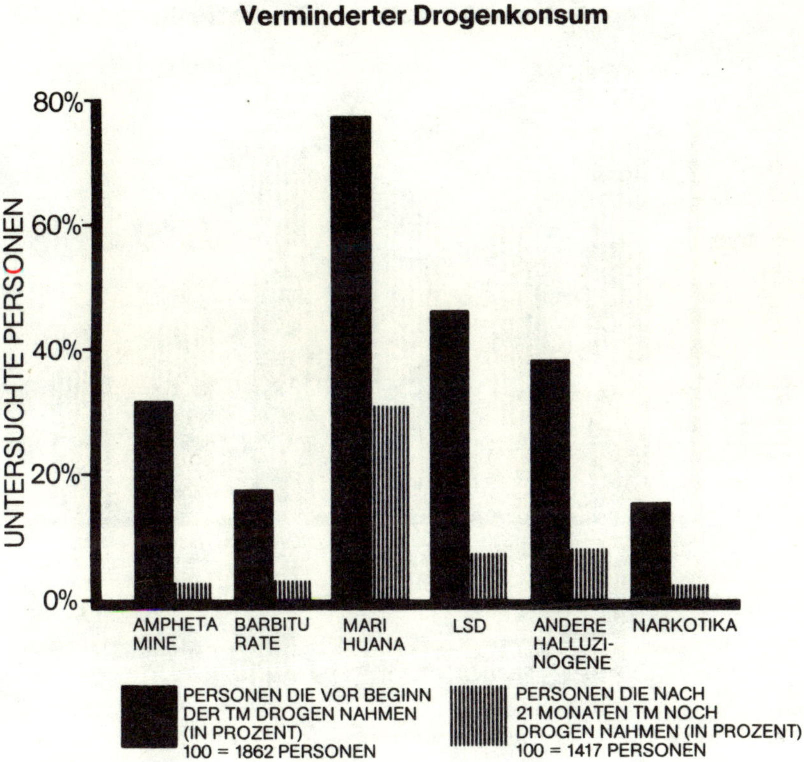

Quelle: Benson, H. und R. K. Wallace, »Drug Abuse Proceedings of the International Conference, Philadelphia 1972, S. 369–376, Congressional Record, Serial Number 92-1 (United States Government Printing Office, Washington, D.C., 1971)

Tafel 22

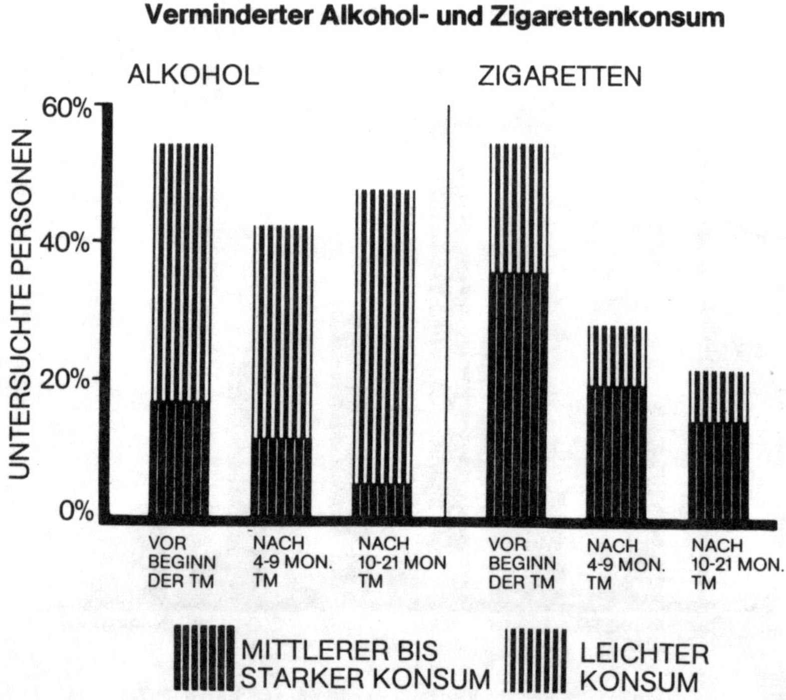

Quelle: Benson H. und R. K. Wallace, Drug Abuse Proceedings of the International Conference, Philadelphia 1972, S. 369–376, Congressional Record, Serial Number 92-1 (United States Government Printing Office, Washington, D.C., 1971)

Tafel 23

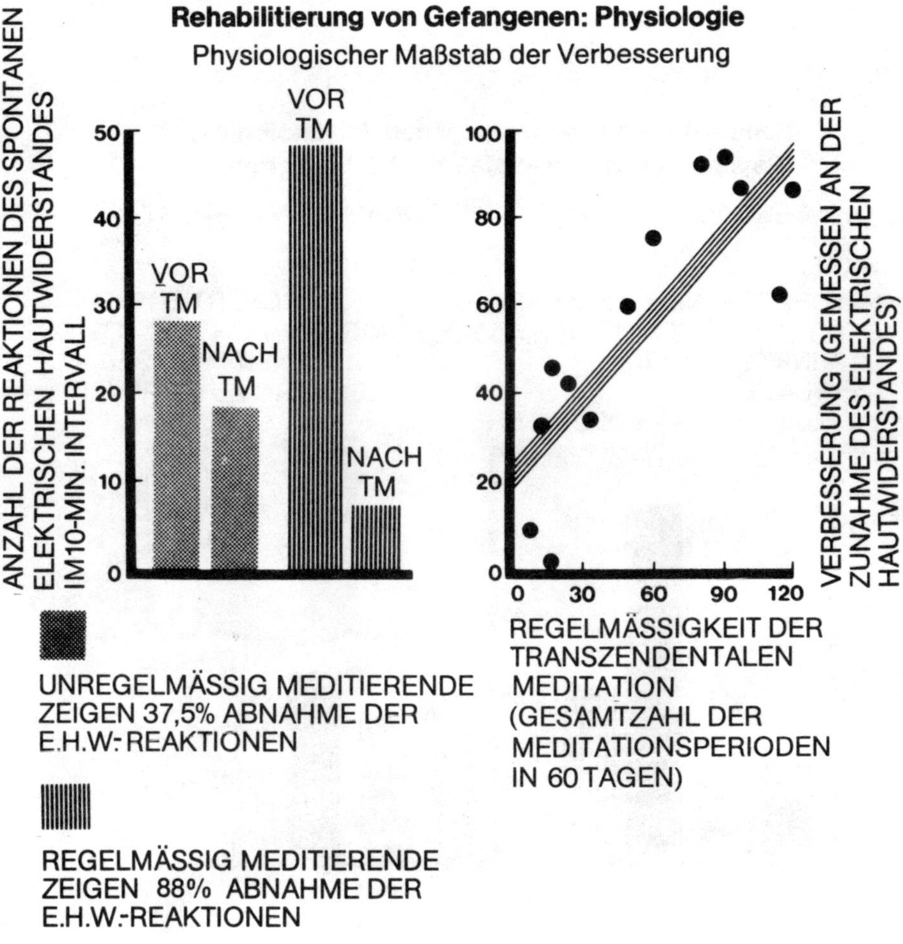

Quelle: Orme-Johnson, D. W., J. Kiehlbauch, R. Moore and J. Bristol, »Personality and Autonomic Changes in Meditating Prisoners«, La Tuna Federal Penitentiary, Texas, August 1972

Tafel 24

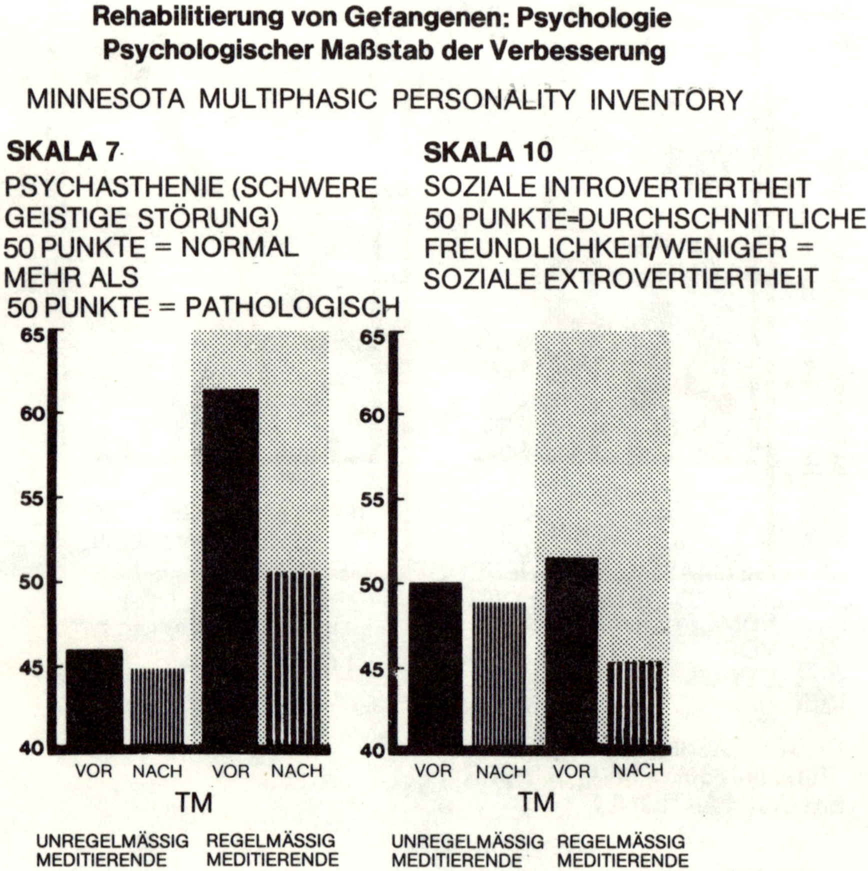

Quelle: Orme-Johnson, D. W., J. Kiehlbauch, R. Moore und J. Bristol, »Personality and Autonomic Changes in Meditating Prisoners«, La Tuna Federal Penitentiary, Texas, August 1972

Tafel 25

Verbesserte Leistungen im Studium

Zensurendurchschnitt steigt nach dem
Erlernen der TRANSZENDENTALEN MEDITATION

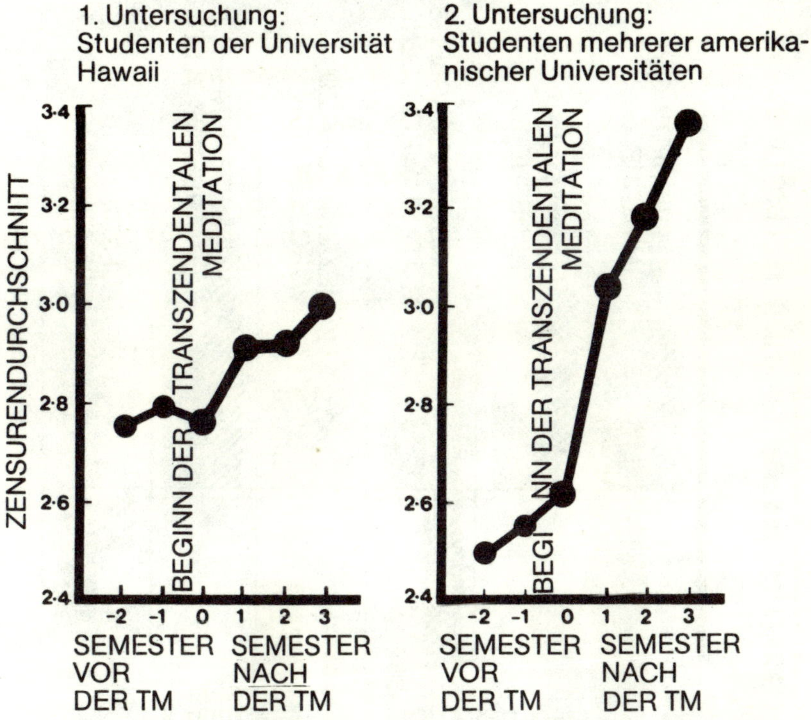

Quelle: Collier, R. W., »The Effect of Transcendental, Meditation upon University Academic Attainment« in: *Proceedings of the Pacific Northwest Conference on Foreign Languages,* Seattle, Washington 1974; Heaton, O. P. und D. W. Orme-Johnson, »Influence of Transcendental Meditation on Grade Point Average: Initial Findings«, in: Scientific Research on the Transcendental Meditation Program: Collected Papers, D. W. Orme-Johnson und J. T. Farrow (Hrsg.), New York 1975

Tafel 26

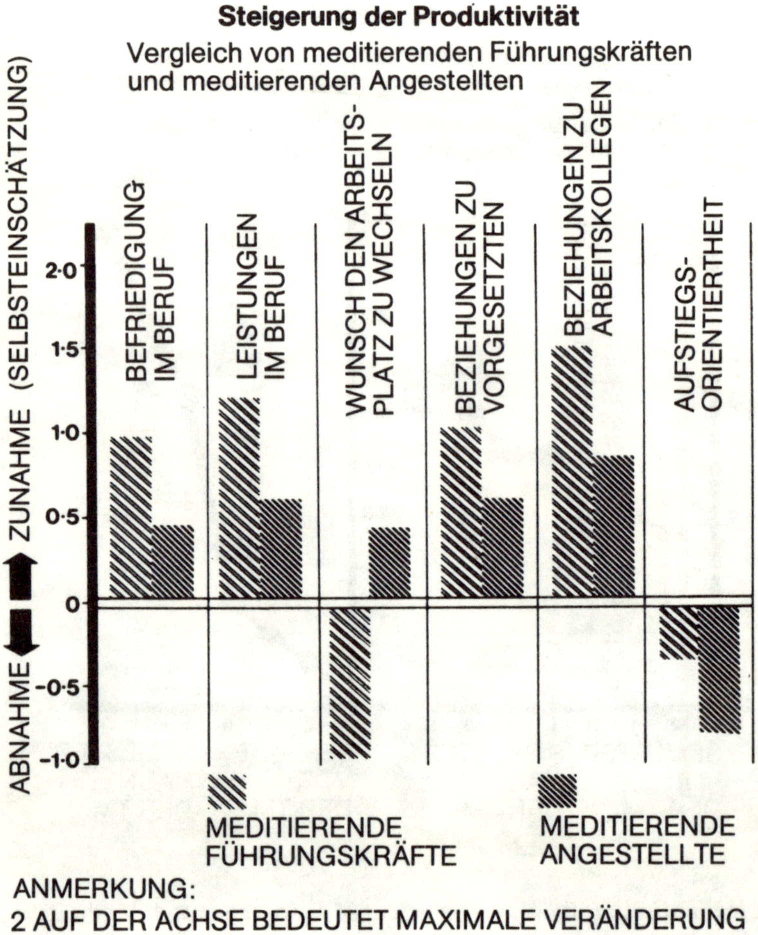

Quelle: Frew, D. R., »Transcendental Meditation and Productivity«, in: *Academy of Management Journal,* 1974

Tafel 27

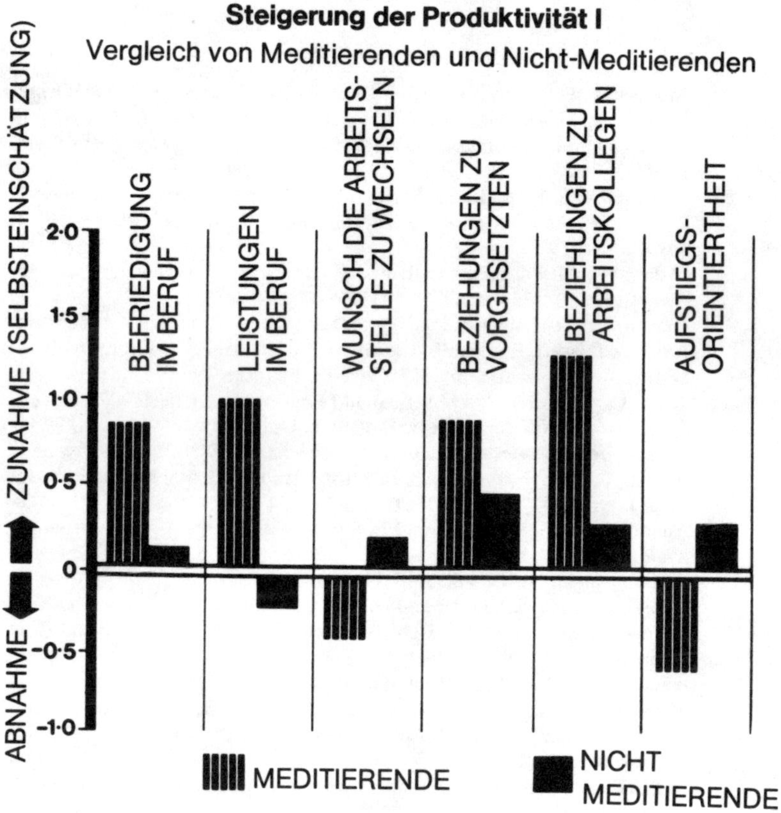

ANMERKUNG:
2 AUF DER ACHSE BEDEUTET MAXIMALE VERÄNDERUNG

Quelle: Frew, D. R., »Transcendental Meditation and Productivity«, in: *Academy of Management Journal* 1974

Bibliographie

1 Abrams, A. I., »Paired Associate Learning and Recall«, in: D. W. Orme-Johnson, L. H. Domash und J. T. Farrow (Hrsg.), Scientific Research on Transcendental Meditation: Collected Papers, Los Angeles, MIU Press, 1974

2 Ackermann, S. H. und E. J. Sachar, »The Lactate Theory of Anciety: A Review and Revaluation«, in: *Psychosomatic Medicine,* Bd. 36, Nr. 1, 1974, S. 69–79

3 (Adler, A.) Alfred Adlers Individualpsychologie, in: Ansbacher und Ansbacher (Hrsg.), München/Basel 1972

4 Akishige, Y., »A Historical Survey of the Psychological Studies in Zen«, in: Akishige (Hrsg.), Kyushu Psychological Studies, Bulletin of the Faculty of Literature of Kyushu University, Nr. 77, Fukuska 1968, S. 1–56

5 Allen, C., »Possible Psychological and Physiological Effects of Transcendental Meditation on Aphassic Patients«, University of Michigan 1973

6 Alliance for Knowledge, Seelisburg (Schweiz), 1974

7 Allison, J., »Respiratory Changes During Transcendental Meditation«, in: *Lancet,* Nr. 7651, London 1970, S. 833–834

8 Anand, B. K., G. S. Chhina und B. Singh, »Some Aspects of Electroencephalographic Studies in Yogis«, in: C. T. Tart (Hrsg.), Altered States of Consciousness, New York 1969, S. 503–506

9 Anand, B. K., G. S. Chhina und B. Singh, »Studies on Sri Ramanand Yogi During His Stay in an Air-Tight Box«, in: *The Indian Journal of Medical Research,* Bd. 49, Nr. 1, 1961, S. 82–89

10 Anonymous, »Meditation May Find Use in Medical Practice«, in: Journal of the American Medical Association, Bd. 219, Nr. 3, 1972, S. 295–299

11 Anonymous, »TM, Some Results«, Student's International Meditation Society, 1969

12 Argyris, C., Interpersonal Competence and Organizational Effectiveness, Homewood, Ill., 1962

13 Aserinsky, E. und N. Kleitman, »Regularly Occurring Periods of Eye Motility and Concomitant Phenomena During Sleep«, in: *Science,* Bd. 118, 1953, S. 273–274

14 Assagioli, R., Psychosynthesis, New York 1965

15 Bagchi, B. K. und M. A. Wenger, »Electrophysiological Correlates of Some Yogi Exercises«, in: *Electroencephalography and Clinical Neurophysiology,* Bd. 9, Nachtrag 7, 1957, S. 132–149

16 Bagchi, B. K. und M. A. Wenger, »Simultaneous EEG and Other Recordings During Some Yogic Practices«, in: *Electroencephalography and Clinical Neurophysiology,* Bd. 10, 1958, S. 1963

17 Ballou, D., »Transcendental Meditation Research at Stillwater State Prison«, Minnesota 1973
18 Banquet, J. P., »Comparative Study of the EEG Spectral Analysis During Sleep and Yoga Meditation«, First European Congress on Sleep Research, 1972
19 Banquet, J. P., »EEG and Meditation«, in: *Electroencephalography and Clinical Neurophysiology,* Bd. 33, 1972, S. 449–458
20 Banquet, J. P., »Spectral Analysis of the EEG in Meditation«, in: *Electroencephalography and Clinical Neurophysiology,* Bd. 35, 1973, S. 143–151
21 Barchas, J., Serotonin and Behavior, E. Usdin (Hrsg.), New York 1973
22 Battozzi, A. A. und G. Luce, »Physiological Effects of Meditation Technique and Suggestion for Drug Abuse«, in: *Mental Health Reports-5,* Nat. Inst. of Mental Health, 1971
23 Benson, H., »Yoga for Drug Abuse«, in: *New England Journal of Medicin,* Bd. 281, Nr. 20, 1969, S. 1133
24 Benson, H., B. P. Malveila und J. R. Graham, »Physiological Correlates of Meditation and Their Clinical Effects in Headache: An Ongoing Investigation«, *Headache,* April 1973, S. 23–24
25 Benson, H. und R. K. Wallace, »Decreased Blood Pressure in Hypertensive Subjects Who Practiced Meditation«, Nachtrag 11 zu »Circulation«, Bd. XLV und XLVI, 1973
26 Benson, H. und R. K. Wallace, »Decreased Drug Abuse with Transcendental Meditation: A Study of 1862 Subjects«, in: C. J. D. Zarafonetis (Hrsg.), Proceedings of the International Symposium on Drug Abuse, Philadelphia 1972, S. 369–376. »Congressional Record«, Serie Nr. 92-1, Washington 1971
27 Bergin, A. E., »Evaluation of Therapeutic Outcomes«, in: A. E. Bergin und S. L. Garfield (Hrsg.), Handbook of Psychotherapy and Behavior Change, Kapitel VII, S. 217–270, New York 1971
28 Blasdell, K., »The Effect of Transcendental Meditation Upon a Complex Perceptual Motor Test«, in: D. W. Orme-Johnson, L. H. Domash und J. T. Farrow (Hrsg.), Scientific Research on Transcendental Meditation: Collected Papers, MIU Press, Los Angeles 1974
29 Bloomfield, H., »Assertive Training in an Out-patient Group of Chronic Schizophrenics: A Preliminary Report«, in: *Behavior Therapy,* Bd. 4, Nr. 2, 1973, S. 277–281. Ebenfalls in: *Annual Review of Behavior Therapy: 1974 edition,* New York 1974
30 Bloomfield, H. H., M. P. Cain, D. T. Jaffe und A. E. Rubottom, »The Psychophysiology of Transcendental Meditation«, in: J. White (Hrsg.), What Is Meditation?, New York 1974
31 Boese, E. und K. Berger, »In Search of a Fourth State of Consciousness: Psychological and Physiological Correlates of Meditation«, herausgegeben von der Pennsylvania State University Medical School, 1972
32 Boudreau, L., »Transcendental Meditation and Yoga as Reciprocal Inhibitors«, *Journal of Behavioral Therapy and Experimental Psychiatry,* Bd. 3, 1972, S. 97–98
33 Bowers, M. K., »Observations on TM«, New York 1973

34 Brautigam, E., »The Effect of Transcendental Meditation on Drug Abusers«, Research Report des City Hospitals von Malmö, 1971
35 Brecher, E. M., Licit and Illicit Drugs, New York 1972
36 Brosse, T., »A Psychophysiological Study of Yoga«, in: *Main Currents in Modern Thought,* 1946, S. 77–84
37 Brown, B. B., »Recognition of Aspects of Consciousness Through Association with EEG Alpha Acitivity Represented by a Light Signal«, in: *Psychophysiology,* Bd. 6, 1970, S. 442–452
38 Brown, F. M., W. S. Stewart und J. T. Blodgett, »EEG Kappa Rhythms During Transcendental Meditation and Possible Perceptual Threshold Changes Following«, 1971 der Kentucky Academy of Sciences in Richmond/Kentucky vorgelegt, 1972 überarbeitet
39 Brown, N. O., Life Against Death, Wesleyan University Press, Middletown, Conn. 1959
40 Calder, N., Das Phänomen der kleinen grauen Zellen. Ein Bericht aus den Laboratorien der Gehirnforschung: Hoffnung und Gefahr für den Menschen, Düsseldorf 1972
41 Campbell, A., Seven States of Consciousness, London 1973
42 Campbell, A. (Hrsg.), »Towards Pinning Down Meditation«, in: *Hospital Times,* London 1970
43 Campbell, A., »Who Are We?«, in: *Creative Intelligence,* Nr. 2, London 1972, S. 39–47
44 Carrington, P. und H. S. Ephron, »Meditation as an Adjunct to Psychotherapy«, in: Sancti und G. Chrzanowsky (Hrsg.), The World Biennial of Psychotherapy and Psychiatry, New York 1974
45 Carter, H. und P. C. Glick, Marriage and Divorce: A Social and Economic Study, Harvard University Press, Cambridge 1970
46 Cattell, R. B. und J. H. Scheier, The Meaning and Measurement of Neuroticism and Anxiety, New York 1961
47 Cayedo, A., India of Yogis, Delhi 1966
48 Collier, R. W., »The Effect of Transcendental Meditation upon University Academic Attainment«, in: *Proceedings of the Pacific Northwest Conference on Foreign Languages,* Washington 1974
49 Corey, P. W., »Airway Conductance and Osygen Consumption in Human Subjects via a Wakeful Hypometabolic Technique«, herausgegeben vom *National Jewish Hospital and Research Hospital* in Denver 1973
50 Cox, S. B., »Transcendental Meditation and the Criminal Justice System«, in: *Kentucky Law Journal,* Bd. 60, Nr. 2, 1972
51 Crisswell, D., »Feedback and States of Consciousness: Meditation«, in: *Proceedings of Biofeedback Research Society,* Untersuchung 5, 1969
52 Cunningham, M. und W. Koch, »Transcendental Meditation, A Pilot Project at the Federal Correctional Institution at Lompoc, California«, in: D. W. Orme-Johnson, L. H. Domash und J. T. Farrow (Hrsg.), Scientific Research on Transcendental Meditation: Collected Papers, MIU Press Los Angeles 1974
53 Danielou, A., »The Influence of Sound on Consciousness«, in: *L'Age Nouveau,* November 1968
54 Datey, K., S. Deshmukh, C. Dalvi und S. Vinekar, »Shavasan: A Yogic

Exercise in the Management of Hypertension«, in: *Angiology,* Bd. 20, 1969, S. 325–333

55 Deikman, A. J., »De-automization and the Mystical Experience«, in: Charles T. Tart (Hrsg.), Altered States of Consciousness, New York 1969, S. 23–44

56 Deikman, A. J., »Experimental Meditation«, in: Charles T. Tart (Hrsg.), »Altered States of Consciousness, New York 1969, S. 199–218

57 Deikman, A. J., »Implications of Experimentally Induced Contemplative Meditation«, in: *Journal of Nervous and Mental Disease,* Bd. 142, 1966, S. 101–116

58 Dement, W. C., »Effects of Dream Deprivation«, in: *Science,* Bd. 131, 1960, S. 1705–1707

59 Dement, W. C., »Eye Movements During Sleep«, in: M. Bender (Hrsg.), The Oculomotor System, New York 1964, S. 316–366

60 DeRopp, R. S., The Master Game, New York 1968

61 Domash, L., »Physics and the Study of Consciousness: Does Transcendental Meditation Induce a Macroscopic Quantum State in the Nervous System?«, Dept. of Physics, Maharishi International University, Santa Barbara 1974

62 Doucette, L. C., »Anxiety and Transcendental Meditation as an Anxiety Reducing Agent«, McMaster University, Hamilton 1972

63 Dove, W. F., »A Study of Individuality in the Nutritive Instincts«, in: *American Naturalist,* Bd. 69, 1935, S. 469–544

64 Driscoll, F. G., »TM as a Secondary School Subject«, in: *Phi Delta Kappan,* Bd. LIV, Nr. 4, 1972, S. 236–237

65 Ellul, J., The Technological Society, New York 1964

66 Erikson, E. H., Kindheit und Gesellschaft, Stuttgart 1974

67 Erikson, E. H., Identität und Lebenszyklus, Frankfurt 1973

68 Eysenck, H. J., The Effects of Psychotherapy, New York 1966

69 Farrow, J. T., »Enhancement of Psychophysiological Adaptability Through the Science of Creative Intelligence«, Abteilung *Neurobiologie* der Maharishi International University, Santa Barbara 1974

70 Farwell, L., »Effect of Transcendental Meditation on Level of Anxiety«, Abteilung *Psychologie und Gesellschaftliche Beziehungen,* Harvard University, Cambridge 1973

71 Fehr, T., U. Nerstheimer und S. Torber, »Study of 49 Practitioners of Transcendental Meditation with the Freiburger Personality Inventory«, in: D. W. Orme-Johnson, L. H. Domash und J. T. Farrow (Hrsg.), Scientific Research on Transcendental Meditation, MIU Press, Los Angeles 1974

72 Ferguson, P. D. und J. Gowan, »The Influence of Transcendental Meditation on Anxiety, Depression, Aggression, Neuroticism and Self-Actualization«, in: *Journal of Humanistic Psychology,* 1974

73 Findlay, J. »The Logic of Mysticism«, in: *Ascent to the Absolute,* London 1970

74 Fischer, R., »A Cartography of the Ecstatic and Meditative States«, in: *Science,* Bd. 174, Nr. 4012, 1971, S. 897–904

75 Flisher, M., »Science and Objectivity«, in: *Creative Intelligence,* Nr. 1, London 1970, S. 29–35

76 Forem, J., Transcendental Meditation, Maharishi Mahesh Yogi and the Science of Creative Intelligence, New York 1973
77 Fort, J., Alcohol: Our Greatest Drug Problem, New York 1973
78 Freemon, F. R., Sleep Research: A Critical Review, Springfield 1972
79 Freud, S., Abriß der Psychoanalyse. Das Unbehagen in der Kultur, Frankfurt 1975
80 Freud, S., Die endliche und die unendliche Analyse
81 Freud, S., Jenseits des Lustprinzips, Studienausgabe, Bd. 13, Frankfurt ab 1969
82 Freud, S., Das Unbehagen in der Kultur, Studienausgabe, Bd. 9, Frankfurt ab 1969
83 Freud, S., Neue Folge der Vorlesungen zur Einführung in die Psychoanalyse, Studienausgabe Bd. 1, Frankfurt 1969
84 Freud, S., Die Traumdeutung, Studienausgabe Bd. 2, Frankfurt 1969
85 Frew, D. R., »Transcendental Meditation and Productivity«, *Academy of Management Journal,* 1974
86 Friedman, M., The Pathogenesis of Coronary Artery Disease, New York 1969
87 Friedman, M. und R. H. Rosenman ,Type A Behavior and Your Heart, New York 1974
88 Fromm, E., Suzuki, D. T. und R. de Martino, Zen-Buddhismus und Psychoanalyse, Frankfurt 1972
89 Fuller, R. B., Erziehungsindustrie. Prospekt universaler Planung und Instruktion, Berlin o.J.
90 Fuller, R. B., No More Secondhand God, Carbondale 1963
91 Fuller, R. B., Bedienungsanleitung für das Raumschiff Erde und andere Schriften, Reinbek 1972
92 Fuller, R. B., »Transcript of Fuller-Maharishi Press Conference«, *Science of Creative Intelligence Symposium,* Amherst 1971 (Verfügbar durch SIMS)
93 Fuller, R. B., Konkrete Utopie, Düsseldorf 1974
94 Gabor, D., Die neue Vernunft. Konzept für unsere Selbstverwirklichung, Bern–München 1972
95 Gattozzi, A. A. und G. G. Luce, »Physiological Effects of a Meditation Technique and a Suggestion for Curbing Drug Abuse«, herausgegeben vom *National Institute of Mental Health,* Nr. HMS 72-9042, 1971, S. 379–388
96 Gazzaniga, M. S., »The Split Brain in Man«, in: *Scientific American,* Bd. 22, 1967, S. 24–29
97 Gellhorn, E. und W. F. Kiely, »Mystical States of Consciousness: Neurophysiological and Clinical Aspects«, in: *Journal of Nervous and Mental Disease,* Bd. 154, Nr. 6, 1972, S. 399–405
98 Gellhorn, E. und W. F. Kiely, »Autonomic Nervous System in Psychiatric Disorder«, in: Joseph Mendels (Hrsg.), Biological Psychiatry, New York 1973, Kapitel 11, S. 235–263
99 Ghiselin, B., The Creative Process, New York 1952
100 Glueck, B. C., »Current Research on Transcendental Meditation«, *Rensselaer Polytechnic Institute Symposium* über »The Science of Creative Intelligence and Management Science«, New York 1973

101 Glueck, B. C., »A Psychodynamic and Neurophysiologic Assessment of Transcendental Meditation«, dem *International Symposium on the Science of Creative Intelligence* 1972 in Fiuggi Fonte vorgelegt
102 Glueck, B. C., »Research Review Committee Memorandum«, Hartford 1972
103 Glueck, B. C., zitiert in McQuade, W., »Doing Something About Stress«, *Fortune,* Mai 1973, S. 250–261
104 Glueck, B. C. und C. S. Stroebel, »The Use of Transcendental Meditation in a Psychiatric Hospital«, dem *127. Annual Meeting of the American Psychiatric Association* 1974 in Detroit vorgelegt.
105 Goldstein, K., The Organism, New York 1939
106 Goleman, D., »The Buddha on Meditation and States of Consciousness, Part II: A Typology of Meditation Techniques«, in: *Journal of Transpersonal Psychology,* Bd. 4, Nr. 2, 1972
107 Goleman, D., »Meditation as Meta-Therapy: Hypotheses Toward a Proposed Fifth State of Consciousness«, in: *Journal of Transpersonal Psychology,* Bd. 3, Nr. 1, 1971, S. 1–25
108 Goodall, K., »Meditation as a Drug-Trip Detour«, in: *Psychology Today,* 1972, S. 5
109 Grace, W. J. und D. T. Graham, »Relationship of Specific Attitudes and Emotions to Certain Bodily Diseases«, in: *Psychosomatic Medicine,* Bd. 14, 1952, S. 253–261
110 Graham, J., »Auditory Discrimination in Meditators, in: D. W. Orme-Johnson, L. H. Domash und J. T. Farrow (Hrsg.), Scientific Research on Transcendental Meditation: Collected Papers, MIU Press, Los Angeles 1974
111 Graham, R., M. Peterman und R. Scarff, »Insights into the Richmond Community«, British Columbia, Can., Sommer 1971
112 Green, E., A. Green und E. D. Walters, »Voluntary Control of International States: Psychological and Physiological«, in: *Journal of Transpersonal Psychology,* Bd. 2, Nr. 1, 1970, S. 1–26
113 Griffith, F., »A Review of the Physiological and Psychological Literature on Meditation«, *Dept. of Psychology,* Yale University, 1972
114 Hankey, A., »Symmetry and Particle Physics«, in: *Creative Intelligence,* London 1974
115 Harman, W., »The New Copernican Revolution«, in: *Stanford Today,* Winter 1969, S. 1–10
116 Hartmann, E., The Biology of Dreaming, Springfield, Ill., 1967
117 Haskell, E. F., »Assembly of the Sciences into a Single Discipline«, in: *The Science Teacher,* Dez. 1970
118 Heath, D., »Affective Education«, *School Review,* Mai 1972
119 Heaton, O. P. und D. W. Orme-Johnson, »Influence of Transcendental Meditation on Grade Point Average: Initial Findings«, in: (D. W. Orme-Johnson, L. H. Domash und J. T. Farrow (Hrsg.), Scientific Research on Transcendental Meditation: Collected Papers, MIU Press, Los Angeles 1974
120 Hebb, D. O., A Textbook of Psychology, 3. Auflage, Philadelphia 1972
121 Herzberg, F., Work and the Nature of Man, New York 1973

122 Hjelle, L. A., »Transcendental Meditation and Psychological Health«, *Dept. of Psychology,* State University College, New York 1972
123 Holt, J. C., How Children Fail, New York 1964
124 Hope, A. (Text) mit L. Nilsson (Fotos) und F. Armitage (Zeichnungen), »The Brain«, in: LIFE-Magazin, Teil I, Oktober 1971, S. 42–59, Teil II, Oktober 1971, S. 42–64, Teil III, November 1971, S. 55–76
125 Huckabee, W. E., »Relationship of Pyruvate and Lactate During Anaerobic Metabolism«, in: *Journal of Clinical Investigation,* Bd. 37, 1958, S. 244–254
126 Hume, R. (Übersetzer aus dem Sanskrit), »Thirteen Principal Upanishads, überarbeitete 2. Auflage, Reproduktion der Auflage von 1931, London, Oxford University Press, 1971
127 Huxley, A., Die Pforten der Wahrnehmung – Himmel und Hölle, München 1974
128 Huxley, A., The Perennial Philosophy, New York 1970
129 Illinois House of Representatives, »Resolution Supporting Transcendental Meditation and Maharishi's World Plan«, Resolution No. 677, 24. Mai 1972
130 Jacobsen, E., Anxiety and Tension Control, Philadelphia/New York 1964
131 Jacobsen, E., Lassen Sie sich Zeit! Das Geheimnis der Entspannung, Stuttgart 1970
132 James, W., The Principles of Psychology, New York 1950
133 James, W., The Varieties of Religious Experience, London 1929
134 (James, W.), William James in Psychical Research, G. Murphy und R. V. Ballou (Hrsg.), New York 1963
135 Jaspers, K. und K. Rossmann, Die Idee der Universität. Für die gegenwärtige Situation entworfen. Berlin 1961
136 Jones, M. und V. Mellersh, »Comparison of Exercise Response in Anxiety States and Normal Controls«, Psychosomatic Medicine, Bd. 8, 1946, S. 180–187
137 Jung, C. G., AION, Untersuchungen zur Symbolgeschichte, 1951
138 Jung, C. G., Über Grundlagen der Analytischen Psychologie. Die *Tavistock Lectures* 1935, Frankfurt 1975
139 Jung, C. G., Die Dynamik des Unbewußten, Gesammelte Werke, Bd. 8, Wien 1967
140 Jung, C. G., Zwei Schriften über Analytische Psychologie, Gesammelte Werke, Bd. 7, Wien 1964
141 Kambe, T. und K. Sato, »Medical and Psychological Studies on Zen; Electroencephalogram and Electromyogram During Zen Practice«, *Proceedings of the 26th Convention of JPA,* Nr. 289, 1962
142 Kamiya, J., »Operant Control of the EEG, Alpha Rhythm and Some of Its Reported Effects on Consciousness«, in: C. T. Tart (Hrsg.), Altered States of Consciousness, New York 1969, S. 507–517
143 Kanellakos, D. P., »Transcendental Meditation«, in: J. White (Hrsg.), The Highest State of Consciousness, New York 1972
144 Kanellakos, D. P., »Voluntary Improvement of Individual Performance the Psychobiology of Consciousness: A Literature Survey«. Final Report,

IR&D Project Number 933531-01-AFB, Stanford Research Institute, Menlo Park, Kalifornien, Febr. 1972

145 Kanellakos, D. P. und W. Bellin. »The Practice of Transcendental Meditation as a Means to the Fulfillment of the Ideals of Humanistic and Transpersonal Psychology«, der *American Psychological Association* 1972 vorgelegt

146 Kanellakos, D. P. und P. Ferguson, »The Psychobiology of Transcendental Meditation (an annotated bibliography)«, MIU Press, Los Angeles 1973

147 Kanellakos, D. P. und J. S. Lukas, The Psychobiology of Transcendental Meditation: Literature Survey, Reading, Penns., 1974

148 Kasamatsu, A. und T. Hirai, »An Electroencephalographic Study of the Zen Meditation (Zazen)«, in: C. T. Tard (Hrsg.), Altered States of Consciousness, New York, 1969, S. 489–501

149 Kasamatsu, A. und T. Hirai, »Science of Zazen«, in: *Psychologia,* Bd. 6, 1963, S. 86–91

150 Katkin, E. S., »The Relationship Between Manifest Anxiety and Two Indices of Autonomic Response to Stress«, in: *Journal of Personality and Social Psychology,* Bd. 2, 1965, S. 324–333

151 Katkin, E. S., »The Relationship Between a Measure of Transitory Anxiety and Spontaneous Autonomic Activity«, in: *Journal of Abnormal Psychology,* Bd. 71, 1966, S. 142–146

152 Katkin, E. S. und R. J. McCubbin, »Habituation of the Orienting Response as a Function of Individual Differences in Anxiety and Autonomic Lability, in: *Journal of Abnormal Psychology,* Bd. 74, 1969, S. 54–60

153 Katz, V., »Some Basic Insights of the Present Revival«, in: *Creative Intelligence,* Nr. 1, S. 9–17, London 1970

154 Kety, S. S., »A Biologist Examines the Mind and Behavior«, in: *Science,* Bd. 132, Nr. 3443, 1960, S. 1861–1870

155 Kleitman, N., Sleep and Wakefulness (überarbeitete und erweiterte Ausgabe), Chicago 1963

156 Klumous, I. M., »Changes of Marginal Gingivitis in Meditators and Controls During an Interval of 25 Days«, herausgegeben vom *College of Health,* Pennsylvania State University, 1973

157 Kniffki, D. K., »Transzendentale Meditation – TM als eine nicht-chemische Methode gegen Drogenmißbrauch«, in: *Niedersächsisches Ärzteblatt,* Nr. 24, 44. Jahrgang, Hannover 1971, S. 805–809

158 Koestler, A., Das Gespenst in der Maschine, Wien 1969

159 Koestler, A., The Invisible Writing, New York 1954

160 Koestler, A., Die Wurzeln des Zufalls, Frankfurt 1974

161 Kory, R., »Toward a Theory of Consciousness: a Return to the Veda by Way of Psychoanalysis«, *Yale University,* Dept. of Philosophy, 10. Juli 1972

162 Krippner, S. und D. Rubin (Hrsg.), Galaxies of Light, New York 1973

163 Krippner, S., »The Plateau Experience: A. A. Maslow and Others«, in: *Journal of Transpersonal Psychology,* Nr. II, 1972

164 Kris, E., Psychoanalytic Explorations in Art, New York 1964

165 Laing, R. D., Phänomenologie der Erfahrung, Frankfurt 1970

166 Lazarus, A. A., Behavior Therapy and Beyond, New York 1971

167 Lazarus, A. A., »Multimodal Behavior Therapy: Treating the ›BASIC ID!‹, in: *Journal of Nervous and Mental Disease,* Bd. 156, Nr. 6, 1973, S. 404–411

168 Lazarus, A. A., »Notes on Behavior Therapy; The Problem of Relapse and Some Tentative Solutions«, in: *Psychotherapy: Theory, Research and Practice,* Bd. 8, 1971, S. 192–194

169 Ledain, G., et al., »Treatment«, in einem Report der Commission of Inquiry into the Non-Medical Use of Drugs, Information Canada, Ottawa 1972

170 Leonard, G., Education and Ecstasy, New York 1968

171 Leonard, G., The Transformation, New York, 1973

172 Lesh, T. V., »Zen Meditation and the Development of Empathy in Counselors«, in: *Journal of Humanistic Psychology,* Bd. 10, Nr. 1, 1970, S. 39–83

173 Levi, L. (Hrsg.), Stress – Körper, Seele und Krankheit. Eine Einführung in die psychosomatische Medizin, Göttingen 1964

174 Levi, L. (Hrsg.), Stress: Sources, Management and Prevention, New York 1967

175 Levine, P., »Transcendental Meditation and the Science of Creative Intelligence«, in: *Phi Delta Kappan,* Bd. LIV, Nr. 4, 1972

176 Levitt, E. E., »Psychotherapy with Children: A Further Evaluation«, in: *Behaviour, Research and Therapy,* Bd. 1, 1963, S. 45–51

177 Lorenz, K., Das sogenannte Böse. Zur Naturgeschichte der Aggression, Minden, 1974

178 Lowen, A., The Language of the Body, New York, 1971

179 Lowen, A., Physical Dynamics of Character Structure, New York 1958

180 Luce, G. G., »Current Research on Sleep and Dreams«. Department of Health, Education and Welfare, Public Health Service Publication Nr. 1389, Washington D.C. 1965

181 Luce, G. und E. Peper, »Mind over Body, Mind over Mind«, in: *The New York Times Magazine,* 12. Sept. 1971

182 Luce, G. G. und J. Segal, Besser schlafen. Schlaflosigkeit – Ursachen und Abhilfe, Ariston 1970

183 MacIntosh, G. R., »Transcendental Meditation and Selected Life Attitudes«, herausgegeben von der University of Calgary, 1972

184 *Maharishi International University Catalogue, 1974/75,* MIU Press, BRD 1974

185 Maharishi Mahesh Yogi, Love and God, Oslo 1965

186 Maharishi Mahesh Yogi, »A Message«, in: *Creative Intelligence,* Nr. 1, London 1970, S. 2–5

187 Maharishi Mahesh Yogi, On the Bhagavad-Gita: A New Translation and Commentary, Kapitel 1–6, Baltimore 1969

188 Maharishi Mahesh Yogi, The Science of Being and the Art of Living. Stuttgart 1966 (Spiritual Regeneration Moveure,ment Publications)

189 Maharishi Mahesh Yogi, Audio-visueller Kurs über *Die Wissenschaft der Kreativen Intelligenz.* Bänder können über die International Film and Tape Library (IFTL), Academy for SCI, Livingston, New York, bezogen werden.

190 Maharishi Mahesh Yogi, Audi-visueller Heimkurs der Vortragsreihen 1970–1973. Bänder sind bei IFTL erhältlich.

191 Maharishi Mahesh Yogi. Internationales Symposium über die Wissenschaft der Kreativen Intelligenz, MIU Press, Los Angeles 1972
192 Mahl, G. F., »Physiological Changes during Chronic Fear«, in: *Annals of New York Academy of Science,* Bd. 56, 1952, S. 240–252
193 Marzetta, B. R., H. Benson und R. K. Wallace, »Combating Drug Dependency in Young People: A New Approach«, in: *Medical Counterpoint,* 1972, S. 13, 32–36
194 Maslow, A. H., The Further Reaches of Human Nature, New York 1971
195 Maslow, A. H., »New Introduction: Religious Values in Peak Experiences«, in: *Journal of TranspersonalPsychology,* Nr. II, 1970
196 Maslow, A. H., Religious, Values, and Peak Experiences, New York 1970
197 Maslow, A. H., »A Theory of Meta-motivation: The Biological Rooting of Value-Life«, in: A. J. Sutich und M. A. Villch (Hrsg.), Readings in Humanistic Psychology, New York 1969
198 Maslow, A. H., »Theory Z.«, in: *Journal of Transpersonal Psychology,* 1969, S. 31–47
199 Maslow, A. H., Psychologie des Seins. Ein Entwurf. Minden o. J.
200 Maulsby, R., »An Illustration of Emotionally Evoked The-ta Rhythm in Infancy: Hedonic Hypersynchrony«, in: *Electroencephalography and Clinical Neurophysiology,* Bd. 31, 1971, S. 157–165
201 McQuade, W., »Doing Something About Stress«, in: *Fortune,* Mai 1973, S. 250–261
202 McQuade, W., »What Stress Can Do to You«, in: *Fortune,* Jan. 1972, S. 102–107
203 Mead, M., And Keep Your Powder Dry, New York 1971
204 Migdal, S., »The Holistic Ideal of Education and Its Realization by Maharishi International University«, herausgegeben von der *Maharishi International University,* Dept. of Literature, Santa Barbara, Kalif. 1974
205 Miller, N. E., »Learning Visceral and Glandular Responses«, in: *Science,* Bd. 163, 1969, S. 434–445
206 Miskiman, D. E., »The Effect of Transcendental Meditation on Compensatory Paradoxical Sleep«, herausgegeben von der *Trent University,* Dept. of Psychology, Ontario 1973
207 Miskiman, D. E., »The Treatment of Insomnia by Transcendental Meditation«, in: D. W. Orme-Johnson, L. H. Domash and J. T. Farrow (Hrsg.), Scientific Research on Transcendental Meditation: Collected Papers, MIU Press, Los Angeles 1974
208 Moruzzi, G. und H. W. Magoun, »Brain Stem Reticular Formation and Activation of the EEG«, in: *Electroencephalography and Clinical Neurophysiology,* Bd. 1, 1949, S. 455–473
209 Naranjo, C. und R. E. Ornstein, On the Psychology of Meditation, New York 1971
210 Nidich, S., W. Seeman und T. Dreskin, »Influence of Transcendental Meditation: A Replication«, in: *Journal of Counseling Psychology,* 1974
211 Nidich, S., W. Seeman und M. Seibert, »Influence of Transcendental Meditation on State Anxiety«, in: *Journal of Consulting and Clinical Psychology,* 1974

212 Norman, D. A. (Hrsg.), Memory and Attention, New York 1969
213 Oates, J. C., »New Heaven and Earth«, in: *Saturday Review,* 4. Sept. 1972, S. 51–54
214 Olds, J., »Self-Stimulation of the Brain«, in: *Science,* Bd. 127, 1958, S. 315–324
215 Olds, J. und P. Milner, »Positive Reinforcement Produced by Electrical Stimulation of the Septal Area and Other Regions of the Rat Brain«, in: *Journal of Comparative Physiology and Psychology,* Bd. 47, 1954, S. 419–427
216 Olds, J. und M. E. Olds, »The Mechanisms of Voluntary Behavior«, in: R. G. Heath (Hrsg.), The Role of Pleasure in Behavior, New York, 1964, S. 23–54
217 Orme-Johnson, D. W., »Autonomic Stability and Transcendental Meditation«, *Proceedings of the First International Symposium on the Science of Creative Intelligence, Humboldt State College,* Arcata, Kalif. 1971
218 Orme-Johnson, D. W., »Autonomic Stability and Transcendental Meditation«, in: *Psychosomatic Medicine,* Bd. 35, Nr. 4, 1973, S. 341–349
219 Orme-Johnson, D. W. und D. P. Heaton, »Influence of Transcendental Meditation on Grade Point Average: Initial Findings«, in: D. W. Orme-Johnson und J. T. Farrow (Hrsg.), Scientific Research on the Transcendental Meditation Program: Collected Papers, New York 1975
220 Orme-Johnson, D. W., »Transcendental Meditation Is the Solution to the Drug Abuse Problem«, herausgegeben von der Maharishi International University, Dept. of Psychology, 1973
221 Orme-Johnson, D. W., Transcendental Meditation For Drug Abuse Counselors«, in: D. W. Orme-Johnson, L. H. Domash und J. T. Farrow (Hrsg.), Scientific Research on Transcendental Meditation: Collected Papers, MIU Press, Los Angeles 1974
222 Orme-Johnson, D. W., D. McFadden und F. Giordan, »Meditation as Psychotherapy«, herausgegeben von der Maharishi International University, Santa Barbara, Kalif., 1973
223 Orme-Johnson, D. W., J. Kiehlbauch, R. Moore und J. Bristol, »Personality and Autonomic Changes in Meditating Prisoners«, La Tuna Federal Penitentiary, Texas, August 1972
224 Ornstein, R. E., The Psychology of Consciousness, San Francisco 1972
225 Ortega y Gasset, J., Mission of the University, transl. by H. L. Nostrand, New York 1966
226 Otis, L. S., »If Well-Integrated but Anxious, Try TM«, in: *Psychology Today,* Bd. 7, Nr. 11, 1974, S. 45–46
227 Pelletier, K. R., »Altered Attention Deployment in Meditators«, herausgegeben von der Psychologischen Klinik der University of California, Berkeley 1972
228 Penfield, W., The Excitable Cortex in Conscious Man, Springfield, Ill., 1958
229 Penfield, W. und T. Rasmussen, The Cerebral Cortex of Man: A Clinical Study of Localization of Function, New York 1950
230 Perls, F. S., Gestalt Therapy Verbatim, La Fayette, Kalif. 1969
231 Perls, F. S., R. F. Hefferline und P. Goodman, Gestalt Therapy, New York 1951

232 Pitts, F. N., Nr., »The Biochemistry of Anxiety«, in: *Scientific American,* Bd. 220, 1969, S. 69–75
233 Prosser, R., »Transcendental Meditation and Physical Reality«, in: *Creative Intelligence,* Nr. 1, London 1970
234 Reich, C., Die Welt wird jung, Wien 1971
235 Reich, W., Charakteranalyse, Frankf. 1975
236 Reichart, H., »Plethysmographische Untersuchungen bei Konzentrations- und Meditationsübungen«, in: Ärztliche Forschung, Bd. 21, 1967, S. 61–65
237 Riesman, D., Die einsame Masse. Eine Untersuchung der Wandlungen des amerikanischen Charakters, Reinbek 1952
238 Ritterstaedt, H. P., »A New Effect in Infrared Radiation of the Human Skin Through TM«, Düsseldorf 1966
239 Ritterstaedt, H. P. und H. Schenkluhn, »Measuring Changes of the Skin Temperature During the Practice of Transcendental Meditation«, herausgegeben vom *Max Planck Institut,* Düsseldorf 1966
240 Rogers, C., On Becoming a Person, Boston 1961
241 Rosenman, R. H., »Emotional Factors in Coronary Heart Disease«, in: *Postgraduate Medicine,* Bd. 42, 1967, S. 165–171
242 Roszak, T., Gegenkultur, Düsseldorf 1972
243 Routt, T., »Transcendental Meditation and Relaxed States: A Pilot Study Comparing Physiological Parameters«, herausgegeben von der *Western Washington State University, Huxley College of Environmental Studies,* Bellingham 1973
244 Routtenberg, A., »The Two-Arousal Hypothesis:Reticular Formation and the Limbic System«, in: *Pschology Review,* Bd. 75, 1968, S. 51–80
245 Rubottom, A. E., »Transcendental Meditation«, in: *Yale Alumni Magazine,* Februar 1972
246 Rubottom, A. E., »Transcendental Meditation and Its Potential Uses for Schools«, in: Social Education, Dez. 1972
247 Schachter, S. und B. Latane, »Crime, Cognition and the Autonomic Nervous System«, in: D. Levine (Hrsg.), Nebraska Symposium on Motivation, Lincoln 1964
248 Schachter, S. und J. E. Singer, »Cognitive, Social and Physiological Determinants of Emotional States«, in: *Psychology Review,* Bd. 69, 1962, S. 378–399
249 Schrödinger, E., Mind and Matter, London 1969
250 Schultz, T., »What Science Is Discovering About the Potential Benefits of Meditation«, in: *Today's Health,* April 1972
251 Seabond, G. T., »Uneasy World Gains Power Over Destiny«, in: *The New York Times,* 6. Januar 1969
252 Seeman, W., S. Nidich and T. Banta, »The Influence of Transcendental Meditation on a Measure of Self-Actualization«, in: *Journal of Counseling Psychology,* Bd. 19, Nr. 3, 1972, S. 184–187
253 Selye, H., Stress beherrscht unser Leben, Düsseldorf 1957
254 Serino, G. S., Your Ulcer: Prevention, Control, Cure, Philadelphia/New York, 1966
255 Shafii, M., »Adaptive and Therapeutic Aspects of Meditation«, in: *Inter-*

national Journal of Psychoanalytic Psychotherapy, Bd. II, Nr. 3, 1973, S. 364–382
256 Shafii, M., »Science in the Service of the Ego: Psychoanalytic Study of Meditation«, in: *International Journal of Psychoanalysis,* Bd. 54, 1973, S. 431–443
257 Shafii, M., »Smoking Following Meditation«, herausgegeben von der *University of Michigan Medical Center,* Dept. of Psychiatry, Ann Arbor 1973
258 Shafii, M., R. Lavely und R. Jaffe, »Meditation and Marijuana«, in: *American Journal of Psychiatry,* Bd. 131, Nr. 1, 1974, S. 60–63
259 Shapiro, D., B. Tursky, E. Gershon und M. Stern, »Effects of Feedback and Reinforcement on the Control of Human Systolic Blood Pressure«, in: *Science,* Bd. 163, 1969, S. 588
260 Shaw, R. und D. Kolb, »One Point Reaction Time Involving Meditators and Non-Meditators«, in: D. W. Orme-Johnson, L. H. Domash und J. T. Farrow (Hrsg.), Scientific Research on Transcendental Meditation: Collected Papers, MIU Press, Los Angeles 1974
261 Shear, J., »Parallels Between the Philosophy of Plato and the Science of Creative Intelligence of Maharishi Mahesh Yogi«, herausgegeben von der *Maharishi International University,* Dept. of Philosophy, Santa Barbara, Kalif., 1974
262 Shear, J., »The Conscious Source of Thought«, in: *Creative Intelligence,* Nr. 1, London 1970, S. 45–54
263 Shelly, M. W. (zusammengestellt von G. Landrith), »A Theory of Happiness as It Relates to Transcendental Meditation«, herausgegeben von der *University of Kansas,* Dept. of Psychology, Lawrence 1972
264 Shelly, M. W., Sources of Satisfaction, Lawrence, Kansas, 1973
265 Shelly, M. W., The Counter-Evolution, Lawrence, Kansas, 1973
266 Sherrington, C. S., Man on His Nature, London 1951
267 Simeons, A. T. W., Man's Presumptuous Brain, New York 1960
268 Sperling, G., »Three Models for Short-Term Memory«, in: Donald A. Norman (Hrsg.), Memory and Attention, New York 1969
269 Sperry, R. W., »The Great Cerebral Commisure«, in: *Scientific American,* Bd. 117, 1964, S. 42–52
270 Stace, W., Teachings of the Mystics, New York 1960
271 Sternback, R. A., Principles of Psychophysiology, New York/London 1966, S. 27–41
272 Stroebel, C. F., »Psychophysiological Comparison of Alpha Biofeedback and Transcendental Meditation in Normal Subjects and Psychiatric Patients«; der *American Psychiatric Association* anläßlich des Symposiums über »The Psychobiology of Meditation« im Mai 1973 vorgelegt.
273 Stroebel, C. F. und B. C. Glueck, »Biofeedback Treatment in Medicine and Psychiatry: An Ultimate Placebo?«, in: *Seminars in Psychiatry* Bd. 5, Nr. 4, 1973, S. 379–392
274 Sugi, Y. und K. Akutsu, »On the Respiration and Respiratory Change in Zen Practice«, in: *Japanese Journal of Physiology,* Bd. 26, 1964, S. 72–73
275 Suzuki, T., »Electroencephalographic Study During Zen Practice«, Proceedings of the 15th Convention of JPA, 1963, S. 346
276 Sykes, D. E., »Transcendental Meditation as Applied to Criminal Justice

Reform, Drug Rehabilitation and Society in General«, herausgegeben von der *University of Maryland Law Forum,* Bd. 3, Nr. 2, 1973, S. 37–53

277 Szent-Gyorgi, A., Address Before the Conference on Interdisciplinary Science Education, Washington 1969

278 Tart, C. T. (Hrsg.), Altered States of Consciousness, New York 1969

279 Tart, C. T., »A Psychologist's Experience with Transcendental Meditation«, in: *Journal of Transpersonal Psychology,* Bd. 3, Nr. 2, 1971, S. 135–140

280 Tart, C. T., »States of Consciousness and State-Specific Sciences«, in: *Science,* Bd. 176, 1972, S. 1203–1210

281 Thompson, W. I., At the Edge of History, New York 1971

282 *Time,* »The Rediscovery of Human Nature«, 2. April 1972, S. 79–87

283 Timmons, B. und J. Kamiya, »The Psychology and Physiology of Meditation and Related Phenomena: A Bibliography«, in: *Journal of Transpersonal Psychology,* Bd. 2, Nr. 1, 1970, S. 41–51

284 Tjoa, S. H., »Some Evidence that the Practice of Transcendental Meditation Increases Intelligence as Measured by a Psychological Test«, in: D. W. Orme-Johnson, L. H. Domash und J. T. Farrow (Hrsg.), Scientific Research on Transcendental Meditation: Collected Papers, MIU Press, Los Angeles 1974

285 Toffler, A., Der Zukunftsschock, München 1973

286 Truch, S., »Transcendental Meditation: A Boon for Teachers«, in: *Alberta Teachers' Association Magazine,* Kanada, Mai/Juni 1972

287 Van Der Berg, W. P. und B. Mulden, »Psychological Research on the Effects of Transcendental Meditation on a Number of Personality Variables Using the N.P.I.«, in: D. W. Orme-Johnson, L. H. Domash und J. T. Farrow (Hrsg.), Scientific Research on Transcendental Meditation: Collected Papers, MIU Press, Los Angeles 1974

288 Vanselow, K., »Meditative Exercises to Eliminate the Effects of Stress«, in: *Hippokrates,* 39. Jahrgang, Heft 13, S. 462–465, Stuttgart 1972

289 Vargiu, J. G., »A Model of Creative Behavior«, in: *Fields within Fields within Fields,* Bd. 5, Nr. 1, The World Institute Council, New York 1972

290 Waddington, C. H., The Nature of Life, London 1961

291 Wallace, R. K., »Physiological Effects of Transcendental Meditation«, in: *Science,* Bd. 167, 1970, S. 1751–1754

292 Wallace, R. K., The Physiological Effects of Transcendental Meditation, herausgegeben von der *University of California,* Dept. of Physiology (Dissertation), Los Angeles 1970

293 Wallace, R. K. und H. Benson, »Physiological Effects of a Meditation Technique and a Suggestion for Curbing Drug Abuse«, herausgegeben von der *Harvard University School of Medicine,* Thorndike Memorial Laboratory, Mental Health Program Reports, 5. Dez. 1971

294 Wallace, R. K. und H. Benson, »The Physiology of Meditation«, in: *Scientific American,* Bd. 226, Nr. 2, 1972, S. 84–90

295 Wallace, R. K., H. Benson und A. F. Wilson, »A Wakeful Hypometabolic Physiologic State«, in: *American Journal of Physiology,* Bd. 221, Nr. 3, 1971, S. 795–799

296 Wallace, R. K., H. Benson und M. Garrett, »Decreased Blood Lactate Du-

ring Transcendental Meditation«, in: *Proceedings of the Federation of American Society for Experimental Biology,* Bd. 30, Nr. 2, 1971, S. 376
297 Walrath, L. C., »Psychophysiological Studies of Transcendental Meditation«, herausgegeben vom *Eastern Washington State College,* Dept. of Psychology, 1973
298 Watts, A., Psychotherapy East and West, New York 1961
299 Weil, A., The Natural Mind, Boston 1972
300 Wenger, M. A. und B. K. Bagchi, »Studies of Autonomic Functions in a Practitioner of Yoga in India«, in: *Behavioral Science,* Bd. 6, 1961, S. 312–323
301 Wenger, M. A., B. K. Bagchi und B. K. Anand, »Experiments in India on ›Voluntary‹ Control of the Heart and Pulse«, in: *Circulation,* Bd. 24, 1961, S. 131–132
302 Wenger, M. A., T. L. Clemens und T. D. Cullens, »Autonomic Functions in Patients with Gastrointestinal and Dermatological Disorders«, in: *Psychosomatic Medicine,* Bd. 24, 1962, S. 267–273
303 Wertheimer, M., Produktives Denken, New York 1959
304 Westcott, M., »Hemispheric Symmetry of the EEG during Transcendental Meditation«, in: D. W. Orme-Johnson, L. H. Domash und J. T. Farrow (Hrsg.), Scientific Research on Transcendental Meditation: Collected Papers, MIU Press, Los Angeles 1974
305 Wheeler, J. A., »The Princeton Galaxy«, in: *Intellectual Digest,* Juni 1973
306 Whyte, L. L., The Next Development in Man, London 1944
307 Wilhelmj, M. S. und H. H. McCarthy, Dietary and Neural Factors in Hypertension, Springfield, Ill., 1963
308 Wilson, A. F. und R. Honsberger, »The Effects of Transcendental Meditation Upon Bronchial Asthma«, in: *Clinical Research,* Bd. 2, Nr. 2, 1973
309 Winquist, W. T., »The Effect of the Regular Practice of Transcendental Meditation on Students Involved in the Regular Use of Hallucinogenic and ›Hard‹ Drugs«, herausgegeben von *der University of California,* Dept. of Sociology, Los Angeles 1969
310 Witkin, H. A., R. Dyk, J. F. Faterson, Dr. Goodenaugh and S. A. Karp, Psychological Differentiation, New York 1962
311 Witkin, H. A. und P. K. Oltman, »Cognitive Style«, in: *Intern. Journal of Neurology,* Bd. 6, 1967, S. 119–137
312 Wolf, S. und H. G. Wolff, Human Gastric Function, London 1943
313 Wolff, H. G., Stress and Disease, 2. Auflage, Springfield, Ill., 1968
314 Wolpe, J. und A. A. Lazarus, Behavior Therapy Techniques, New York 1966
315 Woolridge, D. E., The Machinery of the Brain, New York 1966

Register